L'INÉLUCTABLE FAILLITE

de

L'ÉCONOMIE AMÉRICAINE

WILLIAM BONNER
& ADDISON WIGGIN

L'INÉLUCTABLE FAILLITE

de

L'ÉCONOMIE AMÉRICAINE

Traduit de l'anglais

par

Françoise Garteiser et Régine Hollander

Avant-propos

de

Jim Rogers

LES BELLES LETTRES

2004

Pour lire quotidiennement sur internet
les analyses de William Bonner :
– en anglais : www.dailyreckoning.com
– en français : www.la-chronique-agora.com

ISBN : 2-251-44230-8

Avant-propos

Certaines personnes veulent acheter une équipe de football ou courir les jupons, mais on m'a dit que, lorsque l'on pose la question à des jeunes gens, le rêve numéro un reste : « Je veux voir le monde. »

J'ai fait deux fois le tour du monde. Une fois à moto, une fois en Mercedes. J'imagine que cela signifie que je suis plus cinglé que la plupart des gens.

Il y a une autre raison que le sens de l'aventure à cela – et pourtant, j'aime l'aventure : c'est le seul moyen que j'aie de comprendre ce qui se passe dans le monde. Je ne fais pas confiance aux journaux, aux télévisions ou aux déclarations gouvernementales. Ça, c'est ce que tout le monde sait. Moi, je veux voir les choses par moi-même, sur le terrain.

On en apprend bien plus sur un pays en traversant une frontière isolée pour trouver le marché noir, changer de l'argent et bavarder avec les autochtones, qu'en discutant avec les bureaucrates ou les économistes du FMI et de la Banque mondiale... ou en regardant CNBC.

Lorsque je traverse une frontière dans la jungle, je connais 25 à 30 pour cent de ce que je dois savoir au sujet d'un pays.

J'en connais la bureaucratie. Les infrastructures. La corruption. Je connais l'état de l'économie et de sa devise. Et je sais si je suis en mesure de gagner de l'argent en y investissant ou non.

Le seul autre moyen de savoir est d'étudier l'histoire. Lorsque j'interviens dans des universités, les étudiants me demandent toujours : « Je veux réussir et voyager, qu'est-ce que je devrais étudier ? »

Je leur réponds toujours la même chose : « Étudiez l'histoire. » Ils me regardent d'un air perplexe, et me demandent infailliblement : « Comment ça ?... Et l'économie, et le marketing, alors ? »

« Si vous voulez réussir, leur dis-je toujours, vous devez comprendre l'histoire. Vous verrez que le monde est en mutation permanente. Vous verrez comment bon nombre de choses que nous voyons aujourd'hui se sont déjà produites auparavant. Croyez-le ou non, la Bourse n'est pas née le jour où vous êtes sorti de l'école. Le Bourse existe depuis des siècles. Il en va de même pour tous les marchés. Toutes ces choses se sont déjà produites. Et elles se produiront à nouveau. »

On a entendu Alan Greenspan déclarer qu'il n'avait jamais vu de bulle avant. Je sais que durant son existence – sa vie d'adulte – plusieurs bulles se sont produites. Il y en a eu une sur le marché boursier américain à la fin des années 60. Il y a eu la bulle pétrolière. La bulle de l'or. La bulle au Koweït. La bulle au Japon. La bulle immobilière au Texas. Alors qu'est-ce qu'il raconte ? S'il n'avait pas vu toutes ces choses, il aurait pu lire les très nombreux ouvrages écrits à leur sujet...

Aujourd'hui, la bulle que Greenspan ne voit pas est la bulle de consommation qu'il a provoquée. Il a l'idée folle qu'une nation peut consommer jusqu'à la prospérité, même si cela ne s'est jamais produit auparavant dans l'histoire.

En Amérique, si vous avez un emploi, vous payez des impôts. Si vous épargnez de l'argent, vous payez des impôts sur les intérêts. Si vous achetez une action et que vous recevez un dividende, vous payez des impôts. Si vous obtenez des plus-values, vous payez des impôts. Lorsque vous mourez, il y a encore des impôts à payer sur votre succession. Vous avez déjà versé des impôts sur tout cet argent lorsque vous l'avez reçu, et pourtant vous devez payer encore et encore.

Ces politiques ne servent pas vraiment à encourager l'épargne ou l'investissement. Elles encouragent la consommation.

Par contraste, les pays les plus prospères de ces 30 ou 40 dernières années sont les pays qui encouragent l'épargne et l'investissement. Singapour est l'une des villes les plus étonnantes de la planète. Il y a quarante ans de cela, c'était un bidonville. Aujourd'hui, en termes de réserves per capita, c'est l'un des pays les plus riches au monde.

L'un des raisons du succès de Singapour est son dictateur, Lee Kwan Yu, qui a insisté pour que la population épargne et investisse une grande part de ses revenus. On peut condamner beaucoup de politiciens et de dictateurs ; certains n'ont pas de résultats concrets à leur actif, d'autres n'ont fait qu'empirer les choses. Quelles que soient les politiques de Lee à l'égard des libertés personnelles, il aura au moins forcé les gens à épargner et investir.

L'histoire montre que les pays qui épargnent et investissent croissent et prospèrent, tandis que les autres se détériorent et s'effondrent.

Comme le démontre le livre que vous avez entre les mains, les politiques de taux d'intérêt artificiellement bas et de création de crédit rapide mises en place par Alan Greenspan et la Réserve fédérale ont entraîné la bulle boursière américaine de la fin des années 90. Aujourd'hui, les politiques mises en place par la Fed ne font qu'aggraver la bulle. Elles la transforment : on est passé d'une bulle boursière à une bulle de la consommation et de l'immobilier.

Lorsque ces bulles éclateront, les conséquences seront pires que celles de la bulle boursière, parce qu'il y a bien plus de gens impliqués dans la consommation et l'immobilier. Et lorsque tous ces gens découvriront que les prix de l'immobilier ne grimpent pas éternellement et que leurs dettes de carte de crédit sont extrêmement élevées, il va y avoir des pleurs et des grincements de dents.

Évidemment, personne ne veut l'entendre. Les gens veulent des solutions rapides. Ils veulent acheter une action et la regarder grimper de 25%, parce que c'est ce qui s'est passé l'année dernière, et c'est ce qu'on a dit à la télé. Ils veulent une autre baisse des taux, parce qu'ils ont entendu que cela provoquerait un boom économique.

Bill Bonner m'a écrit il y a quelque temps pour me dire : « Bien des choses que tu as écrites dans *Adventure Capitalist* [« L'Aventurier capitaliste », publié chez Random House, ndlr.] sont dans mon livre – à part les voyages dans des pays étrangers. »

J'irais même un peu plus loin : je dirais que c'est comme s'il avait écrit des parties de mon livre, tandis que j'en aurais écrit certaines du sien – approchant le même sujet selon deux angles totalement différents... et arrivant à la même conclusion. Du manque de politiques gouvernementales encourageant l'épargne et l'investissement au profond effet qu'aura la démographie sur l'économie mondiale au XXIe siècle, je découvre sans arrêt dans ce livre des choses que j'ai vues lors de mes voyages. Il les a découvertes en lisant des livres d'histoire et en étudiant l'économie. Je les ai vues de près, sur le terrain.

« Inutile de te le dire, tu es un génie, lui ai-je répondu. Tu penses comme moi, ce qui signifie que nous finirons ruinés ensemble. »

Jim Rogers

Préface

La malédiction de la bonne fortune

> Nous prions pour ceux qui ne peuvent partir en vacances parce qu'ils travaillent...
>
> Le prêtre, lors d'une messe dans le Poitou, été 2003

Parmi les prières demandant le soulagement des souffrances et des difficultés, les intercessions pour les morts, les mourants et ceux que l'on a abandonnés, est venue cette curieuse supplique pour ceux qui titubent sous un tel fardeau qu'ils ne peuvent prendre les quatre semaines de vacances d'été habituelles. Il se passe rarement un dimanche sans que le prêtre ne nous rappelle les malheureux qui ne peuvent trouver de travail ; c'était bien la première fois qu'il nous demandait de compatir à la douleur de ceux qui en avaient trop.

Mais comme il est délicieux, le parcours de notre globe de terre et d'eau ! À peine nous sommes-nous habitués aux ténèbres du mal que les premières lueurs de l'aube commencent à les éclairer, les transformant en vertu. Que pourrait-il y avoir de pire que de ne pas pouvoir prendre un mois de vacances en été, nous demandons-nous à minuit ? À midi vient la réponse : toute une vie de loisirs à plein temps.

Et qui mérite nos prières ? L'homme qui, aux petites heures de la nuit, est scandalisé ne de pas avoir de vacances… ou celui qui cherche désespérément du travail au matin ?

Ou bien – et cette pensée nous arrête net dans notre élan – est-ce le réaliste moderne qui ne voit ni le noir de la nuit, ni la brillance du jour, mais seulement le gris consistant à ne se soucier ni de l'un ni de l'autre ?

Un homme sain d'esprit sait que la terre tourne. Il sait qu'en toutes choses ou presque – que ce soit les marchés financiers, la politique, la nature – on observe une tendance à retourner à la moyenne. Cela le pousse à tempérer son enthousiasme. Des actions d'une société cotée à 200 fois ses bénéfices peuvent lui sembler attirantes à la lueur romantique de chandelles vespérales ; il suppose toutefois qu'elles pourraient sembler nettement moins séduisantes le lendemain sous les rayons du soleil.

S'il est optimiste, il saisit l'occasion de profiter de la nuit, en sachant que le jour lui sera tout aussi favorable s'il part avant le petit déjeuner. S'il est pessimiste dans l'âme, par contre, il considérera toute l'affaire comme une perte de temps, virera au gris et se fera sauter la cervelle.

Tant les Français que les Américains se trouvent exceptionnels. Nous ne nions pas qu'ils soient différents. Au contraire, nous apprécions chaque jour ces différences. Mais il est également vrai qu'ils se ressemblent beaucoup ; ni les uns ni les autres ne peuvent arrêter la course de la planète.

« Le rôle de l'État, déclarait Jean-Luc Lagardère avant sa mort, a été fondamental [en France] depuis le XIIe siècle, une chose que j'admire beaucoup. »

« Lorsque nous avons organisé notre État, ajoute Charles Pasqua, ancien ministre gaulliste, nous avons poussé l'audace jusqu'à imaginer qu'il s'agissait d'un modèle non seulement pour la France, mais également pour le reste du monde. »

Les Français étaient si fiers de leur « civilisation » qu'ils l'offrirent effectivement au reste du monde. Incroyablement, cette « mission civilisatrice » fut emmenée jusque dans les colonies, et les enfants de l'Afrique noire apprirent leurs leçons sur « nos ancêtres les Gaulois ».

La France est la cinquième puissance économique mondiale, juste devant la Californie, si celle-ci était un pays.

La France a un peu plus de superficie... et environ 20 millions d'habitants supplémentaires, donc un Français est légèrement moins productif que le Californien moyen.

En France comme en Californie, on trouve des palmiers au sud, et des gens bizarres au nord. Les Californiens comme les Français pensent qu'ils sont exceptionnels. Les deux États ont des déficits publics colossaux. Et ni la France ni la Californie n'ont de devise de réserve pour les combler.

Les Français pensent que leur « modèle » centralisé est unique, exceptionnel et meilleur que tous les autres.

Depuis peu, les Américains sont devenus encore plus vaniteux ; ils sont convaincus que leur système de capitalisme démocratique est supérieur à celui des autres nations – et en particulier à celui des Français, qui leur semble d'un centralisme désespérant.

Les Américains ne pensent pas seulement que leur système est supérieur ; ils sont également certains qu'il finira par éliminer l'État-providence à la française, tout comme certains pensaient autrefois que le marxisme était destiné à triompher de l'Occident par un déterminisme historique immuable.

« Aucun homme n'a jamais eu de sujet de fierté qui ne lui soit nuisible », disait Ralph Waldo Emerson. À la fin du XXe siècle, les Américains étaient accablés par une bonne fortune très spéciale, et s'étaient découvert assez de sujets de fierté pour s'auto-annihiler, ou presque. Ils avaient la machine militaire la plus admirable que le monde ait jamais vue. Ils avaient l'économie la plus dynamique et la plus souple au monde. Ils avaient Microsoft et Hollywood. Et Howard Stern [célèbre animateur de radio anarchisant]. Et *Ally McBeal* [tout aussi célèbre série télévisée].

Les Américains pensaient que leur économie, leur gouvernement et leur société étaient à part. En effet, ils étaient différents – mais pas aussi différents que les États-Unis le pensaient.

En France, le gouvernement dépense un bien plus grand pourcentage du PIB qu'aux États-Unis – 53 %, contre 32 % aux USA. Mais la différence est moins importante qu'il n'y paraît, parce qu'en France la santé et l'éducation relèvent quasiment exclusivement du domaine du gouvernement, et dans ces secteurs les employés sont tous payés par le gouvernement. Lequel a également la haute main sur les transports : les trains, les métros.... Mêmes certaines entreprises de transports routiers sont gérées par des employés de l'État.

Et nous voilà en plein cœur d'un de ces délicieux imbroglios qui donnent à la vie tout son piquant. En France, l'individu moyen vous dira que la santé et l'éducation sont « gratuites », mais qu'elles coûtent cher en Amérique. Tandis que l'intellectuel américain moyen affirmera qu'elles sont « libres » en Amérique, alors qu'en France l'Etat possède un monopole sur ces secteurs. Dans les deux cas, les mots « libre » et « gratuit » semblent rendre ces deux propositions plutôt positives. Mais dans les deux cas il s'agit d'un complet mensonge. Parce qu'en France ces services sont loin d'être gratuits ; les contribuables les financent. Et ils ne sont pas « libres » aux États-Unis, dans le sens américain du terme ; santé et éducation sont si liées au gouvernement qu'elles ressemblent à des secteurs étatiques. Il suffit de parler à un médecin ou à un instituteur. Vous verrez qu'il y a peu de différences entre le premier à Paris, France, et le second à Paris, Texas. Tous deux subissent les âneries de bureaucrates fédéraux, et font ce qu'on leur dit.

Et quel système est le meilleur ? Vos serviteurs ont essayé les deux. Nous avons envoyé nos enfants dans des écoles américaines et françaises. « Ici, l'hôpital était bien mieux qu'à Baltimore, a déclaré Addison, dont la femme vient d'accoucher à Paris. Mais c'était l'Hôpital américain. »

Nous voyons des différences, mais pas de gagnant certain. Le système de santé américain est peut-être plus avancé, mais les Français vivent plus longtemps.

Lorsqu'on ajoute les coûts de la santé et de l'éducation aux dépenses du gouvernement américain, le pourcentage du PIB qui en résulte est tout proche du total français. Les Américains dépensent environ 14 % de leur PIB dans la santé. 3 % environ vont à l'éducation universitaire. Ils ne dépensent pas beaucoup pour les billets de train, dans la mesure où les trains US ne se traînent pas là où les Américains veulent aller.

Aux États-Unis, la dette publique se monte à 70 % du PIB. En France, elle est de 60 %. La dette privée, par contre, représente 162 % du PIB en Amérique. Nous ignorons son montant en France, mais nous sommes prêts à parier qu'elle est plus basse. Les Français n'utilisent même pas de cartes de crédit au sens américain du terme (type carte Egg, associée à un crédit) mais des cartes de débit. Quant à l'idée de refinancement hypothécaire, elle est presque absurde en France.

Pour nous qui vivons et travaillons sous les deux systèmes, la brûlure ressentie sous le fouet de l'un ne se distingue pas vraiment de celle de l'autre. Ce sont leurs ressemblances qui nous irritent, et leurs différences qui nous ravissent. Que ce soit à Sacramento, Baltimore ou Paris, un homme ne peut mener ses affaires comme il l'entend. Même dans les affaires de famille, l'État pense tout savoir. En France, une femme qui donne naissance à son troisième enfant doit cesser de travailler durant six mois pour s'occuper de lui. En Californie, une nouvelle loi prévoit des allocations pour tout employé qui part en congé afin de « tisser des liens avec un nouvel enfant dans la famille ».

Les Américains se sont persuadés que leur système de libre entreprise avait permis de mettre à bas les collectivistes russes – et qu'il avait dépassé le modèle social français et ses rigidités. Lorsqu'ils sont à l'étranger, le moindre McDo, le moindre film de Schwarzenegger leur semble un signe de victoire.

C'est tout juste s'ils n'ont pas applaudi lorsque Jean-Marie Messier a américanisé en toute connaissance de cause son entreprise – spécialisée dans la distribution d'eau, à l'origine, et en a fait un conglomérat de l'industrie du divertissement, une multinationale agressive et criblée de dettes.

Vivendi suivit le même parcours que de nombreuses entreprises américaines de la fin 1990 – début 2000 : boom… bulle… puis explosion. Ce fut alors au tour des Français d'applaudir. Le capitalisme sauvage à l'américaine ne marche pas, dirent-ils.

Colbert fut l'un des premiers grands centralisateurs de France, en créant le premier régime de retraite public. En 1673, il mit en place un système qui permettait de payer les marins à ne rien faire une fois qu'ils atteignaient un certain âge. Ce plan visait à combattre la piraterie, parce que les vieux navigateurs avaient tendance à se livrer à cette diabolique activité une fois qu'ils ne pouvaient plus obtenir de travail honnête ; c'était le seul moyen qu'il leur restait pour nourrir leurs familles.

Plus tard, Otto von Bismarck s'empara de l'idée et créa le premier État-providence en Allemagne à la fin du XIXᵉ siècle.

« Nous nous occuperons de vous », déclarèrent les planificateurs à Paris, Berlin… et plus tard à Moscou. Qui peut nier qu'on entend la même chose à Washington et à Sacramento ?

« Voilà qui était l'exact contraire de l'idée, née notamment au cours du siècle des Lumières, selon laquelle un homme devrait savoir se débrouiller tout seul », expliquait récemment un ami français.

« L'Amérique a été fondée sur le principe selon lequel les individus savent ce qui leur convient le mieux, et doivent donc être libres de chercher le bonheur à leur propre manière. »

Ces deux idées – planification centrale d'un côté et planification individuelle de l'autre – séparaient l'Amérique du reste du monde. Les Américains pensent que leur modèle a triomphé de la planification centrale de l'Union soviétique… et qu'il est en train d'administrer une raclée à ses versions européennes, plus douces. Mais l'exact contraire est également vrai.

L'État-providence centralisé a fait d'énormes progrès en France durant les années 30, sous Léon Blum, et aux États-Unis sous Franklin Roosevelt, au cours de la même période. Même en Amérique, plus personne ne se plaint de la planification centrale. C'est pour cela qu'on y trouve une Réserve fédérale, des impôts sur le revenu, la SEC, la FDA, et tous les impedimenta coûteux d'un État-providence moderne. Colbert, Bismarck et Marx ont gagné, en d'autres termes, et non Adam Smith.

Mais les intellectuels américains ne prirent pas la peine de s'en soucier. Ils regardèrent dans le miroir, sous le charme de leur propre beauté. N'étaient-ils pas les êtres les plus puissants et les plus intelligents qui aient jamais existé ? Comment pouvaient-ils détourner le regard ? D'ailleurs, qui le voudrait ? De toute façon, ils étaient bien trop occupés à actionner les manettes du pouvoir – ou à flatter ceux qui les actionnaient – pour ouvrir les yeux ou regarder par la fenêtre.

À présent, une sorte de faiblesse d'esprit grisante et vaniteuse s'est emparée de Washington. Menés par les néo-conservateurs, les Américains se voient comme les maîtres du monde ; tels des dieux, ils ont l'intention de le refaire à leur image.

« L'Europe occidentale est littéralement un continent mourant, tant démographiquement que spirituellement, a déclaré le père Richard Neuhaus, un théologien catholique qui a des amis à la Maison-Blanche, tandis qu'en Amérique les gens sont énergiques, dynamiques, pleins d'allant et d'expertise technique. »

Comme Paris et Rome avant elle, Washington est devenue la ville où mènent tous les chemins. La cité est « pleine de lobbies

étrangers qui veulent obtenir quelque chose de l'Amérique »,
explique William Odom, ancien directeur de la NSA (Agence
nationale de la sécurité américaine). « Pourquoi faire pression sur
Chirac – pour changer les variétés de fromage, ou quelque chose
de ce genre ? »

Alors que les Français s'inquiètent de leurs vacances et de leurs
fromages, les Américains rêvent de conquérir le monde. Les
néo-conservateurs ne veulent pas seulement faire de l'Amérique
une grande puissance ; ils veulent qu'elle devienne un « État à
grand spectacle ». Et qui songe à regarder le compteur, quand une
telle grandeur est en jeu ? En comparant les recettes prévues aux
dépenses anticipées, les chercheurs ont trouvé un manque de 44 000
milliards de dollars – soit près d'un demi-million de dollars par
famille américaine. Mais qu'importe ? Ce n'est que de l'argent !
Et l'argent est censé servir l'État à grand spectacle… tout comme
ses citoyens-soldats. Que diable, dans une telle nation, même Dieu
sert l'État. L'élite néo-conservatrice ne prie pas Dieu (sauf pour
donner l'exemple aux lumpenélecteurs) – elle lui donne des ordres.
Un tel pays n'est plus protégé par Dieu, explique l'intellectuel
néo-conservateur Michael Leeden – il le met au travail :

« Mourir pour son pays, ça ne vient pas naturellement », dit-
il, en plagiant peut-être Oussama ben Laden. « Les armées modernes,
constituées par la populace, doivent être stimulées, motivées,
endoctrinées. La religion est au centre de l'entreprise militaire,
dans la mesure où les hommes sont plus susceptibles de risquer
leur vie s'ils croient qu'ils seront éternellement récompensés pour
avoir servi leur pays. »

Le communisme s'est effondré en Russie. Mais ce n'était pas
vraiment une victoire pour la liberté américaine. On ne réduisit
pas les budgets publics d'un seul petit dollar – ni même les budgets
militaires, malgré le fait que le seul adversaire significatif de
l'Amérique ait été réduit en miettes. Pas plus qu'on n'élimina de
programmes sociaux aux États-Unis, ou en Europe occidentale,

d'ailleurs. Au lieu de cela, on les augmenta. Tous les jours, on trouvait de nouveaux moyens de gaspiller de l'argent au nom du bien-être public. Dans le monde entier, à la fin du XXe siècle, le socialisme était omniprésent. Certes, il y eut quelques contre-tendances hésitantes et temporaires en Nouvelle-Zélande et au Chili, par exemple. Mais il ne s'agissait que de quelques petits rebonds haussiers dans le grand marché baissier de la liberté, qui a duré tout le XXe siècle.

« La soi-disant révolution conservatrice des deux dernières décennies, écrit notre membre préféré du Congrès américain, le Texan Ron Paul, a provoqué une croissance colossale des dépenses et des réglementations du gouvernement. Les déficits explosent, et la dette nationale augmente au rythme de plus d'un demi-millier de milliards de dollars par an. Les impôts ne baissent pas – même si nous votons en ce sens. De toute façon, ils ne le peuvent pas tant que les dépenses augmentent, puisque ces dernières doivent être payées d'une manière ou d'une autre… On rit au nez des personnes qui croient qu'un gouvernement plus limité est nécessaire – ou on les évite… Le gouvernement est plus gros que jamais, et les engagements futurs sont considérables… Le pays est ruiné, mais à Washington personne ne semble s'en apercevoir ou s'en soucier. »

Oh, comme le monde tourne… Lorsqu'un homme sain d'esprit envisage l'avenir, il vire au gris devant l'État spectaculaire se donnant en super-spectacle.

Un Américain se sent déjà plus libre – c'est-à-dire plus américain – à Paris, France, qu'à Paris, Texas. Il peut fumer où il veut. Il peut conduire plus vite. Au restaurant, il peut offrir un verre de vin à sa fille sans aller en prison.

On ne peut pas dire qu'il paie beaucoup plus d'impôts. Selon le magazine *Alternatives économiques,* les impôts sur le revenu, la fortune et la succession de la France socialiste seraient plus bas qu'aux États-Unis, en pourcentage du PIB. En France, ces impôts seraient de 11,7 % du PIB, « ce qui représente 1,7 % de moins que la moyenne européenne, 3,8 % de moins qu'en Grande-Bretagne, et 1,1 % de moins qu'aux États-Unis ».

À noter, tout de même, que ces chiffres ne comprennent pas les charges sociales ou les taxes sur les ventes, qui sont très élevées en Europe, et difficiles à comparer avec les États-Unis.

En outre, lorsqu'un Français a des démêlés avec le fisc, les retombées sont moins graves. La plupart de ces affaires sont traitées devant un tribunal civil. Il est très rare qu'une personne aille en prison pour fraude fiscale. En fait, un Américain risque dix fois plus qu'un Français de se retrouver derrière les barreaux pour ce motif.

De plus, un Français cst en fait plus productif qu'un Américain, par heure travaillée. Si l'on divise le PIB per capita par le nombre d'heures travaillées par personne, le chiffre de production horaire obtenu pour un Américain est plus bas que celui de son homologue français !

Oh, quelle honte, quelle humiliation, quel embarras ! Les Américains pourront-ils marcher à nouveau la tête haute ? Parce que nous découvrons à présent que la super-hyper-économie de consommation américaine ne passe pas le test matérialiste essentiel – celui qui s'est révélé fatal aux Soviétiques : elle ne tient pas ses promesses. Les Américains travaillent jour et nuit – 400 heures de plus par an que le Français moyen – ils essaient de tenir le rythme, mais ils ne s'enrichissent pas. Au lieu de cela, ils s'endettent, accumulant des factures qu'ils pensent ne jamais avoir à payer.

Jusqu'à présent, ils s'en rendent à peine compte. Les dollars sont la devise de réserve mondiale. Les étrangers semblent prêts à les accepter en quantité infinie, simplement en échange de leurs biens et services. Les Américains hypothèquent leurs maisons auprès des étrangers, et continuent simplement à dépenser. On peut utiliser les billets verts quasiment partout. Les étrangers acceptent les dollars comme si le système de l'étalon-dollar faisait peser une ombre si épaisse sur la terre entière qu'ils s'en aperçoivent à peine. Et pendant ce temps les Américains dépensent en se croyant riches. Mais le monde tourne. Et jour après jour l'aurore aux doigts de rose se fait plus proche...

En théorie, des océans séparaient la France des États-Unis, à l'aube du troisième millénaire. Mais, dans les faits, ils étaient à peine plus éloignés l'un de l'autre que Washington et la Californie. Tant Paris que Sacramento avaient des problèmes. Tous deux étaient des États-providence – et ils avaient promis plus de providence que leurs contribuables ne pouvaient se le permettre. Mais aucun des deux n'était affligé de la malédiction que Dame Nature avait réservée à Washington : ni Paris ni Sacramento n'avaient de devise de réserve qui les pousse à la ruine.

Comme elles n'ont pas de devise de réserve, la France et la Californie doivent trouver une manière honnête de financer les promesses sociales qu'elles ont faites. Ou, plus probablement, une manière malhonnête de ne pas les payer. Les engagements de la France en ce domaine se montent à un total de 7 000 milliards de dollars, déclare Gérard Maudrux, dans son livre sur les retraites *Le Mensonge permanent*. Dans la mesure où il n'a pas trouvé exactement cette somme en retournant les coussins de son canapé, le Premier ministre a donc proposé d'allonger la durée du travail, déclenchant une période de troubles sociaux.

Il en va de même pour la Californie. Tant que les choses allaient bien – à la fin des années 90 – on y augmenta les retraites versées par l'État de 50 %. Et comme d'habitude, on n'a pas mis d'argent de côté pour les payer. Au lieu de cela, la Californie fonctionne comme une version miniature du système de sécurité sociale américain : à crédit, mais sans planche à billets dans la cave pour les fins de mois difficiles.

L'État californien collecte environ 65 milliards de dollars en impôts. Il est prévu qu'il dépense environ 20 milliards de plus l'année prochaine. Au cours des deux prochaines années, on s'attend à ce que la différence totale entre les recettes et les dépenses se monte à près de 40 milliards de dollars. Pour équilibrer le budget, il faudrait soit une augmentation d'impôt de 47 %, soit une baisse des dépenses de 35 % (personnellement, nous savons ce que nous préférerions, mais personne ne nous a demandé notre avis). Il est probable que les Californiens obtiendront un peu des deux, avec également une augmentation de la dette publique… et un nouveau gouverneur.

Toute notre sympathie va aux Californiens ; ils ne sont pas seuls. Leur État, leur nation et leur situation ne sont pas uniques. Même des entreprises privées ne sont pas à l'abri – prenez General Motors, par exemple. Incapable de financer ses promesses de retraites, GM emprunte, comme la France et la Californie. En fait, en juin 2003, GM a lancé la plus grande offre obligataire de l'histoire – pour une valeur de 17,6 milliards de dollars. De tout cet argent, pas un seul dollar n'était destiné à construire de meilleures voitures qui permettraient aux actionnaires de gagner plus d'argent ; non, tout cela était assigné au programme social de GM, forçant les capitalistes à payer les retraites généreuses que l'on verse aux anciens travailleurs. Et Lehman Brothers, une institution capitaliste de Wall Street, ne fait pas mieux : elle a annoncé que 90 % de sa trésorerie seraient utilisés à racheter les actions distribuées aux employés !

D'un côté de l'Atlantique, les journaux fulminent contre la « nature impitoyable » du capitalisme américain. De l'autre, les journaux se moquent de la « rigidité » du socialisme français. Mais les deux rivages du vaste océan ont subi tout au long du XXe siècle l'érosion des hautes marées de la planification centrale, du papier-monnaie, de la dette et des promesses sociales. Il ne fallut que quelques semaines pour que les idées pernicieuses des intellectuels allemands et des philosophes français traversent l'Atlantique Nord. Bientôt, les deux continents furent inondés de politique… jusqu'à ce que le moindre bougre du pays dépende des rallonges financières de Paris ou Washington – et se trouve prêt à élire n'importe quel lourdaud qui en promettait plus.

Peu importe où vous vous trouvez dans le monde moderne : pour toute transaction, il y a une taxe. Pour chaque acte, il y a une loi. Et pour toutes les idées envisagées par les masses, il y a une tromperie gargantuesque.

« C'est tout le système de protection sociale mis en place par Bismarck à la fin du XIXe siècle qu'il nous faut examiner » – *Le Monde* citait en ces termes le professeur Peter Losche, de l'université de Gottingen, afin d'expliquer pourquoi toute l'opération était maudite.

« Si nous ne changeons rien, il faudra verser les 2/3 de nos salaires pour soutenir les systèmes [gouvernementaux] de la santé, des retraites et du chômage. »

Et nous revoilà donc devant les planches à billets cachées dans les caves de Washington, et la situation tout à fait unique de l'Amérique au début du XXIe siècle. De toutes les vanités de l'Amérique, aucune n'est comparable, en termes de pouvoir d'achat, avec l'étalon-dollar. C'est l'élément principal qui sépare nettement les États-Unis de la France, et qui pousse les États-Unis à la ruine avec une force considérable. Alors que la France et la Californie se voient forcées de régler leurs problèmes – honnêtement ou malhonnêtement –, les États-Unis ont toujours la devise de réserve mondiale.

Les Américains avaient embobiné le reste de la planète ; les étrangers leur avaient envoyé l'équivalent de 2 milliards de dollars de biens et services, chaque jour – même si les Américains ne pouvaient se le permettre, et n'avaient rien à donner en retour, sinon de petits morceaux de papier vert. Les pauvres Boches, Frenchies et Rosbifs… il en coûtait moins d'un penny à l'hôtel des Monnaies américain d'imprimer un dollar, mais les étrangers s'en emparaient comme s'il en valait des centaines.

La bonne fortune de l'Amérique reposait sur le dollar. Il était à la base de tout le tintamarre – le commerce de guingois, les marchés en effervescence, la dette privée et publique. Toute une génération d'Américains avait grandi avec le dollar fort. Ils tenaient pour acquis qu'un dollar solide n'était ni cyclique ni lié aux circonstances – il était éternel, comme les Rolling Stones.

Le dollar américain pulvérisa des records. On n'avait jamais rien vu de tel dans le monde – ou dans l'histoire. Il semblait défier Dieu lui-même, puisque le Seigneur avait planté sa propre « monnaie » sur Terre : il en avait répandu un peu à la surface et avait semé le reste en profondeur, où elle était plus difficile à atteindre. Durant des milliers d'années, depuis l'apparition de la monnaie, l'or avait servi de devise. Et qui s'en plaignait ? On ne pouvait soudoyer, flatter, séduire ou enjôler le métal jaune. Il n'interrompait pas les conversations avec des annonces crétines et égoïstes. Il ne disait rien. Il n'allait nulle part. Il ne donnait pas de conférence de presse, ni d'avis. Pendant des années, il se contenta de rester là, aussi silencieux et pratique qu'un cimetière.

Mais depuis 1971 les Américains semblaient ne pas en avoir l'usage ; ils n'avaient pas l'intention de mourir.

Auparavant, les hommes appréciaient l'or parce qu'il était difficile à trouver – en fait, l'offre d'or augmentait quasiment au même rythme que les autres biens et services du monde. À l'époque de Jésus-Christ, un homme pouvait s'acheter un vêtement respectable pour environ une once d'or. 2000 ans plus tard, il en va de même pour un Américain.

Mais le dollar valait mieux que l'or, pensait-on, pour des raisons inverses : on pouvait le créer en quantités infinies. Dans les faits, les Américains pensaient que le dollar leur donnait un crédit inépuisable.

L'Amérique est devenue « la bouche du monde », selon une source citée par James Grant – le consommateur absolu, prêt à avaler les excès de production du monde comme un gros homme dévore un tas de choux à la crème.

« Nous pouvons payer n'importe qui en faisant fonctionner la planche à billets », a déclaré Thomas Gale Moore, un des conseillers économiques du président des États-Unis. Cette phrase date de la fin des années 80 – juste au moment où les investissements nets internationaux des États-Unis glissaient sous le seuil séparant les débiteurs des créditeurs. Au début du grand boom des années 80, les États-Unis bénéficiaient d'une position d'investissement net positive d'environ 7 % du PIB. À la fin du siècle, le pays était inondé de dettes, sa position nette négative atteignant 25 % du PIB. « Franchement, continuait Moore avec candeur, je ne vois pas vraiment en quoi cela est nuisible. »

Nous non plus. Mais accordez-nous un peu de temps. Nous avons l'intuition que les fêlures du système de l'étalon-dollar s'agrandissent. Dans dix ans environ, toute la structure pourrait bien s'écrouler.

Déjà les dollars dépensés par les Américains finissent par stimuler le développement économique – mais pas dans la mère patrie : à l'étranger. Les concurrents étrangers, avec des coûts de main-d'œuvre bas, peu de dettes et aucune promesse à la Bismarck à remplir, deviennent plus compétitifs à chaque dollar dépensé. Pendant ce temps, les Américains plongent de plus en plus profondément dans des dettes qu'ils pensaient n'avoir jamais à payer.

Mais toutes les factures finissent par être réglées. Si ce n'est par les emprunteurs… alors par les prêteurs. À l'automne 2003, on ne savait toujours pas clairement qui, des Américains ou des étrangers, allait payer. Les deux, très probablement.

Introduction

Quand sonne l'heure du bilan

Tout semblait si logique, si évident et si plaisant durant les cinq dernières années du XXᵉ siècle. Les cours des actions montaient d'année en année. On avait remporté la guerre froide. On vivait dans un nouvel « âge de l'information », qui rendait tout un chacun tellement plus intelligent... et tellement plus riche.

Les Américains étaient les gens les plus heureux de la terre dans le meilleur des mondes. Le capitalisme de consommation américain faisait l'envie de toute l'humanité. La paix et la liberté de l'espèce entière étaient garanties, sinon par la bonté, l'intelligence et la prévoyance des Américains, du moins par leur arsenal militaire qui pouvait réduire à néant n'importe quel adversaire. On croyait que la « fin de l'histoire » annoncée par Francis Fukuyama était effectivement advenue, car il semblait exclu que le monde pût s'améliorer de façon conséquente.

Mais « c'est un drôle de monde », comme le fit un jour remarquer Margaret Thatcher. Elle aurait pu utiliser le mot « drôle » au sens d'« amusant », mais elle l'employa probablement avec le sens de « bizarre ». Dans les deux cas, elle avait raison. Ce qui rend le monde drôle, c'est qu'il ne coopère pas. Il ne fait pas ce que les gens veulent ou s'attendent à ce qu'il fasse. En fait, comme nous le verrons, il fait souvent juste le contraire.

Les gens non plus ne font pas ce qu'ils « devraient » faire. Les autres ne semblent pas agir de façon « rationnelle », surtout ceux qui ne sont pas d'accord avec nous. Et même nous, nous ne suivons pas toujours une ligne de conduite logique et raisonnable. En fait, nous sommes tous mus par des vagues d'émotion, et, de temps en temps, elles nous submergent.

Le livre que vous tenez entre les mains fut écrit pour souligner que le monde est plus drôle qu'on ne le pense. Et plus on y pense, plus il est drôle. Lorsqu'on l'étudie de près, on s'aperçoit de ses ironies, de ses contradictions et des confusions qui rendent la vie intéressante, mais aussi frustrante. Peut-être que les êtres rationnels agissent rationnellement toute la journée, mais, si c'était le cas, la vie serait terriblement ennuyeuse. Heureusement, les vrais hommes ne sont rationnels que pour des actes qui n'ont pas vraiment d'importance…

Les hommes d'action méprisent la pensée, et ils ont raison, car plus ils pensent, et plus leurs actions sont semées de doutes et d'arrière-pensées. Plus l'homme pense, moins il agit vite. La pensée lui dévoile les limites de ses projets. En explorant les possibilités, il voit encore davantage d'issues possibles, un plus grand nombre de problèmes, et s'aperçoit de plus en plus de l'étendue de ce qu'il ne connaît pas. S'il réfléchit bien et assez longtemps, il est presque paralysé et n'est plus un homme d'action.

La bourse montera-t-elle ?

« Je ne sais pas », répond le gestionnaire de fonds qui pense.

Pouvons-nous gagner la guerre ?

« Cela dépend de ce que vous voulez dire par "gagner" », répond le général qui réfléchit.

Ce livre est écrit dans un esprit de galopante modestie. Plus nous pensons, plus nous nous apercevons que nous savons peu de choses. En fait c'est une bonne chose que le livre ait été achevé lorsqu'il le fut... sinon nous ne saurions rien du tout, ou même moins que rien.

En toute franchise, le monde nous surprend et nous amuse bien trop pour que nous pensions que nous pouvons vraiment le comprendre aujourd'hui ou prédire ce qu'il sera demain. Les éléments de la vie qui ont le plus d'attrait, l'amour et l'argent, sont bien trop complexes pour que nous fassions une prophétie digne de foi. Mais nous ne pouvons nous empêcher d'émettre une supposition.

Il est bien possible que nous ne sachions pas comment fonctionne le monde, mais nous avons la prétention de penser que nous pouvons savoir comment il ne fonctionne pas. Ainsi, la Bourse n'est pas un simple mécanisme, à l'instar d'un distributeur de billets de banque, où il suffit de taper les bons chiffres pour retirer du liquide lorsqu'on en a besoin. Comme la vie elle-même, les marchés d'investissement sont toujours compliqués, souvent contrariants, et à l'occasion absurdes. Mais cela ne veut pas dire qu'ils sont totalement aléatoires. Les surprises de la vie, bien qu'inattendues, ne sont peut-être pas toujours injustes. Les illusions ont des conséquences. Et, tôt ou tard, arrive le jour du bilan, et les factures doivent être réglées.

En ce sens, les marchés d'investissement ne sont pas du tout mécanistes : ils s'érigent en juges – et, comme nous le verrons, ils récompensent la vertu et punissent le péché.

Notre approche dans ce livre s'écarte un peu de celles des ouvrages habituels d'économie ou des guides d'investissement. C'est plutôt un exercice en ce qu'on appelle, par dérision, « l'économie littéraire ». Vous trouverez ici des statistiques et des faits, mais ce sont les métaphores et les principes qui sont importants. Les faits ont une manière de se plier aux nuances comme les membres d'un jury du Texas à un avocat. Soumis à l'influence qui convient, ils feront tout ce qu'on veut. Mais les métaphores demeurent et continuent à être utiles longtemps après que les faits ont changé.

Par ailleurs, les métaphores aident à faire comprendre le monde et ses rouages. Comme l'a dit récemment Norman Mailer, il y a bien plus de vérité dans une métaphore que dans un fait. Mais le problème avec les métaphores c'est que, même si elles sont vraies quand elles sont adroites, lorsqu'elles sont reprises par les foules elles deviennent presque tout de suite fausses et éculées. Car la vérité entière est toujours complexe au point d'être inaccessible, même aux plus grands génies du monde.

Le monde ne fonctionne jamais de la manière dont on pense. Ceci ne revient pas à dire que toute idée personnelle sur la manière dont le monde fonctionne est mauvaise, mais que souvent les idées personnelles s'avèrent mauvaises si elles sont communément partagées. Car seules des idées simples peuvent être partagées par un grand nombre d'individus. Et donc les idées communément partagées sont presque toujours simplifiées au point où elles deviennent pratiquement des mensonges, et souvent des mensonges dangereux. Une fois qu'un grand nombre de gens en viennent à croire ces mensonges, ils adaptent leur propre comportement pour se mettre en phase, et changent ainsi le monde lui-même, de telle sorte qu'il ne s'agit plus du même monde que celui qui a été à l'origine de l'idée de départ. Bientôt, leur situation est tellement décalée par rapport au monde réel qu'une crise se développe, et qu'ils partent à la recherche d'une nouvelle métaphore qui explique le monde et les guide.

Donc, les auteurs du présent volume ne peuvent s'empêcher de remarquer une dynamique insidieuse, mais distrayante, une dialectique du cœur où la cupidité et la peur, la confiance et le désespoir s'affrontent avec l'élégance subtile de lutteuses qui s'ébattent dans la boue : une idée sur la manière dont le monde fonctionne (ou devrait fonctionner) est adoptée par les masses et évidée jusqu'au mensonge, ce qui conduit les individus à orienter leurs efforts dans la mauvaise direction et, finalement, à s'attirer des ennuis. Une crise se développe alors, les conduisant à une nouvelle idée différente, qui, tôt ou tard, sera soit mise au rancart, soit appliquée, ce qui aura un résultat désastreux.

Dans les marchés financiers, ce modèle est connu et fréquemment décrit.

À la fin des années 90, ceux qui croyaient que les actions ne cesseraient de monter, bien qu'elles aient déjà atteint des niveaux extrêmement élevés, donnaient d'innombrables raisons pour justifier leurs convictions, mais la principale était simplement que c'était ainsi que le monde fonctionnait. Mais une fois que, pour profiter de cette idée, les investisseurs eurent placé leur argent dans les actions, il restait peu d'acheteurs, et les prix avaient tellement augmenté qu'il n'y avait plus assez de bénéfices et de croissance pour les soutenir.

Les investisseurs furent profondément déçus par les gains du début des années 2000 où les actions chutèrent trois ans de suite. Comment cela peut-il se faire ? se demandaient-ils ? Que se passe-t-il ? voulaient-ils savoir ?

Alors que nous écrivons ce livre au printemps 2003, nous ne le savons toujours pas. Et même les économistes conventionnels ont du mal à trouver une réponse. Paul Samuelson, qui popularisa la profession d'économiste pour le magazine *Newsweek*, a admis que ni lui ni ses collègues n'ont de mots pour décrire cette « économie déroutante ».

Et Alan Greenspan ne fut pas d'un grand secours. À la fin de l'été 2002, l'économiste le plus célèbre du monde s'adressa à des confrères économistes à Jackson Hole dans le Wyoming. Il leur expliqua qu'il ne savait pas ce qui avait mal tourné. Il n'aurait pas pu reconnaître une bulle, même si elle lui avait explosé au nez. Il lui avait fallu attendre, déclara-t-il à son public, et se regarder dans le miroir pour voir s'il avait des ecchymoses. Car ce n'était qu'a posteriori que l'on pouvait détecter l'existence d'une bulle.

Et de toute manière qu'est-ce que cela aurait changé ? Rien, expliqua le bureaucrate préféré de l'Amérique. Même s'il avait su, déclara-t-il, il n'aurait rien pu faire.

Mais nous n'écrivons pas ce livre pour blâmer quiconque ou nous plaindre. Nous présentons plutôt ce volume dans un esprit de critique constructive, ou du moins dans un esprit d'espièglerie inoffensive. Nous ne savons pas plus qu'Alan Greenspan ce que nous réserve l'avenir. Nous devinons seulement que nous avons atteint un des moments de crise de l'histoire, un de ces jours où il faut établir un bilan, où les métaphores d'hier ne semblent plus décrire la manière dont le monde fonctionne aujourd'hui. Les marchés financiers ne sont pas, après tout, les coopérants distributeurs de billets qu'imaginent les investisseurs. Et le monde politique n'est pas aussi sûr et aussi confortable que les individus en étaient venus à le croire.

Notre livre pourra aussi surprendre les lecteurs d'une autre manière. Nous nous plongeons dans l'histoire militaire et l'histoire des marchés, comme si nous faisions la navette entre un bain tourbillonnant et la piscine. Ces deux histoires illustrent la vive influence de la dynamique de groupe. Les courants de sentiments de masse sont semblables. Les lecteurs noteront, cependant, que les épisodes politiques ont tendance à se terminer mal, tandis que les marchés tournent à la farce.

Les lecteurs pourront aussi s'interroger sur la raison qui nous pousse à nous concentrer sur l'histoire européenne. Nous assumons ce choix pleinement. Près de nos bureaux de Paris, nous sommes entourés par des vestiges du passé de l'Europe. Comment ne pas en tirer des leçons ?

Pour finir, les lecteurs ne trouveront ici ni les formules et recommandations typiques d'un guide d'investissement, ni même les développements détaillés d'un livre d'économie. Ils ne trouveront que quelques idées simples, dont notre « Transaction de la décennie », qui pourrait bien les aider financièrement dans les années à venir.

Les lecteurs qui souhaitent suivre la progression de la Transaction de la décennie, ou trouver nos commentaires les plus récents, sont invités à nous rendre visite sur notre site www.la-chronique-agora.com et à s'abonner.

Paris, France
3 mars 2003

Chapitre 1

Tout ce qui brille n'est pas or

> Le problème de ce monde qui est le nôtre n'est pas que c'est
> un monde déraisonnable, ni même que c'est un monde raisonnable.
> Le problème le plus général, c'est qu'il est presque raisonnable, mais
> pas tout à fait. La vie n'est pas illogique, et pourtant elle constitue
> un piège pour les logiciens. Elle paraît être un tout petit peu plus
> mathématique et régulière qu'elle ne l'est en réalité ; son exactitude
> est flagrante, mais son inexactitude est cachée ; sa sauvagerie reste
> embusquée.
>
> G.K. Chesterton

Un jour de la fin des années 1990, Gary Winnick, président
de ce qui était alors une entreprise estimée en Bourse à 47 milliards
de dollars, Global Crossing, fit quelque chose d'inhabituel. Il
décida de suspendre pour quelque temps ses visites de galeries
d'art avec David Rockefeller, ses parties de golf avec Bill Clinton
et les plaisirs de la plage de Malibu pour se renseigner un peu
sur le domaine d'activité de sa société : il acheta une cassette vidéo
qui décrivait la manière dont on pose les câbles sous-marins. La

cassette apprit à Winnick tout ce qu'il lui fallait savoir sur la pose des câbles. Car il comprenait quelle était en fait sa spécialité, et cela n'avait rien à voir avec les bateaux ou les fibres optiques. Winnick faisait l'œuvre de la nature : il séparait les imbéciles de leur argent. Et il était doué pour ça.

Winnick était censé bien connaître l'industrie de la pose de câbles sous-marins. De même, ceux qui levaient des fonds pour son entreprise étaient censés être les professionnels de Wall Street les plus capables de gérer de grosses sommes. Après tout, si ces gens-là ne savaient pas où placer de l'argent pour qu'il rapporte des bénéfices corrects, que savaient-ils ? Et ceux qui leur fournissaient des capitaux étaient aussi censés connaître leur métier. Il s'avéra que ni les uns ni les autres ne savaient ce qu'ils faisaient.

L'une des grandes merveilles de l'existence n'est pas que les imbéciles se séparent vite de leur argent, mais qu'ils réussissent à en gagner. La vie n'a, semble-t-il, aucune raison particulière de se perpétuer, si ce n'est sa propre inanité. Un mensonge en remplace un autre, telles les voitures qui se garent dans une rue de Paris, où une place de stationnement ne reste pas libre pendant bien longtemps.

Non seulement la vie imite l'art, mais elle essaie aussi de copier servilement la science. Au cours du XXᵉ siècle, une idée toute simple s'était enracinée dans l'esprit des investisseurs. Tout fonctionnait comme une machine, pensaient-ils, particulièrement l'économie. Si l'économie croissait trop vite, Alan Greenspan la freinerait en haussant les taux d'intérêt. Si elle croissait trop lentement, il relancerait le moteur en abaissant les taux. Simple comme bonjour. L'image de la machine semblait décrire parfaitement la manière dont opérait la Réserve fédérale. Au cours des deux dernières décennies, aucun fait ne l'avait démentie. Elle fonctionnait si bien depuis si longtemps qu'elle semblait presque correspondre à la réalité.

Dans son ouvrage, *Random Walk on Wall Street* (Promenade au hasard dans Wall Street), Burton Malkiel popularisa l'hypothèse d'efficience des marchés, prétendant que les prix des actions évoluaient au hasard. Le mieux que l'on pût faire, suggérait-il, était d'acheter les actions qui composaient les indices et de rester sur le marché. Avec le temps, le marché monte et on devient riche. Selon ce point de vue, le marché est un instrument inoffensif et mécaniste qui se contente de distribuer les richesses de façon égale à ceux qui y participent : tant que vous êtes « sur le marché », toutes les richesses du capitalisme affluent vers vous.

L'ennui, c'est que, malgré les apparences, le marché n'est pas tout à fait une machine. Le marché est un système organique sans limites ; s'en rendre maître relève des sciences humaines et non d'une science exacte. Les marchés financiers reflètent l'activité économique des hommes. Ce sont des sytèmes chaotiques sans limites. La meilleure métaphore qui permette de les comprendre est celle de la nature dont ils font partie, nature qui est infiniment complexe et en définitive incontrôlable. Les marchés ne sont ni complaisants ni indulgents. S'ils font l'œuvre de Dieu, comme on l'a suggéré, c'est du Dieu de l'Ancien Testament qu'il s'agit, et non pas de celui du Nouveau.

Mais à la fin des années 1990 nous vivions dans un monde merveilleux. Il était riche et luxuriant, le soleil brillait tous les jours. Le progrès semblait inévitable et inéluctable, et l'on pensait que la compilation de données sous une forme numérique était la clé du secret d'une abondance toujours croissante de ressources pour l'humanité. Cela semblait si simple : les ordinateurs et les télécommunications fournissaient des quantités de plus en plus importantes d'informations, et cela permettait aux biens d'être produits plus vite à moindre coût. L'humanité, qui, tels les hommes des cavernes, courbait jusque-là l'échine dans l'ignorance et l'obscurité, pourrait désormais se redresser et se rapprocher de la perfection de jour en jour. Il était exclu qu'elle se trompât, comme elle l'avait toujours fait par le passé, nous disait-on, car il s'agissait là d'une « humanité nouvelle », mieux adaptée à l'âge

de l'information. Nous étions vraiment dans une « Nouvelle Ère »,
nous assurait-on.

À l'aube du XXIᵉ siècle, un demi-siècle de progrès et 25 ans
de marchés à la hausse avaient créé une race de génies. Les
Américains étaient au sommet du monde. Leurs armées étaient
invincibles. Leur monnaie était acceptée partout comme si elle
avait une valeur réelle. Les sorties nettes en dollars, produit
d'exportation américain le plus prisé, se chiffraient presque à un
milliard et demi par jour. Et les dollars étaient le produit qui
rapportait à l'Amérique sa plus grosse marge de bénéfices. Chaque
billet coûtait moins d'un cent à produire, et sa valeur était au pair.

Mais la plus grande force de l'Amérique, c'était son économie.
Non seulement c'était la plus forte au monde, mais c'était aussi
la plus forte que le monde eût jamais connue. L'Amérique avait
développé son avance économique sur les pays qui lui faisaient
concurrence au cours des dix années qui avaient précédé le tournant
du siècle. Dans l'esprit de beaucoup de gens, rien ne pouvait arrêter
l'économie de l'Amérique. Son succès prolongé était inévitable.
Sa position de tête n'était pas seulement conjoncturelle, pensaient-
ils, mais éternelle. Elle avait atteint un état si proche de la perfection
qu'on pouvait à peine imaginer comment faire mieux. La musique,
l'art, le cinéma et la démocratie des États-Unis triomphaient partout,
ainsi que le capitalisme de marché à l'américaine.

« L'Amérique est le seul modèle de progrès humain qui survive
dans le monde », déclara le président George W. Bush dans son
discours à des élèves de West Point lors de la cérémonie de remise
des diplômes en juin 2002. L'Amérique a ses défauts, écrivait de
son côté Thomas L. Friedman dans le *New York Times* à peu près
à la même époque, mais sans elle « rien de bon ne se produit ».

Bizarrement, durant cet « âge d'or » des puces électroniques
et des noms de domaine Internet, personne ne pouvait expliquer
pourquoi l'âge de l'information n'avait jamais réussi à traverser
le Pacifique pour atteindre le Japon. Personne ne se donnait même

la peine de poser la question. Mais l'un des réconforts d'une grande période de prospérité est que les points d'interrogation disparaissent. Les sociétés, comme les marchés et les individus, sont infiniment complexes. Plus on les regarde de près, plus on en voit les détails. Quand les choses vont bien, les gens se contentent de ne pas poser de questions et de ne pas les observer de trop près. Ils croient savoir comment le monde fonctionne et se satisfont des slogans et des simples métaphores qui l'expliquent.

La nouvelle technologie de l'information, prétendait-on, stimulerait la productivité et le taux de croissance. Peu de gens en doutaient. Plus d'information améliorerait les choses : c'était aussi simple que ça, semblait-il. Car, comme les vêtements d'hiver après Pâques, on range les points d'interrogation quand la tendance est à la hausse sur les marchés financiers. Ils ne ressortent qu'au premier vent frisquet de l'automne.

Et, à la fin de septembre 2001, les souffles d'air froid commençaient à peine à se faire sentir. Le Nasdaq avait perdu 16,98 % par rapport à son point culminant. Le Dow Jones avait chuté de 14,26 %. Une récession avait commencé en mars. Bien que l'on eût d'abord annoncé qu'elle s'était achevée après un trimestre seulement, des révisions ultérieures montrèrent qu'elle dura jusqu'à la fin de l'année. Les investisseurs n'avaient aucun moyen de le savoir, faute d'avoir des boules de cristal, mais ils avaient une longue période de mauvais temps en perspective. Et pourtant peu de gens seulement fouillèrent dans leurs placards pour en sortir leurs manteaux et leurs moufles.

Les êtres humains comprennent les choses par analogie. En fait, depuis que Noé construisit son arche, les hommes comprirent toujours le monde en extrapolant à partir de ce qu'ils savaient pour déduire ce qu'ils ne savaient pas. Il n'y avait pas d'autre manière de le faire. Jadis, on pouvait dire qu'un ours « courait aussi vite qu'un lion », par exemple, ou « comme un dératé », puisqu'il n'était pas possible de mesurer exactement la vitesse à laquelle courait un animal. Après une période sans pluie, les villageois disaient peut-être que cela leur rappelait la grande sécheresse qui avait eu lieu quelques années auparavant. Ils n'avaient aucune manière de savoir ce qui pouvait se produire, bien entendu, mais l'analogie les avertissait qu'ils avaient intérêt à faire des provisions de nourriture. En comparant une chose que nous ne comprenons pas vraiment à une autre que nous comprenons un peu mieux, nous pensons que nous les comprenons toutes deux. Nous imaginons, par exemple, Alan Greenspan qui tire des manettes et tourne des molettes comme si l'on pouvait vraiment faire marcher l'économie comme une machine.

Pourtant, bizarrement, dans le monde nouveau de la fin du XXᵉ siècle, les analogies avec le passé, ou avec ce qui se passait de l'autre côté du Pacifique, ne semblaient pas avoir d'importance. Les choses étaient différentes. Non seulement les vieilles règles et les vieilles leçons ne s'appliquaient plus, mais les analogies elles-mêmes étaient passées de mode. La Nouvelle Ère était « numérique ». L'opinion répandue était que presque tous les aspects de la vie seraient bientôt numérisés et que l'humanité serait chaque jour mieux informée, plus riche et moralement supérieure. Du moins… jusqu'à ce que le climat changeât.

Les gourous de la Nouvelle Ère

L'histoire de la Nouvelle Ère se souviendra que ce furent Robert Metcalfe et Gordon Moore qui, tels Moïse et Aaron, libérèrent leurs adeptes des chaînes de la Nouvelle Économie pour les conduire au pays des *stock options* et des cafés *latte*. Metcalfe et Moore dictèrent les lois qui déterminaient la façon de vivre à Silicon Valley dans les années 1990.

Metcalfe décrivit un phénomène connu : chaque élément d'un système ou d'une collectivité prend de la valeur quand ce système se développe. On peut le voir quand on pense au système téléphonique. Quand la société de téléphone Bell fut fondée en mai 1877, ses produits étaient presque inutiles. On ne pouvait appeler personne parce que personne n'avait de téléphone. Mais trois ans plus tard, il y avait 30 000 téléphones qui fonctionnaient. Cela fit naître l'idée que l'on pouvait se permettre de dépenser beaucoup pour vendre et installer des téléphones, sachant qu'on gagnerait de l'argent plus tard. De plus, il était crucial pour une entreprise que les gens achètent ses téléphones plutôt que ceux d'un concurrent. En fin de compte, le service qui a le plus de valeur, et sans doute rapportera le plus, est celui qui est le plus répandu.

Cette découverte ouvrit la voie á la stratégie préférée des entreprises du secteur d'Internet : « Ne pensez pas aux bénéfices, battez-vous pour des parts de marché. » Peu s'aperçurent du vice caché : un système téléphonique était un quasi-monopole. Cela avait un sens de payer beaucoup d'argent pour le mettre en place parce qu'on pouvait s'attendre à jouir très longtemps de niveaux de bénéfices réservés aux monopoles. Bell Telephones et les entreprises qui en furent dérivées sont encore en activité. Mais Amazon.com, Globe.com, Webvan.com et des milliers d'autres jeunes pousses du secteur d'Internet n'avaient aucun espoir de constituer un monopole ou quelque chose qui s'en rapproche.

Entre-temps, Moore dicta sa propre loi : il remarqua que la puissance informatique doublerait tous les 18 mois – ce qui était le cas. Ce taux de croissance étonnait tout le monde et conduisit à l'autre illusion majeure des investisseurs dans Internet : ils croyaient que, comme la puissance informatique augmentait de manière exponentielle, les entreprises et les cours des actions du secteur Internet feraient de même. La loi de Moore ne s'applique qu'à la vitesse à laquelle les ordinateurs traitent les informations. Les mathématiciens du gouvernement supposèrent, à tort, que cela équivalait à une augmentation de la richesse du pays, telle qu'elle est exprimée par le PIB. Comme nous le verrons plus tard, ceci conduisit à son tour à des distorsions d'autres mesures, telles que la productivité et les niveaux d'inflation.

Si Moore et Metcalfe étaient les prophètes du Nouveau Testament de la Nouvelle Ère, George Gilder était, lui, son messie. Chaque révolution a besoin de ses intellectuels, de ses fauteurs de troubles, de ses bourreaux et de ses victimes. Un tiers visionnaire, un tiers imbécile et un tiers incompréhensible, Gilder était tout cela et davantage. Auteur de discours de Romney, Rockefeller et Nixon, et de plusieurs livres érudits, dont *Richesse et Pauvreté* et *The Spirit of Enterprise* (L'esprit d'entreprise), il fut cité plus souvent par Ronald Reagan que tout autre écrivain. Son livre *Microcosm* (Microcosme) le conduisit plus loin que quiconque dans les contrées reculées de la nouvelle technologie et de l'esprit d'entreprise. Depuis lors, d'aucuns diraient qu'il s'aventura un peu trop loin.

Les articles de Gilder publiés dans le magazine *Forbes ASAP* n'étaient pas seulement difficiles à lire : ils étaient incompréhensibles. Peu importe. C'était un génie, et il avait raison sur de nombreux points. Ses comptes rendus étaient suivis par beaucoup des investisseurs les plus avisés de notre époque, à un tel degré que ce « Yankee nerveux et pâle » était considéré comme un demi-Dieu, ou le « Jean-Baptiste de l'âge numérique », comme on pouvait le lire dans un article. Mais il s'était tellement monté le bourrichon sur les possibilités d'Internet qu'il semblait avoir un peu perdu la tête.

Gilder formulait une réserve : « Je ne m'intéresse pas aux prix », disait-il. C'est bien dommage. Parce que, comme les investisseurs le découvriraient plus tard, les prix sont importants. Même si une technologie est spectaculaire, et si la société qui la possède est fabuleuse, l'action de cette société n'est un bon investissement que si elle est au prix juste.

Maudit par le sort

« Écoutez la technologie ! » avait conseillé au messie de la Nouvelle Ère son professeur de physique de Caltech, Carver Mead. Gilder avait écouté avec attention et cru que, s'il tendait assez l'oreille, il pourrait presque entendre parler le cosmos. « Achète Global Crossing ! » avait-il cru entendre.

Gilder n'avait pas l'habitude d'acheter, et à en juger par les comptes rendus de presse, acquérir des actions l'intéressait peu. Mais cet Ulysse du « télécosme » avait oublié de se boucher les oreilles ou de se faire attacher au mât. Et donc, il succomba aux chants des sirènes de Global Crossing… et elles lui firent perdre la tête. C'était particulièrement manifeste dans son livre, *Telecosm* (Télécosme), dans lequel il annonçait l'émergence d'une nouvelle économie, « basée sur une nouvelle sphère, rayonnante comme une corne d'abondance, une réalité disséquée et démasquée, ne laissant que la lumière du flambeau de Prométhée ». Nous ne savons toujours pas à ce jour ce que cette phrase était censée signifier. Il pouvait s'en donner à cœur joie à débiter ses sornettes sur Global Crossing qui avait contribué à apporter « un nouvel âge en esprit et en foi » avec « son pouvoir cumulatif, sa vérité, et sa transcendance des sciences et richesses contemporaines dans toute leur majesté ». Mais avec un rapport cours-bénéfices négatif de 130, il fallait être idiot pour placer son argent dans cette société. Pourtant, même en juin 2001, George Gilder continuait de chanter les louanges de Global Crossing et disait que son action était le « pari le plus sûr du Télécosme ».

Oh, mais nous avions oublié, Gilder « ne s'intéressait pas aux prix ».

Maître de l'univers de la bande passante

Gary Winnick avait vendu des obligations pour Drexel Burnham avant d'entrer, presque par hasard, dans le domaine des fibres optiques. Il avait vu les possibilités de la bande passante après avoir financé un câble sous-marin pour AT&T en 1997. Il avait fallu 14 mois pour poser le premier câble, mais cela avait été extrêmement rentable.

C'est ainsi qu'émergea le plan de développement très simple de Global Crossing : lever des fonds et poser des câbles de fibres optiques ! Les premières estimations des coûts de construction s'élevaient aux alentours de 2,7 milliards de dollars. L'argent afflua bientôt à la vitesse de la lumière au siège de Global Crossing, situé à Hamilton dans les Bermudes. L'action fut introduite en Bourse en août 1998 à 9,50 dollars. Huit mois plus tard, le cours de l'action avait atteint 60 dollars, ce qui donnait à la société une capitalisation boursière de 54 milliards de dollars. La participation personnelle de Winnick s'élevait à 4,7 milliards de dollars. Bientôt Winnick rêva de construire un réseau sous-marin de câbles à large bande qui relierait les continents entre eux et alimenterait les entreprises de télécommunications comme Deutsche Telekom et AT&T.

Trois ans plus tard, en novembre 2001, Global Crossing créa une onde de choc et de colère chez les investisseurs en annonçant des pertes de 3,35 milliards de dollars, plus de six fois supérieures à celles du même trimestre un an auparavant. Les pertes incluaient une réduction de valeur de 2 milliards de dollars de sa participation dans Exodus Communications, autre société maudite de ce faux âge d'or, alors placée sous la protection du code des faillites américain. Les actions ordinaires de Global Crossing s'échangeaient à 1,24 dollar à la mi-novembre, une hausse par rapport aux 38 cents du 9 octobre, mais une baisse par rapport aux 13,30 dollars de juin, époque où George Gilder y voyait un pari sûr. En un an et demi, les investisseurs avaient perdu à peu près 52,9 milliards de dollars sur les actions.

Et pourtant Gilder, halluciné de la Nouvelle Ère, s'accrochait : « Si vous avez acheté des actions Global Crossing en 1998, écrivait-il [pas plus tard qu'en juin 2001], vous avez acheté un câble de 8 000 km. Aujourd'hui vous achetez un réseau de 163 000 km. Si vous avez acheté Global Crossing en 1998, vous avez acheté 400 millions de dollars en revenus. Aujourd'hui, vous achetez plus de 5 milliards de dollars en ventes et plus d'un milliard de dollars en flux de trésorerie en valeur actualisée, qui augmentent de 40 % par an. Si vous avez acheté Global Crossing en 1998, vous avez acheté une participation dans des ventes stables de STM-1 des deux côtés de l'Atlantique. Aujourd'hui vous achetez un support pour réseau IP avec un trafic qui augmente de 450 % par an et une participation de 20 % à Exodus (le carrefour clé du Web où se croisent les flux de milliers de milliards d'octets [*exafloods*] en contenu, stockage de données et services) qui a presque doublé les revenus du trimestre de janvier à mars par rapport à ceux de l'année dernière. Si vous avez acheté Global Crossing en 1998, vous avez acheté le rêve d'un réseau mondial de verre et de lumière. Et aujourd'hui, c'est ce réseau-là que vous achetez. »

« Si vous aviez acheté Global Crossing en 1998, aurait pu répondre un cynique, vous auriez perdu 98 % de votre argent. »

Le rêve s'avéra être un meilleur investissement que le réseau lui-même. Comme Global Crossing recueillait de plus en plus de fonds et posait de plus en plus de câbles, la société se rapprochait d'autant du jour où elle devrait rendre des comptes. Au lieu des *exafloods* de Gilder, les entreprises de câble furent bientôt submergées par une offre excessive : leurs finances sombrèrent si vite qu'elles n'eurent plus l'espoir de surnager. Tandis que Gilder observait les étoiles du Télécosme, les spécialistes compétents de l'industrie tournaient leur regard vers la terre et voyaient venir le raz-de-marée.

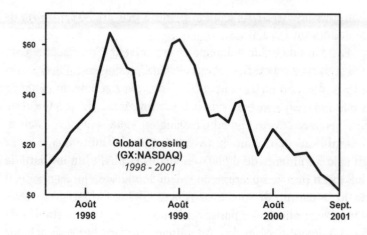

En novembre 2001, les investisseurs n'étaient plus les naïfs généreux au grand cœur qui avaient prêté de l'argent à Global Crossing et autres prodiges à l'apogée du boom technologique. Après tout, en raison des soupçons du marché, les prêteurs avaient évalué les obligations de Global Crossing à 18 cents pour un dollar. La dette commerciale garantie de l'entreprise s'échangeait à 67 cents pour un dollar. Le rendement des actions privilégiées, s'il y en avait un, était évalué à 177 %.

La bande passante avait paru être un bon investissement quand les investisseurs avaient beaucoup d'argent et peu de bandes passantes. Mais bientôt les investisseurs eurent un grand choix de bande passante et moins d'argent. Le prix de la bande passante coula à pic. Pendant ce temps, selon les experts, moins de 10 % des câbles de fibre optique étaient utilisés ou « éclairés ». Et malgré cette saturation en fibres, Global Crossing continua à dépenser 500 millions de dollars par trimestre pour financer davantage de constructions. Ajouter de la capacité à ce stade-là, c'était comme si un fêtard déjà ivre débouchait une nouvelle bouteille de vin.

Il est donc peu surprenant que le 28 janvier 2002 Global Crossing se soit déclaré en faillite, laissant à ses créditeurs des pertes de près de 4 milliards de dollars.

Ce qui est plus surprenant, c'est que ceux qui avaient encore la foi étaient nombreux : un article de *Fortune* publié le 9 juin 2002 se lamentait, par exemple, de l'effondrement de la société, prétendant qu'elle avait « une assez bonne chance de survie ».

À qui la faute ? Celle de Winnick qui avait eu le bon sens de demander l'argent, ou celle des pigeons qui le lui avaient donné ? Ils auraient peut-être pu verser les 2,7 milliards de dollars nécessaires pour maintenir Global Crossing en activité. Mais, au lieu de cela, ils remplirent les poches de Gary Winnick de gros billets, jusqu'à ce qu'il eût récolté 20 milliards de dollars. Lorsque son entreprise plia boutique, sa dette à long terme atteignait alors 7,6 milliards de dollars (avec un passif total de 14 milliards de dollars), et elle n'avait même pas assez de trésorerie pour payer les intérêts de la dette.

Mais qu'advint-il des 20 milliards de dollars que Winnick avait rassemblés ? Il avait distribué l'argent autour de lui, achetant d'autres entreprises de télécommunication surévaluées, permettant aux banques d'affaires de Wall Street de gagner d'énormes honoraires en continuant de lui acheminer les fonds. De 1998 à 2001 compris, les plus importantes de ces firmes gagnèrent plus de 13 milliards de dollars de commissions dans le secteur des télécommunications.

Et donc l'argent et les boniments circulèrent. Jack Grubman, l'analyste du secteur technologique de Salomon, fit du battage sur l'action. Les investisseurs l'achetèrent à un cours supérieur à sa valeur. Winnick acheta d'autres entreprises de télécommunication à un prix supérieur à leur valeur. Tout le monde gagna de l'argent.

Mais tout ceci n'était que futilité sans substance. Les gens ne s'enrichissent pas vraiment en dépensant de l'argent pour acheter à des prix trop élevés des choses dont ils n'ont pas besoin et qui sont au-dessus de leurs moyens. Tout ce qu'ils font, c'est faire circuler l'argent… et en gaspiller une grande partie. Dans le seul secteur des télécoms, on posait bien plus de fibres hors tension que le monde n'en voulait vraiment. Et quand la bulle finit par se percer, les investisseurs découvrirent qu'ils y étaient de leur poche de 54 milliards de dollars à cause de Global Crossing.

Et pourtant tout cet argent ne s'envola pas. Lorsque Global Crossing se déclara en faillite, Winnick avait vendu pour 735 millions de dollars de ses actions et avait perçu 15,8 millions de dollars supplémentaires sous d'autres formes d'émoluments. Winnick devait se sentir très malin. Il avait fait ce qu'il avait entrepris de faire : Winnick et sa famille avaient empoché plus de 600 millions de dollars en vendant des actions entre 2000 et 2002, alors même que Global Crossing luttait contre un poids mortel de dettes, des prix qui dégringolaient, et une industrie en plein bouleversement. Winnick s'arrangea aussi pour vendre 10 millions d'actions à 12 dollars en mai 2002, décision que *Forbes* qualifia avec ironie d'« opportune » quand le magazine vit les actions de la société tomber au-dessous de 2 cents fin 2002.

Il y a certaines choses, comme Mae West le fit remarquer, qu'un homme peut avoir en trop grande quantité sans en subir aucun préjudice. Mais, de toute évidence, avoir trop d'argent constitue un danger réel pour un individu, ou même pour une économie entière. Les télécommunications n'étaient pas la première industrie, ni ne seront la dernière, à être ruinée par un excès de fortune.

Le retour de Moïse

Michael Malone, rédacteur en chef de *Forbes ASAP* et auteur de plusieurs livres sur la gestion et la nouvelle économie, s'enrichit par hasard à Silicon Valley. Tom Siebel, fondateur et directeur général de Siebel Systems Inc., avec lequel il co-écrivit *Virtual Selling*[1]

---

1. Publié aux États-Unis en février 1996.

(La vente virtuelle), et Pierre Omidyar, fondateur de eBay, lui donnèrent des actions de fondateur. Il n'avait pas la moindre idée de la valeur des actions et fut étonné de se retrouver riche. Mais il n'avait pas la foi : il vendit ses actions dès qu'il le put.

Car la nouvelle économie ne lui semblait ni réelle ni juste. « La plupart d'entre nous savons, intuitivement, que ces jeunes entreprises du Web que l'on crée toutes les heures ne survivront pas et ne réussiront pas », écrivit-il. Il prédit en outre que, lorsque viendrait le jour de « rendre des comptes », l'argent des investisseurs serait perdu, les fonds de retraite seraient anéantis et les valorisations qui régissaient le marché des valeurs retomberaient sur terre de leurs sommets irrationnels.

À la fin des années 1990, ce sentiment était partagé par Metcalfe et Moore. C'était comme s'ils étaient retournés à Silicon Valley et constataient que les membres de leur tribu avaient transformé l'âge d'Internet en une absurde parodie. Ils découvrirent qu'au lieu d'utiliser la puissance de la puce électronique et d'Internet pour lancer de vraies entreprises et créer de vraies richesses, les investisseurs s'adonnaient à de folles danses pour célébrer un rite de passage, l'introduction en Bourse.

Metcalfe se disait perplexe quant à la bulle du marché des valeurs : « Il y a des trucs qui se passent là-bas que je ne comprends toujours pas », expliqua-t-il. Il considérait que la bulle était « déformée », et exprimait sa crainte que cette déformation finît par la faire éclater. Ses écrits montrent qu'il s'inquiétait de l'obsession des chefs d'entreprise pour les introductions en Bourse. « Je pose fréquemment [aux chefs d'entreprise] la question suivante : "Quel est l'avenir de votre société ?" De nos jours, la réponse contient en général les lettres IPO [*initial public offering*, introduction en Bourse]. Ce n'est pas l'expression qu'il convient d'utiliser dans les cinq premières phrases lorsque l'on explique l'avenir d'une entreprise. Si vous pensez à l'introduction en Bourse, vous vous trompez d'objectif. Ces gens pensent qu'une introduction en Bourse est un événement important. Je vois ça comme un événement financier mineur. Ils voient ça comme si c'était le but de la vie. »

Faudrait-il un jour rendre des comptes ? « Les [capital-risqueurs] entrent au rez-de-chaussée, continuait Metcalfe, et sortent tôt. [Mais]… ces pauvres types des marchés des titres. Ils vont commencer à chercher à avoir des bénéfices et ils ne vont pas en trouver. Tout ça va s'écrouler. »

Mais c'était trop tard. Selon l'opinion en vogue à l'époque, Malone, Metcalfe et Moore n'étaient plus « dans le coup ».

L'homme numérique est « dans le coup »

En été 2000, Ed Yardeni classa les êtres humains de la Nouvelle Ère en deux catégories : 1) « le camp de ceux qui regardent en avant » ; 2) « la foule de ceux qui regardent en arrière ». Selon Yardeni, les premiers croyaient que la révolution de la technologie numérique transformait notre économie en la Nouvelle Économie ; les seconds voyaient surtout en la Nouvelle Économie un battage publicitaire et considéraient que la révolution technologique se résumait à une bulle financière. Ces façons de voir furent explorées davantage par l'économiste en chef de la Deutsche Bank, Alex Brown, qui en vint à la conclusion que « le premier groupe est dans le coup, et pas le deuxième groupe ». Il devint alors à la mode pour ceux qui s'illusionnaient de se référer à ceux qui partageaient leur folie en disant qu'ils étaient « dans le coup » et de ne pas faire le moindre cas de tous les autres.

« Être dans le coup » était une expression utilisée en général pour décrire une position considérée si branchée et si correcte qu'il n'y avait aucune raison (et peu d'espoir) de la justifier en faisant appel à la raison ou à l'expérience. On disait, par exemple, aux hommes qui s'interrogeaient sur les revendications les plus extrêmes d'un féminisme radical qu'ils n'étaient pas « dans le coup ». De même, lorsqu'un Blanc tentait d'exprimer son désaccord avec des Noirs racistes (comme ceux qui affirment que Cléopâtre était une Africaine noire), on lui répondait : « Vous n'êtes vraiment pas dans le coup. »

Que ce soit en examinant la forme de leurs crânes, l'activité de leurs comptes de messagerie électronique ou leurs habitudes d'électeurs, Yardeni découvrit une sous-espèce d'êtres humains entièrement nouvelle : « l'homme numérique ». « Le premier groupe se compose d'hommes numériques qui croient que les tendances laïques de la Nouvelle Économie écrasent les cycles économiques de la Vieille Économie. Le second groupe comprend surtout des personnalités de type analogique qui croient que les fluctuations font partie intégrante de notre cerveau et de notre comportement collectif », écrivit-il.

Yardeni était surtout connu pour avoir légitimé l'hystérie relative au bogue de l'an 2000. Il avait prédit que les problèmes informatiques associés au passage à l'an 2000 causeraient une récession. De tous les personnages associés au bogue de l'an 2000, il s'avéra qu'aucun ne s'était autant trompé que Yardeni. Non seulement le passage à l'an 2000 ne causa pas de problèmes importants pour l'économie, mais la peur collective créa un boom, et non pas une récession. D'énormes dépenses en mesures préventives firent gonfler la productivité comme un gros ballon, grâce aux faiseurs de miracles du *Bureau of Labor Statistics* (l'Institut américain de la statistique). Yardeni dut être éberlué : deux petits chiffres sur le calendrier grégorien, et boum ! la plus grande économie du monde décolla.

Mais les commentateurs avaient fort à propos oublié le fiasco de Yardeni sur le bogue de l'an 2000. « La Nouvelle Économie, écrivit David Denby dans le *New Yorker*, semble produire un Nouvel Homme qui, imitant l'économie elle-même, connaît des changements qui bouleversent sa manière de vivre, de travailler, d'acheter et d'interagir avec les autres. »

Nous étions donc confrontés à une nouvelle race d'êtres humains, qui évoluait parmi nous. Tout ce que nous savions d'eux, c'est qu'ils étaient « dans le coup » et qu'ils étaient numériques. Nous savions aussi où les trouver : de toute évidence, il y avait beaucoup d'êtres numériques à Wall Street et très peu au Japon ! « L'information veut être libre, disaient-ils. La vitesse change le sens de l'information. Notre but est d'être omniprésents. » Ce qu'ils disaient ne semblait pas avoir d'importance… C'étaient des jeunes types cools et branchés du secteur de la technologie, et ils étaient « dans le coup ».

Quelqu'un a dit un jour qu'on ne gagne beaucoup d'argent qu'en exploitant les gens plus bêtes que soi. Les hommes numériques en prirent conscience très tôt et ils eurent la chance d'avoir un marché immense. Comme les arnaqueurs qui eurent le culot de vendre de l'art moderne à des entreprises qui étaient sur la liste des 500 de *Fortune*, ils allèrent tout droit au plus avantageux. Tout le monde, des grands dirigeants d'entreprise aux chauffeurs de taxi, voulait leur donner de l'argent. Dans *Forbes ASAP*, Michael Wolff décrivit ce qui se passait lorsque les prétentions absurdes des *techies* (les spécialistes de la technologie liée à Internet) de la Nouvelle Ère rencontrèrent le monde faible d'esprit et peu imaginatif des entreprises américaines :

« J'aimerais pouvoir communiquer, bien que j'en éprouve maintenant une certaine culpabilité, la joie sans mélange d'avoir assisté à des réunions avec des hommes d'affaires établis qui représentaient des milliards de dollars en avoirs et des flux de bénéfices d'innombrables millions de dollars, et de pouvoir non seulement les regarder de haut parce que j'étais dans le coup et qu'ils ne l'étaient pas, mais aussi pouvoir les rabaisser, être ouvertement condescendant, les traiter comme des enfants. Sur la base de ce que j'étais censé savoir, des centaines de milliards de dollars ont changé de mains. »

Mais pourquoi les grands pontes ne savaient-ils pas ce qui permet d'être « dans le coup » ? Tout simplement parce qu'il n'y avait rien à savoir. Les *techies* n'avaient pas de véritables connaissances. Rien qu'un semblant. De grandes idées bien creuses qui, en fin de compte, ne voulaient rien dire. C'est vrai, ils avaient la technologie, mais ils ne savaient pas plus que les autres ce que cette technologie pouvait apporter ou signifier. Peut-être moins, d'ailleurs, puisque dans l'ensemble ils avaient si peu d'expérience réelle. Et même la technologie qu'ils maîtrisaient s'avérait souvent inefficace, ou était rapidement dépassée par une autre technologie encore plus récente dont l'impact et la signification étaient encore moins certains.

Chaque révolution semble exiger un homme nouveau qui l'accompagne ou la suive. La Révolution française produisit le sans-culotte, qui avait hâte de crucifier le prêtre dont il avait jadis reçu l'Eucharistie et de décapiter l'aristocrate dont il avait cultivé les terres. La révolution russe avait aussi produit un nouvel homme, le Soviétique, qui non seulement pouvait accomplir les tâches de 14 hommes normaux, mais échappait en plus aux émotions et aux fonctions du corps habituelles. Comme Trotsky le dit, il pourrait « maîtriser même les systèmes semi-conscients ou inconscients de son propre corps : la respiration, le système circulatoire, la digestion et la reproduction ».

Ceux qui étaient « dans le coup » étaient censés connaître, tout au fond d'eux-mêmes, une vérité vague et indescriptible que le reste d'entre nous ne pouvait pas tout à fait comprendre. En conséquence, l'homme numérique, race mutante de super homo sapiens, était censé non seulement hériter du monde, mais s'en saisir par force. Mais aucun des Nouveaux Hommes de l'histoire (de Russie, France ou ailleurs) ne réussit jamais à éliminer les faiblesses et péchés dont nous, êtres humains, sommes les héritiers. Et même si la Nouvelle Économie avait son Nouvel Homme, il ressemblait, apparemment, à l'ancien : il était « cupide, obsédé et ignorant », pour reprendre les mots qu'utilisait David Denby dans le *New Yorker* pour décrire ces Hommes nouveaux qu'il voyait autour de lui.

De tous ceux qui étaient « dans le coup », peu arrivaient à la cheville de George Gilder.

Le rôle de Gilder dans la Révolution de l'Information était de justifier les rêves des masses. Comme Marx, Engels ou Lénine, il contribua à convaincre le *lumpeninvestoriat* qu'il pourrait s'enrichir sans travailler en investissant dans une technologie qu'il ne comprenait pas et des actions de sociétés qu'il ne connaissait pas, avec de l'argent qu'il n'avait pas. Ces discours sur les gigabits de photons qui parcouraient la fibre de verre et les transits d'ondes en multiplex n'étaient-ils rien d'autre que la réponse de la Révolution de l'Information au baratin marxiste sur le matérialisme dialectique ? Pour l'investisseur moyen, tout cela était très bizarre et insondable. Mais si cela le rendait riche, pourquoi poser des questions ?

Et à ceux qui, eux, posaient des questions, que ce soit les éléments bourgeois réactionnaires de la Russie de 1917 ou les investisseurs conservateurs réactionnaires tels que Warren Buffett en 1999, la réponse était la même : ils n'étaient pas « dans le coup ». La faute n'était pas intellectuelle, car personne n'accusait Buffett de stupidité. C'était plus profond que cela. Une nouvelle ère exigeait un homme qui la comprenait dans son cœur, ses os, et ses entrailles, un homme qui n'avait besoin ni de points d'interrogation ni d'exclamation, un homme « dans le coup ».

Le Nouvel Homme soviétique n'avait pas besoin de bénéfices pour le motiver à travailler, mais le Nouvel Homme de l'ère numérique avait besoin de bénéfices pour l'inciter à investir. Comment l'action Global Crossing pouvait-elle valoir 60 dollars ? La question ne lui vint jamais à l'esprit. Il ne pouvait penser qu'à la « nouvelle sphère, rayonnante comme une corne d'abondance ». Car comment examiner de près Amazon.com à 200 dollars l'action quand on est ébloui par « la lumière du flambeau de Prométhée » ?

Les fous s'enrichissent

La Révolution de l'Information avait aussi ses petites cellules qui s'agitaient fiévreusement pour faire du monde un endroit meilleur.

« C'est réel », nous souvenons-nous d'avoir entendu dire lors d'un déjeuner au début de l'an 2000. L'auteur de cette remarque avait été *trader* en marchandises. Mais les prix des marchandises chutaient depuis si longtemps que cela ne semblait presque plus la peine de s'efforcer d'en faire le commerce. Le monde avait soif de produits intangibles, et non de produits tangibles. « Personne ne s'intéresse au commerce des marchandises », expliqua-t-elle. Et donc, notre amie avait abandonné sa profession et suivi la piste de l'argent : elle travaillait à présent comme conseillère pour des chefs d'entreprise du secteur d'Internet, c'est-à-dire leur fournissait des informations sur la manière de s'introduire en Bourse. « Ces types travaillent 24 heures sur 24, sept jours sur sept », expliqua-t-elle. Ils croient qu'ils sont en train de construire un monde complètement nouveau. » Michael Saylor, fondateur de MicroStrategy, était l'un des principaux chefs d'entreprise de cet âge en plaqué or.

De tous les fous inspirés de cette ère, Saylor se distinguait sûrement, peut-être parce qu'il était le plus dément, et certainement parce qu'il était l'un des plus riches. Saylor avait apporté du divertissement à des millions de gens, et avait contribué à délester d'innombrables imbéciles de leur argent.

« Nous purgeons la planète de son ignorance », s'exclamait Saylor, se fixant un but noble. Il s'était lancé dans une « croisade pour l'intelligence », prétendait-il. Il voulait « libérer » l'information et la faire « couler comme l'eau ». Il prévoyait d'écrire un livre important sur le sujet, dont le titre serait *Intelligence*.

Dans le conflit entre, d'un côté, l'ignorance et la stupidité, et, de l'autre, l'information et l'intelligence, nous savons sur quoi parier. Un certain niveau de démence est souvent un avantage dans le monde des affaires et du spectacle, mais cela allait quand même trop loin. Purger la planète de son ignorance ? Seul un rigolo ou un charlatan dirait une stupidité pareille. De toute évidence, Saylor était soit l'un, soit l'autre, ou peut-être les deux.

Après tout, il se donnait en spectacle chaque fois qu'il ouvrait la bouche : « Je pense que mes logiciels vont devenir si omniprésents, si essentiels, que s'ils s'arrêtent de fonctionner il y aura des émeutes », avait-il déclaré au magazine *New Yorker*. Il alla jusqu'à proposer un enseignement universitaire égal à celui des meilleures universités sur Internet.

Saylor avait aussi des vices moins visibles : il avait dissimulé des tricheries importantes dans les comptes de sa société. MicroStrategy avait développé un logiciel qui aidait les entreprises à comprendre qui achetait leurs produits. Il aidait, par exemple, McDonald's à évaluer combien de Big Macs de plus (ou de moins) un restaurant de Chicago vendrait un vendredi d'hiver comparé à un restaurant de Miami.

La Bourse s'était emballée sur des sociétés telles que MicroStrategy. Les actions furent proposées au public le 11 juin 1998. Près de deux ans plus tard, l'action avait atteint 333 dollars. Saylor gagna 1,3 milliard de dollars ce jour-là et avait gagné 4,5 milliards la semaine précédente, ce qui lui faisait une fortune personnelle de 13,6 milliards de dollars. Avec des ventes qui ne dépassaient pas 200 millions de dollars et des bénéfices déclarés de 12,6 millions de dollars pour 1999, MicroStrategy valait davantage à l'époque que Dupont. Cela faisait de Saylor l'homme le plus riche de la ville de Washington et ses alentours, plus riche même que le fondateur d'Oracle, Larry Ellison. À 333 dollars, le cours de l'action était tout aussi dément que le directeur général de la société.

Pendant que nous nous moquions de MicroStrategy, du cours de son action et de son directeur général écervelé dans nos messages électroniques quotidiens sur notre site www.la-chronique-agora.com, le reste de la presse financière chantait leurs louanges. Presque chaque article trouvait quelque chose de flatteur à dire à leur égard. La langue anglaise dispose de milliers de mots de sens négatif, mais, avant le 20 mars 2000, les gribouilleurs à la petite semaine, les analystes et les présentateurs de télévision ne semblaient pas en avoir trouvé un seul qui s'appliquât à Michael Saylor.

Puis le 20 mars 2000 arriva. Ce jour-là les journalistes financiers ouvrirent leurs dictionnaires et Michael Saylor entra dans l'histoire. Sous la pression de la Securities and Exchange Commission (SEC), il fut forcé d'admettre que MicroStrategy avait trafiqué les comptes pendant les deux années précédentes. Au lieu de bénéfices de 12,6 millions de dollars en 1999, la société accusait maintenant des pertes de 34 à 40 millions de dollars. Le chiffre d'affaires, lui aussi, rétrécit. C'était la première fois qu'un homme perdait autant d'argent aussi vite. En six heures, sa fortune personnelle tomba à 6,1 milliards de dollars.

À partir de ce jour-là, la vie de Saylor fut différente. Au lieu d'être porté aux nues par les investisseurs et les médias financiers, il fut esquinté par eux. Les investisseurs avaient perdu 11 milliards de dollars. Certains d'entre eux étaient en colère. D'autres étaient proches du suicide. « Je n'avais jamais pensé que je perdrais autant », écrivit un investisseur à la messagerie de Yahoo/ MicroStrategy, avant de déclarer qu'il allait se tuer.

Avant le 20 mars 2000, Michael Saylor avait toujours raison ; après cette date, il eut toujours tort. C'est le magazine *Fortune* qui se montra le plus acerbe : il mit Saylor à la tête du club très fermé des milliardaires déchus, avec des pertes totales de 13 milliards de dollars.

Mais un échec difficile fait plus de bien à un homme qu'un succès facile. Les faits prouvent que Saylor était un homme meilleur en automne 2001 qu'il ne l'avait été quelques années auparavant. Selon les articles du *Washington Post*, il se mit à l'alcool pour noyer ses pertes. Quand il ne buvait pas, il s'occupait de ses affaires. L'action était toujours surévaluée, mais à 3,36 dollars elle l'était bien moins qu'avant.

Donc, était-il encore un visionnaire ? Oui, mais « plus âgé et plus sage », répliqua-t-il.

Les excès de la bulle des point.com ont été bien étudiés par ailleurs. Même en 2001, on concédait que toute l'industrie autour d'Internet avait échappé à tout contrôle. Bien sûr, les économistes et les analystes n'avaient aucun moyen de savoir que Saylor avait truqué les chiffres. Et on ne pouvait pas non plus les accuser de ne pas s'être rendu compte de la vitesse à laquelle les sociétés de la nouvelle technologie s'écrouleraient, ou de l'ampleur de la chute de tout le secteur. Qui aurait pu prédire de telles choses ? Mais la plupart de ceux qui n'avaient pas vu de raisons de résister à l'achat de MicroStrategy à plus de 110 dollars par action en décembre 1999 prétendaient maintenant qu'ils avaient toujours su qu'il y avait une bulle dans le secteur de la technologie. Avec le vent soufflant d'une direction différente, il leur fut encore plus facile de changer de cap.

Nous ne revenons pas sur les excès de cette ère simplement par voyeurisme ou par désir de critiquer, mais pour montrer comment fonctionne le monde en réalité. Ce ne furent pas seulement les pires esprits de l'Amérique qui furent pris au piège de l'illusion de la bulle, mais aussi beaucoup parmi les meilleurs. Et la bulle ne fut pas non plus le fait d'une déformation de la nature humaine ou une aberration de l'histoire des hommes. Ce type de phénomène se produit épisodiquement. On commence à croire que les vieilles leçons ne s'appliquent plus et que les vieilles règles ne fonctionnent plus.

Monde de faux semblant, l'économie de la bulle comprenait des sociétés virtuelles dotées de revenus virtuels et de bénéfices virtuels. Des sociétés qui n'avaient jamais gagné, et ne gagneraient jamais, un centime de bénéfice, étaient valorisées comme si elles valaient des milliards. En automne 2001, les pires d'entre elles s'étaient déjà effondrées et les meilleures étaient en train de redescendre au niveau où elles avaient commencé. Un grand nombre de chefs d'entreprise de point.com étaient devenus chauffeurs de taxi ou serveurs de restaurant. Quelques-uns des magouilleurs étaient déjà en prison, poursuivis par des procureurs ambitieux. Beaucoup d'entre eux étaient maintenant dans l'immobilier. Pendant ce temps, plusieurs des intellectuels qui avaient dirigé, rationalisé, vendu et souvent profité de la révolution de l'information étaient encore en liberté, mais étaient plus pauvres et plus humbles.

Et au milieu coule une rivière

À l'été 2000, le nouveau livre de la série Harry Potter arriva sur les rayons des librairies des États-Unis. Ce fut un tel succès que beaucoup d'entre elles furent en rupture de stock. Les parents se tournèrent vers Internet, et vers sa société la plus connue, Amazon.com, pour se procurer un exemplaire. Amazon put exploiter cette réussite en ajoutant 63 550 nouveaux clients à sa liste.

Mais même le livre le plus populaire de la saison dit perdre de l'argent à la société. Les ventes d'Harry Potter eurent pour conséquence des pertes d'à peu près 5 millions de dollars, c'est-à-dire à peu près 78,68 dollars par exemplaire (plus de trois fois le prix d'achat). Les porte-parole de la société prétendirent sans attendre qu'il n'y avait aucune raison de s'inquiéter puisqu'ils compenseraient les pertes grâce à la nouvelle clientèle que le livre leur avait apportée. Mais comment ? En vendant le prochain livre de la série à quatre fois ce qu'il coûterait chez Barnes & Noble ? Et comment, nous demandions-nous à nouveau, pouvait-on accorder une valeur raisonnable à ces sociétés déficitaires du secteur Internet ? Mais à l'été 2000 le temps n'était pas encore venu de poser des questions. C'était encore le temps de la foi.

La valeur d'une action est déterminée, en fin de compte, par le flux de bénéfices que l'on attend d'elle ; ce principe s'applique même aux actions du secteur Internet. Mais Amazon, ce grand fleuve peu tranquille de rêves d'Internet, ne fit pas affluer ces bénéfices. Pas la moindre goutte. Par ailleurs, un rapport de McKinsey & Co constata que la meilleure manière d'évaluer les point.com était de revenir aux fondamentaux économiques par la méthode [de l'actualisation du cash flow]. Mais il est difficile d'actualiser un cash flow qui n'existe pas.

Et pourtant c'était la non-existence de cash flow qui rendait Amazon.com (AMZN) et tant d'autres sociétés du secteur Internet si attirantes. Manquant de faits, les investisseurs devaient se reposer sur leur imagination. On pouvait estimer le cash flow à n'importe quel niveau selon ses désirs. Les analystes pouvaient fixer l'objectif de prix qui leur convenait. Et aucune société n'excitait autant les imaginations qu'Amazon.com. La société irriguait tout le paysage de la folie du pays d'Internet. Prenant sa source dans les hauteurs glacées des Andes de l'innovation technologique et de l'imagination spéculative… pour rejoindre les bas-fonds marécageux de l'âge en plaqué or et les prétentions absurdes du *Cluetrain Manifesto*… en passant par la jungle de la destruction créatrice, infestée de moustiques et de concurrents… par les mythes du Nouvel Homme, de la Nouvelle Économie et de la Nouvelle Ère… avant d'échouer dans la vase du delta des rêves brisés, où tous ces charlatans finissent par s'enliser…

Amazon.com parcourait tout ce paysage.

Et jamais à un seul moment, tout au long de cette période d'absurdité, d'ineptie et de tricherie, il ne fut possible à quiconque de dire avec assurance ce que valait la société. À la place d'un résultat net, qui aurait pu être multiplié pour produire une comparaison de prix qui ait un sens, AMZN n'avait qu'un cloaque.

Si l'on examine de plus près les détails de la situation financière d'Amazon, la société avait bien eu des ventes de 574 millions de dollars dans les trois premiers mois de l'an 2000, mais elle avait aussi des pertes nettes de 308 millions de dollars et une perte d'exploitation de 198 millions de dollars. En outre, par rapport à la même période de l'année précédente, bien que les ventes aient doublé, les pertes d'exploitation avaient presque quadruplé. Admettons-le, la société détenait 1 milliard de dollars en espèces et en titres, mais parallèlement elle avait 2 milliards de dollars de dettes, un déficit accumulé de plus de 1 milliard de dollars et seulement 25,6 millions de dollars de capitaux propres.

Comme on ne pouvait pas s'appuyer sur les bénéfices pour calculer une valeur raisonnable, au cours des années on eut recours à un certain nombre de méthodes pour en trouver une qui ne l'était pas. Vous souvenez-vous des « globes oculaires » (*eyeballs*) ? Ces portails visuels furent à un certain moment considérés comme un moyen d'établir la valeur d'une action du secteur Internet. Il en alla de même pour la « viscosité », le temps pendant lequel les globes oculaires restaient collés au site. Souvent, on décidait aussi de multiplier le taux de croissance des ventes. Mais finalement, la confédération des imbéciles qui se faisait passer pour un groupe d'analystes d'actions revint vers les fondamentaux. Ils se mirent à évaluer les sociétés Internet de la même manière que des éditeurs évaluent les abonnés, en termes d'indice de valeur économique du client.

Et effectivement, les maisons d'édition et les sociétés liées à Internet partent du même principe de base : ils dépensent de l'argent pour élargir leur clientèle. Puis ils s'attendent à des flux de revenus (ventes, réabonnements, publicité) de chaque client. La valeur d'une société peut être déterminée en calculant la valeur nette de chaque client sur la durée de vie de sa relation commerciale avec la société, et en la multipliant par le nombre de clients. Amazon avait à peu près 15 millions de clients à l'époque. Mais combien valait chacun d'entre eux ?

En février 2000, Jamie Kiggen, analyste chez Donaldson, Lufkin & Jenrette, arriva au chiffre rêvé de 1 905 dollars. Hum... dans une industrie connue pour sa concurrence agressive et ses marges dc bénéficcs ultra-minccs (si minccs, en fait, que celles d'Amazon étaient négatives, - 39 %, ce qui signifiait des pertes à chaque vente), comment une société pouvait-elle gagner presque 2 000 dollars par client ? Elle ne le pouvait pas. L'idée était grotesque. Et pourtant, elle donnait aux investisseurs un objectif de 140 dollars pour le cours des actions AMZN. Un autre analyste, Eric Von der Porten, de Leeward Investments (fonds spéculatif de Californie qui était moins tributaire du grand fleuve), utilisa le modèle de Kiggen et n'évalua la valeur économique de chaque client qu'à 26 dollars. Multipliez ce chiffre par le nombre de clients, et vous avez une capitalisation de la société d'à peu près 440 millions de dollars, c'est-à-dire un prix aux alentours de 1,25 dollar par action.

« L'homme de l'année »

Jeff Bezos, fondateur d'Amazon, aurait prétendu que le modèle de Kiggen était faux. Il aurait dit qu'il était trop tôt pour essayer d'évaluer sa société parce qu'il n'essayait même pas de faire des bénéfices. Comme il l'expliqua à *Playboy*, « nous sommes un magasin de consommateurs ». Il ne voulait pas dire qu'AMZN vendait des consommateurs. Il voulait dire qu'au lieu de se concentrer sur les bénéfices ou même un produit AMZN se concentrait sur le consommateur. C'était une autre de ces hautes idées de l'âge d'Internet : ces sociétés plaçaient le consommateur sur un plan plus élevé. Quel pain Jeff Bezos mangeait-il ? Quel air respirait-il ? Étions-nous censés nous émerveiller à sa vue et à celle de tous les autres nouveaux hommes numériques qui étaient « dans le coup » et n'avaient plus besoin de marges de bénéfice ni de produits ? Ou aurions-nous dû être atterrés ?

Il avait 35 ans quand le magazine *Time* le désigna comme « l'homme de l'année » en janvier 2001. Les affaires marchaient bien, et *Time* s'enthousiasma : « Jeffrey Preston Bezos scruta ce labyrinthe d'ordinateurs reliés entre eux que l'on appelle le World

Wide Web et s'aperçut que l'avenir rayonnant de la vente de détail lui rendait son regard. Chaque fois qu'un changement sismique se produit dans notre économie, il y a des individus qui ressentent les vibrations bien avant les autres, des vibrations si fortes qu'elles exigent des actes, des actes qui peuvent sembler irréfléchis, même stupides. » Eh bien, oui. Très stupides.

Les ventes auraient pu continuer à affluer dans cette grande Rivière-sans-retour. Mais les bénéfices ? Au quatrième trimestre de l'an 2000, Amazon perdit 545 millions de dollars, 222 millions de dollars de plus que pour la même période l'année précédente. Les pertes cumulées de la société étaient presque supérieures à 3 milliards de dollars. Pour *Time*, les pertes d'Amazon étaient « un signe de la Nouvelle Économie du commerce sur Internet » et « l'idée que, dans le nouveau marché mondial, celui qui gagne est celui qui dispose du plus gros volume d'informations » était la base des nouvelles règles régissant cette économie.

« C'est une révolution, s'exclamait *Time*. Elle tue l'ancienne économie, elle tue les anciennes sociétés, elle tue les anciennes règles. »

Mais tout ce que tuait la grande Rivière-sans-retour, c'était l'argent des investisseurs. Elle prétendait être le plus grand magasin virtuel de « la planète ». Elle avait 23 millions de clients inscrits dans sa base de données, et Jeff Bezos disait qu'elle continuerait à prendre de l'ampleur, croissant à un taux composé de 50 % pendant les 10 années à venir. Hum… cela ferait plus de 1,3 milliard de clients en 2010. Sensationnel. Et les ventes devraient atteindre plus de 100 milliards de dollars. Ce serait le plus grand magasin virtuel de toute la galaxie.

Mais imaginez que vous n'ayez jamais entendu parler d'Amazon, ni de la Nouvelle Économie. Imaginez que Jeff Bezos s'approche de vous et vous propose sa société pour 14 milliards de dollars. Elle a 2,1 milliards de chiffre d'affaires. Des avoirs d'une valeur incertaine. Des milliards de dettes. Et elle perd plus de un milliard par an. Quelle serait votre réaction ? Payeriez-vous 14 milliards de dollars pour le privilège de perdre 1 milliard de dollars par an ? Voudriez-vous seulement prendre une participation ? Aux grands jours de la Nouvelle Ère, beaucoup de gens le firent. La plupart d'entre eux s'en mordirent les doigts.

Certains s'enrichissent dans les révolutions. D'autres perdent la vie. En octobre 2001, il apparaissait clairement qui seraient les victimes : ceux qui croyaient en Amazon.com et en la Révolution de l'Information.

Bezos fut bien sûr l'une des victimes. En 2001, Gretchen Morgenson lui décerna dans le *New York Times* le Prix de la Gloire fugace pour « l'une des tombées en disgrâce les plus rapides de l'histoire récente ». C'était, selon elle, tristement ironique qu'il dût affronter des actionnaires en colère rien qu'un an après avoir eu l'honneur d'être choisi par *Time* comme homme de l'année.

En automne de cette année-là, le cours de l'action Amazon avait perdu 83 % (par rapport à son pic de 113 dollars en décembre 1999) et évoluait dans une fourchette de 7 à 10 dollars. La bulle de la haute technologie avait rencontré son épingle, et ceux qui étaient « dans le coup » étaient maintenant enlisés « jusqu'au cou ». Pour eux, l'heure du bilan avait sonné.

Qu'elle était verte, ma vallée !

De toutes les sociétés qui auraient pu exploiter le nouvel avantage que leur donnait l'âge de l'information, Cisco était sans doute la mieux placée. La société était tant admirée par les investisseurs qu'ils lui conféraient une capitalisation boursière plus élevée que celle de toute autre société. Même après le krach du Nasdaq, le directeur général de Cisco, John Chambers, expliqua aux investisseurs que la société continuerait quand même à connaître une croissance annuelle des ventes de 30 à 50 % aussi loin qu'on pouvait voir.

Mais on ne pouvait pas voir très loin. On ne voyait que ce qu'on voulait voir. Ni Alan Greenspan, le macro-économiste le plus respecté au monde, ni Cisco Systems, qui jusqu'à récemment était l'une des sociétés les plus enviées de Wall Street, ne comprenaient vraiment ce qui se passait.

Il devenait évident que c'était un boom en dépenses d'équipement, et non en productivité ni en informatique de la Nouvelle Ère, qui rendaient si attractifs les chiffres de Wall Street. À la fin des années 90, les entreprises de la planète entière ressentirent le besoin de suivre le mouvement de la Nouvelle Ère en investissant en informatique. Selon la logique déformée de ce qui était alors la bulle du secteur technologique, si elles pouvaient dépenser assez et assez vite, le cours de leurs actions monterait.

Mais tôt ou tard les sociétés avaient tous les routeurs et multiplexeurs dont elles avaient besoin. Même trop. Les dépenses en matériel chutèrent entre 2000 et 2001. Et les biens d'équipement invendus s'entassèrent sur les étagères.

Pendant ce temps les ventes de Cisco, que les analystes s'attendaient à voir augmenter de 30 % par an pendant les 10 années à venir, commencèrent à baisser. En fait, en 2001, elles avaient baissé de 25 % par rapport à l'année précédente. Comme un concessionnaire de voitures dans une période de ralentissement, Cisco se retrouva avec des stocks de divers types et modèles, nouveaux ou d'occasion, dont elle cherchait à se débarrasser.

« Cisco Systems Capital, annonçait le site web de la société, propose maintenant du matériel Cisco remis à neuf avec la même garantie et le même support technique que pour le neuf, mais moins cher. » Les réductions proposées sur le site www.usedrouter.com allaient de presque 70 % jusqu'à 20 %. « Je peux acheter le matériel pour 10 cents le dollar, déclara un client régulier. On trouve des choses qui ont souvent moins d'un an et qui sont toujours sous garantie. »

À son point culminant au début de l'an 2000, Cisco valait presque 500 milliards de dollars. Cela correspond à peu près à 4 000 dollars par ménage aux États-Unis, et plus ou moins à 75 dollars pour chaque homo sapiens de la planète. À cette époque, les actions Cisco s'échangeaient à un multiple de capitalisation d'à peu près 190. Ceci impliquait un taux de croissance pour la société d'à peu près 190 %, si l'on suit l'analyse conventionnelle. En réalité, ce chiffre était à peu près 3,5 fois le taux de croissance effectif de la société. Il était aussi mathématiquement impossible à maintenir : plus le taux de croissance serait élevé, plus les possibilités offertes par le marché seraient vite épuisées.

L'histoire de Cisco est connue. En 1984, Sandy Lerner et Len Bosack se réunirent pour résoudre un problème. Il leur fallait permettre aux ordinateurs de l'école de gestion de l'université de Stanford de communiquer avec ceux de l'école pour ingénieurs de la même université. Ils construisirent des routeurs, bricolèrent des logiciels et résolurent le problème. À partir de ce moment-là, les étudiants en gestion de Stanford purent envoyer des plaisanteries coquines par ordinateur aux étudiants ingénieurs. Peu de temps après, d'autres utilisateurs d'ordinateurs frappaient à la porte de Lerner et Bosack pour avoir ce type d'équipement qui permettait la communication entre ordinateurs. Le couple se maria et ils installèrent leur bureau chez eux, fabriquant eux-mêmes le matériel et utilisant des cartes de crédit comme source de capitaux.

En 1990, Cisco avait sa place à Silicon Valley. L'équipe Lerner et Bosack avait introduit un groupe de capital-risque qui lança la société en Bourse, puis se débarrassa du couple fondateur. Lerner et Bosack divorcèrent au début des années 1990. Ils n'étaient donc plus associés ni en affaires ni dans la vie.

Mais si le mariage n'avait pas été une réussite, la société le fut, et Cisco comprit qu'il lui fallait proposer davantage que des routeurs. Qu'elle était verte, ma vallée ! Aussi, au milieu des années 90, l'entreprise commença à acheter d'autres sociétés du secteur des communications par ordinateur. Cisco fit l'acquisition d'une société en 1993, de trois sociétés en 1994, de quatre sociétés en 1995, et de sept en 1996, dont l'achat pour 4 milliards de dollars de StrataCom, ce qui était alors la plus grosse prise de contrôle de l'histoire de Silicon Valley. Elle acheta six sociétés de plus en 1997, neuf en 1998, dix-huit en 1999 et dix en 2000, ce qui totalise à ce jour 58 acquisitions.

Sans nul doute, Cisco avait une fringale d'achats. L'idée était assez simple. Les clients ne voulaient pas de routeurs. Ils voulaient des solutions à leurs problèmes de communication. Et puisque les problèmes avaient des solutions diverses, Cisco devait proposer une diversité de produits. Cisco, en d'autres termes, n'était pas fabricant de routeurs. C'était un réseau commercial pour les communications par ordinateur. Quand Cisco achetait une petite société qui avait du matériel utile, mais peu connu, le produit prenait sa marque et était lancé sur sa base de clientèle. Des ventes négligeables pouvaient devenir colossales d'un jour à l'autre. Une société cible, par exemple, qui avait 10 millions de dollars de chiffre d'affaires lorsqu'elle fut achetée, apporta à Cisco une technologie qui engendra bientôt plus d'un milliard de dollars de recettes.

Tout cela, c'était très bien, mais quand deux nouvelles sociétés étaient achetées chaque mois, elles n'étaient pas toutes susceptibles de produire des résultats si spectaculaires. En fait, la plupart avaient de grandes chances d'être de mauvaises affaires, et beaucoup, s'avéra-t-il, dépendaient de la manière dont on tenait les comptes.

En outre, l'appétit d'acquisitions de Cisco fit monter les prix à des niveaux grotesques. L'entreprise acheta ArrowPoint pour une capitalisation boursière de 5,7 milliards de dollars, beaucoup d'argent pour une société dont la valeur comptable était négative, qui n'avait jamais gagné un sou et dont les ventes ne dépassaient pas 40 millions de dollars. Mais cela n'inquiétait pas Cisco. Car les fonds de la société ne représentaient pas de l'argent véritable. C'était la monnaie fiduciaire de Cisco, une nouvelle monnaie apportée par des investisseurs en proie au délire.

On estimait la valeur de chaque action du capital de CSCO à plus ou moins 63 dollars. Mais un investisseur ne touchait pas de dividendes, et la société elle-même ne gagnait que 38 cents par action. Même si les bénéfices continuaient à augmenter au taux de 1999, Cisco ne gagnerait que 3,74 dollars par action en cinq ans. Si le cours de l'action avait poursuivi son ascension au même rythme, la société aurait valu presque 5 000 milliards de dollars, c'est-à-dire la moitié de tout le PIB des États-Unis.

De plus, le processus de destruction créative, dont Cisco bénéficiait de manière si extraordinaire, ne s'arrêterait probablement pas tout net le jour où Cisco atteindrait enfin un niveau de profitabilité justifiant son prix – si un tel jour arrivait jamais. C'était le problème de la nouvelle technologie, après tout. Il y avait toujours une technologie plus nouvelle, ainsi que d'autres équipes Lerner et Bosack, qui attendaient leur moment de gloire et de fortune.

Icahn et la vieille économie

Par opposition à Cisco, il y avait General Motors. Carl Icahn, prédateur célèbre dans les années 1980, faisait encore les gros titres à la fin du siècle, essayant de forcer GM à vendre sa participation dans Hughes Electronics, pour « libérer la valeur actionnariale ».

GM avait davantage de ventes, en dollars, que toute autre société au monde : 177 milliards de dollars. Mais l'entreprise faisait des bénéfices de 6 milliards de dollars (3 % des ventes). Non seulement les bénéfices étaient bas, mais les nouvelles n'étaient pas bonnes sur d'autres plans. GM perdait des parts de marché et ses employés syndiqués semblaient au bord de la révolte.

Mais GM avait tout de même quelques atouts. Même en septembre 2000, 6 milliards de dollars représentaient beaucoup d'argent. De plus, la société avait 10 milliards de dollars de trésorerie. Sa caisse de retraite avait un excédent de 9 milliards de dollars. Et elle avait une participation dans Hughes qui valait 15 milliards de dollars. L'idée d'Icahn était évidente. Il achèterait un bloc suffisamment important d'actions de GM pour pouvoir forcer la société à vendre les actions de Hughes.

Toute la société (à ce qui était alors le cours de ses actions) valait à peu près 36 milliards de dollars, moins d'un dixième de la valeur de Cisco. Imaginez que vous, personnellement, ayez pu acheter la société. Pour 36 milliards de dollars, vous auriez eu une société qui avait 10 milliards de dollars en caisse. Ainsi, en fait, vous n'auriez été de votre poche que de 26 milliards de dollars. Et puis, vous auriez pu revendre les titres Hughes pour 15 milliards de dollars… donc le reste de la société ne vous aurait vraiment coûté que 11 milliards de dollars.

Vous auriez eu la plus grosse société au monde (qui produisait des voitures, des camions, et d'autres biens tangibles), en plus d'une Corvette 66 dans un garage quelque part pour vous promener. Usines, immobilier, équipement géant… tout serait à vous. En plus, vous auriez gagné autour de 6 milliards de dollars par an. Exprimée de manière conventionnelle, la partie exploitation de la plus grosse entreprise au monde avait un rapport cours-bénéfices de seulement 1,83. De votre point de vue, en tant que propriétaire, vous auriez récupéré votre investissement en plus ou moins 20 mois, et vous auriez gagné 6 milliards de dollars par an après ça. Ou vous auriez pu acheter 10 % de Cisco.

Si vous vous étiez reposé sur les slogans et les maximes simplistes des médias financiers, vous auriez évité GM. GM, c'était la « vieille économie ». C'était une entreprise qui avait fait son temps et ne semblait pas réussir à établir un plan d'attaque. Posséder GM n'était pas du tout *cool*.

Mais Carl Icahn se moquait d'être *cool*. Il avait un doctorat de philosophie de Princeton. Dans sa thèse, il avait développé l'idée que la pensée collective n'a aucune validité : « Les connaissances ne sont basées que sur l'observation. Si l'on parle de quelque chose, on doit le relier à quelque chose qui est observable. »

Bien entendu, Gilder ne s'intéressait pas à GM. Il s'intéressait à GC, Global Crossing, et il en achetait autant d'actions que possible lorsqu'elles s'échangeait à 60 dollars l'une, c'est-à-dire 33 fois les bénéfices. Il dut exulter lorsqu'en octobre 2001 il put acheter autant d'actions qu'il le désirait à seulement 50 cents l'unité. Les investisseurs avaient déjà perdu 99,9 % de leur argent... mais les pertes ne s'arrêtèrent pas là. Un investisseur qui ne se coupait pas le bras à 50 cents aurait perdu 96 % de plus de son argent à la fin de l'année suivante quand l'action s'échangeait à seulement 2 cents. Mais peut-être que la promesse de la Révolution de l'Information finirait par être tenue. Soudain, tard la nuit, quand les hommes sensés se seraient couchés et que seuls les *techies*, les terroristes et les adolescents seraient encore éveillés, les fibres sombres du monde s'éclaireraient de données. Et alors, peut-être que les actions de Global Crossing monteraient jusqu'à 3 cents !

Rêveurs et intrigants

On pourrait en rire, mais la voix de Gilder, le messie de la Nouvelle Ère, criait encore dans le désert. Et qui pourrait lui en vouloir ? Après tout, il ne faisait de mal à personne. Comme dans toute révolution, les vrais semeurs de troubles étaient le petit groupe cynique d'hommes en armes qui suivaient leur messie visionnaire. Qui pouvait accuser Gilder (ou Marx d'ailleurs) des excès de ses disciples ?

L'un de ces trafiquants était Jack Grubman. Il fourguait aux investisseurs des actions qui devaient plus tard exploser. Et le trafic en faisait un homme riche ; il gagnait jusqu'à 20 millions de dollars par an en tant qu'analyste du secteur des télécommunications pour Salomon Smith Barney. Contrairement à Gilder, il n'était pas assez écervelé pour croire en la cause. Il se rendait compte que ce n'était qu'une manière de séparer les imbéciles de leur argent : plutôt que d'acheter des actions télécoms, il les vendait.

Selon les articles de presse, Grubman était l'un des proches du président de Global Crossing, Gary Winnick, le conseillant peut-être sur ses choix d'actions. Comme vous pouvez l'imaginer, l'argent seul motivait leur collaboration. D'ailleurs, Winnick et ses copains étaient décrits dans *Fortune* par un ancien employé de Global Crossing comme « la plus grande bande de rapaces d'une ère d'excès légendaires ».

Winnick, comme Grubman, gagna de l'argent avec Global Crossing, en vendant, répétons-le, plutôt qu'en achetant les actions. Quand le secteur des télécoms explosa, il s'était arrangé pour partir avec 730 millions de dollars avant que la bombe n'éclatât. Mais d'autres investisseurs n'eurent pas sa chance : ils perdirent 2 500 milliards de dollars en valeur de marché. Bizarrement, Grubman oublia de leur dire quand il fallait vendre. Au lieu de cela, pas plus tard qu'au printemps 2001, il vantait par écrit « les occasions historiques d'acheter à des prix attractifs des actifs de classe internationale tels que Global Crossing, une entreprise dont les activités deviennent de classe internationale ». Le même jour, les actions Global Crossing se vendaient à 7,68 dollars. Si le cours était alors « attractif », on pourrait penser qu'il serait carrément irrésistible plus tard ! Hélas, après la faillite de la société, Grubman, qui était propriétaire d'une maison de 6 millions de dollars en plein Manhattan (sans même une hypothèque ou un gage quelconque sur la maison), se contenta de « de ne plus couvrir » l'action.

Tout ceci ne signifiait pas grand-chose pour Gilder. Non, non, il ne fallait vraiment pas rejeter la faute sur lui. Car il levait encore la tête vers les cieux, pensait aux gigaoctets, et gribouillait des notes... lorsque des créanciers garèrent leur voiture devant sa maison et se demandèrent combien ils pourraient en tirer.

Mais comment en était-on arrivé là, se demandait Gilder. Après tout, il avait écouté la technologie et avait commencé à entendre des voix juste au moment où la Révolution de l'Information se mettait en marche. Il s'était convaincu que, dans un monde meilleur, les choses auraient pu se passer différemment. Après tout, il avait débité ses discours avec sincérité devant des foules de gens, et il avait été bien payé pour le faire : 350 personnes avaient déboursé 4 000 dollars par tête pour assister à sa conférence sur le Télécosme en 1997, et chacun de ses discours lui rapportait 50 000 dollars. En plus, en 1999, les technologiques de la liste qu'il recommandait avaient en moyenne augmenté de 247 %, et, à la fin de l'an 2000, sa lettre d'information comptait 70 000 lecteurs qui payaient chacun 295 dollars par an. Pour couronner le tout, au plus haut de la bulle, un seul mot tombé de sa bouche pouvait faire monter le cours d'une action de 50 % en un seul jour.

Mais par la suite le messie de la Nouvelle Ère avait eu moins de chance. Les technologiques s'étaient écroulées… et soudain les gens ne témoignaient plus d'intérêt pour ses conférences ou ses lettres d'information, car ils ne semblaient plus se soucier de savoir combien de bits on pouvait faire entrer dans la tête d'une puce électronique. Pire, en janvier 2002, on apprit la nouvelle que son entreprise préférée, la société qui, selon lui, « changerait l'économie mondiale », venait de se déclarer en faillite. Gilder réfléchit alors sur son sort de ces dernières années : « On peut être fabuleusement riche à un certain moment, puis le moment suivant ne pas pouvoir faire le dernier versement d'un million de dollars à ses associés, et soudain vos créanciers ont un droit de gage sur votre maison… Durant quelques années, j'ai été le meilleur au monde pour le choix des actions. Mais l'année dernière on pourrait dire… que j'ai été le pire. » Ce pauvre George, très riche quand les choses allaient dans son sens, fut démuni quand elles changèrent de direction.

Mais à son crédit (sinon son avantage), ce gourou avait au moins suivi ses propres conseils pour placer son argent. Il n'avait pas seulement fourvoyé les investisseurs, il s'était fourvoyé lui-même. Il avait investi dans tout... Global Crossing, la Nouvelle Ère, sa propre maison d'édition.

Souffrant encore d'hallucinations provoquées par la Nouvelle Ère, il continua à croire aux merveilles de la technologie même après le krach du Nasdaq au printemps 2001. En juin 2001, il exprima sa croyance dans le pouvoir de transformation de son « télécosme », prétendant qu'il « transformait l'économie mondiale et tous les arrangements politiques et culturels existants » et pouvait améliorer la productivité de façon importante : « Sa capacité de transmettre n'importe quelle quantité d'informations, à n'importe qui, n'importe où, n'importe quand, à un coût négligeable, déclenchera des hausses de productivité que nous n'avons pas imaginées jusqu'à maintenant[2]. »

La France (comme le reste de l'Europe) n'était pas sans ses propres gourous, ni sans ses propres catastrophes dans le secteur des point.com. Elle n'émergea pas saine et sauve de la folie collective. En fait, en automne 2000, défiant le plongeon du Nasdaq quelques mois plus tôt en avril, nombreux étaient les missionnaires qui croyaient encore qu'ils pouvaient prêcher la bonne parole et faire rayonner le flambeau de Prométhée dans l'Ancien Monde.

L'e-krach traverse l'Atlantique

En septembre 2000, Michel Gurfinkel, rédacteur en chef de *Valeurs actuelles*, parlait de l'enthousiasme que suscitaient en France « les perspectives radieuses » de la Nouvelle Économie et saluait la troisième révolution économique qu'avait connue le pays en 50 ans.

Pierre Omidyar, fondateur du site de ventes aux enchères eBay, est sans doute le plus connu des e-révolutionnaires français. En

---

2. Voir *American Spectator* (juin 2002).

1999, frais de son expérience parmi les enfants prodiges de Silicon Valley, il retourna à la mère patrie pour entretenir ses compatriotes de ce qu'il avait vécu avec eBay et de sa croyance en Internet qu'il considérait comme « un média audacieux qui défiait l'autorité ». En vrai utopiste un tantinet naïf, il souligna la philosophie de sa société : tout le monde devait se faire confiance et se respecter. « Nous devons vraiment encourager nos clients à se traiter décemment... On ne peut pas dire aux gens de faire ça. On doit les encourager à adopter un certain code de valeurs. » « Ma mère m'a toujours appris à traiter les autres de la manière dont je voulais qu'ils me traitent, et d'avoir du respect... Ce sont tout simplement de bonnes valeurs fondamentales qu'il faut avoir dans ce monde surpeuplé », déclara-t-il d'un ton théâtral. Mais, trois ans plus tard, il n'est plus le beau prince du conte de fées d'eBay. Selon les articles de presse, les utilisateurs déchantent à cause de la hausse des commissions, des pratiques de la société qui sont de plus en plus orientées vers le profit, et de la menace que constituent les escrocs et les arnaques. Ce n'est pas ce qu'on pouvait attendre d'une communauté où la confiance règne.

Et l'argent coula à flots... jusqu'à ce qu'il se tarît. « Le type de société qui est devenu indispensable à la nouvelle économie » : c'est ainsi que *Time Europe* décrivait en l'an 2000 Fi Systems, une agence de consulting sur la toile qui était spécialisée dans les conceptions des sites Web et dans l'élaboration de stratégies de développement dans le secteur d'Internet. Dans une interview avec le même magazine, le fondateur et PDG de la société, Thierry Thévenet, s'était fait l'écho de cet optimisme : « Nous sommes très ambitieux... Nous nous disons souvent : "Dans deux ans, nous pensons que nous y serons arrivés [à un point particulièrement éloigné], mais on finit toujours par faire deux fois mieux que ça. Ça a été un vrai rêve." » Seulement un an plus tard, en 2001, le rêve de Thévenet tourna au cauchemar lorsque le chiffre d'affaires de Fi System plongea de 16 % (pour atteindre 48 millions d'euros) et enregistra des pertes, avant amortissement, de 27,8 millions d'euros. Mais, même face à une telle chute, Denis Lafont, un des dirigeants de la société, prit son air le plus hypocrite et, en dernier recours, assura aux investisseurs qu'il y avait *vraiment* assez de liquidités dans les coffres. En mai 2002, il osa même promettre des flux de trésorerie positifs pour le troisième trimestre de l'année. « Mieux vaut attendre avant d'investir », commentèrent les observateurs des marchés qui étaient devenus plus prudents et plus sages.

En 2002, des problèmes apparaissaient dans tous les domaines. Entre mars 2000 et mai 2002, les cours des actions de toutes les sociétés Internet cotées à la Bourse de Paris s'étaient effondrés. Trader.com, LibertySurf, Self-Trade… peu réussirent à remonter le courant qui les emportait. En France, tout comme aux États-Unis, la vague de folie avait donné naissance à un groupe de sociétés qui n'étaient pas destinées à avoir un seul petit euro de bénéfice de toute leur existence. Elles devaient leur existence à des idées « originales » et des projets insensés, et tout ce qui importait, leur disaient les investisseurs, était de gagner des parts de marché. Prenons, par exemple, pere-noel.fr. En 2001, ce site réussit à plus que quadrupler son chiffre d'affaires et équilibra pratiquement ses comptes. Mais en 2002, même son nom niais ne put pas le sauver et il tomba dans un « coma profond ». Le cours de ses actions était de 1,5 le 2 mai de cette année-là, par rapport à 17,8 quand le site fut lancé. En même temps, Artprice.com, un site qui possède et exploite la plus grande base de données au monde d'archives sur les enchères d'œuvres d'art, vit le cours de ses actions chuter de 93 % après le 31 mars 2000. Quel est le bilan du secteur aujourd'hui ? L'IT CAC (l'équivalent français du Nasdaq) s'est vu asséner une perte de valeur de 80 % sur une période de trois ans : à 3 500 en septembre 2000, il était tombé au médiocre niveau de 700 en mai 2003.

Cet aperçu de la mort du secteur de la haute technologie et d'Internet en France ne serait pas complet sans mentionner Vivendi. Aucune société française n'incarnait mieux la vague de folie que ce groupe multimédia, autrefois prospère, et son ancien président, Jean-Marie Messier, maintenant tombé en disgrâce. « L'un des conglomérats des nouveaux médias les plus excitants et les plus rentables d'Europe », s'était exclamé *Time Magazine* en l'an 2000. Qui croyait-il tromper ? Maintenant, trois ans plus tard, les actionnaires ont perdu des millions. Mais, tout comme Gary Winnick, J2M avait réussi à attirer les investisseurs avec de douces promesses de grandeur et de fortune : « Si vous me demandiez si, dans cinq ans, notre groupe pourrait avoir son siège à New York ou en Californie, je vous répondrais : pourquoi pas ? » avait-il déclaré, un grand sourire aux lèvres. Et les investisseurs étaient ensorcelés.

Mais le sex-appeal, comme l'amour, peut s'émousser avec le temps, et en deux ans seulement la société de nouveaux médias la plus excitante d'Europe devait perdre son charme pour ceux qui l'avaient soutenue. En juin 2002, la relation amoureuse avait tourné à l'aigre suite à des tromperies et des trahisons, ce qui força J2M à démissionner le mois suivant. Un jour plus tard seulement, des allégations que la société avait délibérément trompé les investisseurs pour leur faire acheter et garder les actions Vivendi furent rendues publiques. Par ailleurs, des accusations de truquages dans les rapports financiers et d'irrégularités dans les comptes sont en ce moment examinées par la justice française, ainsi que par des représentants des États-Unis. Que cachent les apparences racoleuses sinon la même histoire sordide ?

Les croyances pleines d'arrogance qu'exprimaient les gourous de la Nouvelle Ère cachaient souvent l'idée encore plus folle que l'information, sous la forme de données numérisées, pouvait enrichir les individus. Mais cette idée était bien dans l'air du temps, à une époque où toute la société civile américaine partageait un fort sentiment d'optimisme…

La valeur de l'information

À la fin du XXe siècle, les Américains en étaient venus à croire qu'ils vivaient dans un monde bienveillant. Ils pensaient que tout ce qu'ils pensaient était vrai, et qu'en réfléchissant un peu ils pouvaient atteindre leurs objectifs. L'informatique avançait aussi vite qu'un camion chargé de bière qui traverse un mauvais quartier, porteurs l'une comme l'autre d'enivrantes promesses. Quel monde merveilleux c'était, maintenant que le capitalisme à l'américaine avait triomphé de tous ses concurrents ! Après tout, quiconque avait assez de jugeote pour acheter et garder des actions pouvait s'enrichir (ou du moins, c'est ce qu'on pensait). Admettons-le, il y aurait des problèmes, mais aucun qui ne trouverait sa solution.

Pendant la période démente de la grande bulle financière de 1982-2000, beaucoup de gens croyaient que les aspects importants de la vie pouvaient être numérisés. On pensait que l'information seule, particulièrement l'information numérisée, était une ressource plus importante que le pétrole ou les terres agricoles. Par le biais des nouvelles technologies informatiques, l'information était censée pouvoir apporter un certain nombre d'améliorations, telles que soigner les malades, enrichir les pauvres, éliminer les cycles économiques et mettre pour toujours fin à la guerre. Dorénavant tout le monde aurait accès aux informations les plus récentes sur les thérapeutiques, et tout le monde pourrait utiliser Internet pour trouver les secrets de la richesse, auparavant jalousement gardés par de puissantes organisations réservées aux élites.

Les périodes d'expansion et de contraction, les tendances baissières sur les marchés, comme chacun savait, étaient dues à des informations imparfaites. Les entreprises se laissaient aller à des excès. Elles empruntaient trop et produisaient trop en période faste. Puis, comme elles avaient exagéré, l'économie ralentissait, et il y avait bientôt trop de produits sur le marché et trop de dettes. L'information éliminerait ces problèmes, puisque les entreprises auraient des données plus précises en temps opportun pour faire leurs projections. Puis, avec la disparition des périodes de ralentissement économique, il n'y aurait plus de chute des recettes et donc aucune raison de baisse des marchés. Et la guerre ? La guerre n'était-elle pas le résultat d'un échec de communication ? Maintenant qu'on pouvait se brancher sur Internet et communiquer dans ce marché unique, vaste, nouveau et libre, la guerre ne disparaîtrait-elle pas également ? Le monde entier n'aurait-il pas accès à la supériorité indéniable du modèle américain d'élections libres et d'économie libre ? Sans aucun doute les individus poseraient leurs armes pour prendre leurs ordinateurs et s'adonner à l'activité la plus importante de la vie : gagner de l'argent !

Les gens se laissaient aller à imaginer les choses les plus folles. Dans leurs fantasmes, ils se représentaient les petits 1 et 0 de l'âge numérique qui s'avançaient côte à côte dans un monde de paix éternelle, où la prospérité et la satisfaction ne cesseraient de croître. C'est ce que voulaient les gens. Sans aucun doute, la toute dernière technologie informatique les aiderait à l'obtenir.

Il y avait, bien sûr, des problèmes théoriques. Vous auriez pu installer l'ordinateur le plus puissant de tous les temps, avec la base de données la plus complète qui eût jamais été assemblée, devant l'homme le plus intelligent de l'Athènes de Platon. À quoi cela lui aurait-il servi ? Aurait-il eu la moindre idée de ce qu'il avait entre les mains ? Imaginez Napoléon qui frissonne dans sa tente. Donnez-lui le prix du blé à New York ou le nombre d'atomes dans un centimètre cube de cognac et vous ne lui rendez aucunement service. Vous pourriez tout aussi bien lui expédier une caisse de crème solaire. Comme nous l'avons déjà dit, hors contexte, l'information est inutile.

L'information est inutile non seulement lorsqu'on n'en a pas besoin ou qu'elle est hors contexte, mais aussi lorsqu'elle arrive en trop grosse quantité, car il faut la classer, la réacheminer ou la mettre au rancart. « L'analyse paralyse », dit-on communément. Dans toute situation donnée, il y a une quantité infinie d'informations qui peuvent être exploitées. Chacune de ces informations peut être pertinente et utile. Mais le temps est limité.

Napoléon savait très bien qu'il ne pouvait pas attendre que tous les messages lui parviennent. Et il ne pouvait pas non plus se payer le luxe de peser toute information pour que la meilleure conduite à mener se révélât à lui. Comme tout général et tout autre être humain sur la planète, il devait agir en se basant sur des informations imparfaites, devinant ce qui était vraiment essentiel et espérant qu'il avait l'information dont il avait besoin. Toute information en plus de celle qui lui était vraiment indispensable avait un coût, et ce coût pouvait être très élevé. Car toute information supplémentaire le ralentissait ; il lui fallait l'analyser en termes de pertinence et d'authenticité, puis l'utiliser pour étudier la situation ou la rejeter.

Des graffitis sur Internet

On pourrait donner beaucoup d'exemples tirés de l'histoire militaire qui montrent que la qualité et l'authenticité des informations furent décisives. Au milieu de la Deuxième Guerre mondiale, on mit sur un cadavre revêtu de l'uniforme d'un officier britannique plusieurs plans détaillant l'invasion de l'Europe. Les plans étaient, bien entendu, destinés à tromper Hitler sur les intentions des Alliés. Le corps fut alors jeté à la mer de telle manière qu'il s'échouerait là où les Allemands pourraient le trouver. Hitler pensait aussi qu'il avait un réseau d'espions en Angleterre qui pourraient l'informer sur les débarquements imminents. Mais ces espions avaient presque tous été decouverts et « retournés », et ils envoyaient donc de fausses informations au haut commandement allemand. Les informations qu'Hitler recevait étaient donc pires que l'absence d'informations. Elles n'étaient pas authentiques. Plus il en avait, moins cela l'aidait.

Soljenitsyne nous raconte comment, pendant la Première Guerre mondiale, l'armée russe était commandée par des officiers prussiens qui parlaient allemand et transmettaient leurs ordres et plans de bataille dans cette langue. Ces ordres étaient souvent interceptés et lus par l'ennemi, alors que leurs propres troupes ne les comprenaient pas. Lors de la guerre de Sécession aux États-Unis, les plans du général Lee pour la bataille de Gettysburg étaient parvenus aux nordistes, un officier sudiste les ayant utilisés pour envelopper un cigare et laissés par erreur là où ils furent découverts par les troupes de l'Union.

Dans l'armée, on appelle unités « de renseignement » celles qui sont chargées de recueillir des informations et de séparer les faits de la fiction. Ce processus de séparation est ardu, et la difficulté croît avec la quantité de faits et de fiction à analyser. De nos jours, bien qu'Internet ne soit en définitive qu'un moyen de communication, il véhicule un nombre presque infini de faits et de fictions. La partie ardue, celle du « renseignement », est de les trier.

L'information est gratuite sur Internet, mais l'information gratuite s'avère souvent valoir bien moins cher que le prix que l'on paye pour l'avoir. Dès les débuts d'Internet, des escrocs utilisaient la toile pour tromper les investisseurs. Une arnaque typique, comme celle montée par un étudiant en droit de Georgetown, était d'acheter les actions d'une société d'importance mineure, puis de se brancher sur Internet et de propager des rumeurs ou de véritables mensonges pour faire monter les cours. C'était plus facile à faire que de tromper la Wehrmacht. Il suffisait d'annoncer une nouvelle découverte, un nouveau contrat, des bruits de rachat, une nouvelle technologie, qu'importe. L'idée consistait à créer un intérêt qui déclenchait le bouche à oreille. Alors, des investisseurs supposés raisonnables sautaient sur l'occasion d'acheter une action dont ils ne savaient rien, sur la base de recommandations de quelqu'un qu'ils ne connaissaient pas, et qui étaient fondées sur des informations dont l'exactitude ne pouvait être vérifiée et dont l'origine ne pouvait être retrouvée.

Un avocat qui défendait l'un des étudiants de Georgetown accusés de manipulations plaida qu'il était impossible de tromper les gens par le biais d'Internet. Selon lui, les annonces qui y apparaissaient n'étaient que des « graffitis » qui n'avaient pas plus de contenu informatif que les graffitis n'avaient de contenu artistique. L'argument de l'avocat était que son client s'était seulement servi d'Internet comme un auteur de graffitis utilise les murs d'un immeuble public... ou peut-être comme un chien utilise un arbre. Il le pollue, le vandalise peut-être, mais aucun individu sérieux ne prendrait cela pour une information utile. Mais, dans ce cas précis, la vie imite le *junk art*. Utiliser Internet pour faire monter les cours des actions, puis les vendre, marchait réellement. En quelques heures, ceux qui répandaient leurs graffitis sur Internet pouvaient vendre leurs actions et faire des bénéfices.

Et pourtant, bien que l'information soit bon marché, les connaissances sont chères. Cela prend du temps d'apprendre à faire quelque chose. Cela peut prendre une vie entière pour connaître tous les aspects d'un métier, même un métier qui est aussi rudimentaire et « anti-Nouvelle Ère » que la menuiserie ou le jardinage. Et Internet ne contribua pas à allonger le temps disponible. Au contraire, il rendit le temps plus coûteux. Herbert Simon, lauréat du prix Nobel d'économie en 1978, en donna la raison suivante : « Dans un monde où l'attention est une ressource rare, l'information peut être un luxe coûteux, car elle peut détourner notre attention de ce qui est important vers ce qui ne l'est pas. »

Les investisseurs sur Internet traitaient chaque information comme si elle avait une valeur. En fait, peu d'informations en avaient une. Non seulement elles n'avaient aucune valeur, mais elles avaient une valeur négative, puisqu'elles réduisaient la somme de connaissances ou de sagesse de quiconque les prenait au sérieux.

À la fin du siècle, l'Amérique souffrait d'un surplus d'informations. Comme le disait un commentateur : « De nos jours les Américains sont littéralement noyés d'informations... Nous

nous trouvons submergés par un vaste océan de données, que ce soit avec Internet, les nouvelles diffusées 24 heures sur 24 sur les chaînes câblées, les messages électroniques, les messages sur répondeurs, les télécopies, les cours des actions sur les pagers, les téléphones mobiles et une explosion de journaux, de magazines et de livres, et, bon, vous voyez ce que je veux dire[3]. »

Il cite la saturation de données comme un problème important sur les lieux de travail aux États-Unis et constate que l'employé moyen passe maintenant plus de la moitié de sa journée de travail à traiter des documents. En même temps, la consommation de papier par employé tripla (pour atteindre 816 kg par an) dans les années 1980, et le volume de publipostage augmenta treize fois plus vite que le taux de croissance de la population, rapporte-t-il. De nos jours, les employés de bureau passent souvent des heures à lire les messages électroniques et à y répondre, sans parler des messages enregistrés, des télécopies et de tout le reste. Les messages électroniques, qui étaient à l'origine un bienfait, sont maintenant une malédiction pour ceux dont les boîtes de réception sont quotidiennement inondées de messages « À lire absolument » ou d'autres du même acabit.

En 1997, David Shenk constata que « le surplus d'informations alimente le stress et favorise les raisonnements erronés ». Les recherches de Shenk montrent que l'excès de données que nous devons déblayer tous les jours au travail « réduit notre temps d'attention » et « nous rend insensible à tout ce qui ne bondit pas du document pour nous saisir à la gorge ».

Avoir deux maîtresses n'est pas forcément mieux que de n'en avoir qu'une. De même, manger deux repas à midi n'est pas mieux que de n'en manger qu'un. Mais les informations étaient censées être une exception, n'est-ce pas ? Plus on en avait et plus on était censé être riche et intelligent. Pourtant, en 2001, les gens ne semblaient

---

3. Jim Owen, journaliste.

pas plus vifs d'esprit qu'ils ne l'avaient été avant le début de l'âge de l'information. La plupart des films ne semblaient pas meilleurs que ceux des années 50 et 60, l'art devenait plus grotesque, les éditoriaux du *Herald Tribune* étaient, à notre avis, tout aussi absurdes qu'avant, et les investisseurs semblaient prendre des décisions de plus en plus ridicules. En outre, les marchés semblaient entièrement pervers par nature, car, alors même que chacun proclamait les avantages de l'âge de l'information, l'ironie voulait que les plus ignorants semblent récolter les plus grandes récompenses.

Un bon tuyau

Une conversation entendue un soir dans la voiture 8 de l'Eurostar en donnait les preuves.

Nous nous rendions de Londres à Paris et lisions Alan Abelson dans *Barron's,* lorsque deux hommes entrèrent dans la voiture et s'assirent à proximité. Ils étaient en tenue décontractée. La quarantaine. Américains. Le type d'hommes qu'on pourrait trouver à la tête d'un magasin de produits électroniques ou sur les gradins d'un stade avec des amis pour le plus grand match de football de l'année. L'un deux prit un canif suisse de la taille d'une tronçonneuse et ouvrit un paquet. Il en sortit une montre neuve et la mit : un objet monstrueux qui ressemblait à une soucoupe volante avait atterri sur son poignet. Un troisième homme dont la ceinture était trop serrée les rejoignit bientôt.

« Formidable ! dit l'un, regardant les cours des actions sur *USA Today*. Voyez un peu ça… J'ai acheté des actions de cette société à 30 il y a deux jours. Elles sont montées à 47. »

« J'ai un ami qui connaît quelqu'un dans la société. Ils vont annoncer une fusion ou un truc comme ça. L'action est censée aller jusqu'à 70 ou 75. »

« Comment s'appelle la société ? » demanda celui dont la ceinture était trop serrée.

« Elle s'appelle e-Plus, je crois. Oui, je crois qu'il y a un tiret. E-Plus. Le symbole de l'action est PLUS. »

« C'est quoi, son activité ? »

« Je sais pas… des ordinateurs ou un truc de haute technologie. Mais j'ai déjà gagné 1 700 dollars avec cette action. »

« Pourquoi tu m'en as pas parlé ? Je n'aime pas rater un placement comme ça. C'était quoi, tu dis, le symbole ? »

« P-L-U-S. »

Quelques minutes plus tard (et nous n'inventons rien), il avait sorti son téléphone mobile.

« Lenny ? Salut, je t'appelle de France. [Note : nous sommes encore en Angleterre.] Ouais, je suis dans le train. Tu m'entends bien ? Écoute, je veux que tu vérifies une action pour moi. Ça s'appelle e-Plus… Non, je sais pas ce qu'elle fait… de la technologie ou un truc comme ça. » Puis, se tournant vers son ami : « Il dit qu'il n'en a jamais entendu parler…! » Il s'adressa à nouveau à Lenny au téléphone : « Bon… écoute, mon copain me dit qu'ils vont annoncer quelque chose. Achète 20 actions pour moi. Le prix devrait être aux alentours de 47 dollars. Ça va monter à 75. D'accord… Non, je suis en France… Donc je ne peux pas t'envoyer de chèque avant la semaine prochaine. 20 actions seulement, d'accord ? »

Oscar Wilde se plaignait des gens qui connaissaient « le prix de tout et ne connaissaient la valeur de rien ». En cet âge de l'information, ces types ignoraient tout sauf le prix : les chiffres de la société, son plan de développement, sa position dans l'industrie, ses dirigeants, son passé et ses espoirs pour l'avenir leur étaient aussi inconnus que le contenu d'une saucisse ou les règles pour s'inscrire sur les listes électorales d'une galaxie lointaine.

Ces types n'investissaient pas. Ils s'amusaient. Ils étaient comme des babouins à un dîner de Buckingham Palace. Lançant la nourriture. Riant. S'enrichissant. Ils n'avaient aucune idée des règles. Aucune notion d'histoire. Pas la moindre idée des risques qu'ils couraient.

Investir était un jeu pour eux. Et grâce à leur ignorance, ils étaient gagnants.

Est-ce que e-Plus faisait des bénéfices ? Est-ce que la société était solide ? Ne vous donnez pas la peine de vérifier les fondamentaux. Vraisemblablement, ils étaient nuls. S'il vous fallait poser la question, ce placement n'était pas pour vous. Plus vous en sauriez sur la société, et moins vous seriez susceptible d'acheter ses actions. Et si vous ne l'achetiez pas, vous ne pouviez pas vous enrichir.

Ce type de jeu boursier n'exigeait ni information... ni connaissances, ni sagesse. C'était une forme de spéculation qui nécessitait une ignorance presque totale. Et même un laisser-aller téméraire.

La formule dominante de la Nouvelle Ère était : Information = Richesse. On pensait que l'Information était le capital de la période. Le corollaire de cette équation était : Ignorance = Pauvreté. Mais les marchés d'investissement de la fin des années 1990 semblaient montrer que le contraire était tout aussi vrai : il existait au moins une certaine forme d'ignorance qui produisait des revenus spectaculaires en Bourse.

Si Ignorance = Richesse, et par ailleurs, Information = Richesse, nous avions donc la preuve de ce que nous avions deviné : Information = Ignorance.

Comme nous étions submergés de faits, aveuglés par des détails, accablés par une infinité de données et paralysés par une analyse sans fin, l'information nous abêtissait tous.

Et nous appauvrissait peut-être aussi. On pourrait aussi dire que, comme dans le cas des deutsche Mark de la République de Weimar, l'inflation en offre d'informations enlevait à ces dernières leur valeur. Comme pour toute forme d'inflation, nous en étions moins riches. Et, telle une monnaie sous la poussée inflationniste, les informations, les connaissances, la sagesse et le jugement que nous avions accumulés pendant tant d'années, et qui guidaient auparavant nos décisions d'investissement, étaient dévalués.

L'attrait de la foule

L'accumulation d'informations abêtit aussi les gens d'une curieuse manière. Les gens deviennent insensibles aux petits détails et nuances qu'ils observent effectivement. Comme le traitement des informations exige du temps et de l'effort, plus la quantité est importante, et plus on est susceptible de chercher des raccourcis. Les interprétations populaires offrent un substitut à la réflexion et à l'observation attentives. En d'autres termes, au lieu d'analyser vraiment tout par soi-même, on devient plus prédisposé à adopter la pensée collective. La pensée publique remplace la pensée individuelle, simplement parce qu'il y a trop d'informations à traiter. Incapable, par exemple, de suivre toutes les données qui émanent de Wall Street, on est forcé de s'appuyer sur des résumés de CNBC ou Louis Rukeyser.

L'âge de l'information avait aussi la prétention d'avoir soudain découvert la valeur des informations suite à l'introduction de la puce électronique et du Web. En fait, la quantité d'informations disponibles avait augmenté de façon constante au cours des 200 dernières années avec les nouvelles technologies et les nouveaux équipements : le télégraphe, le téléphone, la télévision, la radio, le minitel, la télétypie, la télécopie et les processus d'imprimerie bon marché. Un individu qui vivait au XXe siècle disposait de beaucoup plus d'informations qu'un individu qui avait vécu au XVIIIe. Est-ce seulement une coïncidence que la pensée de masse ait émergé avec les mass media… ou que cette pensée de masse ait eu des conséquences bien à elle ?

Chapitre 2

Le progrès, la perfectibilité et la fin de l'histoire

Mundus vult decipi, ergo decipiatur.
(Le monde veut être trompé ; qu'on le trompe donc.)

Pendant l'été 1989, Francis Fukuyama publia dans *The National Interest* un essai intitulé « La fin de l'histoire ? » qui donna lieu à de nombreux débats. Ce document était remarquable, car il est rare que quelqu'un puisse se tromper à ce point sur autant de sujets dans un texte relativement court. Pour Fukuyama, l'histoire dans son ensemble constituait un cheminement vers la démocratie et le capitalisme. Il pensait que l'effondrement du communisme marquait le triomphe des deux et que, de ce fait, l'histoire était défunte.

Fukuyama considérait la victoire du capitalisme libéral de consommation si complète qu'il ne pouvait concevoir qu'elle pût être contestée. « Ce à quoi nous assistons n'est peut-être pas seulement la fin de la guerre froide, écrivait-il, mais la fin de l'histoire en tant que telle : c'est-à-dire l'aboutissement de l'évolution idéologique de l'humanité et l'universalisation de la démocratie libérale occidentale comme forme finale de gouvernement des hommes. »

Certains durent croire qu'il plaisantait, mais d'autres le prirent au sérieux. Car l'idée que l'histoire se dirigeait vers un gouvernement démocratique et des valeurs matérialistes occidentales semblait incontestable. Le consumérisme démocratique était désormais si largement accepté que l'on pouvait à peine l'identifier en tant que concept. Les intellectuels pouvaient disserter sur le sujet et débattre sur des points de détail, mais pour la majorité des habitants du monde industrialisé, et pour une grande partie de ceux du tiers monde, le modèle américain de gouvernement démocratique doté d'une économie capitaliste n'était plus une idée, ni un idéal, mais était dans l'ordre naturel des choses. À la fin du XXᵉ siècle, il faisait tout autant partie des réalités de la vie que la hausse des valeurs boursières et la prospérité sans fin. Nous vivons sans aucun doute dans le meilleur système possible, se disait-on, et c'est sans aucun doute l'histoire qui nous y a conduits. L'histoire doit maintenant s'arrêter, n'est-ce pas, puisque nous avons déjà atteint son aboutissement ? En outre, les nations occidentales et le Japon étaient déjà au-delà de l'histoire : selon Fukuyama, la politique et l'économie ne pouvaient pas évoluer davantage.

Ce penseur concluait que la fin de l'histoire serait « une époque bien triste ». Il décrivait alors la vie du monde post-historique : « La lutte pour la reconnaissance, l'empressement à risquer sa vie dans un but purement abstrait, la lutte idéologique mondiale qui exigeait de l'audace, du courage, de l'imagination et de l'idéalisme, seront remplacés par les calculs économiques, la résolution sans fin de problèmes techniques, les soucis écologiques, et la satisfaction des demandes de consommateurs avertis. À l'ère post-historique, il n'y aura ni art ni philosophie, mais seulement le maintien perpétuel du musée de l'histoire humaine. »

Plaisanterie ou pas... on a du mal à ne pas rire. En 1989, ce pauvre homme imaginait que le monde avait atteint un tel état de perfection qu'il était inutile de s'efforcer d'améliorer les choses : elles étaient déjà à leur point culminant ! Mais, moins de douze ans plus tard, l'histoire ressuscita soudain. Les deux plus grosses bulles financières du monde éclatèrent, et l'Amérique subit les pires attentats terroristes de toute l'histoire.

Fukuyama peut se rassurer. Sur les marchés, comme en politique et en guerre, des groupes d'individus peuvent à l'occasion perdre un peu la tête. L'histoire regorge d'exemples : guerres, révolutions, périodes d'expansion, périodes de crise, bulles financières. Cette tendance même à une plus grande participation des masses, dans laquelle il crut reconnaître la fin de l'histoire, est en réalité la source de son énergie. Les individus ne font pas l'histoire tout seuls. Ils la font lorsqu'ils sont regroupés. Plus les foules sont nombreuses et reliées entre elles, plus elles en viennent à croire qu'elles ont atteint un état de perfection, et plus elles font l'histoire. Les foules virent d'un mythe populaire à un autre. Loin de marquer la fin du processus, le capitalisme de consommation de masse n'était que la dernière mode.

Dans ce chapitre, nous observons l'histoire, bouche bée, tels les spectateurs d'une autopsie publique. Nous sommes curieux de savoir comment est constitué l'homme allongé sur la table de dissection... et nous nous demandons ce que ses héritiers sont susceptibles de faire.

La fabrication de l'histoire

Aucune histoire ne rapporte ce que durent ressentir quelque 5 000 Normands lorsqu'ils virent la côte anglaise en 1066, ni ce qu'ils avaient mangé au petit déjeuner, ni même s'ils manquaient ce jour-là à leurs épouses et filles restées au foyer. L'histoire ne nous dit pas non plus comment les paysans de Tancarville aidèrent un veau qui se présentait par le siège à naître, ni les paroles réconfortantes qu'un prêtre adressa à une vieille femme dans un cimetière, ni même comment un marchand s'aperçut que ses affaires marchaient moins bien depuis que les chevaliers étaient partis et décida, pour récupérer le manque à gagner, de s'installer à Paris et d'y vendre des tissus importés de Hollande.

Au lieu de cela, l'histoire s'intéresse uniquement à ce qui se passa sur le sol anglais, où la petite troupe de guerriers débarqua pour aller à la bataille. Leur entreprise semblait avoir tellement peu de chances de réussir ! Comment une armée si peu nombreuse pouvait-elle espérer ne pas être anéantie, et encore moins conquérir toute une nation ? Mais cela, c'est l'histoire… le récit de campagnes, batailles, révolutions, soulèvements, mouvements populaires si remarquables, qui conduisaient tous, sans doute, au progrès de l'humanité, et qui étaient tous, sans doute, « de bonnes choses ». Car sans eux le monde anglo-saxon serait-il ce qu'il est ? Nul ne le sait. Et si les Normands étaient restés chez eux ? Et s'ils avaient cultivé leurs champs, cherché de meilleures façons d'augmenter leurs récoltes, érigé davantage de beaux bâtiments et embrassé une fois de plus leurs femmes et leurs enfants ? Le monde serait-il pire ? Nous ne pouvons le dire.

Toutefois, sur les marchés comme en politique, ce ne sont pas le tailleur, le boulanger ou le capitaliste qui font l'histoire en vaquant à leurs occupations. L'histoire est faite par des foules de tailleurs, de boulangers et de capitalistes lancés dans une entreprise, qui va bien au-delà de ce qu'ils peuvent connaître ou comprendre, et qui est généralement absurde et souvent fatale.

Au XXᵉ siècle les événements avaient été plus cléments pour les Américains que pour leurs cousins d'Europe. Les Américains avaient pris part aux grandes guerres, mais avaient compté beaucoup moins de victimes que les autres pays combattants. La France perdit presque six millions d'hommes lors de la Première Guerre mondiale, l'Amérique seulement 262 725. Pour la Deuxième

Guerre mondiale, l'Amérique eut 405 500 victimes, alors que l'Union soviétique en eut plus de 21 millions (en incluant les morts de civils). Aucune ville américaine ne fut rasée. Il n'y eut pratiquement aucune victime parmi les civils. Et les industries américaines, au lieu d'être détruites comme celles d'Allemagne et du Japon, finirent la guerre en plus forte position qu'elles ne l'avaient commencée.

Ce n'était donc pas de la raison que les Américains tenaient leur foi dans le progrès, mais de l'expérience. Après une si longue période d'amélioration apparente (interrompue seulement par quelques trimestres de croissance économique négative pendant la crise des années 30), à la fin du XXe siècle les Américains s'étaient mis à penser que le progrès était dans la nature des choses et qu'ils profitaient de ses bienfaits de plus en plus vite grâce au niveau de perfection technologique et organisationnelle qu'ils avaient atteint. En outre, beaucoup croyaient que même la possibilité d'interruptions temporaires et de brèves périodes de recul, telles que celles que le pays avait connues depuis la fin de la Deuxième Guerre mondiale, avait maintenant été éliminée. Les Américains qui pensaient n'attribuaient cet immense bond en avant ni à la grâce de Dieu ni à la générosité de la nature, mais à leur propre génie.

Lorsque les membres les plus âgés de la génération du baby-boom d'après-guerre furent d'âge mûr (à la fin des années 90), le progrès commençait à paraître facile, logique, même inévitable. Les Américains se croyaient les maîtres du cycle économique, de la technologie, de la planète.

Les mythes du progrès

Un exploit équivalent au record olympique du mile couru en quatre minutes fut réalisé, en 1959, dans une ferme collective de la région de Lvov en Union soviétique, où il fallut seulement

5,6 heures à M. Iaroslav Tchij pour équarrir un cochon et en faire 100 kg de viande. Cela peut paraître lent, mais le Soviétique accomplit la tâche en une heure de moins qu'un Américain.

L'ère communiste commença après l'invention du télégraphe, et était encore florissante alors que la radio, le téléphone et la télévision étaient devenus omniprésents. Mais, comme nous le verrons, les informations ne fournissaient pas de protection contre l'exagération et le mythe. M. Tchij, par exemple, n'était pas le seul à croire qu'il pouvait augmenter la productivité d'une manière si exceptionnelle. En fait, l'un des mythes du communisme était l'idée que la productivité augmenterait sans interruption et à une allure spectaculaire. Cette idée ne se basait pas sur l'observation. Elle était dérivée de la théorie.

Les pères fondateurs du communisme, comme ceux qui investirent dans Internet, croyaient qu'une nouvelle ère était advenue. Cette ère n'était fondée ni sur l'observation, ni sur l'espoir, mais sur ce qu'ils croyaient être les lois de l'histoire. Dans l'oraison funèbre de Marx, qu'il fit le 17 mars 1883, dans le cimetière de Highgate, Engels qualifia le défunt de « Darwin » de l'histoire de l'économie. Tout comme Darwin avait découvert les lois fondamentales qui régissaient l'évolution de l'histoire de la nature, dit Engels, Marx avait découvert celles qui régissaient l'histoire économique et politique. Ces lois, telles que le concept de la « valeur ajoutée », qui étayaient la critique marxiste du capitalisme, n'étaient pas du tout des lois, mais seulement de prétentieux « *obiter dicta* », pour reprendre la terminologie de Paul Johnson. Et pourtant elles constituaient la base de nombreux mythes qui résidaient dans le monde imaginaire de la société communiste.

Le mythe du déterminisme, par exemple, signifiait que tout avait déjà été résolu selon les principes décrits par Marx. Le mythe du progrès, selon lequel les conditions s'amélioraient immanquablement, était un mythe dont le communisme lui-même démontrait l'invalidité. D'après le mythe de la Nouvelle Ère marxiste, le monde entier serait recréé, non par Dieu ou la nature, mais par l'homme, selon les concepts scientifiques et rationnels du déterminisme historique. Finalement, il y avait le mythe de l'Homme nouveau. Ce nouvel homme marxiste, dont les circuits intérieurs différaient de ceux des autres hommes, serait un être totalement nouveau. Ainsi, il ne serait pas motivé par la recherche du profit. Il ne souhaiterait pas non plus accumuler les richesses, ni ne s'inquièterait pour les siens, puisque la collectivité satisferait tous ses besoins en biens et services.

Si farfelues que soient ces notions, elles furent reprises néanmoins avec enthousiasme tout au long du XXᵉ siècle par divers despotes et hurluberlus. Non seulement on en débattait sans fin dans les cafés parisiens, mais elles constituèrent la base d'un monde totalement imaginaire.

Les décideurs d'Union soviétique par exemple (comme ceux, répétons-le, qui investirent dans Internet) ne voyaient aucune raison de se limiter aux taux de croissance observés dans le passé. Sans propriété privée et sans entreprises privées, ils pensaient qu'il ne fallait plus craindre les cycles économiques.

Et donc, les projections de croissance communistes devinrent la mesure des chiffres de croissance déclarés (tout imaginaires qu'ils soient) : l'économie de l'Union soviétique, croyait-on, s'était multipliée par 36 entre 1913 et 1959. En comparaison, celle des États-Unis s'était seulement multipliée par quatre. Les dirigeants soviétiques prédisaient que la taille de leur économie surpasserait celle des États-Unis en douze ans.

Mais même cela paraissait lent au dictateur de Corée du Nord, Kim Il-Sung. Si l'on pouvait déterminer par décret la croissance économique, raisonnait-il en 1969, pourquoi se contenter de 15 % ? Dans son texte intitulé *Sur quelques problèmes théoriques des économies socialistes*, il déclara qu'il n'y avait aucune raison que les économies communistes en viennent à ralentir, et que des taux de croissance de 30 à 40 % par an pourraient être maintenus. Trois décennies plus tard dans son « économie socialiste », des millions de gens mourraient de faim.

Kim Il-Sung aurait dû faire attention lorsque son homologue de Roumanie, Ceausescu, lui aussi en proie au délire, s'attaqua au problème agricole. Ceausescu décida de mettre son pays « au premier plan de l'agriculture mondiale ». Il accomplit son projet de la manière la plus directe et opportune : il multiplia simplement par quatre les chiffres de production par hectare. Selon le mythe marxiste, les fermes collectives seraient bien plus productives que les fermes indépendantes de jadis. Ainsi, Ceausescu se contenta de donner vie au mythe en le réalisant dans l'esprit qu'il méritait, c'est-à-dire de façon mythique.

Même les dirigeants communistes eux-mêmes étaient des mythes : M. Djougatchivili, un ancien séminariste plutôt dépourvu de talents et fanatique de la « Nouvelle Ère », devint Joseph Staline, « l'homme d'acier ». Pendant ce temps, Kim Il-Sung se transformait en divinité virtuelle, dieu mythique qui devint l'objet d'un culte pour son peuple appauvri.

Mais le plus incroyable était que les gens étaient prêts à croire à de tels mythes. Les économistes américains calculaient que l'économie soviétique devait représenter 50 à 60 % de celle des États-Unis, et qu'elle gagnait du terrain. Pendant des décennies, l'Union soviétique fut mise au deuxième rang des puissances économiques mondiales. Mais cela ne correspondait pas à la réalité. L'Union soviétique et la Corée du Nord ne s'enrichissaient pas, mais s'appauvrissaient. Leurs peuples ne devenaient pas plus productifs, mais moins productifs.

Le progrès en marche arrière

En science et en technologie, les connaissances s'accumulent alors même que l'on fait de nouvelles erreurs : la technologie, comme les chiffres d'une table actuarielle, peut s'améliorer et s'enrichir en s'accumulant petit à petit avec le temps. Dès que le souvenir de quelque sottise passée se recouvre de mousse et sombre dans l'oubli, on refait la même bêtise. De même, l'utilisation que l'homme fait de la technologie, pour le profit, la guerre ou même pour améliorer son niveau de vie, suit les cycles profonds du cœur humain, tel un alcoolique qui reprend confiance après son premier verre et retombe dans la peur et l'incertitude lorsque les effets de l'alcool ne se font plus sentir.

Le « progrès » n'est pas garanti. Au-delà des cycles de cupidité et de peur, de confiance et de désespoir, se situent d'autres épisodes qui surpassent les désirs et capacités des hommes. Suite à l'effondrement de l'Empire romain en 476 de notre ère, les habitants d'Europe ne souhaitaient pas devenir plus pauvres. Ils ne subirent aucune mutation génétique qui les rendît moins intelligents, ou moins adaptés au confort matériel, ou moins capables de faire progresser la technologie. Et pourtant l'innovation technologique et le progrès matériel firent marche arrière pendant près de 1 000 ans. Selon les historiens, l'ordre qui avait permis le commerce et la prospérité fut remplacé par le désordre et la pauvreté. Qui voulait un tel changement ? Pourquoi les gens l'auraient-ils permis ? Lorsqu'ils s'aperçurent que leur niveau de vie était menacé, pourquoi ne firent-ils rien pour réagir ? Sans aucun doute, les représentants du gouvernement pouvaient simplement trouver de nouvelles politiques qui rétabliraient la situation ?

De même en 1914, alors que l'on était censé avoir tiré les leçons des guerres du XIXᵉ siècle, une fois de plus le monde se trouva sur la voie du désastre avec l'éclatement de la Première Guerre mondiale.

D'un point de vue militaire, la guerre avait en réalité été « gagnée » par la France à la première bataille de la Marne en septembre 1914. La France avait vaincu l'armée allemande et l'avait forcée à se retrancher derrière une ligne située non loin de son point de départ. Comme beaucoup d'autres batailles, celle de la Marne, dont le nombre de morts est estimé à 512 733, ne servit qu'à souligner la futilité de la guerre. Peu fut obtenu au prix d'un énorme sacrifice en hommes.

Néanmoins, ce que l'on devait appeler « la Grande Guerre » se poursuivit quatre ans de plus. En 1916, c'était devenu un tel carnage insensé que les Français étaient au bord de la mutinerie. D'un commun accord, les troupes rivales, qui ne voyaient pas l'utilité de continuer à faire couler le sang, décidèrent souvent des cessez-le-feu informels. Les officiers supérieurs durent intervenir à plusieurs reprises pour s'assurer que leurs soldats continuaient à s'entre-tuer. Embourbés sans espoir dans une guerre des tranchées où aucun des côtés n'avait un avantage décisif ni même un but raisonnable de se battre, des hommes sensés auraient pu décider que c'en était assez. Même maintenant, peu de gens (et peu d'historiens) peuvent expliquer de manière convaincante pourquoi les nations concernées se mirent en guerre, ce qu'elles espéraient en tirer, et pourquoi elles ne cessèrent pas le combat quand il devint clair que la guerre était faite en pure perte. Ce fut la guerre la plus chère de l'histoire des hommes, et, de plus, elle fit 31 millions de victimes, morts, disparus ou blessés. En outre, ce ne fut pas une vraie guerre au sens conventionnel du terme, puisque aucun des camps n'avait rien à gagner, et d'ailleurs ne gagna rien.

« Les ailes du désir »

Au début du XXᵉ siècle, vingt ans seulement avant la Première Guerre mondiale, régnait un esprit d'enthousiasme :

« À l'aube du XXᵉ siècle, on informa les hommes qu'ils pouvaient construire des machines qui voleraient dans les airs. L'ensemble de l'horizon et des perspectives de l'humanité s'élargit infiniment, et les idées se multiplièrent aussi à une allure incroyable » (Winston Churchill). Ce fut le 17 décembre 1903, peu de temps après le tournant du siècle, qu'Orville et Wilbur Wright démontrèrent que la vieille promesse de transport aérien pouvait effectivement être tenue. Des dunes de Caroline du Nord battues par le vent, un avion décolla et effectua un vol contrôlé pour la première fois de l'histoire.

En 1919, des progrès considérables avaient été faits dans la conception et la fabrication des avions et des chars d'assaut. Mais la condition de l'humanité en était-elle meilleure ou pire qu'en 1914 ? Si l'on considère les ravages causés pendant la Première Guerre mondiale, il nous est difficile de répondre par l'affirmative. La promesse du transport aérien avait été tenue. Les avions fonctionnaient... Mais seulement quelques décennies plus tard, lors de la Deuxième Guerre mondiale, on les utilisait dans le but de détruire, lâchant des bombes sur Londres, et frappant même le bunker de Winston Churchill.

« Il nous semblait presque évident que la science nous couvrirait continuellement de bienfaits et de bénédictions », expliquait Churchill. Mais elle « ne s'accompagna d'aucun progrès notable dans la dimension humaine, ni sur le plan des facultés mentales, ni sur celui des dispositions morales. Le cerveau de l'homme ne s'en améliora pas, mais en fut d'autant plus actif... Nos codes d'honneur, de morale et de savoir-vivre, les convictions passionnées partagées par tant de centaines de millions d'individus quant aux principes de liberté et de justice, nous sont bien plus précieux que ce que des découvertes scientifiques pourraient nous apporter. » L'homme était devenu trop sûr de lui et en payait le prix, concluait Churchill. « Comme il nourrissait l'illusion d'être de plus en plus maître de ce qui l'entourait et se réjouissait de son nouvel apparat, il devint le jouet, puis la victime, de marées et de courants, de tourbillons et de tornades qui le laissèrent bien plus désemparé qu'il ne l'avait été depuis longtemps. »

À la fin de la Première Guerre mondiale, il y eut presque 8 millions de morts, plus de 21 millions de blessés, et près de

2 millions de disparus[1], mais ce n'était que le début. Car les guerres du XXe siècle commençaient à peine.

Un massacre à l'échelle industrielle

Avant la Révolution française et l'industrialisation, les guerres étaient bien plus limitées. Les armées entraient brièvement sur le champ de bataille, généralement en été, où les routes étaient praticables, et avant les récoltes. Elles accomplissaient leurs méfaits, puis rentraient chez elles. Peu de guerres étaient populaires. En effet, les conflits opposaient des groupes d'individus dont les terres et les vies étaient directement menacées, par exemple, par une invasion de barbares qui venaient de l'Est. Dans la plupart des cas, il s'agissait de rivalités localisées dans l'espace, notamment entre monarques qui s'affrontaient avec un nombre relativement restreint de mercenaires à leur solde. En 1066, Guillaume le Conquérant (d'abord surnommé Guillaume le Bâtard) s'empara de toute l'Angleterre avec une force qui se limitait à quelque cinq milliers d'hommes. Au XXe siècle, au contraire, les guerres exigèrent un nombre très élevé de combattants. On fit même appel à ceux qui ne se battaient pas pour jouer un rôle de soutien. Ainsi, pendant la Deuxième Guerre mondiale, les femmes durent quitter leur foyer pour aller travailler dans des usines de construction aéronautique et occuper des emplois jadis assurés par des hommes. Des populations entières furent mobilisées et enrôlées pour participer aux efforts de guerre qui coûtèrent bien davantage en vies et en argent que tout conflit armé de l'histoire. Et pourtant la plupart de ces guerres ne semblaient avoir pour but que de conduire le pays à sa perte.

Pourquoi ces guerres se produisirent-elles au cours du siècle dernier et pas avant ? Nous avons deux réponses. La première

---

1. Source : http://www.firstworldwar.com/features/casualties.htm.

est classique : il eût été impossible que la sauvagerie prenne une telle ampleur auparavant. Il fallut des économies industrialisées, soutenues par des technologies toujours plus innovatrices, pour produire des guerres à une échelle industrielle. La seconde réponse ? Il eût été impossible auparavant que tant de gens partagent tant de mauvaises idées en même temps. Grâce au progrès en communications, l'individu moyen était attiré par la pensée de groupe comme un moucheron par une flamme. Il dit bientôt toutes sortes d'absurdités et se gâcha la vie avec des guerres et des soulèvements qui n'eurent aucun effet sur son bien-être, si ce n'est de le distraire de ses problèmes personnels.

Internet ne fut pas aussi révolutionnaire que s'y attendaient les rêveurs de la nouvelle ère. Le prix des communications était en baisse depuis 200 ans (d'abord le télégraphe, puis le téléphone, la radio, la télévision, la C. B., etc.). Ces moyens de communication, ajoutés à la presse bon marché, mettaient l'information à la portée d'une grande majorité de gens, mais ils permettaient aussi d'une part le rassemblement de foules plus importantes, d'autre part de plus grosses bulles financières. Au lieu de réduire le niveau de violence dans la politique internationale, la baisse du coût des communications l'augmenta. Au début du siècle, les chemins de fer, le télégraphe et les journaux populaires permirent la guerre la plus étendue et la plus chère de toute l'histoire des hommes, une guerre qui concerna plus d'individus que jamais auparavant. À la fin du siècle, Internet et la télévision furent à l'origine de la plus grosse bulle financière de tous les temps, une bulle à laquelle participa bien plus de monde qu'à n'importe quelle autre période de l'histoire.

Les optimistes du millénaire

« Malgré tout ce qui ne va pas dans le monde, les choses ne cessent de s'améliorer. D'une manière ou d'une autre, avec le

temps, les occasions permettent de surmonter les difficultés »,
écrivait Porter Stansberry dans le numéro de l'été 2001 de son
bulletin d'information[2]. Il se plaçait ainsi dans les rangs d'un
groupe important d'optimistes du millénaire, technophiles et
partisans inconditionnels de l'économie de marché, dont George
Gilder, Paul O'Neill, Laurence Kudlow, Michael Murphy, et à peu
près n'importe quel républicain et démocrate bien-pensant aux
États-Unis. Ils étaient tous sans exception convaincus que la marche
en avant du progrès était inévitable et irréversible.

La plupart des gens sont plus riches de nos jours qu'ils ne
l'étaient il y a cent ans, continuait Stansberry. Et ils vivent plus
longtemps. Cela semble être un argument sans appel. Sans aucun
doute, les gens seront encore plus riches et vivront encore plus
longtemps dans l'avenir, n'est-ce pas ? Peut-être que oui, et
peut-être que non. Dieu a peut-être chuchoté Son projet d'avenir
à l'oreille de Stansberry. Mais encore une fois, peut-être que
non.

À la fin du XIXe siècle, il avait aussi semblé, comme à la fin
du XXe, que le progrès était inévitable. On s'attendait à une
amélioration de la vie sous tous ses aspects. Les économies
mondiales étaient en pleine expansion. La révolution industrielle
marchait à plein régime et exhalait ses effluves partout dans le
monde. Un individu pouvait monter dans un train à Paris et se
rendre à Moscou dans un confort luxueux. Un Londonien pouvait
commander son thé épicé en Orient et ses tapis à Istanbul. Y avait-
il une seule raison de croire que ces bienfaits, produits de la nouvelle
technologie, de l'économie de marché, et d'une administration
politique éclairée, verraient leur fin ?

À la fin du XIXe siècle, on n'avait plus recours à la torture
dans le monde occidental, et l'esclavage avait été entièrement
aboli dans les pays civilisés. Aux grands jours de la Belle Époque,

---

2. Porter Stansberry's Investment Advisory.

il semblait que les façons de faire, l'art et la sécurité des individus s'amélioraient. En outre, comme l'Europe avait connu près de trente ans sans grands conflits armés, beaucoup croyaient que la guerre appartenait au passé, et non à l'avenir.

Et pourtant, à peine quelques années plus tard, le monde commença à reculer et les guerres les plus coûteuses et les plus barbares de l'histoire commencèrent. Entre 1914 et 1919, la France avait déjà perdu 20 % de ses jeunes gens en âge d'être soldats... et le siècle avait à peine commencé ! Sans prendre le temps de respirer, de 1914 à 1945, les hommes s'abattirent, se torturèrent, se firent sauter, s'empoisonnèrent et s'affamèrent à un degré que le monde n'avait jamais connu jusqu'alors.

Le XXe siècle fut une période de « mégamort », pour reprendre l'expression de Zbigniew Brzezinski, ancien conseiller militaire du président américain Jimmy Carter, le nombre de victimes étant estimé à 187 millions. En 1945, toutes les grandes économies mondiales sauf une, celle des États-Unis, étaient en ruine. Le Japon, l'Union soviétique et l'Allemagne étaient réduits à des tas de cendre et de métal tordu. La France et la Grande-Bretagne étaient à peu près intactes, mais étaient équipées pour une production de guerre et non de paix. Pire, elles étaient toutes deux aux mains des socialistes et syndicalistes... ce qui freina tellement leur reprise économique qu'elles furent bientôt dépassées par leurs anciens ennemis, l'Allemagne et le Japon. Le progrès n'est jamais garanti, qu'il soit matériel ou moral.

Le sac de Nankin

Qu'on le veuille ou non, le monde est tout de même régi en grande partie par les élans du cœur : il vibre de démence, de peines et de péchés, de *sturm und drang*, et de chagrin et de pitié. C'est un monde dont l'histoire, comme l'observa Voltaire, est un ramassis des « crimes, folies et infortunes » de l'humanité. Le 13 décembre 1937, l'armée impériale japonaise s'inscrivit dans l'histoire. Les records antérieurs de dépravation furent battus lorsque le diable décida de faire des heures supplémentaires pendant six semaines. Quand il eut achevé sa besogne, on évalua à 377 000 le nombre de personnes qui avaient été massacrées.

Les victimes n'étaient pas des soldats du Reich ni des appelés du Kremlin. C'étaient des hommes, femmes et enfants de tous âges et affiliations partisanes. Des démocrates. Des catholiques. Des tenants du confucianisme. Des menuisiers. Ils partageaient une erreur qu'on fait fréquemment : ils étaient au mauvais endroit au mauvais moment. Ces gens ne furent pas anéantis par un raid aérien impersonnel, comme les 60 000 victimes supposées de Dresde, ou les 200 000 tués de Nagasaki et Hiroshima. Et ils ne furent pas tués méthodiquement et systématiquement comme les nazis et les bolcheviks le faisaient d'habitude avec leurs victimes. Non, ils furent exterminés un par un, ou par petits groupes, après avoir été torturés, humiliés et forcés de souffrir autant que le permettait l'imagination des tueurs.

Boucherie. Barbarie. Bestialité. Il est difficile de décrire ce qui se produisit avec des mots qui lui rendent justice.

Quand les légions romaines détruisirent Carthage, elles décimèrent près de 150 000 personnes. Timur Lenk tua 100 000 prisonniers à Delhi en 1398. Il érigea des tours de crânes en Syrie en 1400. Mais aucun appareil ne photographia ces spectacles. En revanche, les photos du livre d'Iris Chang sur le sac de Nankin (*The Rape of Nanking*) apportent des preuves contre ceux qui croient que le progrès moral est inévitable. Cet événement eut lieu plus de 100 ans après la Déclaration des droits de l'homme. Et près de deux millénaires après la naissance de Jésus-Christ, le Prince de la Paix. L'interdiction de donner la mort était établie dans toutes les grandes religions. Bien sûr les victimes se seraient accommodées du meurtre : cela leur aurait été un réconfort, comme un ordre *stop loss* dans un marché en baisse.

Le Japon a l'une des sociétés les plus courtoises et respectueuses des lois au monde. Mais le mal se déchaîne parfois en tempête. Aucune race, ni aucune nation, n'est à l'abri.

Les larmes de Papa Trapp

Ceux qui croient en la perfectibilité de l'homme devront justifier leur point de vue. Car, en matière d'imperfections, aucune période de l'histoire ne peut rivaliser avec celle qu'auront vécue les lecteurs de ce livre. Pendant la Deuxième Guerre mondiale, en particulier, les victimes furent éliminées systématiquement, dans des opérations à grande échelle qui nécessitèrent une organisation et une planification considérables et firent appel à un grand nombre de participants qui auraient dû réfléchir et agir en conséquence.

Rien de tout ceci n'éclairera ou ne surprendra le lecteur. Ce qui est surprenant, c'est que l'individu moyen, quand on lui pose la question, tient pour acquis que l'humanité progresse sur le plan moral et matériel. Peut-être l'individu moyen a-t-il raison. Les êtres humains sont bien plus nombreux de nos jours qu'ils ne l'étaient il y a mille ans. Et il est bien possible que, comme dans le domaine de l'hygiène personnelle et de la taille moyenne, il y ait une légère amélioration dans la dimension morale des hommes. Mais au moins le progrès est sujet à des bouleversements fondamentaux qui devraient nous garder sur le qui-vive.

« La ville polonaise de Bilgoraj, à l'aube du 13 juillet 1942... » C'est ainsi que commence le livre de Christopher Browning, *Des hommes ordinaires*, illustrant les actes extraordinaires que peut commettre un homme parmi tant d'autres. Ce matin-là, les hommes du 101e bataillon de réserve de la police allemande avaient une étrange tâche à accomplir. Leur commandant, un homme à qui ses troupes avaient donné le surnom affectueux de « Papa Trapp », était si troublé par la nature de leur mission qu'il se tint devant eux les larmes aux yeux. Il put à peine contrôler sa voix qui s'étrangla lorsqu'il expliqua à ses hommes qu'ils étaient censés éliminer toute la population juive de la ville. Les hommes valides devaient être expédiés dans des camps de travail. Les femmes, les enfants et les vieillards, tous sans exception, devaient être abattus.

Les soldats du 101e bataillon de police n'étaient pas de jeunes benêts impressionnables, ni des fanatiques du nazisme. C'étaient des hommes d'âge moyen, qui avaient eux-mêmes des familles. Les bataillons de police n'étaient pas des combattants de première ligne. Ils étaient constitués d'hommes mûrs, qui dans la plupart des cas s'étaient engagés dans les brigades de police pour pouvoir veiller à la sécurité du territoire et éviter d'être envoyés au combat loin de leurs foyers.

En leur donnant les ordres, Papa Trapp fit à ses hommes une incroyable proposition : si certains parmi les plus âgés sentaient qu'ils n'étaient pas capables de prendre part à la mission... ils en seraient dispensés. Trapp eut alors recours à la raison. Il rappela à ses soldats et à lui-même la logique de leur tâche. Les Juifs représentaient une menace pour les troupes allemandes. Ils avaient pillé. Ils soutenaient des terroristes !

Hitler avait promis de transformer les terres conquises à l'Est en un « paradis terrestre ». Il était heureux, expliquait-il, que Staline ait entamé une campagne terroriste contre les forces allemandes, utilisant des partisans pour semer le trouble derrière les lignes. « Cela nous donne une raison d'éliminer tous ceux qui nous sont hostiles, disait le Führer. Naturellement ce vaste pays doit être pacifié dès que possible, et c'est ce que nous faisons en abattant quiconque ose nous regarder de travers. »

C'était une guerre contre le bolchevisme, expliquaient les nazis. Les Juifs devaient être liquidés, pas seulement parce qu'il étaient juifs, mais parce qu'ils étaient bolcheviks. Ces discours avaient dû convaincre les hommes ordinaires qui tuèrent de manière systématique. Mais tout le monde ne suivit pas. Au moins un homme refusa de prendre part au massacre. Un lieutenant de Hambourg, Heinz Bachmann, déclara qu'il refusait de tuer des femmes et des enfants. Il fut transféré.

Trapp lui-même fit ce qu'il considérait être son devoir. Mais il en fut ébranlé et évita la scène de la tuerie. Des témoins rapportèrent qu'ils le virent pleurer comme un enfant. L'un d'entre eux l'entendit se demander pourquoi on lui avait attribué cette sale mission. Un autre l'entendit dire « si ceci n'est pas vengé sur terre... que Dieu ait pitié de nous, les Allemands. »

Rien n'est autant voué à l'échec que la réussite

Les lecteurs qui ont l'habitude des textes économiques ou des livres sur la finance pourront trouver nos observations sur l'histoire militaire déplacées. Ce n'est pas du tout le cas. C'est en temps de guerre que nous voyons de la manière la plus évidente les dégâts que peuvent commettre les êtres humains. Même les hommes les plus « rationnels » peuvent à l'occasion perdre la tête, que ce soit en amour, à la guerre, sur les marchés ou en économie. Avec un peu de chance, on les contient avant qu'ils n'aient l'occasion de causer trop de dommages. Un vrai génie, en revanche, soutenu par une foule, peut parvenir au désastre.

Nous, êtres humains, nous flattons de ce que nous sommes. Doués du pouvoir de raison, nous nous croyons supérieurs au reste du royaume animal. Mais tous les chiens, chevaux, mulots et vaches qui virent passer la Grande Armée de Napoléon ou la Wehrmacht d'Hitler sur la route de Moscou devaient avoir plus de jugeote que les hommes. Même un rat des champs, pourrait-on dire, était mieux programmé qu'un maréchal. Alors qu'ils couraient se mettre à l'abri sur le passage des troupes, ces humbles petits rongeurs au poil ras prévoyaient-ils qu'ils rongeraient bientôt les os des soldats abattus, ou les doigts engourdis par les engelures de ceux qui s'étaient endormis ?

La chute de Louis XVI avait introduit en Europe une nouvelle ère. Les aristocrates français avaient fui pour échapper à la guillotine, et avaient fait campagne auprès des monarques qui restaient en Europe pour qu'ils interviennent en France et leur rendent leurs positions et leurs possessions. L'agitation s'était enfiévrée lorsque les révolutionnaires avaient décapité Louis XVI et son épouse autrichienne, Marie-Antoinette. Partout en Europe, les aristocrates se tâtaient le cou avec appréhension… et ils décidèrent d'agir.

La France du XVIIIe siècle avait ses avantages que ne manqueront pas d'apprécier les lecteurs contemporains. La croissance du PIB y était peut-être la plus forte du monde. Bien que la France fût à la traîne de l'Angleterre au début du siècle, elle l'avait devancée cent ans plus tard. De plus, la population française croissait à un rythme effréné. Grâce à une hausse de la production, on pouvait nourrir davantage de petits François et de petites Françoises. Bientôt ils pullulèrent.

Mais la France avait un autre avantage caché : c'était le premier pays d'Europe qui profitait pleinement d'une démocratie populaire. Qui serait prêt à mourir pour un roi ? Quelle part de son revenu aurait-on accepté de verser à un Louis, un Henri ou un François-Ferdinand ?

De plus, les armées de François II, empereur d'Autriche (également neveu de Marie-Antoinette) étaient professionnelles. On les maintenait sur le champ de bataille par l'argent et la menace de recourir à la force. C'était le style de l'époque, jusqu'à la révolution. La Révolution française de 1789, comme la révolution américaine qui l'avait précédée, transforma des sujets en citoyens, puis profita d'eux à un degré jusque-là inégalé.

Peu d'années après la Révolution, Napoléon Bonaparte, commandant d'artillerie corse qui avait alors 26 ans, dirigea la première campagne d'Italie de 1796. En quelques mois de durs combats, il prouva qu'il avait le génie de la guerre et devint un héros populaire partout en France. À l'époque on ne connaissait pas les cotes de popularité, mais, si les sondages d'opinion avaient existé, Napoléon serait sûrement resté en tête pendant les 19 ans qui suivirent.

Dans une série de guerres et de batailles, d'alliances et de mésalliances, petit à petit les grands bataillons de Napoléon soumirent le reste de l'Europe. En 1812, tout le continent, à l'exception de la Russie et de la Grande-Bretagne, était à sa botte. La France connaissait une période de prospérité économique. C'était le plus grand pays d'Europe, doté de l'armée la plus puissante du continent, et sa nouvelle forme de gouvernement s'avérait bien plus efficace que d'autres à saigner à blanc sa population. La France était la seule superpuissance d'Europe au début du XIXe siècle.

À ce stade, rien ne pouvait arrêter Napoléon. Et donc, tout l'arrêta.

Il avait installé son frère sur le trône d'Espagne. Mais les Espagnols résistèrent et entamèrent une guerre de terreur contre les troupes françaises. Alors Napoléon attaqua la Russie. Seul un homme qui avait le génie de la guerre aurait pu se lancer dans une entreprise d'une telle imbécillité. Les ambitions d'un homme ordinaire auraient été freinées bien avant.

Le baron de Marbot rapporte une scène digne d'attention dans ses mémoires des guerres napoléoniennes :

> L'empereur Napoléon semblait hésiter encore et semblait vouloir écouter les sages avis de Caulaincourt, son ancien ambassadeur à Saint-Pétersbourg. Il voulut même interroger plusieurs officiers français qui avaient habité quelque temps la Russie et en connaissaient la topographie et les ressources. Parmi eux se trouvait le lieutenant-colonel de Ponthon, qui avait été du nombre des officiers du génie que Napoléon, lors du traité de Tilsitt, avait, sur les instances d'Alexandre, autorisés et même invités à passer quelques années au service de la Russie. C'était un homme des plus capables et des plus modestes. Attaché au service topographique de Napoléon, il n'eût pas cru pouvoir émettre spontanément son avis sur les difficultés

qu'éprouverait une armée portant la guerre dans l'Empire russe ; mais lorsque l'Empereur le questionna, de Ponthon, en homme d'honneur, tout dévoué à son pays, crut devoir dire la *vérité* tout entière au chef de l'État, et, sans craindre de lui déplaire, il lui signala tous les obstacles qui s'opposeraient à son entreprise. Les principaux étaient : l'apathie et le défaut de concours des provinces lithuaniennes assujetties depuis de longues années à la Russie ; la résistance fanatique des anciens Moscovites ; la rareté des vivres et des fourrages ; les contrées presque désertes qu'il faudrait traverser ; des routes impraticables pour l'artillerie après une pluie de quelques heures ; mais il appuya surtout sur les rigueurs de l'hiver et l'impossibilité physique de faire la guerre lorsqu'on aurait atteint l'époque des neiges, qui tombaient souvent dès les premiers jours d'octobre. Enfin, en homme vraiment courageux, au risque de déplaire et de compromettre son avenir, M. de Ponthon se permit de tomber aux genoux de l'Empereur pour le supplier, au nom du bonheur de la France et de sa propre gloire, de ne pas entreprendre cette dangereuse expédition, dont il lui prédit toutes les calamités. L'Empereur, après avoir écouté avec calme le colonel de Ponthon, le congédia sans faire aucune observation.

Quelques semaines plus tard, l'Empereur commença sa marche vers Moscou avec plus de 300 000 soldats, découvrant petit à petit toutes les difficultés dont le colonel de Ponthon l'avait averti. Une victoire décisive des Russes tôt dans la campagne aurait été une bénédiction pour les Français. L'armée aurait pu panser ses blessures, ravaler son orgueil, et traverser en sens inverse le fleuve Niémen pour se mettre à l'abri. Mais les Français combattirent si bien qu'ils s'exterminèrent presque eux-mêmes. En arrivant à Moscou, les troupes de Napoléon firent une découverte désagréable. L'armée russe avait entamé une campagne de terreur. La ville était en flammes. On ne pouvait loger les soldats français nulle part pendant l'hiver et il n'y avait rien pour les nourrir.

La Grande Armée de la République se replia, assaillie à chaque pas par le climat, qui se refroidit très vite et atteignit des températures excessivement basses pour la saison, et par les terroristes russes.

Seuls quelques soldats de Napoléon réussirent à sortir vivants de Russie.

Bientôt, les nombreux ennemis de la France attaquaient de tous côtés. Napoléon, le héros de la campagne d'Italie, était vaincu, et la France était occupée par des troupes étrangères.

La guerre de 1870 contre l'Allemagne

La France se remit en guerre avec l'Allemagne en août 1870. Lisez vous-même les livres d'histoire, et vous ne comprendrez toujours pas pourquoi les deux pays se déclarèrent la guerre. Mais les drapeaux furent hissés, les bureaux de recrutement se remplirent, et bientôt les troupes prenaient la route du Rhin.

Selon les écrits d'Alistair Horne sur cette guerre, il aurait été difficile de trouver dans l'histoire un « exemple plus représentatif de ce que les Grecs appelaient *peripeteia*, c'est-à-dire un retournement des chances ».

Les forces qui étaient sous les ordres de Louis Napoléon étaient si sûres d'elles que leurs commandants étaient équipés de cartes d'Allemagne, mais pas de cartes de France. Hélas, la courbe de confiance des Français allait bientôt s'inverser et s'orienter à la baisse. Les Français ne tarderaient pas à tomber de niveaux homériques d'orgueil à des niveaux homériques de désespoir.

Après une ou deux batailles d'importance mineure, les Français battirent en retraite et les cadavres de soldats furent éparpillés dans la campagne. L'armée fut repoussée jusqu'à Sedan et prise au piège. Pour le général Mac Mahon, l'armée française était prise dans un « pot de chambre » et serait bientôt « dans la merde ».

Vaincu, l'empereur fut fait prisonnier et Paris fut assiégé. À Noël les Parisiens mouraient de faim. « Nous avons mangé le chat de tante Reinburg, écrivit Berthe Cavaille le 29 décembre. C'est bien dommage parce que c'était un si joli animal ! J'ai un morceau de viande de chien que je vais faire mariner et faire frire. »

Vers la fin du siège, Léon Gambetta, alors ministre de l'Intérieur, s'enfuit en ballon ! Et finalement les Français retrouvèrent leur bon sens, cessèrent de résister, et agitèrent un drapeau blanc.

Rien n'est autant voué à la réussite que l'échec

Il s'avéra que perdre la guerre fut aussi profitable que de la gagner. À la suite de sa défaite, la France connut les quatre meilleures décennies de son histoire. L'économie du pays fut prospère. Les gens s'enrichirent. Le prix de l'immobilier grimpa et une concurrence s'engagea pour construire de plus en plus de bâtiments qui rivalisaient en luxe et en beauté. Les restaurants et les bistros étaient pleins à craquer. Les artistes et les comédiens étaient attirés par Paris comme des mouches noires par les ordures. Des quartiers entiers de la capitale furent rasés et rebâtis, le métro fut construit, la tour Eiffel fut érigée, et la Belle Époque fit briller la civilisation occidentale d'un éclat jusque-là inégalé.

Mais dans les années qui suivirent la défaite de 1871, les dirigeants militaires français étudièrent les événements passés et dressèrent des plans pour rendre sa gloire au pays. La France avait perdu la guerre, mais n'avait pas tout à fait perdu sa folie. Quelle faute avaient-ils commise, se demandaient-ils ? Ils en vinrent à conclure qu'ils avaient été trop prudents, qu'ils auraient dû passer à l'offensive et charger avec davantage d'impétuosité. Cette idée fut même soutenue par le colonel de Grandmaison : « Lors d'une offensive, l'imprudence est la meilleure des assurances, déraisonnait Grandmaison. Allons même jusqu'à l'excès et peut-être que ce ne sera pas suffisant… » Et bientôt ce qui était une tactique parfaitement valable devint une mauvaise stratégie.

Quarante-quatre ans après Sedan, l'armée française s'essaya à sa nouvelle stratégie. Rappelons que nul ne savait ce qui avait déclenché la Première Guerre mondiale, ni quel en était l'enjeu. Les parties concernées semblaient toutes agir avec bon sens selon les critères de l'époque. Les drapeaux flottaient au vent et les bureaux de recrutement se remplissaient à nouveau. Et les Français attaquèrent en août 1914 avec la « bataille des frontières ».

Avec l'enthousiasme irréfléchi d'un amoureux qui a perdu l'esprit, ils chargèrent. En l'espace de deux semaines, la France avait perdu 300 000 hommes et un officier sur dix. En l'espace des cinq premiers mois, la France avait perdu autant d'hommes que les États-Unis lors de la Deuxième Guerre mondiale. En l'espace d'un an, davantage de Français tombèrent au champ d'honneur que d'Américains dans les deux guerres mondiales. Et il restait encore trois années avant la fin du massacre. Lorsque la guerre se termina, elle avait fait plus de six millions de victimes dans les rangs français. Dans quel but ? Nul ne le savait.

La débâcle de 1940

Il ne se passe pas grand-chose à Bremo Bluff, dans l'État de Virginie aux États-Unis. La petite ville marque à peine un virage sur la route. Elle offre peu de distractions, ce qui laisse beaucoup de temps pour réfléchir. Donc l'historien militaire Bevin Alexander, qui réside à Bremo Bluff, eut tout le loisir de s'interroger sur la Deuxième Guerre mondiale et sur la possibilité d'une autre issue.

Sur le papier, les Français avaient à l'époque la plus forte armée d'Europe. Mais leur tactique avait vingt ans de retard. Les guerres ne se menaient plus de la même manière, et seule une poignée de militaires, pour la plupart de la Wehrmacht, en avaient conscience. Si les Français avaient été plus malins, pourrait-on dire, le déroulement de la Deuxième Guerre mondiale aurait été tout autre. Les Allemands auraient attaqué, mais ils auraient rencontré une résistance efficace et l'équilibre des forces se serait maintenu en Europe.

Mais les erreurs sont inévitables et semblent se produire lorsqu'elles sont nécessaires : pour bouleverser l'équilibre de la nature, puis le rétablir. Pas plus que les investisseurs de la Grande

Bulle de 1995-2000, les combattants de la Deuxième Guerre mondiale n'étaient en mesure d'éviter de se tromper.

Ce qui se produisit il y a deux générations, c'est que les Allemands attaquèrent là où on ne les attendait pas, et d'une manière que les Français n'avaient jamais vue. Ainsi les divisions blindées, sous le commandement de Heinz Guderian et Erich Rommel, percèrent les lignes françaises et continuèrent à avancer, non pas pour soutenir l'infanterie, comme s'y attendaient les Français, mais en agissant indépendamment. Elles progressaient si vite et apparaissaient si loin de l'endroit où on les croyait être que le régiment de Rommel fut surnommé la « division fantôme ». Non seulement les forces françaises et britanniques furent incapables de réagir de façon efficace, mais elles n'avaient pas non plus la moindre idée de ce qu'aurait dû être la réaction appropriée. Elles ne savaient pas où était l'ennemi, ce qu'il faisait, ni même ses raisons de le faire.

En quelques semaines, l'armée française s'effondra. Les soldats jetèrent leurs armes et s'enfuirent. Pris de panique, le gouvernement français vit que la situation était sans espoir et se rendit. Les Britanniques, avec ce qui subsistait des forces françaises, furent forcés de reprendre la mer à Dunkerque.

En février de l'année suivante, la bataille d'Angleterre avait déjà eu lieu... avec des résultats peu concluants. Au dernier moment, Churchill avait rassemblé son pays derrière lui et avait à grand mal réussi à repousser l'assaut des Allemands. Rommel était en Afrique du Nord où il préparait son *Deutsche Afrika Korps* et une série de victoires à couper le souffle. L'armée allemande s'apprêtait à envahir la Yougoslavie et la Grèce.

En 1941, la carte du monde aurait pu être considérée comme un échiquier, avec des forces nationales alignées, disposées en ordre de bataille, en mouvement ou hors de combat, selon que la chance souriait ou échappait aux joueurs.

La roue tourne

La vie est une compétition. Les individus se mesurent les uns aux autres sur le plan individuel et collectif, en sport, en politique, en mode, dans les relations sexuelles et en économie. Dans les années 1940, la concurrence entre les États nations était effrénée et avait atteint un point culminant. L'Allemagne faisait ceci. La Russie faisait cela. La Grèce faisait telle chose. La Grande-Bretagne en faisait une autre. Pendant quelques années, presque toute l'Europe entra dans le jeu. On pouvait être enrôlé de force dans un bataillon de travailleurs, envoyé sur le front pour se battre, ou enfermé dans un wagon à bestiaux et expédié dans un camp de concentration. La politique était une épreuve de force, un jeu dont les enjeux étaient la vie ou la mort.

En l'espace de quelques mois, Hitler avait rassemblé un empire qui dominait l'Europe. Les Allemands occupaient la moitié de la France. À partir de la ligne de démarcation qui partageait la France, les Allemands contrôlaient toute l'Europe jusqu'au centre de la Pologne à l'est, et de la Norvège au nord jusqu'à l'extrémité sud de la Grèce et l'île de Crète dans la Méditerranée (et de grandes parties de l'Afrique également).

Mais les empires qui se construisent vite, comme les hausses sur les marchés financiers, ont tendance à s'effondrer avec la même rapidité. L'empire de Napoléon ne dura que 16 ans. Le « Reich de mille ans » fut détruit un peu moins de 4 ans après l'attaque de l'Union soviétique par Hitler.

La nature aime la symétrie et l'équilibre. Tracez une ligne au centre d'une feuille, par exemple, et vous verrez qu'elle est la même des deux côtés. Et la mer est au même niveau à San Francisco et à Odessa, bien que ces villes soient sur des côtés opposés de la terre.

Les graphiques représentant les excès des marchés financiers ont tendance à être symétriques. Des remontées abruptes à gauche trouvent leur pendant dans des baisses abruptes à droite. De longues inclinaisons modérées à gauche sont en général suivies par de longues inclinaisons modérées à droite.

Cette tendance à l'équilibre et la symétrie se retrouve également dans le monde politique. Il fallut des siècles pour construire l'Empire romain, et il fallut des siècles pour le démanteler. De même, le III⁰ Reich, sujet du livre de Bevin Alexander, *How Hitler Could Have Won WWII* (Comment Hitler aurait pu gagner la Deuxième Guerre mondiale), fut créé en quelques années seulement, et il fallut à peine plus longtemps pour le détruire.

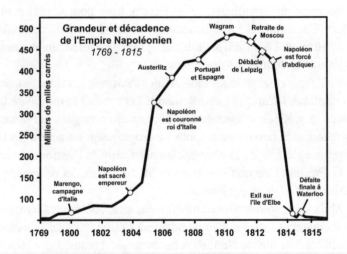

Ils l'ont bien cherché

Les individus n'obtiennent pas ce qu'ils attendent de leur investissement, mais ce qu'ils méritent. Ce que l'on gagne vite se perd tout aussi vite. De petits profits, accumulés sur de nombreuses années, ont tendance à être conservés pendant de nombreuses années. Si ce n'était pas le cas, tout le monde essaierait de gagner de l'argent rapidement. Et si cela se produisait, les gains disparaîtraient, comme la végétation d'une île luxuriante soudain livrée en pâture à des troupeaux de bétail.

Les aventures militaires d'Hitler apportèrent à l'Allemagne des gains très rapides. Mais pour finir l'Allemagne n'eut pas ce qu'elle attendait... mais peut-être, à peu de chose près, ce qu'elle méritait.

Bevin attribue l'issue de la guerre à l'erreur humaine. D'abord, Hitler ne réussit pas à détruire le corps expéditionnaire britannique à Dunkerque, alors qu'il aurait facilement pu le faire. Puis il ne réussit pas à détruire la RAF, ce qu'il aurait aussi pu faire. L'armée de l'air britannique était prête à s'effondrer lorsque Hitler décida de changer d'objectif et de bombarder le centre de Londres. La manière dont cette décision fut prise est typique de l'amateurisme dont Hitler fit preuve dans ses choix de stratégie militaire. En attaquant les installations de l'armée de l'air britannique, deux ou trois avions de la Luftwaffe s'étaient perdus et avaient lâché des bombes sur Londres par erreur. Les Britanniques réagirent par un raid aérien sur Berlin. Cela mit le Führer dans une telle rage qu'il décida de bombarder Londres jusqu'à ce que la Grande-Bretagne perdît sa volonté de se battre. Le contraire se produisit. Tandis que la Luftwaffe perdait des avions en détruisant Londres, la RAF put reconstruire. Et les bombes qui tombèrent sur Londres renforcèrent la résolution des Britanniques de se battre jusqu'au bout, et firent goûter aux Londoniens les alertes à la bombe qu'ils devaient savourer à satiété par la suite.

Puis, dit Alexander, Hitler n'attaqua pas la base britannique de Malte, prenant pour cible la Crète qui avait peu d'importance sur le plan militaire. Et il ne donna pas non plus à Rommel le soutien minimum dont il avait besoin pour prendre le canal de Suez, ce qui aurait bouché l'est de la Méditerranée à la flotte britannique et l'aurait privée d'un accès rapide à l'Orient.

Annihilez-moi

Mais l'erreur la plus monumentale d'Hitler fut son attaque de la Russie. Comme l'avaient remarqué les historiens, suite à la tentative d'invasion de Napoléon et, avant elle, celle de la Suède, entrer dans la Russie était facile, mais en sortir ne l'était pas.

La bévue d'Hitler désobéissait à toute règle de stratégie militaire. Ajoutée à sa déclaration de guerre aux États-Unis après Pearl Harbor, elle l'opposa aux trois plus grandes puissances industrielles de la planète, et le força à éparpiller ses troupes aux quatre vents sur des milliers de kilomètres. Et comme si cela n'était pas assez, Hitler dirigea la campagne de Russie avec une telle incompétence et une telle démence que même l'armée soviétique finit par pouvoir le détruire.

Mais au début les résultats de l'armée allemande furent si bons, et ceux de l'armée soviétique si mauvais, que Joukov parut incapable d'accepter l'invitation à se battre. On aurait presque dit que les anciennes règles de stratégie guerrière ne s'appliquaient plus à cette bataille. Les Allemands attaquèrent en terrain sec un ennemi aussi irréfléchi et incompétent que Hitler lui-même.

Et pourtant Hitler s'était engagé dans une guerre d'usure qui ne pouvait que se terminer mal. Les Soviétiques produisaient quatre fois plus de tanks que les Allemands. Ils sortaient de la chaîne de montage de l'usine de tracteurs Dzershezinsky de Stalingrad ou ailleurs, et étaient sur le terrain en quelques heures. Il fallait des semaines ou des mois pour que les tanks d'Hitler atteignent le front, s'ils l'atteignaient jamais.

Finalement le temps tourna et il fut clair que la campagne était condamnée. Et, du même coup, il fut clair que l'Allemagne n'avait plus aucune chance. Les Russes ne pouvaient pas être arrêtés. Et Hitler refusait de faire la paix. Comme ses généraux rapportaient des nouvelles désastreuses du front, Hitler les retira de la campagne, leur reprochant d'être ouvertement pessimistes, et les désignant comme des « lâches » qui « manquaient d'élan ». Il enleva même à sa division blindée Heinz Guderian, son meilleur commandant.

Ce dont avaient vraiment besoin ces soldats professionnels, pensait le Führer, c'était de « l'ardeur de la conviction nationale-socialiste ». Mais « l'ardeur de la conviction nationale-socialiste » n'aurait pas davantage arrêté un tank T-34 que la foi en une « nouvelle ère » ne pourrait renverser la tendance à la baisse sur le Nasdaq.

Dans le bain

> Nous jouons avec le feu. Nous jouons avec la guerre. Et puis, le feu et la guerre nous éclatent dessus. L'Amérique jouissait jusqu'à maintenant du luxe d'observer les choses à distance. Elle offrait libéralement ses conseils... ses sermons... son encouragement aux « petites gens » de ce monde. Maintenant l'Amérique est dans le bain avec le reste du monde. Maintenant nous allons voir. Nous allons voir si l'Amérique est véritablement la puissance militaire, industrielle et sociale qu'elle prétend être. Nous allons voir si « l'Amérique » existe vraiment. Parce qu'il ne s'agit plus seulement de prêcher tout en enregistrant des commandes et s'accaparant des parts de marché. Il ne s'agit plus d'exhorter les autres à se comporter en héros. Maintenant l'Amérique doit se battre. Et envoyer des Américains risquer leur peau. Les choses ont changé. Nous allons voir...
>
> Marcel Déat, écrivant dans le journal français collaborateur,
> *L'Œuvre*, 9 décembre 1941.

Marcel Déat avait l'air sceptique.

Quand Pearl Harbor fut bombardée, les Américains surent qu'ils seraient privés à jamais du « luxe d'observer les choses à distance ». Contrairement aux patriotes de 2001, ils s'apprêtèrent à se sacrifier, et non à s'apitoyer sur leur sort. Ils se préparèrent aux difficultés et aux pertes. Plutôt que d'acheter une Packard neuve, ils mirent en général l'ancienne au garage et allèrent travailler à pied. L'essence était rationnée, ainsi que la plupart des autres marchandises. Les actions connurent une baisse sans précédent et s'échangèrent à un rapport cours-bénéfices de 6.

Les choses avaient changé. L'Amérique était « dans le bain » avec les autres. Les hommes agissent fréquemment de façon stupide et de temps en temps avec démence. Et parfois l'impulsion autodestructrice est si forte qu'elle s'empare d'une nation tout entière. C'est presque toujours de la folie d'acheter des actions au plus haut d'un marché en hausse, ou d'acheter des actions à un rapport cours-bénéfices de 50. Il se peut que l'on ne soit pas ruiné tout de suite, car les actions peuvent encore monter. Mais tôt ou tard on est ruiné. La meilleure chose qui puisse arriver à quelqu'un qui perd la tête est de rentrer dans un mur en briques… avant d'avoir eu le temps de prendre de la vitesse. C'est la raison pour laquelle la réussite, en guerre comme en investissements, est souvent une plus grande menace que l'échec.

À Pearl Harbor, les troupes américaines furent témoin de l'un des actes les plus stupides et les plus fous de toute l'histoire. Les Japonais s'étaient embarqués dans une campagne de conquête. Ils réussirent sans difficulté à saccager sur leur passage la Chine et l'Indochine. Encouragés, ils cherchèrent à étendre l'hégémonie nippone par la force des armes partout en Asie du Sud-Est.

Vous vous demandez peut-être quel était le but de cette expansion militaire. Il s'agissait pour les Japonais de s'assurer des ressources vitales, du pétrole, du caoutchouc, des métaux. Pourquoi le Japon avait-il besoin de tant de matières premières ? Pour approvisionner les forces armées en vue de l'expansion militaire !

Les Japonais ne disposaient pas de grandes quantités de matières premières. Bien sûr, ils pouvaient les acheter sur le marché. Mais dans le monde politisé du XXe siècle, les marchés semblaient peu fiables. Et si les producteurs décidaient de ne pas vendre ? Cette idée était pourtant absurde. Pourquoi les producteurs refuseraient-ils de vendre alors qu'il était dans leur intérêt de le faire ? En fait leur seule raison de ne pas vendre était de paralyser l'expansion militaire japonaise ! C'est ainsi qu'au début de 1941 l'administration Roosevelt bloqua les approvisionnements, particulièrement en pétrole, qui étaient vitaux à la machine de guerre nippone.

Que devaient faire les Japonais ? Pendant presque 10 ans, ils avaient eu une suite ininterrompue de succès militaires. N'étaient-ils pas en droit de croire que leur cote serait toujours en hausse ? Mais en attaquant Pearl Harbor, ils prenaient un risque important. Les Japonais savaient ce qu'ils affrontaient : un pays bien plus grand et qui disposait de bien plus de ressources que le leur. L'amiral Yamamoto avait fait des études à Harvard et passé des années à Washington en tant qu'attaché naval. Et d'ailleurs, ce n'était pas un imbécile. Il savait que le Japon ne pourrait pas résister à un long affrontement avec les États-Unis.

Les Japonais s'en seraient bien mieux tirés s'ils avaient été battus en Chine ! Ils auraient pu retourner dans leur archipel, renoncer au Pacte tripartite avec l'Allemagne et l'Italie et remplir leurs carnets de commandes et s'accaparer des parts de marché, vendant des tanks, des avions et des vaisseaux aux autres combattants. Au lieu de cela, une longue suite de succès sur le champ de bataille conduisit à l'une des plus grosses erreurs stratégiques de tous les temps... et pour finir à la ruine totale du Japon et de son économie.

Avant l'attaque de Pearl Harbor, les Américains étaient très divisés sur la guerre. La plupart ne voulaient pas en entendre parler. Une loi autorisant l'incorporation pendant un an fut votée au Congrès par une seule voix de majorité quelques mois seulement avant l'attaque. Le Japon aurait pu conquérir n'importe quel territoire colonial hollandais, britannique ou français en Extrême-Orient, sans se risquer à entrer en guerre avec l'Amérique. De toutes les possibilités d'action qu'avait le Japon, il choisit la pire. Il fit la seule et, probablement, unique chose qui ferait participer les États-Unis à la guerre en tant que combattant actif et déterminé.

L'amiral Yamamoto reconnut son erreur presque immédiatement : « Nous avons… fait naître une terrible résolution dans l'esprit du [géant endormi]. » Pendant ce temps, Churchill était aux anges. « Avoir les États-Unis à nos côtés me donnait la plus grande joie. Désormais, à ce moment précis je savais que les États-Unis étaient en guerre, jusqu'au cou et jusqu'à la mort. Nous avions donc gagné après tout ! Le sort d'Hitler était réglé. Le sort de Mussolini était réglé. Quant aux Japonais, ils seraient pulvérisés. »

Douze jours plus tard, le 17 décembre, le dirigeant allemand prouva qu'il était au moins aussi fou que son homologue japonais en déclarant la guerre à l'Amérique. Il aurait pu abandonner les Japonais à leur folie. Mais au lieu de cela, en moins de deux semaines, les puissances liées par le Pacte tripartite avaient réussi à retourner la guerre contre eux en provoquant la colère de la plus grande économie mondiale. L'Amérique, protégée par deux océans, pouvait produire des jeeps, des tanks, des avions, et des rations alimentaires plus vite que quiconque. Elle pouvait mettre des millions de soldats entièrement équipés sur le terrain, et viser une cible avec davantage de bombes que tout autre pays ne l'avait encore fait.

Mais en 1941 la puissance militaire de l'Axe était en hausse constante depuis presque dix ans. On n'a pas les idées claires lorsqu'un marché est à la hausse. Et on manque d'imagination. On ne peut voir dans l'avenir que ce que l'on vient de connaître. Il fallut attendre les batailles de Midway et Stalingrad, toutes deux en 1942, pour que les forces de l'Axe plafonnent. C'est alors que l'on se mit à nouveau à penser et que l'imagination reprit ses droits. Mais c'était déjà trop tard.

« Tout le monde est moral », écrit Emerson. L'argent et les marchés tout autant que la politique et la guerre. Et à chaque péché correspond une pénitence. En guerre, les péchés sont capitaux et les conséquences tragiques. Les marchés sont plus distrayants :

leurs péchés sont comiques et leurs résultats sont souvent de la pure farce.

L'argent intelligent

En août 1998, Bill Krasker, John Meriwether et deux économistes qui venaient d'obtenir le prix Nobel, Myron Scholes et Robert Merton, étaient très inquiets sur les *swap spreads* (écarts sur contrats d'échange). Leurs modèles informatiques leur avaient dit que les écarts pouvaient se creuser d'à peu près un point les jours où le marché était actif. Mais ce vendredi-là, les *spreads* étaient d'une volatilité extrême.

C'était de très mauvais augure pour les gestionnaires du fonds spéculatif Long Term Capital Management (LTCM). Le risque sur certaines positions s'élevait jusqu'à mille milliards de dollars. La plupart de leurs positions reposaient sur des paris que dans l'avenir les prix reculeraient jusqu'à des moyennes historiques. Les prix, qui ne semblaient plus correspondre aux modèles passés, raisonnaient les génies de LTCM, reviendraient tôt ou tard à des niveaux plus habituels.

L'équipe de LTCM marquait son époque. Elle avait un avantage sur ses concurrents. Elle rassemblait les hommes les plus intelligents de la planète et tout le monde le savait. L'argent qu'elle gagnait (jusqu'à 40 % par an depuis la création du fonds) en attestait. *Business Week* saluait en elle un nouvel « âge informatique », et les professeurs Merton et Scholes étaient ses maîtres. Ils conduisaient de belles voitures toutes neuves. « Merton s'était teint en roux, avait quitté sa femme et avait emménagé dans un appartement luxueux à Boston », rapporte Roger Lowenstein dans son livre, *When Genius failed* (L'échec du génie). Le monde entier, et l'argent du monde, semblaient être à leurs pieds.

L'idée directrice des professeurs était aussi utile qu'elle était évidente : un investissement qui est exceptionnellement bon marché, ou exceptionnellement cher, représente une forme d'énergie financière en puissance. Tôt ou tard, son prix sera moins exceptionnel.

Leur erreur était tout aussi évidente ; ils pensaient que le monde était plus raisonnable qu'il ne l'est en réalité, et partaient de l'hypothèse que le « retour à la moyenne » ne s'appliquait qu'aux marchés. Il était bien possible que les prix des obligations retrouvent une valeur moyenne… mais il en irait de même de la réputation des professeurs et de la fortune de leurs investisseurs. Le « retour à la moyenne » prévoit modestement que les choses ont tendance à retrouver leur valeur habituelle. Il y a peu d'exceptions à la règle.

Les professeurs émettaient l'hypothèse que les écarts entre, par exemple, les obligations à long terme et à court terme, ou entre celles émises par le gouvernement italien et le gouvernement allemand, étaient comme des coups de dés. Les écarts s'écarteraient-ils ou se resserreraient-ils ? On pouvait examiner leurs performances passées, croyaient-ils, et calculer les probabilités. Si les prix actuels semblaient décalés par rapport aux probabilités, ils les interprétaient comme des anomalies et pariaient que les prix seraient plus rationnels dans l'avenir.

Et d'ailleurs, ce serait peut-être le cas. Mais comme Keynes le fit un jour remarquer, le marché peut demeurer irrationnel plus longtemps qu'un investisseur ou une entreprise ne peut demeurer solvable.

Des vessies pour des lanternes

Être solvable devint un problème important chez LTCM parce que les génies avaient lourdement emprunté. « Si vous n'êtes pas endetté, écrit Roger Lowenstein, vous ne pouvez pas être à court d'argent et ne pouvez pas être forcé de vendre, et dans ce cas la "liquidité" ne vous concerne pas. Mais une entreprise endettée peut être forcée de vendre, de crainte que les pertes qui s'accumulent rapidement ne lui fassent plier boutique. L'effet de levier met toujours en jeu la même dynamique brutale, et on ne peut jamais exagérer ses dangers. »

Le 23 septembre 1998, William J. McDonough, président de la Banque fédérale de réserve de l'État de New York, rassembla les dirigeants des plus grandes banques américaines, ainsi que les représentants de plusieurs grandes banques étrangères. Acte insolite, puisque c'était la première fois qu'il se produisait. La Banque fédérale craignait que l'effondrement de Long Term Capital Management expose le système bancaire à un niveau de « risque systémique » jusque-là inconnu. LTCM savait qu'il devait réduire ses positions, mais n'était pas en mesure de le faire alors que le marché était sous pression. Malgré le battage sur la croissance des produits dérivés, les marchés du crédit se retrouvaient sans liquidité. Cela n'a rien de surprenant lorsque tout le monde veut reprendre ses billes au même moment...

« En septembre 1998, continue Roger Lowenstein dans son récit de la chute de Long Term Capital Management, les opérateurs prenaient de plus en plus conscience du risque. Les écarts s'élargissaient entre les obligations émises par l'État américain, dites "sans risque", et les obligations émises par les entreprises ou les États étrangers, qui étaient plus risquées. Sur la scène encombrée du marché des obligations, tous les acteurs semblaient tirer la même conclusion en même temps : ils se précipitaient vers la sortie... Ce faisant, non seulement eux-mêmes étaient en danger, mais tout le système financier mondial. »

Lowenstein explique ce qui se produit quand M. le Marché devient déraisonnable. « Quand les pertes s'accumulent, les investisseurs endettés tels que Long Term Capital Management sont forcés de vendre de crainte d'être submergés par leurs pertes. Quand une entreprise doit vendre dans un marché dépourvu d'acheteurs, les prix atteignent les niveaux extrêmes au-delà de la courbe en cloche. Pour ne prendre qu'un exemple, les rendements des obligations de News Corporation, qui s'étaient peu de temps avant échangées à 110 points au-dessus des bons du Trésor américain, montèrent étrangement à 180 points au-dessus de la référence, bien que les perspectives de l'entreprise n'aient pas changé d'un iota. À long terme, un tel écart pourrait sembler absurde. Mais penser à long terme est un luxe qu'on ne peut pas toujours se permettre lorsqu'on a un ratio d'endettement élevé ; les chances de survie ne sont pas assez longues. »

Lowenstein décrit ce que les statisticiens appellent une « queue de distribution épaisse ». Une courbe en cloche devrait être parfaite, aussi parfaite que les lauréats du prix Nobel croyaient que le marché l'était. En fait le marché n'est pas parfait mathématiquement ou logiquement parlant. Il n'est parfait que sur le plan moral ; il donne aux individus plus ou moins ce qu'ils méritent.

Aux extrêmes, les prix ne suivent plus un schéma logique. Les investisseurs sont pris d'une exubérance irrationnelle quand les prix atteignent leur point culminant à l'une des extrémités de la courbe… et deviennent désespérément timorés à l'autre extrémité. Très peu d'actions, par exemple, devraient être extrêmement chères ou extrêmement bon marché. D'ailleurs, en général, très peu le sont. Mais aux sombres extrémités de la courbe en cloche, la peur et la cupidité hantent les marchés et font valser les cours de manière imprévisible. Les investisseurs achètent des actions à des prix ridiculement élevés lorsque les marchés plafonnent, et les vendent à des prix ridiculement bas lorsque les marchés atteignent un plancher. Les queues de distribution, de chaque côté de la courbe en cloche, sont épaissies par les comportements absurdes. Mais on est libre de croire ce que l'on veut. Et de temps en temps les gens en viennent presque tous à croire la même chose. Au milieu des années 1990, les professeurs obtinrent des prix Nobel en démontrant la perfection des marchés et la manière de quantifier les primes de risque comme si un investissement était un coup de dés ou une table actuarielle.

Quand vous jetez les dés, les probabilités d'un résultat donné peuvent être calculées. Et elles sont toujours identiques. Que vous obteniez deux as une fois ou cent fois, les probabilités d'obtenir deux as la fois suivante restent les mêmes. Les dés n'ont pas de mémoire.

Les investisseurs, en revanche, ont de la mémoire, mais n'ont pas beaucoup d'imagination. Ils changent les probabilités constamment, en fonction de leur expérience la plus récente. La période de 1982 à 2000, par exemple, fut marquée par des rendements si généreux sur les actions que les investisseurs se mirent à compter dessus.

Les prix sont fonction de la confiance. Quand les investisseurs ont confiance, les prix montent. Quand ils n'ont pas confiance, les prix baissent. Mais la confiance aussi tend à retourner vers la moyenne. Il fallut 18 ans de hausse du cours des actions pour faire monter au plus haut la confiance des investisseurs. Cela prendrait plusieurs années pour la faire revenir à une moyenne à long terme. Ni la plupart des investisseurs, ni la plupart des lauréats du prix Nobel ne pouvaient l'imaginer, mais les probabilités que les 20 années à venir refléteraient celles qui venaient de s'écouler étaient de plus en plus minces. Quand les investisseurs prennent peur, explique Lowenstein, les capitaux passent des actifs les plus risqués à ceux qui le sont moins, quelle que soit leur valeur sous-jacente. Lorsque les temps sont difficiles, personne ne veut des investissements les plus risqués.

La charrue avant les bœufs

Long Term Capital Management avait été si sûr de ses modèles informatiques et si désireux de tirer les plus grands bénéfices possibles qu'il s'est retrouvé en possession des paris les plus risqués sur le marché. Mais les actions qu'il détenait n'étaient pas bon marché. Ce n'était pas son style de courber modestement l'échine et d'attendre que le marché reprenne ses esprits. LTCM détenait des contrats sur produits dérivés et autres types d'investissements qui ne payaient pas de dividendes et n'avaient aucune valeur intrinsèque. De plus, grâce à son excellente réputation, le fonds avait pu acquérir ses positions en ne faisant presque aucun versement initial. À un certain moment, pour 100 dollars américains de risque, il ne disposait que de 1 dollar en actions. Que les cours varient seulement de 1 % dans le mauvais sens, et il pouvait être anéanti.

À l'automne 1998, le marché s'orientait dans le mauvais sens tous les jours. La courbe des marchés du crédit accusait une queue de distribution épaisse, situation dans laquelle tous les opérateurs semblaient vouloir dénouer les mêmes positions en même temps. Les professeurs ne savaient pas comment interpréter le phénomène. Ils ne comprenaient pas ce type de volatilité.

Le fonds avait été baptisé « *Long Term* » (à long terme), mais 4 ans seulement après son lancement, ses propriétaires étaient acculés à des prix qu'ils avaient déclarés ne jamais être possibles. Leurs modèles mathématiques, affirme Lowenstein, montraient que les probabilités de ce type de marché étaient « si rares qu'il était peu probable que cette situation se présente une seule fois dans toute la vie de l'univers, ni même au cours de nombreuses répétitions de l'univers ».

« Les professeurs n'avaient pas modélisé ce phénomène, remarque Lowenstein. Ils avaient programmé le marché selon une prédictibilité brute qu'il n'avait jamais eue ; ils avaient oublié les instincts immodérés de possession et de protection, qui dans la réalité régissent la vie des *traders*. Ils avaient oublié le facteur humain. »

Ils avaient raison lorsqu'il parlaient d'une tendance de retour à la moyenne. Quand la situation présente une extrême divergence par rapport à la normale, elle finit par se rétablir. Mais elle diverge alors à nouveau et les queues de distribution deviennent plus épaisses. Parfois les prix s'écartent de la moyenne. Parfois ils s'en rapprochent. Que l'on s'endette suffisamment, et l'on peut se ruiner dans les deux cas. Les génies de LTCM perdirent 4,5 milliards de dollars, dont une grande partie était leur argent personnel.

Les banques aussi perdirent de l'argent. Elles auraient perdu bien davantage si elles n'avaient pas aidé LTCM… et si la banque centrale n'était pas venue à la rescousse de tout le monde en accordant des crédits. Cette nouvelle flambée de crédit fut exploitée par un nouveau groupe de génies, tels ceux d'Enron. À côté d'Enron, LTCM était « un vendeur de citronnade », déclara Frank Partnoy à un comité parlementaire quand l'affaire éclata, de manière spectaculaire, au printemps 2001. Enron gagna davantage de l'échange de produits dérivés en un seul jour que LTCM dans toute son existence.

La Banque fédérale de réserve de l'État de New York contribua à sauver le monde des problèmes de LTCM. Mais l'effort de la Fed fut une telle réussite qu'il tendit aux investisseurs le piège d'Enron… qui leur coûta 16 fois plus.

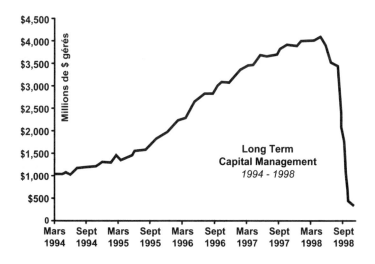

Une vallée de larmes

Alors que les cours étaient au plus haut, la théorie comme l'expérience conduisaient les investisseurs à penser que vendre des actions serait une erreur. Non seulement les actions augmentaient depuis vingt ans, mais d'autres économistes lauréats du prix Nobel venaient récemment de prouver qu'il n'était jamais sensé de vendre. L'hypothèse d'efficience des marchés, émise d'abord par Eugene Fama au cours des années 1960, était l'une de ces merveilleuses théories dignes de Marx ou de Freud, qui sont en même temps profondes et tout à fait absurdes.

La profondeur résidait bien au fond dans les détails, mais l'absurdité était directement en surface. L'idée essentielle du concept est que les marchés sont l'expression de toutes les informations et préférences disponibles. Ils sont donc parfaits, puisqu'ils reflètent une concentration des jugements de tous ceux qui participent aux marchés. Au contraire, un unique participant, un investisseur isolé, par exemple, pourra se baser sur bien moins d'indications. Il pensera peut-être que les prix vont baisser ou monter, et « votera » en conséquence avec son argent. Mais son jugement est incomplet. L'investisseur a tort et le marché a raison. Le marché ne peut pas se tromper, de même que la volonté des électeurs ne peut pas avoir tort. La démocratie ne reconnaît aucune autre autorité que la volonté de la majorité. De même, le marché nous donne toujours le juste prix. Ni le marché ni la démocratie ne peuvent être améliorés, car ils sont tous deux parfaits. Encore une fois, l'histoire semblait s'être arrêtée.

Mais lorsqu'une foule vient à croire qu'elle a été touchée par la grâce de Dieu, rien ne peut l'arrêter. Le pire qui puisse se produire est que les premiers efforts soient couronnés d'un succès extraordinaire. C'est alors que la bulle devient de plus en plus grosse, jusqu'à ce qu'elle rencontre finalement une épingle.

La stabilité produit l'instabilité

« Bien que tous les capitalismes soient imparfaits, écrit l'économiste Hyman Minsky en 1985, tous les capitalismes ne sont pas imparfaits de la même manière. »

Le défaut évident du capitalisme est que les capitalistes et les prolétaires sont tous des êtres humains. Ce ne sont pas des hommes numériques : ils ne mesurent pas le risque et n'en calculent pas la récompense la tête froide. Ils prennent au contraire leurs décisions les plus importantes (par exemple, où vivre, quel métier avoir, et quels partenaires choisir) avec le cœur, et non avec la tête.

Ainsi, un homme ne se marie pas après avoir soigneusement fait la somme des plus et des moins. Il n'agit pas comme pourrait le faire une machine, mais comme une bête de somme dénuée d'entendement, suivant des instincts qu'il ne comprendra jamais. Il va à l'église comme s'il allait à la guerre, c'est-à-dire sans savoir ce qu'il fait. En général, les hommes ne vont ni à l'autel ni à la guerre après avoir calculé et réfléchi à la situation de manière rationnelle. Ils sont en fait emportés par des courants affectifs qui se trouvent au travers de leur chemin, et risquent leur vie et leur confort pour des causes qui, lorsque l'on y repense rétrospectivement dans le calme, paraissent en général absurdes. Pris dans le vent de folie d'une mode, les hommes agissent de manière tout à fait incroyable. C'est bien là la vallée de larmes dans laquelle nous vivons.

L'hypothèse sur l'instabilité financière de Minsky eut pour propos de montrer que l'instabilité est inhérente au capitalisme. Il aurait pu tout aussi bien décider de montrer que la bière perd ses bulles si on la laisse trop longtemps débouchée, ou que les enfants sont de mauvaise humeur s'ils n'ont pas assez dormi. Car le capitalisme est un phénomène naturel, comme la vie et la mort, et, comme tout ce qui est naturel, il est naturel qu'il soit instable.

Mais ce qui est intéressant dans l'œuvre de Minsky est une idée qui aurait pu servir à la fin des années 1990. L'une des illusions dont ont souffert les investisseurs à l'époque était l'idée que le capitalisme américain avait atteint un stade d'équilibre dynamique, où il inventait constamment des moyens nouveaux et plus excitants d'enrichir les individus. On pensait que la succession de périodes de prospérité et de crise appartenait au passé, d'abord parce qu'un meilleur accès à l'information permettait aux entreprises d'éviter l'amoncellement des stocks, et ensuite parce que la gestion de la banque centrale était devenue une science éclairée selon laquelle il était possible de calculer les besoins exacts de l'économie en crédit à un moment précis et de s'assurer que ces besoins étaient satisfaits.

En l'absence des périodes normales défavorables dans les cycles des affaires et du crédit, l'économie semblait plus stable que jamais. Mais Minsky notait que les entreprises qui recherchaient le profit tentaient toujours d'utiliser au maximum l'effet de levier. Il aurait pu ajouter que les consommateurs font de même. S'il ne craignait pas la récession ou le resserrement du crédit, l'homo sapiens, que ce soit au bureau ou dans son salon, avait tendance à aller trop loin. « La stabilité est déstabilisante », concluait Minsky. En d'autres termes, rien n'est plus voué à l'échec que la réussite.

Minsky se réfère au concept de Keynes sur le « voile de la monnaie » entre les actifs réels et leur propriétaire ultime. Les actifs sont souvent hypothéqués, financés par l'emprunt, utilisés pour faire levier ou liés d'une quelconque manière à l'endettement. Ce « voile de la monnaie » s'épaissit alors que le monde des finances devient de plus en plus complexe et empêche de voir clairement qui s'enrichit ou pas. Quand le prix de l'immobilier est en hausse, par exemple, il semble que les propriétaires devraient en bénéficier. Mais les propriétaires possèdent une part bien moins importante de la valeur totale de leurs logements que ce n'était le cas il y a quelques années.

Fannie Mae (qui émet des titres adossés à des hypothèques), les banques et autres intermédiaires possèdent une partie considérable de la valeur des biens immobiliers. Au cours des dernières années, Fannie Mae s'est cachée derrière un « voile de monnaie » aussi épais que du ruban tue-mouches. Le pauvre propriétaire n'avait pas la moindre chance de s'en sortir indemne. Il s'est pris dans le ruban presque tout de suite. Maintenant il y est englué sans aucun espoir de s'échapper.

Au lieu de trouver de nouvelles manières innovantes d'enrichir les individus, les intermédiaires financiers aux États-Unis, en particulier Wall Street et Fannie Mae, ont découvert des manières de les appauvrir.

« L'hypothèse de l'instabilité financière, explique Minsky, est une théorie sur l'impact de l'endettement sur le comportement des systèmes qui intègre aussi la manière dont l'endettement est validé. Contrairement à la théorie quantitative de la monnaie, l'hypothèse de l'instabilité financière tient pour important le secteur bancaire en tant qu'activité consacrée à la recherche du profit. Les banques recherchent le profit en finançant l'activité et les banquiers. Comme tous les chefs d'entreprise dans une économie capitaliste, les banquiers ont conscience du fait que l'innovation garantit les profits. Donc les banquiers (le terme étant pris dans son sens générique et renvoyant à tous les intermédiaires de la finance), qu'ils soient des brokers ou dealers – c'est-à-dire qu'ils achètent ou vendent pour leur compte ou pour celui d'un client – sont des marchands de dette qui s'efforcent d'innover dans les actifs qu'ils achètent et le passif qu'ils vendent. »

Le cercle vicieux du crédit

Pour Minsky, le capitalisme, instable de nature, a besoin du gouvernement pour se stabiliser. C'est plus ou moins ce que pense aussi le parti démocrate aux États-Unis. Selon une vision plus orthodoxe de l'économie, le capitalisme est stable de nature et le gouvernement le déstabilise. Ce point de vue se rapproche davantage, par tradition, de celui du parti républicain. Mais au cours des années 1990, même les républicains en vinrent à apprécier l'influence stabilisante d'Alan Greenspan. Et en automne 2001, sous la pression des électeurs, les républicains comme les démocrates réclamèrent de « nouvelles politiques » pour lutter contre la baisse du marché des actions et sauver le pays de la déflation.

Au cours des 15 années précédentes, le fonctionnaire Alan Greenspan avait exercé une influence stabilisante sur les marchés mondiaux. Quand les marchés avaient besoin de crédit, il leur en donnait. Comme nous le verrons plus tard dans ce livre, c'est ainsi qu'il réagit à la débâcle de Long Term Capital Management. Même réaction pour les économies asiatiques… pour la Russie quand elle se déclara en cessation de paiement… et face à la peur du bogue de l'an 2000. Finalement, il y eut l'effondrement du Nasdaq et du Dow Jones.

Chaque nouvelle menace inspira à Greenspan la même réaction que la précédente : il offrit davantage de crédit au marché. Et chaque fois les intermédiaires financiers trouvèrent de nouvelles manières innovantes de renforcer le « voile de monnaie » entre les actifs et ceux qui en avaient la jouissance. En fin de compte, les efforts de Greenspan furent tant couronnés de succès qu'ils conduisirent au plus grand désastre économique de l'histoire du monde.

« De temps en temps, explique Minsky dans son hypothèse sur l'instabilité financière, les économies capitalistes présentent des types d'inflation et de déflation de la dette qui semblent pouvoir échapper au contrôle. Lors de tels processus, les réactions du système économique à un mouvement de l'économie amplifient ce mouvement : l'inflation entretient l'inflation et la déflation de la dette nourrit la déflation de la dette. Les interventions du gouvernement qui ont pour but d'empêcher que la situation empire semblent ne pas avoir été efficaces lors de certaines crises historiques. En particulier, au cours d'une période faste prolongée, les économies capitalistes ont tendance à passer d'une structure financière dominée par des unités qui visent à se couvrir (avec prudence) contre le risque à une structure dont les unités sont en grande partie engagées dans de la finance spéculative de type pyramidal. »

Comme nous le verrons dans les chapitres suivants, lors du boom économique du Japon dans les années 80, ce furent les banques qui proposèrent des pyramides financières à leurs entreprises clientes préférées. Plus de douze ans après que l'économie eut plafonné, les emprunts étaient toujours douteux et ils menaçaient de conduire à la faillite les banques elles-mêmes. Pendant la période d'expansion que connurent les États-Unis dix ans plus tard, ce furent les organismes de prêts aux consommateurs, particulièrement Fannie Mae et les sociétés de cartes de crédit, qui jouèrent ce rôle.

Chapitre 3

John Law, ou comment naît une mauvaise idée

Toutes choses ont déjà été dites, mais, puisque personne n'écoute, nous devons sans arrêt recommencer.

André Gide

À quelques pas du seuil de nos bureaux parisiens commence la rue Quincampoix.

La rue Quincampoix pourrait passer complètement inaperçue aux yeux du promeneur flânant le long de la rue des Lombards, qui lui est perpendiculaire. Ce n'est qu'une ruelle pavée, qui se termine sans histoire cinq rues plus loin au nord, dans la rue Boucher. Comme de nombreux passages de la vieille ville, elle est perpétuellement humide, bordée de boutiques pour touristes et peuplée de personnages peu recommandables. Comme pour rappeler que l'histoire recèle de nombreux secrets, vous pouvez parcourir la rue Quincampoix dans toute sa longueur sans rien remarquer de particulier. Sans la plaque historique apposée au coin de la rue des Lombards, rien n'indique que la rue Quincampoix a été le théâtre d'un des plus fantastiques épisodes spéculatifs de l'histoire économique, et le lieu de naissance spirituel des banques centrales modernes.

C'est ici, dans la rue Quincampoix, que John Law a mis en place la première Banque générale... et a testé une « nouvelle » théorie sur la manière dont un pays pouvait s'enrichir grâce à la « monnaie fiduciaire ». Couverte de graffitis, la plaque touristique ne nous donne que des bribes d'informations. Elle n'accorde que peu de place à John Law et la Compagnie des Indes orientales, et insiste sur la remarque accablante adressée par le régent de France à son cousin, le meurtrier Antoine, comte d'Horn : « Quand j'ai du mauvais sang, je me le fais tirer. » Par cette phrase, le Régent refusait d'accorder à d'Horn le pardon qui lui aurait évité la peine de mort.

Meurtre dans la rue Quincampoix

L'histoire du comte d'Horn est une parfaite illustration du comportement irrationnel qui régnait en mai 1720 – au plus fort de l'euphorie spéculative entourant les actions de la Compagnie des Indes de Law. Au plus haut du boom, la rue Quincampoix était bondée de courtiers, de spéculateurs, de membres de la famille royale et de pickpockets, tous tentant frénétiquement de tirer profit de cette folie. Une fois la nuit venue, on avait souvent recours aux soldats pour dégager la rue, les spéculateurs refusant de bouger. Et c'est là, en plein jour, que le comte d'Horn décida qu'il pouvait s'enrichir, avec l'aide de quelques complices, en assassinant un courtier. Charles Mackay raconte cet épisode dans son livre *Extraordinary Popular Delusions* (Les extraordinaires illusions populaires) :

> Le comte d'Horn, frère cadet du prince d'Horn, et parent des familles nobles d'Arembourg, de Ligne et de Montmorency, était un jeune

homme au caractère dissipé, et aussi dénué de principes qu'il était extravagant. Avec deux autres jeunes hommes aussi téméraires que lui – Mille, un capitaine piémontais, et Destampes, un Flamand – il projeta de dépouiller un très riche courtier, qui était connu, malheureusement pour lui, pour porter de grosses sommes sur lui. Le comte prétendit vouloir lui acheter un certain nombre d'actions de la Compagnie des Indes, et pour ce faire, lui donna rendez-vous dans un cabaret. Sans se douter de rien, le courtier fut ponctuel au rendez-vous ; ce fut également le cas du comte d'Horn et de ses deux acolytes...

Après quelques minutes de conversation, le comte d'Horn bondit soudain sur sa victime, et la poignarda par trois fois à la poitrine. L'homme s'écroula lourdement, et, pendant que le comte s'employait à fouiller son portefeuille pour y prendre les titres des Compagnies des Indes et du Mississippi – pour un total de 100 000 couronnes –, Mille, le Piémontais, poignardait à plusieurs reprises l'infortuné courtier pour s'assurer de sa mort. Mais le courtier ne tomba pas sans lutter... et en entendant ses cris, les gens du cabaret se portèrent à son secours. Destampes, l'autre assassin, qui faisait le guet dans l'escalier, sauta par la fenêtre et réussit à s'enfuir ; mais Mille et le comte d'Horn furent pris sur le fait.

Ce crime devint célèbre dans toute la France, pas tant à cause de l'horreur du délit qu'à cause de la haute extraction de ceux qui l'avaient commis. Avec le confortable recul de l'histoire, on pourrait se demander à quoi diable pensait le comte, un homme de haut rang et de noble naissance... Bien entendu, il se peut qu'il ait pensé agir de manière rationnelle : le courtier avait des titres... d'Horn et ses associés les voulaient. Pourquoi ne pas simplement les prendre ?

Contentons-nous de dire que le comte a eu ce qu'il méritait... et non ce qu'il attendait. Malgré les tentatives d'intervention de John Law lui-même, d'Horn fut mis à mort sur la roue, un mode de punition destiné aux criminels les plus abjects, et une souillure pour la lignée familiale.

Le comte d'Horn n'est qu'un exemple des personnages qui colorent la légende de John Law et de la Compagnie des Indes –

une odyssée qui fourmille de meurtriers, de comploteurs, de rois et de politiciens. Aujourd'hui, nous observons tout cela avec une fascination un peu malsaine, comme on regarde un accident de voiture, en partie parce que la bulle du Mississippi est un exemple célèbre des « folies » récurrentes dans les marchés financiers, mais également parce qu'elle est enregistrée dans les annales de l'histoire économique comme le premier essai de papier-monnaie fait par un gouvernement « moderne ».

La folie Mississippi

Tout au long de l'histoire, de nombreuses choses ont servi de monnaie d'échange – coquillages, vaches, bière, sel, bracelets de cuivre, chevaux, poulets, ambre, corail, poisson séché, fourrures, tabac, grain, sucre, cartes à jouer, clous, riz, esclaves… et même du papier. Mais depuis l'Antiquité, en Europe occidentale, la monnaie repose sur des métaux précieux ; les Grecs utilisaient l'argent ; les Romains ont commencé à se servir de pièces d'or après avoir conquis les Étrusques.

La première expérience mondiale en matière de papier-monnaie – Chine, 910 après Jésus-Christ – a été abandonnée après quelques centaines d'années, parce que trop sensible à l'inflation. John Law avait apporté l'idée en Europe et l'avait développée, mais ni lui ni personne n'avait réussi à la débarrasser de son défaut majeur : les banques centrales pouvaient émettre autant de papier qu'elles le voulaient. L'histoire révèle également que la fièvre pour les « dot.com » qui s'est produite aux États-Unis aux environs de 1999-2000, aussi ridicule qu'elle nous paraisse maintenant, n'était pas la première manifestation du comportement irrationnel des foules… et ne sera probablement pas la dernière non plus. « On dit bien que les hommes pensent en troupeau, a observé McKay, et on verra qu'ils deviennent fous en troupeau, tandis qu'ils retrouvent leurs esprits lentement, et l'un après l'autre. » Le papier-monnaie ne fait qu'attiser les flammes.

Aux sources de la « folie Mississippi » de Law au début du XVIIIe siècle, on trouve en fait les « futurs bénéfices » du territoire de la Louisiane, au cœur du continent américain. Le problème, c'est que personne ne savait ce qu'était la Louisiane, ou quels étaient au juste les futurs bénéfices qu'elle rapporterait. Le territoire avait été découvert et revendiqué par la France en 1682 seulement – moins de 40 ans auparavant. À Paris, les investisseurs qui pensaient à poser la question s'accordaient en général à dire que la Louisiane était une grande île sur la côte américaine, qui était située près de l'embouchure d'un fleuve appelé Mississippi.

Au plus fort de la bulle, pour tenter de sauvegarder les apparences, Law ordonna que tous les mendiants, voyous et bons à rien parisiens soient rassemblés. Il les équipa de pelles et de pioches, et les fit défiler dans les rues de Paris… jusqu'à La Rochelle, 534 km plus à l'ouest ! C'est dans le port de La Rochelle qu'embarquaient les voyageurs en partance pour la Nouvelle-Orléans – le Paris du Nouveau Monde –, établie pour servir de siège à la compagnie commerciale de Law, et pour attirer les travailleurs potentiels dans les champs prospères de la Louisiane. Ils portaient des pelles et d'autres accessoires de mineurs, soi-disant pour récolter tout l'or qu'ils trouveraient dans le Nouveau Monde.

Mais notre histoire commence bien avant cet extraordinaire fiasco. Elle commence… dans l'esprit de John Law.

Un gentleman-joueur au passé chargé

Le meurtre a joué un rôle dans la fortune de John Law à plusieurs occasions. En 1694, 26 ans avant que le comte d'Horn ne bondisse sur sa proie dans la rue Quincampoix, John Law a commis lui-même un meurtre. Lors d'un duel sur Bloomsbury Square, à Londres, Law blessa mortellement un homme appelé Beau Wilson. Law fut capturé, jugé et condamné à mort… avant de s'enfuir, et de passer les 20 années suivantes en cavale en Europe, gagnant sa vie en jouant, et se rendant parfaitement impossible en public. La vie de John Law se lit comme une légende : meurtre, sexe, intrigues politiques, richesse, pouvoir... désespoir.

Une biographie de John Law[1] par le professeur Antoin E. Murphy, du Trinity College de Dublin, suggère que la « légende » de Law – le débauché, le libertin, le condamné en fuite – pourrait n'être en fait qu'une image calculée pour lui donner quelques avantages autour des tables de jeu de la haute société européenne.

Selon Murphy, il y a plusieurs versions possibles du meurtre. Selon la première version « officielle », Law est censé avoir tué M. Wilson lors d'un duel au cours duquel il défendait l'honneur d'une certaine Mme Lawrence, une femme dont ils se partageaient les affections. Law fut arrêté et condamné à mort, mais s'échappa vaillamment en sautant par-dessus le mur de la prison, se brisant la cheville par la même occasion. Il fut ensuite emmené furtivement à Amsterdam par des amis, ce qui entraîna la parution de l'avis de recherche suivant dans la *London Gazette* :

> Capitaine John Law, écossais, âgé de vingt-six ans ; un homme très grand, brun et mince ; bien conformé, mesurant plus de six pieds, avec de profondes cicatrices de petite vérole sur le visage, et un gros nez ; il parle haut et fort.

Curieusement, cette description correspond à peine à Law. Une version plus tardive suggère que Mme Lawrence n'avait été introduite dans le décor que comme un leurre permettant de cacher la véritable identité de la femme en question, une certaine mademoiselle Elizabeth Villiers, maîtresse d'Edward Beau Wilson, mais également du roi William III. On raconte que Law fut employé pour provoquer Wilson en duel afin de débarrasser Elizabeth Villiers d'un amant excessivement curieux. Cependant, une

---

1. *John Law : Economic Theorist and Policymaker,* by Antoin E. Murphy.

autre version de l'histoire décortiquée par Murphy suggère que Beau Wilson était homosexuel, et que Law aurait pu être envoyé pour supprimer Wilson afin de couvrir sa « relation » avec « un noble » – peut-être le roi en personne. N'ayant pas assisté au meurtre lui-même, votre serviteur ne prétend pas savoir quelle version est la bonne. Murphy affirme qu'il est difficile de démêler la vérité même en lisant les documents officiels, mais il y a des raisons de soupçonner que l'arrestation et l'« évasion » de Law n'étaient qu'une mascarade, expliquant ainsi entre autres choses la description inexacte de Law dans les articles concernant sa fuite. Quoi qu'il en soit, Law vécut toute sa vie marqué par le terme de « meurtrier », et on lui interdit de rentrer en Angleterre.

Après sa fuite, Law se rendit à Amsterdam. Jusqu'à sa réapparition à Édimbourg trois ans plus tard, on dit qu'il passait ses matinées à étudier les finances et le commerce, et ses nuits dans les maisons de jeux, à jouer et distraire l'aristocratie locale. C'est à cette époque qu'il commença à poser les fondations intellectuelles de ce que l'on pourrait appeler un prototype de banque centrale moderne. Il est clair qu'il avait un talent naturel pour les chiffres, qu'il était prêt à prendre des risques, et qu'il s'intéressait de près au fonctionnement des choses… et à celui de l'argent en particulier.

Le gars des Highlands rentre au bercail

Law naquit en 1671 dans une famille d'orfèvres. À l'époque, les orfèvres faisaient office de banquiers dans la société. Ils frappaient des pièces, offraient des prêts, fournissaient des services bancaires basiques, et acceptaient des dépôts d'argent. Les reçus donnés en retour aux déposants devinrent la première forme de papier-monnaie utilisée dans les îles Britanniques. Ayant grandi dans une orfèvrerie, Law était très au courant du commerce bancaire. Et l'on dit qu'il était très doué pour les chiffres. Une autre caractéristique qui se révélerait utile autour des tables de jeu…

En 1703, Law profita du fait que les sentences de mort anglaises n'étaient pas appliquées au nord de la frontière écossaise pour retourner dans sa ville natale. Une fois là-bas, à 32 ans, il fut impliqué dans le débat de l'époque sur l'établissement potentiel d'un « crédit foncier ».

En ce temps-là, l'Écosse se remettait à grand-peine du plan Darien – une tentative visant à établir une colonie écossaise sur l'isthme de Panama et qui, ayant échoué, avait absorbé une grande partie du capital du pays. On trouvait une fois de plus à l'origine du plan Darien le conflit historique entre l'Angleterre et l'Écosse. À l'époque du duel de Law dans Bloomsbury Square, la London East India Company (Compagnie des Indes orientales de Londres) profitait d'un monopole virtuel sur le commerce avec l'Orient – une remarquable aubaine pour les actionnaires de l'entreprise, mais un cauchemar pour ses concurrents. En 1695, le Parlement écossais établit donc la « Company of Scotland Trading to Africa and the Indies » (Compagnie écossaise de commerce avec l'Inde et l'Afrique), pour tenter de briser le monopole. La compagnie était établie à Édimbourg, mais le conseil d'administration et la plupart des actionnaires principaux étaient anglais et vivaient à Londres. Craignant la perte de leur monopole, les directeurs de l'East India Company anglaise se mirent en campagne, et réussirent à persuader tout d'abord le Parlement, puis le roi William, et enfin le Congrès de rendre illégale la possession d'actions de la compagnie de commerce écossaise. Le capital anglais se tarit immédiatement.

La Scottish East India Company devint une cause nationale… et un désastre national également. Alimentées en majeure partie par le mépris de tout ce qui était anglais, les levées de fonds menées dans toute l'Écosse pour la compagnie connurent un grand succès. La nouvelle entreprise récolta 400 000 livres – ce qui représentait la moitié des espèces de la nation.

Le plan de campagne était plutôt simple. On devait construire trois bateaux sur le continent, qui seraient ensuite utilisés pour transporter 1 200 colons, lesquels établiraient une colonie sur ce qui est aujourd'hui la frontière entre le Panama et la Colombie. Là, les colons construiraient une route commerciale par voie de terre vers le Pacifique. La baie où les colons jetèrent l'ancre se nommait baie de Darien à l'époque… et c'est ainsi que toute cette aventure prit le nom de plan Darien.

Les colons arrivèrent le 3 novembre 1698. Ils devinrent rapidement amis avec les Indiens de la région, et signèrent des traités avec eux, mais les Espagnols avaient établi des colonies tout près, et s'offensèrent grandement de la présence des nouveaux arrivants. Le roi ordonna aux Anglais établis en Amérique du Nord et sur l'île de la Jamaïque de cesser tout commerce avec les Écossais, et de ne leur apporter aucune aide. En février de l'année suivante, les Espagnols vainquirent un petit groupe de colons écossais et saisirent l'un de leurs bateaux, portant ainsi un coup fatal au plan Darien. La dysenterie, les fièvres, les querelles intestines et les désertions pures et simples achevèrent le travail.

Après huit mois longs et difficiles, les colons embarquèrent sur les navires qui leur restaient, et firent voile vers l'Écosse. Moins de 700 d'entre eux y parvinrent. La Scottish East India Company était perdue, et avec elle près de la moitié des ressources en capital de l'Écosse, déjà bien maigres.

Vers une monnaie fiduciaire

Des années plus tard, de retour à Édimbourg, en réaction à ce qu'il considérait comme une pénurie de monnaie physique, John Law commença à promouvoir l'idée selon laquelle, si l'Écosse voulait se relever du plan Darien et prospérer, elle devait recourir au papier-monnaie.

Ayant étudié les systèmes bancaires lors de ses voyages sur le continent, Law en était venu à croire que le papier-monnaie, grâce à sa maniabilité – et sa disponibilité – stimulerait le commerce de la région bien plus que l'or et l'argent, qui étaient jusqu'alors les moyens d'échange traditionnels. Dans son *Essay on Land Bank* (Essai sur les banques foncières), publié en 1704, Law proposa que les banques émettent des billets de papier s'appuyant sur la valeur totale des propriétés foncières de l'État – d'où le nom de « banque foncière ». Les propriétaires de ces billets pourraient échanger leur papier contre une valeur égale en terrain à un moment convenant aux deux parties. « La méthode exacte qu'emploieraient les propriétaires pour échanger les terrains, comme le disait John K. Galbraith à propos d'une banque foncière déjà établie en Hollande à l'époque, demeurait incertaine. »

Selon l'avis de Law, la banque foncière avait pour but à la fois de soulager l'État, qui devait fournir l'or et l'argent nécessaires au fonctionnement de l'économie, et, plus important peut-être, de lui donner la capacité de gérer à tout moment la quantité d'argent en circulation. La proposition de Law pour une banque foncière, même si elle n'était pas la seule suggestion envisagée par l'Écosse à l'époque, fut discutée par le Parlement écossais. On en débattit, mais elle fut finalement rejetée. Les critiques l'éreintèrent, la traitant de « banc de sable », suggérant, dans le vocabulaire marin en vogue à l'époque, qu'elle ferait s'échouer le navire de l'État. Les voix de l'opposition doutaient que l'établissement de « crédit papier » soit une politique saine pour le pays, étant donné l'état critique dans lequel le plan Darien avait laissé l'économie.

Dans un second essai, *Money and Trade Considered* (Réflexions sur l'argent et le commerce) (1705), Law affina ses idées sur l'utilisation du papier comme monnaie. L'important à propos des « espèces », écrivit-il, n'est pas de savoir combien l'on en possède... mais l'usage que l'on en fait. Présageant de ce que les économistes appellent aujourd'hui la « vitesse de circulation de l'argent », Law pensait que, pour être d'une quelconque utilité, l'argent devait changer de main et continuer à circuler. Les dépenses, pensait Law, voilà ce qui enrichit une nation.

Durant le débat sur les banques foncières, Law fut accusé de plagiat par un Anglais appelé Dr Chamberlain. Ancien médecin personnel de Charles II, Chamberlain avait lui-même établi une banque foncière à Londres huit années auparavant. Plutôt que de s'opposer au Dr Chamberlain, qui possédait de nombreux appuis, Law passa à une idée que le lecteur moderne reconnaîtra : au lieu d'appuyer le papier-monnaie sur les propriétés foncières de l'État, le gouvernement devrait tout simplement garantir les billets lui-même. Il pouvait par exemple promettre de payer les billets grâce aux futurs revenus fiscaux de l'État. Ainsi, l'idée de Law – un papier-monnaie garanti à 100 % par les propriétés foncières – finit par devenir la monnaie fiduciaire servant de base à la monnaie utilisée aujourd'hui par toutes les nations modernes.

Suite au refus d'adopter ses mesures, et n'ayant pas réussi à obtenir le pardon officiel des tribunaux anglais pour le meurtre de Beau Wilson, Law revint sur le continent, et, par conséquent, aux tables de jeu. Au cours des 14 années qui suivirent, il serait passé par les maisons de jeux de Bruxelles, Genève, Gênes et Venise. À deux reprises, une fois à Naples et l'autre à Gênes, on l'expulsa de la ville à cause de sa mauvaise influence sur la jeunesse.

Tout en jouant dans toute l'Europe, Law prit une maîtresse, eut deux enfants et amassa une petite fortune personnelle. Passé maître dans l'art de calculer les probabilités, Law apprit vite qu'il pouvait gagner beaucoup d'argent en jouant à un jeu appelé « basset », en adoptant littéralement la position de « teneur de marché ». En endossant ce rôle à chaque partie, Law augmenta sa fortune jusqu'à ce qu'elle atteigne 1,6 million de livres, pense-t-on. C'est à cette époque que sa réputation soigneusement étudiée de débauché joueur et libertin lui fournit un grand renom dans les capitales européennes – et une audience avec Philippe II, duc d'Orléans. C'est cette rencontre entre Law, gentleman joueur au lourd passé, et le duc, lui-même débauché et joueur – sans parler de ses ambitions politiques sans égales –, qui déclencherait l'une des périodes de spéculation financière les plus célèbres de l'histoire.

Mais même si Philippe II fut conquis par Law et ses idées dès leur première rencontre, il n'était pas en position de les mettre en place. En fait, ses propositions, bien qu'elles aient été assez prometteuses pour parvenir aux oreilles du Roi-Soleil, furent rejetées... non parce que ses idées manquaient de mérite, mais parce que Law n'était pas catholique.

Law joue gros

La fortune ne tarda pas à sourire à Law. Louis XIV mourut en 1715, laissant la plus grande nation d'Europe aux mains de son successeur, Louis XV – âgé de 7 ans. Étant donné le jeune âge du nouveau roi, la coutume permit à son oncle – Philippe II, duc d'Orléans – de prendre le contrôle des finances royales. Philippe II devint régent de France.

Les comptes royaux étaient désastreux. Après des années de guerre et la construction de palais extravagants comme Versailles, l'État français croulait sous les dettes : 3 000 millions de livres. Les revenus annuels provenant des impôts ne représentaient que 145 millions de livres. Les dépenses annuelles avant paiement des intérêts étaient de 142 millions de livres. Si l'on suppose, comme le fait Lars Tvede dans son livre *Business Cycles* (Cycles économiques), que l'État devait payer des intérêts de 4 % par an en moyenne sur sa dette, on arrive à la somme de 120 millions de livres. Le surplus réellement disponible pour le paiement des intérêts n'était que de 145 - 142 = 3 millions de livres, ce qui nous donne un déficit de 117 millions de livres.

Le ministre des Finances fit appel à diverses ruses, parmi lesquelles on peut citer : la mise en faillite du pays (pas exactement la meilleure option pour un nouveau gouvernement) ; de nouveaux impôts ; le « rognage » des pièces ou le remplacement des pièces en circulation par de nouvelles contenant moins de métaux précieux ; la vente des monopoles de commerce des colonies de l'État, ou la confiscation des biens de fonctionnaires corrompus.

Le nouveau régent choisit de recourir à une combinaison de rognage et de confiscations. Durant l'année qui suivit, il réussit à faire des économies par-ci par-là, à voler quelques milliers de livres, et à créer assez d'inflation pour obtenir 150 millions de livres de plus dans les revenus de l'État : à peine 6 % de la dette totale. Philippe II fit savoir qu'il cherchait un financier astucieux qui l'aiderait à sauver l'État français avant que ce dernier ne se voie dans l'obligation de déclarer faillite. John Law répondit à l'appel ; ce gentleman joueur, avec ses idées fantaisistes sur la monnaie « papier », maintenant âgé de 44 ans et plutôt prospère, tenait enfin l'occasion de parier avec le plus gros enjeu qui soit : la création même de monnaie.

Le 5 mai 1976, la Banque générale fut fondée avec un capital de 6 millions de livres – et son succès fut assuré dès la première heure. Le duc déclara que tous impôts devraient dorénavant être payés en billets émis par la banque de Law. Pour la première fois de l'histoire moderne, on utilisait du papier-monnaie !

La dette du gouvernement français de l'époque aurait déjà été sérieusement mal notée par l'agence Moody's d'aujourd'hui. Les billets d'État – des obligations gouvernementales émises sous Louis XIV pour financer ses extravagances – n'étaient en réalité que des « junk bonds », des obligations de pacotille. Bien qu'ils aient été émis au prix de 100 livres, les billets d'État s'échangeaient sur le marché libre à 21,50 livres, un cours reflétant les craintes des investisseurs quant à la faillite prochaine de l'État. Du point de vue du gouvernement, on estimait que les billets d'État en circulation valaient 3 000 millions de livres à l'émission, financées à 4 %, pour le paiement annuel d'intérêts de 120 millions de livres. Comme le montre Tvede, du point de vue de l'investisseur, les billets d'État en souffrance valaient environ 645 millions de livres et rapportaient 18 % d'intérêts, ce qui revenait à un paiement annuel de 120 millions de livres. Le taux d'intérêt élevé reflétait le statut de « pacotille » des billets.

Au secours des finances royales

Le défi que devait relever Law consistait à « racheter » la dette existante du gouvernement au prix du marché de 21,50 livres – sans faire remonter les cours. Si les investisseurs venaient à découvrir que le gouvernement cherchait à reprendre leurs billets d'État, et que Philippe II pouvait effectivement sauver les finances royales, ils demanderaient certainement plus de 21,50 livres par billet. Law résolut le problème en décidant que les actions de la nouvelle banque ne pourraient être obtenues que contre des obligations gouvernementales. Lars Tvede nous explique que cet échange « dette contre valeur » était minime au regard du reste de la dette nationale, qui se montait à 2 850 millions de livres. L'émission des titres de la Banque générale ne rapporta que 75 % environ des six millions de billets d'État, ce qui représentait au total 4,5 millions de livres – une goutte d'eau, par rapport aux 3 000 millions de livres nécessaires.

Edgar Faure, biographe de Law, suggère que le « plan Mississippi » comptait deux phases : le « plan sage », et le « plan fou ». Le « plan sage » débuta avec trois brillantes mesures démontrant la perspicacité financière de Law. Law commença par déclarer que ses billets étaient rachetables « à vue » à la banque pour la même somme en pièces. Il stipula également – ce qui était important – que ces pièces auraient leur valeur originelle lorsque les billets seraient émis, de peur que Philippe d'Orléans ne soit repris de l'envie de rogner les pièces. Ensuite, Law déclara que tout banquier imprimant plus de billets qu'il ne pouvait en soutenir avec des pièces « méritait la mort ». Ces déclarations eurent pour effet de mettre en place un prototype de l'étalon-or introduit ensuite par Napoléon et l'Empire britannique, et dont bénéficièrent la plupart des monnaies européennes durant le XIXe siècle.

L'effet de ces réglementations fut immédiat. Les billets de papier – soutenus par l'or – s'échangèrent à prix d'or. Les investisseurs accordaient une telle confiance au papier – et se méfiaient tellement des pièces « rognées » – qu'ils se mirent à payer 101 livres en pièces pour un billet de 100 livres. Et comme cela se produirait à nouveau au cours des deux dernières décennies du XXe siècle, le papier fit mieux que l'or ! En 1717, un an plus tard seulement, le prix était monté à 115 livres. Le nouveau boom de la monnaie stimula le commerce et les échanges. Law put rapidement étendre son opération. Il ouvrit des filiales à Lyon, La Rochelle, Tours, Amiens et Orléans. Les billets de papier de la Banque générale devinrent rapidement une obsession nationale.

Puis Law passa à la troisième phase du plan destiné à récupérer toute la dette française en souffrance. Même si elle était peut-être la plus ingénieuse des trois étapes du « plan sage » de Law, elle signait également le début de la fin. Law convainquit Philippe II de soutenir une compagnie ayant le monopole du commerce sur le fleuve Mississippi et les terrains français de Louisiane. Des actions de la nouvelle compagnie seraient offertes au public… et on ne pourrait les acheter qu'avec les billets d'État restant sur le marché. Ainsi commença le fameux plan Mississippi.

On accorda à la nouvelle entreprise de Law, que l'on finirait par appeler la Compagnie des Indes, toutes les possessions de ses concurrentes – la Compagnie du Sénégal, la Compagnie de Chine et la Compagnie française des Indes orientales – lui donnant les droits commerciaux français exclusifs sur le fleuve du Mississippi, la Louisiane, la Chine, l'Inde orientale et l'Amérique du Sud. La compagnie de Law obtint également le droit de frapper des pièces royales durant neuf ans ; on lui permit d'agir en tant que percepteur royal pour la même durée ; et on lui accorda également le monopole du commerce du tabac sous réglementation française. À nouveau, Lars Tvede nous aide à comprendre le point de vue de l'investisseur en la matière :

> On annonça une nouvelle émission publique, à hauteur de 25 millions de livres – émission qui porterait la valeur totale à 125 millions de livres. John Law déclara qu'il s'attendait à ce que les actions rapportent un dividende total de 50 millions de livres – ce qui représentait un retour sur investissement de 40 %. Mais l'offre était en fait bien meilleure que cela. Les actions ne furent pas achetées par des pièces ou des billets. On pouvait les régler grâce aux obligations de pacotille du Roi-Soleil. Si vous vouliez acheter des actions pour 0,5 million de livres, le calcul était le suivant :
>
> | | |
> |---|---|
> | Prix nominal de l'action : | 0,5 million de livres |
> | Dividende annuel attendu : | 0,2 million de livres |
> | Acheté grâce à 0,5 million de livres en billets d'État valeur réelle 0, 2 : | 0,1 million de livres |
> | Rendement réel de l'investissement (0,2 x 100/0,1) = 200 % ! | |
>
> Vous pouviez donc apparemment espérer un rendement réel de 200 % environ par an ! *Deux cents pour cent !*

La bulle enfle

Immédiatement après leur « introduction en Bourse », les demandes d'actions dans la Compagnie des Indes commencèrent à affluer de tous les niveaux de la société. Il y en eut tant, en fait, que le personnel de la banque mit des semaines à trier toutes les demandes. Des commerçants, des marchands, des ducs, des comtes et des marquises se bousculaient dans la petite rue Quincampoix, où ils attendaient des heures durant pour savoir si leurs souscriptions avaient été acceptées. Lorsque la liste finale des souscripteurs fut publiée, Law et son public, dans l'expectative, apprirent que les actions avaient été sur-souscrites au facteur six. Le résultat immédiat ? La valeur des parts de la Compagnie des Indes grimpa en flèche.

Du jour au lendemain, la rue Quincampoix se transforma en corbeille boursière en plein air. Les loyers de la rue augmentèrent.

Des boutiquiers entreprenants louèrent leurs pas-de-porte, à des prix exorbitants, à des gens non moins entreprenants qui s'installèrent comme courtiers improvisés.

À peu près à la même époque, le duc réalisa que les billets papier agissaient comme un élixir sur le public. Les théories de Law avaient dépassé le stade de l'expérience – elles étaient devenues un succès sensationnel. Et comme il l'avait prédit dans ses essais quinze ans auparavant, les gens mirent toute leur confiance dans le « papier » comme moyen d'échange. Le nouvel argent commença à changer rapidement de mains ; le commerce et les échanges prospérèrent. Suivant la logique sans faille des politiciens de tous temps, Philippe II en vint à la réflexion suivante : les gens font confiance aux billets papier ; les billets semblent avoir fourni au gouvernement un moyen commode d'emprunter (en dépit de la dette restant impayée dans les comptes) ; le papier-monnaie s'échange à prix d'or, et semble stimuler l'économie paresseuse de la France. Pourquoi ne pas en imprimer d'autres ?

Le duc, qui avait hésité à impliquer le gouvernement directement dans la banque, la rebaptisa « Banque royale », lui accorda le monopole pour raffiner l'or et l'argent – et, fin 1719, émit 1 000 millions de nouveaux billets de banque, augmentant ainsi la « masse monétaire » de 16 fois son montant préalable. Ajoutée à la folie des actions de la Compagnie des Indes, cette nouvelle monnaie eut pour effet de placer des bombes à retardement dans les familles françaises. Ce fut le début du « plan fou ». Les actions échangées sur le « marché libre » de la rue Quincampoix grimpèrent à 10 fois leur prix d'émission, puis plus haut encore.

Les spéculateurs bondirent sur l'occasion, pensant pouvoir faire des affaires en or grâce aux nouvelles émissions. Law et le duc n'étaient que trop heureux de leur rendre service… encore, et encore, et encore. Grâce à des manœuvres dignes de la Réserve fédérale américaine vers 2001, en mai 1720, le bureau du duc avait émis cinq proclamations officielles, permettant la création de 2 696 millions de nouveaux billets de banque. La masse monétaire grandissait à vue d'œil !

Comme les baby-boomers américains préparant leur retraite dans les années 90, les « investisseurs » du plan Mississippi de Law auraient probablement dû se faire quelques soucis. Ils achetaient les actions de la nouvelle entreprise avec des obligations de pacotille émises par le gouvernement. On n'injectait pas de nouveaux capitaux… et on n'encaissait pas la moindre recette commerciale en provenance de Louisiane. Mais la foule massée devant la banque de Law avait sa propre opinion sur le sujet… sa propre logique… sa propre imagination.

À partir de rien

À tous égards, il semblait que l'économie française s'était remise. En quatre courtes années seulement, le pays était sorti de sa dépression et bouillait d'excitation. Paris, l'épicentre du boom, grouillait d'activité. Marchandises, objets de luxe et personnes de tous genres commencèrent à affluer de toute l'Europe. La population de la capitale augmenta. Les prix grimpèrent. Les articles de luxe – soieries, dentelles et velours – revinrent à la mode. On importait des objets d'art et des meubles de toute l'Europe, et pas uniquement pour l'aristocratie. Pour la première fois dans l'histoire du pays, la classe moyenne participait à l'action. Aux yeux du reste du monde, la situation avait tout d'une ère nouvelle… les salaires des artisans quadruplèrent, le taux de chômage baissa, et on construisit de nouvelles maisons à un rythme ébouriffant – tout le monde allait devenir riche !

Les actions émises début août 1719 grimpèrent rapidement à une contre-valeur de 2 830 livres. Dès la mi-septembre, elles se vendaient deux fois ce prix. Après une rapide correction qui les fit redescendre à 4 800 fin septembre, les actions brisèrent tous

les seuils de résistance, et grimpèrent de plus en plus haut... 6 463
le 26 octobre... 7 463 le 18 novembre et 8 975 le lendemain !
Rien ne semblait pouvoir arrêter cette triomphale ascension... Le
8 janvier 1720, une action de la Compagnie des Indes se vendait
10 100 livres.

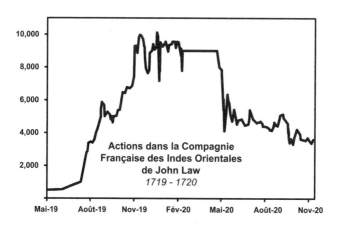

Actions dans la Compagnie
Française des Indes Orientales
de John Law
1719 - 1720

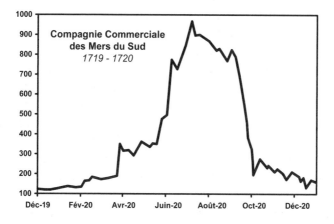

Compagnie Commerciale
des Mers du Sud
1719 - 1720

Les gens ordinaires, achetant des actions peu chères au départ, gagnèrent des fortunes colossales : un serveur empocha 30 millions de livres, un mendiant récolta 70 millions de livres, un commerçant en gagna 127 millions. Un nouveau mot fut même inventé par l'aristocratie pour décrire ces gens : on les appelait dédaigneusement des « millionnaires ». Richard Cantillon, un banquier irlandais de 23 ans travaillant à Paris à l'époque, empocha une somme colossale, estimée à 20 % des recettes fiscales françaises annuelles. Les anecdotes devinrent légendes. Les légendes attisèrent plus encore la fièvre spéculative. Un spéculateur, tombé malade, envoya l'un de ses serviteurs vendre 250 actions au prix du marché de 8 000 livres. Lorsque le serviteur arriva au marché, le prix était grimpé à 10 000. Il vendit les actions, livra les 4 000 000 à son maître comme prévu, empocha une jolie prime de 500 000 livres, fit ses bagages et partit. L'assistant de John Law gagna une fortune de la même manière.

Law lui-même devint l'étranger le plus célèbre de France. Pour les Français, Law était un héros, plus grand que n'importe quel roi, un génie financier qui avait ramené la prospérité dans le pays. Son équipage devait être escorté par la garde royale, des masses d'admirateurs se pressant pour l'apercevoir lorsqu'il passait. Les mémoires de Saint-Simon rappellent que « Law, assiégé par les demandeurs, vit sa porte forcée… on entra par ses fenêtres depuis son jardin, et quelques-uns tombèrent par la cheminée de son bureau ».

Des femmes de toute extraction sociale intriguèrent pour attirer son attention. « Law est si couru qu'il n'a pas de repos, jour et nuit, écrivit la duchesse d'Orléans. Une duchesse lui a baisé les mains avant tout le monde, et si une duchesse lui a baisé les mains, quelles parties de sa personne baiseraient des dames ordinaires ? »

Grâce au « succès » de son plan, Law était devenu en 1720 l'homme le plus riche de la terre. Pour s'isoler de la folie et du chaos

suscités par les transactions de la rue Quincampoix, Law acheta tout
un quartier sur le site actuel de la place Vendôme. Il ouvrit des bureaux
dans l'hôtel Soissons, et commença à acquérir des châteaux dans
tout le pays. Lorsqu'on lui demanda de quitter la France, il en possédait
plus d'une douzaine. Au plus haut de sa richesse et de sa popularité,
les possessions de Law incluaient la banque centrale française et
tout le territoire de la Louisiane, qui s'étendait du golfe du Mexique
aux Grands Lacs, et des monts Appalaches au Middle West, en passant
par les montagnes Rocheuses. Son entreprise avait le monopole
des échanges français avec l'Amérique, l'Inde et l'Extrême-Orient.
Law, un roturier écossais, se vit accorder le titre de duc d'Arkansas
– et devint ainsi le premier duc américain.

   Hélas, même les meilleures choses ont une fin, et la correction
ne se fait pas attendre – même pour la réputation d'un homme.

La fin de l'illusion

   Comme le nota Frédéric Bastiat près d'un siècle plus tard, en
économie, il y a des choses visibles et des choses invisibles. Et ce
sont souvent les choses invisibles qui comptent. Les Français en
général – et les Parisiens en particulier – semblaient, aux yeux du
reste du monde, s'enrichir à un rythme encore jamais vu dans l'histoire
de l'humanité. Le duc d'Orléans était fermement convaincu que le
papier-monnaie était l'élixir dont le pays avait besoin… il en imprima
donc plus. « Et pourquoi pas ? demande Tvede. N'était-il pas évident
que l'impression de monnaie avait fait prospérer le pays ? Et si c'était
le cas, pourquoi ne pas en imprimer plus ? La monnaie n'était que
l'huile qui faisait fonctionner la machine économique, pas vrai ?
Plus il y avait d'huile, mieux la machine fonctionnait ! »

   Malheureusement pour Law, le fabuleux succès de ses idées
et sa popularité grandissante firent naître l'envie de plus d'un
ennemi politique. Début 1720, un aristocrate bien connu, le prince
de Conti, voulut profiter d'une nouvelle émission d'actions de la

Compagnie des Indes, mais Law n'autorisa pas la vente. Et quelle fut la réponse de Conti ? Il rassembla tous les billets de la Banque royale qu'il avait gagnés auparavant – en quantité assez grande pour remplir deux voitures – et les présenta à la banque. « Messieurs, aurait-il dit, voici vos billets, qui sont "payables à vue". Les voyez-vous, à présent ? Eh bien, donnez-moi des pièces ! »

La banque s'exécuta. Lorsque le duc apprit la requête du prince, furieux, il ordonna que les deux tiers des pièces soient rendus à la banque. Mais le mal était fait. Une mince lézarde venait d'apparaître sur la confiance de façade. Richard Cantillon, parfaitement conscient que les billets ne reposaient sur rien, vendit tout son portefeuille, engrangeant près de 20 millions de livres. Cantillon ferma son bureau bancaire et quitta la France pour ne plus jamais revenir. D'autres gros acheteurs du paysage bancaire parisien, Bourdon et La Richardière, commencèrent à présenter leurs billets par petites quantités, afin de ne pas attirer l'attention. Ils commencèrent à acquérir argent et bijoux, et mirent le tout – y compris les pièces – de côté à Amsterdam et en Angleterre.

Avant longtemps, des masses de « lumpeninvestisseurs » essayaient d'abattre les portes de la Banque royale pour tenter de dégager leurs billets et leurs actions en baisse dans l'entreprise monopolistique de Law, la Compagnie du Mississippi. Les investisseurs moyens de l'époque commencèrent à amasser des pièces d'or… les cachant sous leurs matelas, ou les expédiant secrètement hors du pays. La masse monétaire, qui se développait jusqu'alors à un rythme exponentiel, inversa le mouvement.

Croyant qu'il pourrait restaurer la confiance par décret, et tentant d'empêcher les réserves et les fuites de capitaux, le duc commit une série d'erreurs fatales. Il déclara que les billets valaient 5 % de plus que leur contrepartie en métal. Cela ne fonctionna pas ; il recommença donc, déclarant que les billets valaient 10 % de plus. Plus tard, en février 1720, il interdit purement et simplement aux citoyens français d'utiliser les pièces d'or… et les informa ensuite que toute personne arrêtée en possession de plus de 500 livres de pièces d'or risquait confiscation et amendes.

Finalement, le duc fit marcher la planche à billets. Entre février et mai, on imprima pour 1 500 millions de livres de billets. La quantité de papier-monnaie disponible augmenta jusqu'à atteindre près de 3 000 millions de livres. Law ordonna ensuite qu'on rassemble les « mécontents » de Paris, et qu'on les fasse défiler dans les rues de la ville afin de faire croire aux gens qu'ils reviendraient du Nouveau Monde les mains pleines. Cependant, lorsque les même visages crasseux commencèrent à réapparaître dans les sombres venelles d'où ils provenaient, la confiance continua à refluer, et finit par disparaître complètement.

En fin de compte, rien ne put sauver l'entreprise de Law et les titres sans valeur émis par la Banque royale. En 1720, l'effondrement de la Compagnie du Mississippi ruina des milliers de Français de la classe moyenne supérieure, et déstabilisa la devise du pays. Quelques mois auparavant, la France semblait être la nation la plus riche, la plus peuplée et la plus confiante d'Europe. À présent, elle était en faillite. De la cour du roi au petit peuple, les citoyens étaient traumatisés par l'idée même de posséder des actions. À ce jour, les Français hésitent encore à investir en Bourse. Jusqu'à récemment, ils évitaient le terme de « banque », lui préférant des noms comme « Crédit national », « Crédit lyonnais » ou « Caisse d'épargne » pour leurs institutions financières.

Le grand miroir de la folie

Alors qu'il était considéré à une époque comme plus important que le roi lui-même, Law fut forcé, sous protection des gardes royaux, de vivre dans le Palais-Royal. Il arriva même qu'une foule attaque son carrosse et le mette en pièce en voyant son équipage passer. Heureusement pour Law, il n'était pas à l'intérieur. Plus tard, Philippe II donna à Law la permission de quitter la France pour toujours – en disgrâce, avec une dette se montant à environ 6,7 millions de livres.

À sa mort, en 1729 à Venise, Law, l'homme « aux calculs froids et aux idées éblouissantes d'innovation » n'était plus, selon toutes les apparences, « que l'ombre de lui-même... réduit à un vieil homme tremblotant, avec un tic prononcé[2] ». Mais Law l'intrigant réservait une dernière surprise aux ambassadeurs français et anglais envoyés pour examiner ses biens. Un inventaire de la richesse de Law en 1729 révéla 81 caisses de tableaux, sculptures, instruments de musique et meubles. Parmi les 481 tableaux se trouvaient des originaux de grands maîtres. La première page de l'inventaire, nous dit Murphy, compte 22 tableaux, dont un Titien, un Raphaël, quatre Tintoret et un Paolo. « En feuilletant l'inventaire, d'autres grands noms apparaissent, écrit Murphy, y compris Holbein, Michel-Ange, Poussin, Léonard de Vinci, et pas moins de trois Rubens ! »

Comme on pouvait s'y attendre, suite à l'effondrement du plan Mississippi, John Law fut la cible de gravures satiriques assez nombreuses pour remplir un recueil populaire – publié en 1720 en Hollande sous le titre *Le Grand Miroir de la folie*. Une gravure célèbre – frontispice d'une courte pièce sur cette folie – montre une foule de spéculateurs entourant Law dans la rue Quincampoix. La caricature montre Law ingérant des pièces d'or et d'argent que lui verse le duc d'Orléans, et les convertissant en papier par un processus interne, dirons-nous, tandis qu'un groupe d'« investisseurs » frénétiques collecte les billets tombant de son arrière-train.

Montesquieu écrivit une allégorie satirique basée sur l'histoire de Law, brocardant l'idée que l'or et l'argent – les piliers du système monétaire contemporain – pouvaient être remplacés par une chose aussi aérienne et légère que le crédit bancaire. Et Daniel

2. *Dr. Strangelove's Game* par Paul Strathern.

Defoe se moqua du plan de Law dans ce paragraphe haut en couleur :

> Certains intriguent dans des compagnies clandestines ;
> Émettent de nouvelles actions à échanger pour plus que de raison ;
> Avec de l'air et des noms vides charment la cité,
> Puis lèvent de nouveaux crédits avant de les faire baisser ;
> Divisent le vide en parts,
> Et mènent la foule par le bout du nez.

Les historiens économiques ont été, si cela se peut, moins aimables encore. Karl Marx suggéra que John Law présentait « un aimable mélange de filou et de prophète ». Alfred Marshall rejette Law comme « un génie fascinant, mais inconscient et déséquilibré ».

Cependant, d'un autre côté, des économistes reconnus du XXe siècle ont considéré les idées de Law avec respect. « J'ai toujours pensé que John Law était un être à part », écrivit Joseph Schumpeter dans son livre *Histoire de l'analyse économique*. « Il a élaboré les mécanismes économiques de ses projets avec une intelligence, et, disons le mot, une profondeur qui le placent parmi les meilleurs théoriciens monétaires de tous les temps. » De son côté, l'écrivain J. Shield Nicholson suggère que, malgré la catastrophe, John Law aurait pu être un excellent financier – tout comme Napoléon était un excellent soldat, en dépit de Waterloo.

Dans le sillage de Law : une courte histoire des folies spéculatives

Il y a des folies spéculatives mineures, tandis que d'autres sont majeures.

En fait, au cours des trois siècles qui suivirent la folie Mississippi, la « scène » des folies spéculatives a changé à maintes reprises, mais les rapports amoureux, le dialogue et la tension dramatique sont restés en grande partie les mêmes. « La saga du plan Mississippi [et la bulle des mers du Sud] est historiquement pertinente, écrit Marc Faber[3], parce qu'elle contient les caractéristiques principales des folies qui ont suivi : personnages louches, corruption, fraude, pratiques douteuses, création d'argent, accord de prêts risqués afin de poursuivre l'orgie spéculative, et un catalyseur qui mène à l'effondrement initial – en général, la révélation d'une fraude, l'incapacité d'un gros investisseur à trouver l'argent nécessaire pour un appel de couverture, la découverte d'un délit d'initiés, ou des nouvelles économiques et politiques défavorables – puis à la panique, durant laquelle l'avidité et l'euphorie font place à la crainte et au désir des spéculateurs de se dégager à tout prix. »

Maintes et maintes fois, génération après génération, des gens ordinaires sont persuadés de voir « l'aube d'une nouvelle ère », qui amènera prospérité et richesse éternelle pour tous. Ce mode de pensée a de nombreux visages, mais il est d'ordinaire inspiré par une découverte quelconque : des gisements d'or en Californie en 1849, par exemple, ou près de Sydney et Melbourne en 1854 ; l'application de nouvelles inventions, comme les canaux, le rail, l'automobile, la radio, les ordinateurs, Internet et les communications sans fil ; ou même l'ouverture de nouveaux territoires comme l'Inde, l'Amérique du Sud et le territoire du Mississippi. Chacun de ces événements a donné naissance à une phase spéculative, comme le fera peut-être l'« ouverture » du marché chinois au XXIᵉ siècle.

Des poussées d'« exubérance irrationnelle » s'emparent parfois de populations entières, et se propagent comme une maladie contagieuse. D'éphémères fortunes engrangées dans le Paris de 1720 trouvèrent le chemin des salles spéculatives de Londres six mois plus tard, où elles firent gonfler la bulle des mers du Sud. Richard Cantillon refit surface quelques années plus tard, lui aussi, lorsqu'il écrivit l'un des premiers livres d'économie connus. Plus

---

3. *Tomorrow's Gold,* par Marc Faber.

récemment, suite à l'effondrement du marché japonais en 1989 et aux baisses de taux d'intérêt des banques centrales au cours des années 1990, l'argent s'est déplacé du Japon aux marchés américains. Dans ce qui avait fini par être appelé le « *yen carry trade* », l'argent était emprunté à des taux d'intérêt approchant le zéro au Japon, et était utilisé pour acheter des bons du Trésor américain avec un rendement de 8,16 %[4].

Des folies mineures se sont produites régulièrement au cours du siècle dernier... mais sans causer beaucoup de dommages. Aux États-Unis, les actions d'entreprises de bowling ont connu un rebond irrationnel en 1961, les actions de jeu se sont littéralement envolées en 1978, et les premières entreprises informatiques comme Commodore, Atari et Coleco ont grimpé en flèche en 1983. De même, des entreprises douteuses comme Presstek, Diana ou Iomega ont atteint en 1995 des valorisations à donner le vertige. Mais ces bulles mineures sont comme des guerres de frontière ou des révolutions dans de petits pays. Elles attirent peu l'attention, et ont pris fin avant même que les gens ne s'en aperçoivent.

Récemment, on a également vu des folies spéculatives plus importantes, quoique toujours inoffensives. Ray Devoe en compte au moins quatre : le Grand N'Importe Quoi de 1968, qui impliquait toutes les actions semblant avoir trait de près ou de loin à la technologie, et qui rappelle la frénésie « dot.com » de 1999. Des folies sur l'uranium, les compagnies aériennes et la télévision couleur se sont également produites – mais elles n'ont pas infecté d'autres parties du marché. Lorsque ces bulles éclatent, les actions concernées ont subi la plupart des dommages. Cependant, il y a toujours quelques retombées, dans la mesure où la plupart des anciennes « stars » boursières deviennent quasiment invendables lorsqu'une bulle éclate. Leur liquidité disparaît, et elles font place

---

4. Chiffres de 2001 concernant les rendements des bons du Trésor US de long terme ; source: www.federalreserve.gov.

à des actions dont la capitalisation est considérable et les marchés solides.

Mais les folies majeures – comme les guerres – sont une tout autre affaire. Lorsque ces bulles majeures – 1873 et 1929 aux États-Unis, 1989 au Japon et 1997 dans les marchés émergents – éclatent, cela a souvent un profond impact sur l'économie, et c'est en général le monde entier qui est affecté. Les bulles naissent d'ordinaire dans des environnements où l'inflation est basse, permettant ainsi au crédit en hausse de se déverser directement dans les prix des actifs plutôt que dans la consommation. L'inflation des prix à la consommation était basse durant les années 20, très basse durant les années 80 au Japon, et en déclin dans l'Amérique des années 90.

« Le schéma d'une bulle implique toujours un "déplacement", explique Faber, ce qui mène à d'extraordinaires opportunités de profit, une surabondance de transactions, des emprunts trop élevés, des excès de spéculations, des escroqueries et des attrape-nigauds – tous suivis par une crise où se révèle une fraude à une échelle gigantesque, et enfin par un dernier acte durant lequel un public outré demande des comptes aux coupables. Dans chaque cas, les stimuli monétaires excessifs et l'utilisation du crédit alimentent les flammes de la spéculation irrationnelle et de la participation publique : cela entraîne de plus en plus de gens à chercher à s'enrichir sans rien comprendre à l'objet de leur spéculation. »

Personne ne se plaint lorsque le prix des actifs monte, si bien que l'inflation de monnaie et de crédit se poursuit – on l'encourage même – jusqu'à ce qu'elle finisse par atteindre des niveaux si grotesques que l'industrie financière ne peut s'empêcher de les remarquer, et commence à chercher une sortie de secours. De même, un boom majeur s'accompagne presque toujours de quelque innovation technologique ou économique. Dans les années 20, les gens pensaient que les nouvelles machines, radios et autres appareils, étaient la source apparente du boom. Comme nous le verrons au prochain chapitre, dans le Japon des années 80, les gens croyaient à la qualité du management « à la japonaise », et à tout le système des entreprises nippones.

Comme Hyman Minski l'a montré, les booms jouent en fait un rôle économique important – ils concentrent les ressources sur un secteur en hausse, et accélèrent son développement. Les investisseurs ne meurent pas d'envie de mettre leur argent dans un boom dès le début ; par contre, ils en meurent d'envie à la fin, lorsque les prix sont devenus absurdes.

La phase de krach d'une folie spéculative se produit lorsque la « réalité » revient hanter les investisseurs, lorsque les profits ne sont pas réalisés et que la confiance devient appréhension, puis crainte. Un grand krach est souvent accompagné d'une réduction rapide de la masse monétaire et d'une contraction du crédit, à mesure que les créditeurs hésitent à prêter à une clientèle de plus en plus risquée. Suite à l'éclatement de la bulle du Mississippi en 1720, et malgré les efforts agressifs de Philippe II pour enrayer le phénomène, la masse monétaire déclina rapidement en France. Les investisseurs les plus astucieux firent sortir physiquement du pays des pièces d'or et d'argent. Ayant perdu confiance dans le papier-monnaie, les marchands et les commerçants effrayés se mirent à stocker leurs pièces, les fourrant sous leurs matelas et les enterrant dans des trous. Et le crédit bancaire diminua. Un autre édit déclarant que tous les billets ayant une valeur entre 1 000 et 10 000 livres ne pouvaient être utilisés que pour acheter des bons du gouvernement et des actions de la Compagnie des Indes, ou pour être placés dans les banques, réduisit encore la masse monétaire. L'une des croyances principales de la théorie de Law venait d'être récusée. Une fois que la confiance n'existe plus, une banque centrale ne peut gérer la masse monétaire. Et pourtant, cette idée perdure encore de nos jours.

John Law est mort en disgrâce, mais le principe de banque centrale eut autant de succès que l'impôt sur le revenu. La première banque centrale moderne ayant un peu d'endurance, la Banque de France, fut mise en place un peu moins d'un siècle plus tard, à la suite d'un autre désastre financier : la Révolution française. Le reste de l'Europe ne tarda pas à lui emboîter le pas. Les gouvernements forts et centralisés des XIX⁰ et XX⁰ siècles voulaient garder le contrôle de leur monnaie. Et les banques centrales le leur permettaient. Mais ils avaient retenu la leçon – au moins pour un certain temps. Selon Ferdinand Lips, du Lion Capitals Group à Zurich, en Suisse[5], l'étalon-or du XIX⁰ siècle représentait « la plus grande réussite du monde civilisé. L'étalon-or n'a pas été conçu autour d'une table de conférence, et il n'est pas non plus le fruit de l'imagination de quelque génie. Il est le résultat de siècles d'expérience ».

Mais peu à peu, lentement, les dangers du papier-monnaie s'effacèrent des mémoires. Progressivement, tant les économistes que les banques centrales et les politiciens en sont venus à accepter des monnaies fiduciaires, et se sont mis à discuter des moyens de les utiliser pour obtenir une plus grande prospérité que celle accordée par Dame Nature – exactement ce qu'avançait John Law lui-même.

---

5. Extrait de la conférence donnée par Ferdinand Lips, « Pourquoi les monnaies à couverture or contribuent à prévenir les guerres », à l'occasion du congrès « L'humanité à la croisée des chemins », à Feldkrich (Autriche), 30/08-01/09/2002.

Folie	Année	Pays	Objet de la Folie
Folie des tulipes	1636-1637	Hollande	Bulbes de tulipes exotiques, immobilier, canaux, actions de la Compagnie commerciale des Indes Hollandaises
Plan du Mississippi	1719-1720	France	Actions de la Compagnie du Mississippi, billets de la Banque générale et de la Banque royale
Bulle des mers du Sud	1720	Angleterre	Actions de la Compagnie des Mers du Sud, dette du gouvernement
Bulle des Bons du Trésor	1792	États-Unis	Oblications américaines (après acceptation de la Constitution US)
Spéculation de Waterloo	1815-1816	Angleterre	Spéculation sur les matières premières et le commerce avec les États-Unis
Bulle des banques de l'Ouest américain	1837	États-Unis	Coton, terres, argent, banques de l'Ouest imprimant leur propre monnaie
Folie du chemin de fer	1847-1857, 1873	Angleterre, Europe continentale, États-Unis	Actions des compagnies ferroviaires, immobilier, blé, matériaux de construction
Folie des métaux précieux	1893	Australie, États-Unis	Argent, or, mines d'or, terres
Panique monétaire	1907	France, Italie, États-Unis	Café, chemin de fer, prêts bancaires
Boom et krach d'après-guerre	1920-1921	Angleterre, États-Unis	Actions, matières premières, bateaux
Grand krach	1929	États-Unis	Actions de couverture
Effondrement de Bretton Woods	1974-1975	Monde entier	Actions, sociétés de placement immobilier, immobilier de bureau, pétroliers, Boeing 747
Lundi noir	1987	Monde entier	Actions, immobilier de prestige, immobilier de bureau, dollar
Japan, Inc.	1990	Japon	Actions du Nikkei, immobilier
Grand effondrement des dot.com	1996-2000	Monde entier	Actions, en particulier internet et télécommunications

Chapitre 4

Où l'on devient japonais

Je deviens japonais, je crois que je deviens japonais, j'en suis sûr.
Japonais, je crois que je deviens japonais, j'en suis sûr.
Je deviens japonais, je crois que je deviens japonais, j'en suis sûr.
Japonais, je crois que je deviens japonais, j'en suis sûr.

The Vapors (groupe pop américain), 1980

*** Entre 1971 et 1985, la Bourse japonaise a augmenté de 500 % environ.

*** En Amérique, le marché haussier a commencé 10 ans plus tard, en 1981. Entre 1981 et 1995, les actions américaines ont elles aussi grimpé de 500 %.

*** En 1985, le marché japonais a réellement décollé – triplant au cours des 5 années qui suivirent.

*** En 1995, le marché américain a réellement décollé – triplant au cours des 5 années qui suivirent.

*** En 1990, le marché japonais atteignit son sommet et commença à décliner. 18 mois plus tard, il avait perdu environ 30 %.

*** En 2000, le marché américain atteignit son sommet et commença à décliner. 18 mois plus tard, il avait perdu environ 30 %.

Troublant, n'est-ce pas ? Et les parallèles ne s'arrêtent pas là.

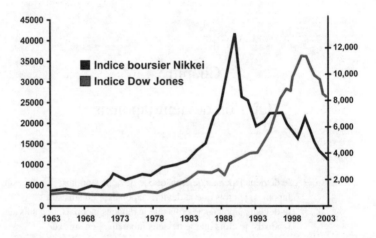

Prenez les taux d'épargne, par exemple. À mesure que les actions grimpaient au Japon dans les années 70 et 80, le taux d'épargne perdait quelque 10 %.

La même chose s'est produite aux États-Unis – 10 ans plus tard exactement.

Mais, comme nous allons le voir, ce ne sont pas les faits qui importent ; c'est la morale de l'histoire.

Nous avons récemment entendu l'histoire d'un pyrotechnicien amateur. Persuadé que le diesel ne prenait pas feu... et voulant faire le malin devant ses collègues... il passa un briquet au-dessus d'un filet de carburant, en vain. Puis, juste pour prouver qu'il avait raison, il refit la même chose, se rapprochant peut-être du liquide... Il se remet à présent de brûlures sur tout le corps.

Nous écrivons ce livre dans le même état d'esprit que l'un des spectateurs pleins de curiosité de l'histoire ci-dessus... stupéfié que quiconque puisse être aussi idiot... fasciné par le spectacle... et ravi que quelqu'un d'autre fasse l'expérience à sa place.

Les économistes de Washington sont peut-être un peu curieux, eux aussi. Récemment tout disposés à ouvrir les vannes des stimulants monétaires et fiscaux, ils pourraient au moins se demander ce qui est vraiment nécessaire pour mettre le feu à une économie. Nous suggérons une visite au Japon.

Nous ne voyons aucune autre économie majeure d'après-guerre qui se soit attiré de tels ennuis – à part le Japon. « Le Japon est différent. » C'était peut-être vrai ; tout le monde l'a dit. Mais en quoi ?

Les Japonais sont différents

Les Japonais ont subi une transformation étonnante en moins d'une décennie : après avoir été considérés comme la race la plus intelligente et la plus dynamique au monde dans les années 80, ils ont été perçus durant les années 90 par de nombreux observateurs comme des gens incompétents, incapables d'apprendre à changer ou d'effectuer les restructurations dont leur économie avait tant besoin.

La cause de leurs malheurs économiques, selon l'opinion générale, était leur propension à épargner de l'argent, et leur attitude prudente vis-à-vis de la dépense. Même s'ils vivaient bien, voyageaient à l'étranger et achetaient des objets de luxe, les Japonais épargnaient en moyenne 13 % de leurs revenus – à comparer aux 2 % des Américains. Les dépenses de consommation étant faibles, il ne semblait pas y avoir assez de petit bois pour démarrer une belle flambée, et toute l'économie resta donc humide et froide.

Les dirigeants de la Fed ont un cauchemar récurrent : les Américains commencent soudain à agir comme des Japonais. Au lieu de dépenser plus qu'ils ne peuvent se le permettre, ils pourraient commencer à dépenser moins, ce qui éteindrait le feu économique américain en quelques semaines. Parce que l'économie et la bourse américaine dépendent de deux habitudes imprudentes : la manière dont les Américains dépensent leur argent, et la manière dont le reste du monde investit le sien. Toute tendance à la prudence, aussi légère soit-elle, causerait très probablement l'effondrement des ventes, des bénéfices, du cours des actions, de l'emploi, et ainsi de suite. Bref, si les Américains se mettaient à agir comme les Japonais, l'économie des États-Unis en viendrait à ressembler à celle du Japon.

Nation insulaire, le Japon est aussi riche d'excentricités qu'un cirque. Les Japonais ont un mot pour le décrire : *Nihonjiro*, qui signifie « l'idée d'être japonais ». Il se sont toujours considérés comme exceptionnels et – ce qui n'est pas surprenant – supérieurs. L'immigration est strictement limitée. En général, les Japonais se méfient des étrangers, et vont même jusqu'à les mépriser de temps en temps. Cela ne les empêche pas de voyager, mais, lorsqu'ils le font, ils tendent à s'aventurer à l'étranger en groupes – pour s'ébaubir des coutumes des *gaigin*[1].

Être Japonais ne signifie pas seulement se considérer comme supérieur – mais également le prouver de temps en temps, grâce à une compétition directe avec les étrangers. Au début du XXe siècle, cette compétition prit une forme désastreuse. Les Japonais tentèrent d'établir une domination militaire sur tout le côté ouest du bassin Pacifique. La campagne ne se déroula que trop bien, comme nous le savons. Encouragées par leur succès, les troupes impériales persistèrent jusqu'à ce qu'elles rencontrent quelque chose qui puisse les arrêter : les États-Unis. Mortifiés, les Japonais s'en

---

1. Terme japonais désignant les étrangers.

retournèrent dans leurs îles pour combiner leur prochaine campagne.

Au centre de l'idée que les Japonais se font d'eux-mêmes, on trouve ce que les Français appellent la « solidarité[*] » et que les Japonais nomment « wa ». Selon ce principe, tous les citoyens doivent s'entraider et travailler en harmonie pour atteindre les mêmes buts nationaux. Mais, alors que les Français critiquent ouvertement leurs institutions et les buts qu'elles fixent, les Japonais tendent à garder le silence.

Si une nation devait être particulièrement sensible à la pensée unique, ce serait le Japon. Unis derrière l'armée impériale japonaise durant les années 30 et 40, les Japonais ont cheminé tout aussi obstinément derrière les larges conglomérats industriels des années 70 et 80. Même aujourd'hui, lorsqu'une lubie survient au Japon, elle semble presque obligatoire. Dans un groupe de lycéens japonais entrant au Louvre, par exemple, presque tous auront les cheveux teints en orange.

Les Japonais pensent même différemment, dit-on. La logique « yang », qui mène à l'analyse critique dans les sociétés occidentales, est dite « yin » au Japon – renforçant ainsi la cohésion sociale. Et le sens personnel de bien et de mal, de culpabilité et de honte encouragé par les religions judéo-chrétiennes occidentales trouve une expression totalement différente au Japon. Les gens ont honte s'ils déçoivent le groupe, ou s'ils manquent à leurs responsabilités envers lui. Mais si le groupe s'égare, il en va de même pour l'individu.

Le comportement économique du Japon dans les années 90 aussi laissait à penser que le pays était bien différent de l'Amérique. Alors que l'économie américaine était en plein boom, l'économie japonaise était aussi morte qu'une batterie vide. Là où les États-Unis enregistraient un déficit courant effrayant – le plus grand

---

* En français dans le texte.

jamais observé – les Japonais conservaient un surplus financier d'une taille étonnante, se montant à près de 10 % du PIB. Et alors que tout se passait bien pour l'Amérique, tout semblait aller de travers pour le Japon.

Japan S.A.

En 2001, le marché japonais connaissait sa dixième année de disette, avec une croissance économique faible, déclinante et souvent négative. L'ancien ministre des Finances américain O'Neil s'émut tant de la mauvaise passe japonaise qu'il envisagea le problème d'un point de vue humanitaire plutôt que financier. La question, dit-il, était de déterminer « comment aider le peuple japonais à atteindre un plus haut niveau de vie ». Le problème, avec ces sentiments si généreux, c'est qu'ils ignoraient la réalité de la situation. « Le Japon est le premier créditeur net du monde », rétorqua l'économiste en chef de Mitsubishi Research, comme le rapporta l'*International Herald Tribune*. « [C'] est donc le pays le plus riche du monde. »

Comment cela était-il possible ? Comment les gens pouvaient-ils subir toute une décennie de stagnation et les marchés perdre 65 % de leur valeur – tout en restant en tête de la course ? Comment cela se pouvait-il ?

Même dix ans après son sommet, le Japon était en fait en meilleure condition économique dans bien des domaines que les États-Unis. Les Japonais faisaient moins d'heures de travail. Ils payaient moins d'impôts – et pour les impôts qu'ils payaient, ils obtenaient plus de services sociaux. Ils étaient en meilleure santé, et vivaient plus longtemps. À la fin du XXe siècle, par exemple, l'employé industriel moyen travaillait 5 heures de moins par semaine que son homologue américain. En moyenne, un Américain travaillait deux semaines de plus qu'un employé japonais. Le

Japonais moyen versait 12 % de ses revenus au gouvernement. Aux États-Unis, ce chiffre était de 16 %. Comparé aux travailleurs américains, l'employé japonais moyen prenait plus de vacances à l'étranger. Et il achetait plus d'objets de luxe. Les deux tiers des produits haut de gamme du monde étaient achetés par les Japonais.

De plus, le Japon était – et est toujours – une merveille de services sociaux. Les soins médicaux sont quasiment gratuits. Les transports publics sont omniprésents et efficaces. Les trains entrent en gare en moyenne 18 secondes avant l'heure d'arrivée prévue. Comme un partenaire d'Accenture (anciennement Andersen Consulting) au Japon le faisait remarquer : « Le niveau de vie moyen et le niveau de satisfaction sont plus élevés ici qu'aux États-Unis. » En effet, les femmes japonaises vivent plus longtemps que toute autre population du monde, et la durée de vie des hommes japonais ne le cède qu'aux Suédois.

Et pourtant, malgré tous ces avantages, les faits étaient là : au début du XXIᵉ siècle, c'était comme si le Japon, qui pouvait se vanter de posséder la deuxième économie du monde, n'existait plus.

Les économistes américains, et les Américains en général, pensaient que les Japonais devaient s'être effroyablement trompés quelque part ; après tout, ils avaient disparu de la surface de la terre économique. Les économistes US avaient vivement conseillé aux Japonais, et à plusieurs reprises, d'augmenter leur masse monétaire. L'inflation de la devise, voilà la clé, pensaient les économistes américains. Si le yen était détruit petit à petit, les consommateurs japonais seraient plus enclins à dépenser qu'à épargner.

Mais les politiques tant monétaires que fiscales avaient échoué. À présent, firent les économistes américains, offrant généreusement des conseils qu'on ne leur avait pas demandés, les Japonais devraient « réformer » leur économie. Il leur faudrait le courage de s'attaquer aux vrais problèmes, de comptabiliser les prêts malsains et les mauvaises entreprises au prix d'un marché impitoyable, de restructurer des secteurs entiers si nécessaire, bref, d'introduire dans l'archipel un capitalisme dynamique, à l'américaine.

Bien entendu, le capitalisme à l'américaine était bien la dernière chose que voulaient les Japonais. Après la Seconde Guerre mondiale, ils avaient créé un style de capitalisme complètement différent. Il n'avait rien à voir avec le capitalisme libre décrit par Marx. Les moyens de production n'appartenaient pas vraiment à de riches capitalistes indépendants, mais à de grands groupes commerciaux, qui empruntaient leur argent aux banques principales. Lesquelles tiraient leurs ressources de l'épargne des Japonais ordinaires. C'était une société dans laquelle les risques et les récompenses du capitalisme avaient été collectivisés, d'une manière tout à fait unique, propre aux Japonais.

La main invisible

Le principe d'origine du capitalisme américain reposait sur une notion introduite par Adam Smith au XVIIIe siècle, et selon laquelle les individus œuvrant pour leur propre intérêt étaient guidés par une « main invisible » vers des résultats bénéfiques pour tous. Pour Smith, cette « main invisible » était celle de Dieu. Les marchés – et l'économie, d'ailleurs – étaient des phénomènes naturels, comme les forêts ou les ruches. Ils étaient régis par les « lois » prescrites par Dieu. On décrit souvent Smith comme le premier économiste important de l'histoire. En fait, il se voyait comme un « philosophe moral », dans la mesure où ses efforts visaient à découvrir les « lois » régissant l'univers divin.

Cette vision des choses diffère radicalement de celle des économistes contemporains, y compris ceux du Japon. Au lieu de tenter de comprendre ce qui fait tourner le monde, les économistes modernes préfèrent se prendre pour Dieu – et essaient de faire tourner le monde à leur guise. La simple observation ne leur suffisant pas, les économistes japonais et américains préfèrent agir, actionnant les leviers et pressant les boutons qui font ronronner et grincer la grande machine.

La contribution des Japonais à l'histoire du capitalisme résulte peut-être des circonstances singulières qui l'ont vu naître. Dans le Japon d'après-guerre, les économistes, chefs d'entreprise et empêcheurs-de-tourner-en-rond gouvernementaux ne parvenaient pas à imaginer une « main invisible ». Il manquait une divinité centrale à leur religion, leur économie venait à peine d'émerger du féodalisme, et leur société ne fonctionnait pas comme un pêle-mêle d'individus – chacun convoitant ses propres objectifs –, mais plutôt comme une colonie de fourmis, dans laquelle chaque travailleur connaissait précisément sa place et s'employait au bien de toute la communauté. C'était une forme de capitalisme coopératif, consensuel, centralisé et post-féodal.

Tout comme les esclaves arrivant dans les plantations américaines au XVIIᵉ siècle prenaient souvent le nom de famille de leurs maîtres, les travailleurs japonais étaient connus sous le nom de l'entreprise pour laquelle ils travaillaient. Le travailleur trimait durant de longues heures (un employé moyen travaillait de 8 h à 21 h durant les années de boom), pour un salaire relativement bas. Il chantait l'hymne de son entreprise… lorsqu'on le lui demandait, ou lorsqu'il avait bu. Les entreprises ne traitaient pas leurs employés comme des coûts dont on se débarrasse rapidement lorsque l'activité baisse, mais comme des serfs ou des serviteurs. Pour les travailleurs, les emplois étaient quasiment garantis à vie.

Les grandes entreprises aussi étaient considérées comme permanentes – dans le système japonais, elles étaient reliées par des participations croisées et d'étroits réseaux de projets en coopération. Très peu de nouveaux venus plus petits les défiaient ouvertement. Et elles n'étaient donc que rarement confrontées à une concurrence solide à l'intérieur du pays. On créait de nouvelles technologies et de nouveaux produits, ou on les introduisait dans le système des grandes entreprises, où ils étaient perfectionnés par des travailleurs infatigables, avant d'être mis en service ; on produisait ainsi des biens qui pouvaient être exportés – souvent vers l'Amérique.

C'était une forme étrange de capitalisme – les grandes entreprises ne se souciaient même pas de faire des profits ! Tout comme les « dot.com » américaines des années de bulle, elles considéraient la recherche de profits comme une stratégie imprévoyante et « de court terme ». Ce qu'elles voulaient, c'était les parts de marché… la croissance. Après tout, elles étaient là pour dominer le monde !

On attend un miracle…

En avril 1949, l'ambassadeur Joseph Dodge mit le cours du yen à 360 ¥ pour un dollar. Le yen était peu cher… si peu cher, en fait, qu'il donnait au Japon une ouverture économique : il deviendrait une nation industrielle produisant des marchandises pour moins cher que ses concurrents. C'est ainsi que commença le boom de 40 ans qui ferait du Japon la deuxième plus grande économie du monde… et lui donnerait brièvement la Bourse la plus importante du monde, et le marché immobilier le plus cher de la planète.

Les Japonais étaient des travailleurs disciplinés, des imitateurs infatigables, et des hommes d'affaires méticuleux. En appliquant leurs forces réunies à la croissance économique, ils obtinrent des résultats spectaculaires. Les voitures japonaises, par exemple, triomphèrent en dépit d'obstacles considérables. Les Big Three de Detroit (les trois plus grands constructeurs automobiles américains, General Motors Corp, Ford Motor Co et la filiale Chrysler de DaimlerChrysler AG) possédaient jusqu'alors le quasi-monopole d'une industrie extrêmement compétitive et capitalistique. Les chances de poser un véritable défi pour les constructeurs automobiles de Detroit semblaient si minces que les planificateurs du MITI avaient activement déconseillé à Honda et Nissan d'essayer.

Mais les constructeurs japonais passèrent outre. Ils débarquèrent sur le marché américain avec des petites voitures qui ne semblaient représenter aucune menace pour les Big Three. Peu à peu, alors qu'à Detroit on se vautrait dans la complaisance en bayant aux corneilles, les Japonais améliorèrent leur production automobile et leurs techniques de vente. Avant que les Américains ne s'en aperçoivent, la plus grande partie du marché américain était passée aux mains des Japonais.

Les étudiants des écoles de commerce américaines durent apprendre plein de nouveaux mots, à la fin des années 80. *Kaitzen*, le concept d'amélioration continue, leur fut présenté comme si l'idée elle-même était nouvelle. On les mit bien vite au courant de *zaiteck*, *tokkin*, *keiretsu* et autres *baburu*... et ils ne tardèrent pas à parsemer leur conversation de mots japonais, comme de la sauce soja sur de la tempura. Ils apprirent également à manger du poisson cru sans tomber malades.

Bien entendu, l'admiration que les États-Unis vouaient au Japon était teintée de crainte, de haine et de jalousie. Au milieu des années 80, tout portait à croire que le Japon n'allait pas seulement s'emparer des emplois des ouvriers automobiles ; il allait également détrôner l'Amérique de sa place de première économie de la planète. Les banques japonaises devenaient les plus grandes du monde. Les industries japonaises dominaient déjà plusieurs secteurs, et il semblait qu'elles pouvaient triompher de tout secteur auquel elles auraient choisi de s'attaquer.

De plus, les Japonais commençaient à dépenser de l'argent, en plus d'en gagner. Ils achetaient des signes extérieurs de richesse dans le monde entier – des studios de cinéma à Hollywood, l'immeuble Exxon et le Rockefeller Center à New York. En France, des acheteurs japonais acquirent une chapelle Renaissance tout entière, jusqu'aux vitraux – avec l'intention de la démanteler pierre à pierre pour l'expédier au Japon, ce qui poussa la France à voter une loi interdisant l'exportation des trésors nationaux.

Les Japonais figuraient aussi en bonne place dans les principales ventes aux enchères à Londres, Paris et New York, où ils achetaient de célèbres œuvres d'art à des prix phénoménaux. Tout comme les nababs américains le feraient dix ans plus tard, les Japonais se mirent à acheter de l'art comme s'ils aimaient ça. Le parrain du crime Susumu Ishii, par exemple, se lança dans la spéculation en 1985. Entre 86 et 87, son portefeuille – bien aidé par de puissants amis politiques et financiers – grimpa de 5 000 %. Il consacra 7,5 millions de dollars à l'achat d'œuvres de Renoir, Chagall, Monet et autres. Pendant ce temps, la compagnie d'assurance Yasuda versa près de 40 millions de dollars pour les *Tournesols* de Van Gogh. Ryoei Saito dépensa 82,5 millions de dollars pour un autre tableau de Van Gogh, le *Portrait du Dr Gachet*, et 78 autres millions de dollars pour le *Moulin de la Galette* de Renoir. Cependant, Yaumichi Morishita les coiffa tous au poteau en dépensant 300 millions de dollars pour acheter des tableaux français de la fin du XIXe siècle. Lorsqu'on lui demanda pourquoi il aimait tant les impressionnistes, sa réponse fut digne du collectionneur américain Dennis Koslowski dix ans plus tard : « Les tableaux impressionnistes vont mieux avec les décors modernes. »

… et on l'obtient

Le Japon Numéro Un, tel était le titre d'un best-seller vers le milieu des années 80 – une prédiction très populaire. Parce qu'à mesure que le Japon gravissait l'échelle l'Amérique semblait s'enfoncer. L'avenir semblait évident : le capitalisme organisé et concentré du Japon semblait invincible. Du moins c'est ce que pensaient les Japonais eux-mêmes. Le Premier ministre Yasuhiro Nakasone encouragea ses concitoyens comme s'ils marchaient sur Singapour. « Débarrassez-vous de toute ignominie, et avancez en quête de gloire », leur dit-il.

Face au péril jaune, les classes bavardes d'Amérique demandèrent des réformes. « Un Pearl Harbor économique », clamèrent les politiciens. L'Amérique avait besoin d'une planification à la japonaise, dirent les critiques. Les Américains devaient apprendre les techniques de management japonais, prétendirent les consultants. Les entreprises américaines devaient être réorientées à plus long terme, déclarèrent les analystes. Il fallait que l'Amérique impose des restrictions portuaires, ajoutèrent les protectionnistes.

Ce qui dérangeait tant les Américains, c'était que non seulement ils perdaient des parts de marché au profit des Japonais, mais ils commençaient en plus à se sentir perdants dans d'autres domaines. Les Japonais semblaient pouvoir tout faire, tandis que les Américains semblaient se tromper pour la plupart des choses.

Dans les années 80, l'économie japonaise était une merveille : la plus réussie, la plus dynamique, la plus confiante que le monde ait jamais vue. Les hommes d'affaires américains rampaient et tremblaient devant la menace des concurrents japonais.

C'est dans ces conditions que les ministres des Finances les plus importants du monde se rencontrèrent au Plaza Hotel en septembre 1985. Sous la menace de diverses sanctions et barrières commerciales, le ministre des Finances américain parvint à arracher un accord : ils travailleraient ensemble pour faire baisser le dollar, principalement par rapport au yen. Pour le même prix, les marchandises japonaises étaient meilleures que les marchandises américaines, semblaient penser les ministres, mais un yen plus haut pourrait au moins les rendre plus chères.

Si l'assaut japonais contre les intérêts économiques américains était un « Pearl Harbor », les accords du Plaza manquèrent d'être une bataille de Midway. Ils mirent un frein brutal aux aspirations japonaises. Il devint soudain plus difficile de vendre les produits japonais sur les marchés mondiaux. Quelques mois après que les ministres s'en furent retournés chez eux, le yen avait augmenté de 40 % – rendant les exportations japonaises deux fois plus chères qu'elles ne l'étaient l'été précédent. Au début de l'année suivante, la croissance du PIB avait été divisée par deux. La Banque du Japon se devait de réagir. Que pouvait-elle faire ?

Le keynésianisme et le monétarisme étaient bien connus au Japon. Le métier des banques centrales était assez simple : lorsqu'une économie ralentissait, la banque rendait l'argent plus accessible et moins cher. Et c'est exactement ce que fit la Banque du Japon : elle baissa ses taux. Le taux officiel fut baissé à quatre reprises en 1986 – jusqu'à ce qu'il atteigne 3 %. À l'époque, les profits des entreprises étaient déjà en déclin, comme ils le seraient dix ans plus tard aux États-Unis. Mais les investisseurs étaient toujours optimistes quant au sort de la Japan S.A. L'argent coulait encore, stimulé par les baisses de taux. Soudain, les actions étaient devenues un sujet obsessionnel dans tous les bars à sushis.

Début 1987, deux événements intéressants se produisirent. La compagnie nationale de téléphone, Nippon Telephone and Telegraph (NTT), fut privatisée, et les ministres des Finances du monde industrialisé se rencontrèrent à nouveau, cette fois-ci au Louvre, à Paris.

De l'offre NTT, il n'y a qu'une chose à dire : elle portait déjà les « vergetures provoquées par une bulle ». Les économistes n'avaient qu'à lire le journal ou regarder par la fenêtre : la demande était telle que les citoyens devaient faire la queue pour remplir leurs demandes d'actions, qui furent partagées par tirage au sort. Rappelant les scènes que l'on pouvait voir quelque trois siècles plus tôt dans la rue Quincampoix, les actions furent rapidement sur-souscrites. En deux mois, près de 10 millions de personnes avaient fait des demandes ; personne ne connaissait le prix. Les investisseurs privés pensaient être à l'abri, puisque le gouvernement lui-même avait fait l'opération. Ils avaient l'impression d'acheter un morceau du Japon même. Le gouvernement, pensait-on, ne permettrait jamais à l'entreprise – ou au marché – d'infliger des pertes au peuple. Ils achetèrent donc NTT sans crainte.

On pensait que le marché japonais présentait le même genre de protection que celle qu'Alan Greenspan offrirait plus tard aux investisseurs. Aux États-Unis, on appela cela le « Greenspan Put », qui sera décrit plus en détail plus tard dans ce livre. Le président de la Fed avait la possibilité de réveiller les prix des actions quand il le voulait, pensaient les gens : il lui suffisait de baisser les taux d'intérêt à court terme. Au Japon, le public avait peut-être plus confiance encore. Les gens croyaient au système ; le Japon et son capitalisme collectif, pensaient-il, réussiraient toujours.

Les cours des actions japonaises, déjà absurdement hauts, devinrent plus absurdes encore après l'annonce des résultats du sommet du Louvre. Entre les accords du Plaza et les nouveaux accords du Louvre, le prix du dollar avait effectivement été baissé. De son sommet de 259 yens pour un dollar à l'époque de la réunion du Plaza en 1985, le yen était passé à 122 par rapport au dollar à la fin de 1987. Cette fois-ci, le danger pour l'Amérique n'était pas que le dollar soit trop haut – mais qu'il soit en passe de devenir trop bas. Les ministres des Finances se mirent d'accord pour agir à nouveau, cette fois-ci en faisant baisser leurs propres devises pour stimuler le dollar à la hausse. Les Japonais baissèrent les taux une fois de plus – à un niveau encore jamais atteint depuis le Seconde Guerre mondiale : 2,5 %.

Les investisseurs furent ravis. Un yen plus bas rendrait les entreprises japonaises encore plus compétitives, raisonnèrent-ils, faisant encore grimper les actions nippones. NTT passa à une capitalisation de plus de 50 milliers de milliards de yens, soit environ 376 milliards de dollars. À elle seule, elle valait plus que les Bourses ouest-allemande et hongkongaise réunies.

Les actions de la Japan Air Lines s'échangeaient à 400 fois les bénéfices annuels. Des entreprises de pêche et des compagnies forestières étaient cotées à 319 fois leurs bénéfices. Les compagnies de navigation avaient un multiple de 176. Comment justifier de tels prix ? Les investisseurs occidentaux, moins impliqués dans cette folie, en étaient incapables. Ils commencèrent donc à vendre. Mais, tout comme ils le feraient aux USA 10 ans plus tard, au Japon, les investisseurs, les analystes et les économistes firent marcher leur imagination pour trouver des raisons logiques à des prix aussi extravagants.

« Le Japon est différent… plus orienté à long terme », disaient-ils.

« Le Japon est le pays de la technologie », soulignaient-ils.

« L'obsession occidentale pour les PER ne fonctionne pas au Japon », expliquaient-ils.

« Le Japon est la première économie au monde… la plus innovante… la plus efficace… la plus dynamique… la société la plus productive sur terre, continuaient-ils, évidemment, les cours des actions ne sont pas déterminés de la même manière. »

« Si l'on additionnait tous les actifs cachés (de l'immobilier surévalué dans la plupart des cas) et qu'on calculait la véritable profitabilité des entreprises japonaises, les entreprises auraient l'air bien différentes » (c'était vrai – elles auraient eu l'air pires).

« Les Japonais n'ont pas d'autre alternative que d'investir en actions… »

« C'est une Nouvelle Ère »…

Presque tous les gaz que l'on injecterait plus tard dans la bulle de Wall Street en 1998-2000 avaient déjà été testés sur le terrain par les Japonais. Toutes les explications se valaient – et ne valaient rien. Même un tremblement de terre à Tokyo en 1989 sembla pousser les investisseurs haussiers à acheter plus encore.

Quelle que soit la logique employée par les Japonais pour justifier l'achat d'actions et de biens immobiliers surévalués, elle prenait sérieusement l'eau à la fin de la décennie. Les gens semblaient prêts à acheter à peu près n'importe quoi à n'importe quel prix – aussi absurde cela soit-il.

La Nouvelle Race

Dans tout le Japon, durant la seconde moitié des années 80 et la première moitié des années 90, les prix de l'immobilier avaient grimpé à un rythme si rapide que les propriétaires ordinaires ne pouvaient plus suivre. L'indice des prix pour les terrains commerciaux dans les six premières régions métropolitaines japonaises tripla entre mars 1986 et mars 1990. En 1987, le prix des terrains grimpa si radicalement que l'augmentation totale excéda le rendement global du Japon pour l'année. Pour une famille moyenne, les « bénéfices » entraînés par la hausse des actions et de l'immobilier dépassaient la valeur des salaires. Les familles contractèrent des emprunts immobiliers sur 100 ans, s'étalant sur plusieurs générations, pour pouvoir acheter de minuscules maisons parfaitement quelconques aux alentours de Tokyo. Cela semblait presque raisonnable, étant donné le penchant des Japonais à penser à long terme... et la logique faussée de l'époque. Au plus haut de la bulle, on évaluait l'immobilier japonais à quatre fois l'immobilier total des États-Unis. Le palais impérial et le parc qui l'entourait étaient censés valoir plus que le Canada tout entier.

D'où provenait toute cette richesse apparente ? Comme pour les États-Unis dix ans plus tard, les Japonais étaient devenus trop sûrs d'eux. À la fin des années 80, ils avaient connu près d'un demi-siècle de croissance et de prospérité. Était-ce un accident ? Bien sûr que non, se dirent-ils : c'était là le résultat de leur dur labeur, de leur autodiscipline, de leurs dons pour le commerce, l'industrie et l'investissement. Tout comme l'Amérique dix ans après, quatre décennies de succès avaient fait des Japonais une race de génies !

Les marchés font les opinions. Et aucune opinion n'est aussi tenace que la bonne opinion qu'on a de soi. Tout comme les États-Unis dans la décennie qui suivit, les Japonais en vinrent à croire non seulement qu'ils étaient des investisseurs et des hommes d'affaires supérieurs (car n'étaient-ils pas les seuls à avoir vu la véritable valeur des actions japonaises ?), mais qu'en plus ils avaient évolué pour atteindre un niveau supérieur de l'espèce humaine. *Shinjinrui*, « le nouveau peuple », tel était le nom qu'ils s'attribuèrent. Ce qui faisait d'eux des hommes nouveaux, c'était qu'ils semblaient posséder une compréhension de la marche du monde qui avait été refusée aux générations précédentes.

Les *Shinjinrui* étaient prêts à dépenser et à emprunter comme s'il n'y avait pas de lendemain – une chose que jamais leurs parents ou leurs grands-parents n'auraient osé faire. Ils payaient 300 $ un verre de whisky dans une boîte de nuit, ou 1 000 $ un sac à main Louis Vuitton. Les étiquettes des créateurs étrangers leur servaient de « carte de membre » de la nouvelle race : c'est ainsi que le Japon devint le plus grand marché du monde pour les biens de luxe, Hermès, Gianfranco Ferre, Yves Saint Laurent et des dizaines d'autres boutiques bordant les rues du quartier commerçant de Ginza. En fait, les *Shinjinrui* adoraient consommer, se livrant à cette activité avec tant d'ostentation que cela touchait au spectacle. Mais d'où provenait l'argent ? Les profits des entreprises avaient déjà commencé à baisser en 1987. Les salaires n'avaient que modestement augmenté. Que s'était-il passé ?

Une fièvre de dépense record, stimulée par le crédit

Bien entendu, les actionnaires et les propriétaires profitaient de « l'effet de richesse ». Leurs revenus n'avaient pas augmenté, mais, lorsqu'ils étudiaient leurs actifs nets, ils avaient le plaisir de constater qu'ils avaient augmenté. Les baisses d'impôts encourageaient également les dépenses.

Mais le plus grand stimulant de l'économie de consommation japonaise provint de la dette. Les Japonais sont les meilleurs épargnants au monde, mais – et c'était passé inaperçu des économistes de l'époque – ils étaient également devenus des champions pour emprunter, durant les années de boom. L'endettement avait grimpé jusqu'à atteindre 130 % des revenus. Tout comme le font toujours les gens victimes de l'euphorie des bulles spéculatives, les Japonais furent pris d'une fièvre dépensière, financée par le crédit. Le nombre de cartes de crédit en circulation tripla. Les Japonais, normalement économes, virent bientôt leur niveau d'endettement atteindre celui des États-Unis. Le total des prêts bancaires augmenta lui aussi – grimpant de 724 milliards de dollars entre 1985 et 1990. Les compagnies de crédit à la consommation augmentèrent également leurs prêts de 700 % environ au cours de la même période.

Pour chaque dette, il y a un crédit ; tous les comptables vous le diront. « Pour chaque boom, il y a un krach », ajoutons-nous. Et pour chaque absurdité, il y a un contrecoup. Pendant la bulle, les épargnants japonais avaient posé les fondations de la fièvre de dépenses d'investissement, 95 % de la dette nationale étant détenue en interne. Le pays est resté créditeur net pour le reste du monde durant toute la période, ses actifs à l'étranger nets se maintenant à peu près à 10 % du PIB.

Tout ce crédit et ce nouvel argent devaient avoir des conséquences. Au niveau macroéconomique, rien n'euphorise autant une économie qu'une injection d'argent qu'elle n'a pas eu à gagner. En général, les entreprises paient leurs employés, puis cet argent leur revient, déduction faite de l'épargne, lorsque les employés achètent les produits et les services qu'elles produisent. Les revenus des ventes sont donc compensés par les dépenses de la main-d'œuvre. Mais lorsque les employés dépensent leur épargne ou leur crédit, cet argent coule dans les coffres des entreprises comme s'il tombait du ciel. Dans la mesure où les entreprises n'ont pas versé de salaires supplémentaires pour recevoir cet argent, un plus grand pourcentage de celui-ci – dans une perspective macroéconomique – finit par s'ajouter aux profits. Soudain, les entreprises réalisent des ventes plus élevées et des profits plus hauts – et en concluent qu'il faut développer leur production. Elles construisent donc de nouvelles usines, offrent de nouveaux produits et embauchent de nouveaux employés. Mais la nouvelle demande générée par le crédit ne peut pas durer. Les gens peuvent emprunter, mais ils doivent également rembourser – tôt ou tard, d'une manière ou d'une autre.

Imaginons par exemple qu'un homme emprunte un million de dollars. Il peut acheter beaucoup de choses. Il lui semblera que son niveau de vie a augmenté du jour au lendemain. Ses dépenses supplémentaires pourraient aider à convaincre les marchands et les fabricants qu'ils doivent élargir leur offre. Eux aussi emprunteront peut-être de l'argent pour profiter de ce qu'ils perçoivent comme une opportunité qui s'offre à eux. Tôt ou tard, notre homme ne pourra plus emprunter un autre million de dollars. On lui demandera au contraire de rembourser le premier million qu'il a emprunté. Et lorsque cela se produit, toute la structure s'effondre. Non seulement il ne peut plus se permettre de dépenser comme il s'y était habitué (pour toujours, espérait-il), mais il doit en plus réduire ses dépenses sous leur niveau d'origine afin de pouvoir reverser l'argent emprunté. Les marchands et les fabricants, qui ont également pris des crédits pour répondre à la nouvelle demande, se rendent soudain compte que les ventes ne répondent pas à leurs attentes, et qu'en plus il y en a moins qu'au début du processus. Cela peut durer des dizaines d'années, mais il n'y a pas d'autre issue possible.

Désépargne, débiteurs et autres mécontents

La même chose se produit lorsqu'on sort de l'argent de son compte épargne pour le dépenser. Du point de vue macroéconomique, la « désépargne » semble provenir de nulle part, et produit un effet étonnamment plaisant. Mais le problème, avec la désépargne, c'est qu'on ne peut en faire pendant trop longtemps. Bientôt, il n'y a plus rien à désépargner. On doit alors recommencer à épargner, que cela nous plaise ou non. Les bénéfices obtenus en dépensant plus qu'on ne peut se le permettre deviennent les vices de l'épargne : les entreprises supportent toujours le coût des salaires, mais l'argent ne leur revient pas en ventes.

Le moment décisif arrive – et pas toujours pour une raison précise – lorsque les désépargnants et les débiteurs décident qu'ils ne peuvent pas continuer ainsi. La confiance qu'ils ressentaient en empruntant et en dépensant si librement commence à refluer. Ils commencent par se demander si leurs attentes se verront récompensées. Peut-être que les actions ne continueront pas à grimper comme ils l'avaient prévu, se disent-ils. Peut-être que la valeur de l'immobilier va se stabiliser, ou même chuter, s'alarment-ils. Ils hésitent… « Je devrais peut-être attendre avant d'acheter une autre voiture ou un appartement plus grand », pensent-ils peut-être. Ces hésitations produisent une baisse des ventes, qui à son tour provoque le malaise et le désordre dans tout le système. Les entreprises embauchent moins. Les heures supplémentaires sont moins payées. De nouveaux projets d'expansion sont mis de côté, puis abandonnés. Les profits chutent. Les investisseurs reculent. À mesure que les ventes et les prix des actifs baissent, les actionnaires vendent leurs titres et leurs propriétés à des prix de plus en plus bas. Un nouvel état d'esprit s'empare du groupe. La confiance illimitée devient résignation, désespoir, voire panique. L'heure du bilan a sonné.

Au plus bas du cycle, la contraction du crédit a un effet aussi alarmant que son expansion était agréable. Au lieu de s'ajouter, ce qui n'était pas compensé par les dépenses de main-d'œuvre, l'argent est à présent retiré sans épargne compensatoire pour les entreprises. Normalement, durant une récession, les entreprises réduisent leurs effectifs. Les consommateurs, qui sont aussi des employés, ont moins à dépenser. Les ventes baissent, mais au moins les coûts des entreprises ont été réduits – protégeant ainsi les marges bénéficiaires. Mais lorsque les consommateurs augmentent leur épargne, ou commencent à rembourser leurs prêts plutôt que d'en contracter de nouveaux, les ventes et les marges sont mises à mal. Pour le même revenu (ou dépense de main-d'œuvre, du point de vue de l'employeur), les consommateurs dépensent moins d'argent. Les résultats sont désastreux et ne peuvent qu'empirer quand – dans un effort visant à protéger les profits – les entreprises réagissent à la baisse des ventes en diminuant les salaires des employés. Les consommateurs ont alors vraiment moins d'argent à dépenser et réduisent plus encore leurs achats.

La troisième loi de Newton s'applique aussi bien à l'économie qu'à la physique. Les actions produisent des réactions égales et opposées. Une bulle produite par l'emprunt et la dépense s'effondre, et devient une « anti-bulle » faite d'épargne, de faillites et d'annulations de dettes. C'est bien entendu ce qui s'est produit au Japon à la suite de l'effondrement de la bulle, qui a commencé en janvier 1990.

L'effondrement de l'économie miracle

Inquiète de la hausse des prix dans le secteur immobilier, la Banque du Japon décida d'agir. Pour la première fois en neuf ans, elle augmenta le taux d'escompte, le faisant passer de 2,5 % à 3,25 % fin mai 1989. Les taux d'intérêt à court terme augmentèrent d'un point de pourcentage entier entre janvier et juin de la même année, indiquant peut-être eux aussi un resserrement de la politique bancaire sur le marché libre.

Le 11 octobre 1989, une autre hausse du taux d'intérêt le porta à 3,75 %, et les taux d'intérêt à court terme continuèrent de grimper, finissant l'année à 6,25 % – une différence d'à peine 25 points de base par rapport aux taux à court terme des États-Unis lorsque leur marché baissier commença, dix ans plus tard.

Le 29 décembre 1989, le Nikkei atteignit son sommet, à 38 915 points. Au cours des 21 mois qui suivirent, il chuta de 38,5 %. Mais pendant ce temps, les prix de l'immobilier, selon les estimations de l'Institut japonais de l'immobilier, continuèrent à grimper. Ce n'est que deux ans plus tard, en 1991, que les prix de l'immobilier atteignirent enfin leur sommet – environ 15 % au-dessus de leur niveau de fin 1989. Dans certaines régions, cependant, les hausses de prix étaient bien plus conséquentes : dans la préfecture de Chiba, par exemple, le prix des propriétés avait augmenté de plus de 90 %.

À titre de comparaison, le marché boursier américain a atteint son propre sommet presque exactement 10 ans plus tard – le 31 décembre 1999. Au cours des 33 mois qui suivirent, l'indice Standard & Poor's 500 perdit 45 % de sa valeur – un déclin initial pire que celui du Japon. Au cours de la même période, le prix des maisons américaines augmenta – tout comme au Japon. Selon l'indice de Fannie Mae (une des principales sociétés de prêts immobiliers aux États-Unis), cette augmentation se montait – surprise – à 15 %.

À tous points de vue, en 1989, les nouvelles financières et économiques du Japon, au seuil du déclin du Nikkei, étaient très positives. Il y avait peu de signes d'inflation, les prix à la consommation augmentant de moins de 3 % par an (tout comme aux États-Unis dix ans plus tard…). Le chômage restait bas, à des taux quasiment record. Selon toutes les apparences extérieures, tout allait pour le mieux dans le meilleur des mondes : le Japon avait réussi à obtenir ce que la plupart des économistes croyaient impossible – le plein emploi avec une inflation basse, une croissance haute, une augmentation massive de la valeur des actifs, et un énorme surplus commercial en prime. Pouvait-on douter que les Japonais étaient particulièrement bénis ? Ou particulièrement intelligents ?

Les taux grimpent, les actions chutent et les prêts tournent mal

Fin janvier 1990, le Nikkei chuta de 5 % en trois jours. Les investisseurs ignorèrent cet incident. Puis, en février, l'indice dégringola de 4,3 % de plus en trois jours. Les médias financiers, à nouveau, n'y firent pas très attention. Les actions chutaient, dit-on, « sans raison apparente ».

Pendant ce temps, les taux d'intérêt augmentaient. Les obligations gouvernementales à long terme chutèrent, avec un rendement de 7,3 %. Les banques commerciales relevèrent les taux de base à 6,25 %. La Banque du Japon, qui continuait d'essayer de laisser un peu d'air s'échapper de la bulle, augmenta le taux d'escompte le 20 mars 1990, à 5 %. Les actions chutaient toujours.

L'invasion du Koweït par l'Irak le 2 août 1990 provoqua une grande anxiété sur les marchés du monde entier. Inquiet de la hausse des prix du pétrole, le Nikkei 225 perdit 11 % en un seul jour. À nouveau, la Banque du Japon augmenta le taux de remise – à 6 %. Les actions chutaient toujours.

Les prix des terrains commençaient à lâcher prise eux aussi. Bien que l'immobilier en général ait augmenté jusque mi-1991, à la même époque les prix avaient déjà commencé à s'effondrer dans les régions urbaines les plus chères. En 1990, la valeur de l'immobilier dans les six plus grandes villes du Japon égalait le

PIB du pays tout entier. Fin 93, les prix avaient été divisés par 2 – une perte se montant à la moitié du PIB. Les prêts bancaires, qui s'étaient multipliés durant les phases de boom et de bulle, étaient garantis par la valeur de l'immobilier. La phase suivante était aussi évidente qu'inévitable – les prêts, qui se montaient à des milliers de milliards de yens, prirent mauvaise tournure.

La décennie perdue

Au cours des dix années qui suivirent, la croissance fut lente ou négative. Aucune flamme prométhéenne ne luisait dans les yeux des Japonais. Les ordinateurs et l'Internet – les deux innovations censées avoir stimulé la productivité américaine et offert un nouvel « âge d'or de prospérité aux États-Unis », selon Paul O'Neill, ministre des Finances – ne furent d'aucune utilité pour le Japon.

Et alors que l'économie japonaise rétrécissait, il en allait littéralement de même pour sa population. De plus, les habitants du Japon vieillissaient : le Japon compte une plus grande proportion de personnes âgées de 65 ans ou plus que tout autre pays majeur. L'une des raisons à cela est que la fertilité de la Japonaise moyenne était tombée bien au-dessous des 2,08 enfants nécessaires pour assurer le renouvellement de la population. Au lieu de cela, les femmes japonaises avaient en moyenne 1,34 enfant seulement. Le Japon avait donc l'une des populations les plus vieilles du monde, une personne sur cinq étant âgée de plus de 65 ans.

Mais au beau milieu de l'été 1992, 30 mois après le début de la crise japonaise, personne ou presque ne semblait croire que le miracle de l'économie japonaise avait de sérieux ennuis.

Le journal *The Economist* publia un rapport spécial dans son édition du 11 juillet 1992. Il avait pour titre : « Comment le Japon surmontera sa chute ». Se concentrant principalement sur une hausse de 3,3 % des dépenses de consommation durant le premier trimestre 1992, l'article suggérait que « le ralentissement économique au Japon ne [devait] pas être confondu avec une récession à l'occidentale. C'est pourquoi le Japon rebondira. »

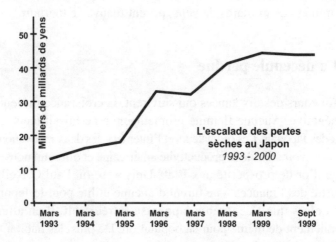

**L'escalade des pertes
sèches au Japon**
1993 - 2000

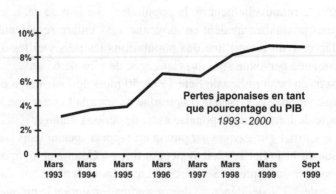

**Pertes japonaises en tant
que pourcentage du PIB**
1993 - 2000

« La plupart des dégâts du ralentissement économique ne concernent pour l'instant que les secteurs financier et immobilier. L'emploi, toujours haut, aide à soutenir la confiance des consommateurs », expliqua *The Economist*. « On parle beaucoup du fait que les investissements des entreprises... baissent. Mais les dépenses des consommateurs, qui sont près de trois fois plus élevées, ont augmenté de 3,3 % annuels pour le premier trimestre... En outre, le Japon devrait réussir à éviter une récession profonde, étant donné qu'il possède les politiques monétaires et fiscales les plus saines de toutes les économies industrielles. Cela donne au gouvernement plus de munitions pour lutter contre une récession. »

« Notre richesse s'enfuit »

Bien entendu, *The Economist* se trompait sur toute la ligne ou presque. L'économie japonaise ne rebondit pas. Le haut taux d'emploi ne soutint pas longtemps la confiance des consommateurs : les dépenses de consommation chutèrent. Et les politiques fiscales et monétaires, supposées saines, se révélèrent complètement inadéquates pour faire face à la situation.

Le 1er juillet 1991, la Banque du Japon fit ce que font les banques centrales en cas de crise – elle relâcha sa politique monétaire. On baissa le taux d'escompte de 6 % à 5,5 %. Ainsi commença une série de baisses, assez semblables à celle qui commencerait en janvier 2001 aux États-Unis. En septembre 1993, le taux d'escompte était à 1,75 %, son niveau le plus bas dans toute l'histoire de la Banque du Japon. Pourtant, la récession se poursuivit jusqu'à la fin 1993 – et ce ne fut pas là la dernière baisse des taux d'intérêt : en avril 1995, le Japon diminua les taux d'un point entier – les amenant, selon l'expression du *Financial Times,* « au zéro effectif ».

De plus, les taux de croissance nominale, qui étaient à 7 % environ tout au long de la période de bulle, stagnèrent aux environs du zéro au début des années 90. Les profits industriels chutèrent de près de 25 % en 1991, et de 32 % supplémentaires en 1992. Le nombre de faillites augmenta, en particulier parmi les sociétés immobilières et les gestionnaires de fonds.

Les banques, si désireuses de prêter lorsque les prix de l'immobilier augmentaient, ne trouvaient soudain que peu d'opportunités. Les notations des banques chutèrent. Les réserves pour pertes sur prêts fondirent. En 1993, les banques japonaises perdirent 4,3 milliers de milliards de yens de prêts en souffrance. En 1994, ce chiffre s'élevait à 5,7 milliers de milliards de yens. Et les banques avaient encore du chemin à parcourir avant d'éliminer totalement les mauvaises créances de leurs bilans. Il se passerait près de 10 ans avant que ne se produise le coup le plus sévère que l'avenir réservait au secteur bancaire japonais. Le 22 janvier 2003, la plus grande banque du pays, Mizuho Holdings, annonça des pertes de 1 950 milliards de yens, et des mauvaises créances de 2 000 milliards de yens.

Jusqu'en 1994, les prix à la consommation avaient augmenté au Japon. On pensait partout que les dépenses à la consommation continues, en même temps que les stimulants fiscaux et monétaires du gouvernement, sauveraient la situation. Mais à la mi-1994 – soit quatre ans et demi après le début de la crise japonaise –, les prix à la consommation avaient commencé à chuter. Pour la première fois depuis la Grande Dépression, une économie majeure connaissait la déflation des prix à la consommation.

Une fois que les prix eurent commencé à chuter, le Japon entra dans une phase inquiétante de son histoire financière. On ne lui connaissait pas de précédent dans toute l'histoire du monde depuis la fin de la Seconde Guerre mondiale... et pas de remède non plus. « Notre richesse s'enfuit », déclara Eisuke Sakakibara, ancien vice-ministre des Finances, au *Financial Times* à l'automne 2002 – dix ans après que la maladie eut frappé. Pourquoi les prix avaient-ils chuté ? Parce que les consommateurs n'achètent pas, expliquèrent les économistes. Et pourquoi n'achetaient-ils pas ? Parce que les prix chutaient.

Dans tout l'archipel, les consommateurs réduisaient leurs dépenses (quand ils dépensaient), les banques rechignaient à prêter aux entreprises, et les employeurs réduisaient les salaires et licenciaient. Les consommateurs japonais commencèrent à faire leurs courses dans les magasins d'occasion. On raconte que les habitants des quartiers chics fouillaient les poubelles de leurs voisins pour y trouver des meubles usagés. Le système bancaire était si lourdement chargé de mauvaises dettes qu'il n'avait plus la volonté – ou l'argent – pour aider de nouvelles idées à prendre leur envol.

La banque centrale japonaise et le gouvernement tentèrent tous deux de régler le problème en suivant la méthode conventionnelle ; en mettant plus d'argent et de crédit à disposition. Non seulement la banque centrale baissa le taux d'escompte à près de zéro et diminua les taux d'intérêt, mais le gouvernement lança également un programme de travaux publics – un rêve pour les vendeurs de béton du monde entier.

Alex Kerr en déplore les dommages dans son livre *Dogs and Demons : The Fall of Modern Japan*[2] (Chiens et Démons, la chute du Japon moderne).

> Le Japon est indiscutablement devenu le pays le plus laid du monde. Pour les lecteurs qui connaissent le Japon par les brochures touristiques montrant les temples de Kyoto et le mont Fuji, cela peut sembler surprenant, voire absurde. Mais ceux qui vivent ou voyagent ici voient la réalité : la couverture forestière originelle a été ravagée et remplacée par des cèdres industriels, les barrages se multiplient sur les rivières, la côte est couverte de ciment, on a aplani les collines pour fournir le gravier nécessaire à l'implantation de baies et de ports, les montagnes sont criblées de routes destructrices et inutiles, et les villages ruraux ont été inondés de déchets industriels.

2. *Dogs and Demons : The Fall of Modern Japan*, publié en 2001.

Dans tout le pays, les hommes et les femmes travaillent à réorganiser le paysage. Des équipes de travailleurs transforment de minuscules ruisseaux d'un mètre de large en profondes cascades passant par des blocs de béton larges de dix mètres ou plus. Des ouvriers construisant de petites routes de montagne dynamitent des collines entières. Des ingénieurs canalisent les rivières dans des tuyaux de béton... qui éliminent non seulement les rives, mais également les lits des rivières. Le Bureau des rivières a endigué ou détourné toutes les 113 rivières principales du Japon, sauf trois. Pendant ce temps, le ministère japonais de la Construction envisage d'ajouter 500 nouveaux barrages aux 2 800 qui ont déjà été construits.

Le gouvernement japonais fit exactement ce que Keynes recommandait – il dépensa de l'argent. Alors qu'il était resté fiscalement prudent au cours des années de boom et de bulle, le gouvernement s'engagea durant les années 90 dans une débauche de ce qu'Alan Booth appelle le « vandalisme d'État », qui porta le déficit budgétaire à la remarquable proportion de 5 % du PIB en 2002. La construction de routes ne menant nulle part, le bétonnage des côtes, l'installation de ponts et de barrages... Au total, le Japon recouvrit de béton 30 fois plus de surface que les États-Unis, par kilomètre carré de territoire disponible. En fait, l'obsession japonaise pour le béton atteignit des extrémités absurdes : en 1996, la Shumizu Corporation annonçait des plans visant à construire un hôtel sur la lune, en utilisant des techniques développées spécialement pour faire du ciment sur la surface lunaire !

Mais ce que ces projets inutiles destinés à créer des emplois réussirent surtout à faire, c'est à grossir la dette nationale, qui passa de 60 % du PIB à 150 %. À la fin des années 90, la dette du gouvernement japonais équivalait à 15 fois son assiette fiscale, soit près de deux fois le record historique le plus proche – la Grande-Bretagne durant l'entre-deux-guerres.

L'affaire Onoue

Si la « décennie perdue » des années 1990 provoqua un marché baissier sur la Bourse de Tokyo et sur le marché immobilier du pays, elle produisit également une floraison de scandales financiers, impliquant de nombreuses banques et maisons de courtage de tout l'archipel. Des réputations furent ruinées et des fortunes englouties ; quelques personnes se suicidèrent… Bref, « pendant la bulle, les affaires continuent ».

Le cas Nui Onoue fait partie de ces scandales. Ce fut une affaire bizarre. Après avoir exploré plusieurs versions de l'histoire, le lecteur occidental moyen est encore moins avancé qu'avant de commencer. La principale protagoniste s'appelait-elle madame Nui Onoue ou Onoue Nui ? Les journalistes ne semblaient pas parvenir à se décider. Des rumeurs circulaient sur ses liens avec le *burakumin*[3], la pègre et le royaume animal. Un animal en particulier attirait l'attention : un crapaud de céramique. Quant à madame Nui, elle était à une époque le personnage le plus important de la Bourse de Tokyo, lorsque les marchés japonais étaient aussi grands – voire plus – que les marchés américains. L'Industrial Bank of Japan et ses filiales avaient prêté pas moins de 240 milliards de yens à cette vieille fille de 61 ans. Elle était le plus grand actionnaire de l'International Bank of Japan, avec 3,1 millions d'actions. Elle possédait en plus 8 millions d'actions de Dai-Ichi Kangyo Bank, 2 millions d'actions de la Sumitomo Bank, 6 millions d'actions de Tokyo Electric Power, 3 millions d'actions de Fuji Heavy Industries, et 3 millions d'actions Toshiba.

Bien que personne ne sache exactement d'où provenait sa fortune fabuleuse, on fit de cette femme une sorte de gourou. Des hommes d'affaires en costume bleu fréquentaient les deux restaurants

---

3. *Intouchable* japonais (niveau le plus bas du système de castes).

qu'elle possédait dans un quartier minable d'Osaka, et y restaient jusque dans les petites heures de la nuit. Que faisaient-ils ? Selon certains, ils assistaient à des séances durant lesquelles madame Nui invoquait l'aide des divinités dans de bizarres rituels nocturnes. On pensait que la « dame noire d'Osaka » était liée non seulement au *burakumin*, mais également au *mikkyo* – une secte bouddhiste exotique.

En août 1991, elle fut accusée d'obtenir des prêts sous de faux prétextes et arrêtée. On apprit alors qu'elle était menacée de faillite en plus de peines de prison, ses dettes se montant à plus de 400 milliards de yens. Jour après jour, cette bizarre petite histoire prit de l'ampleur, jusqu'à ce que le scandale éclabousse certaines des plus grandes banques du pays, et les rumeurs firent rage concernant les divers personnages de la pègre qui auraient été impliqués. Plus tard dans l'année, le 22 octobre, Kaneo Nakamura, président de l'Industrial Bank of Japan, démissionna.

Les absurdités « confectionnées » durant les années 80 « se décousirent » durant les années 90. Il est remarquable de constater que ni la banque centrale japonaise ni les ministres des Finances et autres couturiers économiques ne furent capables de raccommoder le tout. Au début, peu de gens le crurent – le tissu semblait si solide. Mais en janvier 1990 il commençait à laisser passer les courants d'air. Au cours de la dizaine d'années qui suivit, l'économie japonaise s'effondra. La croissance du PIB n'atteignit même pas 1 % par an entre 1992 et 1995.

À la fin de la décennie, le Japon avait effacé 17 années de gains boursiers. À l'été 2001, le Nikkei chuta à 10 978 – sa première incursion sous la barre des 11 000 points depuis 1984. Sur une période de 11 ans, les investisseurs avaient perdu 75 % de leur argent, à mesure que le Nikkei chutait de son sommet de près de 40 000 points. Le taux de chômage à Tokyo – qui était quasiment inexistant auparavant – avait augmenté jusqu'à atteindre 5 %, soit presque le même niveau qu'aux États-Unis. Même la croissance du PIB japonais et celle des USA convergeaient : aucune des deux n'atteignait 1 % – un creux de 8 ans pour l'Amérique, et presque une moyenne de 8 ans pour le Japon.

Si seulement Alan Greenspan avait pu faire quelques-uns de ses célèbres tours de magie de l'autre côté de la planète ! Il aurait peut-être pu éviter quelques tragédies personnelles : vers la fin du siècle dernier, les Japonais se jetaient sous les trains en telle quantité que les compagnies ferroviaires installèrent des miroirs dans les gares afin de forcer les suicidaires à « réfléchir » avant de se tuer.

Des parallèles évidents

Au cours des deux années qui suivirent décembre 1989, la Bourse japonaise chuta de 40 %. L'économie japonaise tint bon durant ces deux années. En fait, la croissance du PIB resta positive jusqu'en 1992. Les dépenses d'investissement ralentirent nettement, mais les dépenses de consommation continuèrent leur ascension. Il en fut de même pour les prix de l'immobilier, qui montaient encore deux ans après que le marché boursier se fut effondré. Les parallèles avec l'Amérique une décennie plus tard étaient si évidents que l'on peut retracer toute l'histoire simplement en lisant les gros titres qu'elle produisit dans les journaux : « L'économie américaine ressemble terriblement à celle du Japon après que sa bulle se fut effondrée », déclarait un sous-titre de *The Economist* en juin 2002. « Au cours des deux dernières années, l'économie américaine a imité de bien des manières les performances du Japon immédiatement après l'éclatement de sa bulle », continuait le magazine.

En Amérique, comme au Japon avant elle, l'arrivée de la crise fut inattendue… et elle passa largement inaperçue. Alors même que l'économie de la nation entrait en récession en mars 2001, selon le Bureau américain de recherche économique, les plus grands économistes persistaient à nier. « Les signaux généraux continuent d'indiquer un ralentissement du rythme de l'activité économique, déclara l'économiste en chef de la Conference Board le 22 février 2001, et aucune récession ne menace. » Laquelle débuta officiellement 7 jours plus tard à peine. Mais c'était alors au tour de la Fed de ne rien remarquer.

« M. Parry, de la Fed, affirme que les États-Unis ne sont pas en récession », rapportait le *Bloomberg News* le 5 avril 2001, en faisant référence aux déclarations faites par Robert Parry, président de la réserve fédérale de San Francisco. « Les États-Unis ne sont pas en récession, la Fed doit se montrer vigilante », ajouta Michael Moskow, président de la réserve fédérale de Chicago, le 4 avril.

« M. McTeer, de la Fed, affirme que l'économie américaine n'est pas en récession », approuvait le président de la réserve fédérale de Dallas le même jour. Rien n'est confirmé tant que cela n'a pas été nié à trois reprises.

« Je ne pense pas qu'une comparaison soit appropriée », déclara Paul O'Neill, ministre des Finances américain en novembre 2002, faisant référence au Japon. « L'économie [japonaise] n'est pas une économie ouverte, continua-t-il. L'une des choses les plus bénéfiques pour notre économie a été son ouverture, le fait que nous ayons relevé le défi consistant à laisser entrer les fournisseurs étrangers du monde entier… »

« Les économistes affirment que l'Amérique ne tombera probablement pas dans une déflation à la japonaise, lisait-on dans un article du *Wall Street Journal* en novembre 2001, parce que les dirigeants américains ont réagi bien plus rapidement que les dirigeants japonais face au ralentissement de leur économie. »

Le sujet ennuyait toujours prodigieusement la plupart des Américains. Il hantait pourtant quelques économistes comme un crime non élucidé. L'économie américaine semblait suivre un script écrit au Japon. À l'exception de quelques improvisations occasionnelles, et en tenant compte de profondes différences culturelles, le dialogue principal aux États-Unis entre 1995 et 2001 ressemblait beaucoup à celui du Japon entre 1985 et 1991.

Plus ça change, plus c'est la même chose*

L'intrigue était à peu près la même – une extraordinaire nouvelle ère se heurte aux dures réalités des marchés. L'histoire d'amour était la même – les investisseurs avaient le coup de foudre pour les actifs financiers, et abandonnaient tout bon sens ou dignité en se rendant complètement ridicules. Les premiers actes étaient les mêmes... avec de plus en plus d'activité sur les marchés financiers, culminant à la liquidation générale.

Mais le rideau venait à présent de se lever sur l'acte III... et le public américain attendait un retournement de situation. Contrairement aux Japonais, frappés de stupeur, les investisseurs et les consommateurs américains seraient sauvés par la prompte réaction de leur héros, Alan Greenspan – ou du moins c'est ce qu'ils pensaient. Greenspan, brandissant son épée à trancher les taux, élimina 450 points de base en 10 mois, alors que la banque centrale du Japon avait mis 4 ans pour faire la même chose. Les économistes haussiers pensaient que cette vitesse se révélerait décisive.

La plupart des économistes n'avaient pas la moindre idée du moment où les marchés japonais repartiraient à la hausse, parce qu'ils ne savaient toujours pas pourquoi ils avaient baissé. Mais ils continuaient de croire que des taux plus bas sauveraient l'Amérique. En avril 1992, lorsque le Nikkei sembla atteindre son niveau le plus bas à 17 000 points (par rapport à un sommet de 39 000 points un an et demi auparavant), douze des meilleurs pronostiqueurs s'accordaient encore à prédire la croissance économique japonaise et la hausse

_____

* En français dans le texte.

du cours des actions. Mais dix ans plus tard, le Nikkei oscillait autour des 10 000 points, et l'économie japonaise subissait une récession pour la quatrième fois en 10 ans. Au Japon, les taux à court terme étaient au « zéro effectif » depuis plus de 5 ans.

Aux États-Unis, les dirigeants éclairés agirent rapidement. Au Japon, ils hésitaient. La Fed baissa les taux principaux de 4,5 % au cours des 10 premiers mois de 2001 – la banque centrale avait mis quatre ans pour faire de même. Le Congrès élabora en hâte un plan prévoyant de dépenser 100 milliards de dollars pour stimuler l'économie – la diète japonaise avait pris plus de temps. La vitesse de la réaction américaine officielle serait-elle décisive ? Une surcapacité nourrie de crédit pouvait-elle vraiment être corrigée en offrant *plus* de crédit, pour moins cher et plus rapidement ?

Les investisseurs attendaient qu'un retournement se produise au Japon – en vain. Avec l'opération « réformer et restructurer », les entreprises japonaises décidèrent d'adopter le programme américain qui consistait à fournir de la valeur aux actionnaires – fusions, acquisitions, baisses des coûts – et attirèrent les investisseurs sur les marchés japonais à plusieurs reprises entre 1990 et 2000. Les sociétés financières adoraient les restructurations. Elles avaient gagné de l'argent dans les années 80 en aidant les entreprises américaines à adopter les pratiques de la Japan S.A. À présent, elles espéraient gagner de l'argent une fois encore en aidant les entreprises japonaises à adopter le modèle américain.

Manque d'imagination

Année après année, les entreprises japonaises annonçaient de nouveaux plans de restructuration. Et le gouvernement japonais mettait en place d'autres mesures de réforme, qui comprenaient des budgets plus stimulants au point de vue fiscal. En fait, ces budgets se révélèrent si stimulants qu'ils ajoutèrent 1 130 milliards de dollars à la dette gouvernementale, faisant passer le ratio dette gouvernementale/PIB de 60 % en 1992 à plus de 100 % en 1999.

Perversement, plus on appliquait de stimulants, moins il y avait de véritable croissance. Entre 1996 et 2000, les déficits augmentèrent, passant de 4,3 % du PIB à 7,2 %, tandis que la croissance réelle chutait de 5,1 % à 1,2 %. Et les consommateurs japonais continuaient d'hésiter à dépenser leur argent : ils l'épargnaient et payaient leurs dettes. Ils accumulaient les actifs financiers plutôt que les maisons avec vue sur la mer.

Quelle qu'ait été l'erreur des Japonais (et personne n'était absolument sûr de sa définition), les Américains étaient convaincus qu'ils ne feraient pas la même. Après tout, les Américains n'étaient pas des fanatiques de l'épargne. Ils n'avaient pas de surplus financier conséquent. Ils faisaient cuire leurs sushis. Et ils avaient le sympathique M. Greenspan à la tête de la Fed, plutôt qu'un banquier coincé qui se jetterait sous un train à la moindre contrariété.

La situation japonaise était si exceptionnelle que les économistes de la fin des années 90, tout comme les médias cités ci-dessus, avaient peine à le croire, et étaient parfaitement incapables d'imaginer qu'elle pourrait se prolonger. Et pourtant elle se prolongea. Alors que l'Amérique connaissait le plus grand boom (puis bulle) de son histoire, l'économie et les marchés japonais étaient aussi éteints et froids qu'un mégot de cigare.

« Le gouvernement japonais fait savoir que la croissance est basse, et que les temps sont durs », titrait le *Financial Times*. Inutile de préciser la date. Les nouvelles japonaises avaient à peine changé depuis que George Bush senior avait vomi sur le Premier ministre Miyazawa en 1991. Depuis, tout allait mal.

Les éditorialistes, les analystes et les économistes, qui, peu de temps auparavant, tentaient d'expliquer pourquoi les Japonais domineraient l'économie mondiale pendant longtemps, puis pourquoi le ralentissement n'était pas bien grave, expliquaient à présent pourquoi le Japon ne se remettrait pas avant longtemps. Avec un manque d'imagination assez alarmant, ils firent appel aux raisons bien connues, se contentant de les mettre sens dessus dessous : le gouvernement japonais était dépassé, les dirigeants étaient incompétents, et les travailleurs n'apprendraient jamais le secret d'une économie bien portante, en fin de compte : emprunter et dépenser, en d'autres termes. La presse financière a rarement été aussi unanime qu'à la fin des années 90 au sujet du Japon. Tous les titres évoquaient un pays plongé dans le désespoir économique : « Les actions atteignent un nouveau creux », « Le taux de chômage japonais atteint son plus haut niveau depuis la Seconde Guerre mondiale », et « La production industrielle japonaise chute pour le cinquième mois consécutif » – voilà des exemples typiques.

Bien entendu, aucune comparaison n'est jamais parfaite. Toutes les situations sont différentes. Chaque jour est un nouveau jour. Mais la nouveauté d'une situation est souvent moins instructive que ce qu'elle a de familier. Au milieu des années 80, le Japon s'enthousiasmait pour les puces électroniques et les automobiles. Entre le milieu et la fin des années 90, ce sont l'Internet et les télécommunications qui ont enflammé les imaginations américaines.

En Amérique du Nord, les entreprises de télécoms dépensèrent des milliards de dollars pour poser des millions de kilomètres de câbles en fibres optiques. « Construisez, et ils viendront », telle était la devise de l'époque. Mais une fois que tout cela fut construit, moins de 3 % furent en fait utilisés. La surcapacité, que ce soit au Japon ou aux États-Unis, tend à réduire les prix et les profits.

Un autre trait distinctif qui ne différait pas fondamentalement entre le Japon et les USA : la concentration de mauvaises créances dans le secteur bancaire japonais, dont on disait qu'il n'existait pas d'équivalent aux États-Unis. Alors que les banques japonaises détenaient des mauvaises créances professionnelles, les prêteurs américains, toujours innovants, détenaient des mauvaises créances immobilières et de consommation, qui s'ajoutaient aux mauvaises créances professionnelles.

La dette des entreprises n'a peut-être jamais atteint l'ampleur japonaise aux États-Unis à son plus haut niveau, les entreprises japonaises devaient une somme équivalente à 225 % du PIB, alors qu'aux États-Unis ce chiffre se montait à 55 % (selon les chiffres 2002 du Federal Reserve Board), mais cela ne signifie pas qu'il n'y avait pas autant – voire plus – d'exagérations prêtes à être corrigées au cours d'une récession. La lourde dette des consommateurs aux États-Unis, par exemple, pouvait faire de l'ombre aux mauvaises créances qui pesaient sur les banques japonaises. Contrairement au Japon, où le taux d'épargne personnelle n'a jamais chuté sous les 12 %, le taux d'épargne américain n'a jamais été spectaculaire ; il était à 6,5 % à la fin 1994, avant la bulle – pour quasiment disparaître à la fin des années 90.

Hallucinations collectives

Alors que ses entreprises étaient en relativement meilleure forme que celles du Japon à la fin de la période de bulle, les consommateurs de l'Amérique allaient mal. Que se passerait-il lorsque les consommateurs américains ne pourraient plus régler leurs factures ? Le capitalisme américain se montrerait-il moins accommodant pour les électeurs zombies que le capitalisme de consensus japonais ne l'avait été pour les entreprises zombies ? Nous ne connaissons pas la réponse, mais quelque chose nous dit que nous n'allons pas tarder à le savoir.

Au Japon, l'illusion de la richesse était étayée par la hausse massive des prix de l'immobilier. En Amérique, les prix de l'immobilier avaient augmenté de manière plus modeste, exception faite de quelques régions comme Manhattan ou la Silicon Valley, où la hausse avait été extravagante. Mais aux États-Unis la même illusion se produisait quotidiennement dans les cours des actions. Il y avait plus de gens possédant des actions aux États-Unis qu'au Japon. En fait, à la fin du siècle dernier, les actions constituaient 30 % du total des actifs financiers des ménages. Au Japon, ce pourcentage atteignit son sommet en 1990 à 16,5 %.

Les parallèles étaient visibles de tous.

Et pourtant, quand le temps était au beau fixe aux États-Unis – à la fin des années 90 – les Américains ne remarquèrent pas vraiment la ressemblance. Alors que l'économie américaine bénéficiait – ou du moins le semblait-il – de tous les présages favorables et d'avantages considérables mais fortuits, de la révolution des Technologies de l'Information aux Dividendes de la Paix, l'économie japonaise demeurait aussi inerte et isolée qu'un percepteur d'impôts à la retraite. En quelques années, le Japon était passé du statut d'idole mondiale à celui d'objet du mépris affiché de tous. En 1989, c'est à peine si les Américains ne se faisaient pas teindre les cheveux en noir, dans une imitation servile de leurs modèles japonais. Quelques années plus tard, ils offraient leurs conseils aux Japonais… et semblèrent presque indignés lorsque ces derniers les refusèrent.

Mais la similarité la plus importante entre les économies américaine et japonaise était à la fois éminemment évidente et totalement ignorée : jamais auparavant autant de gens ne s'étaient intéressés d'aussi près aux marchés boursiers et à l'économie. Jamais encore la dynamique de foule ne s'était révélée aussi vitale pour comprendre le fonctionnement des marchés. Au plus haut de leurs bulles respectives, aux États-Unis comme au Japon, les gens en vinrent à croire que leur économie était si privilégiée, si spéciale, que les règles et les limites normales ne s'appliquaient plus.

Incontrôlables, les gens pensaient agir raisonnablement lorsqu'ils achetaient des actions à des prix absurdes – parce qu'ils pensaient que les prix seraient plus absurdes encore quelques mois plus tard.

De même, ils ne voyaient pas de raisons de restreindre leurs dépenses et leurs emprunts – puisque les choses ne pouvaient qu'aller en s'améliorant : durant les années de boom et de bulle, au Japon, les dépenses d'investissement ont quasiment doublé, et les banques accordèrent des prêts extravagants aux grandes entreprises. Aux États-Unis, durant la période 1992-2000, les placements à revenu fixe ont augmenté de 73 % par habitant. « Dans les deux cas, commenta l'économiste Jeffrey A. Frankel, de Harvard, les gens avaient décidé que la structure de l'économie avait fondamentalement changé. Ils pensaient avoir trouvé le secret de la jeunesse éternelle. »

Pas de zombies ici

Le problème, c'est que les profits des entreprises ont en fait chuté durant les dernières années de l'économie de bulle, laissant les entreprises incapables de payer leurs dettes. Lorsque les actifs (sous forme d'actions et d'immobilier) garantissant les prêts s'affaiblirent, c'est toute l'économie qui souffrit. Les dépenses d'investissement, l'emploi et les dépenses de consommation baissèrent tous en même temps.

Il faut reconnaître qu'en Amérique les prêts bancaires étaient moins conséquents que les 60 % de la dette des entreprises détenue par les banques japonaises. Au lieu de cela, aux États-Unis, la majeure partie de l'emprunt des entreprises provenait directement des marchés de capitaux, et cela, selon les optimistes, serait comptabilisé au prix de marché bien plus rapidement. (À elle seule, la liquidation des « Big Five » – Enron, WorldCom, Quest, Tyco et Computer Associates – a effacé près de 500 milliards de dollars de dettes.)

Au Japon, la pression pour faire continuer le rêve était quasiment irrésistible[4]. Grâce au crédit facile, des entreprises qui auraient dû

---

4. Source : magazine *Fortune*.

faire faillite sont toujours en vie. Des entreprises « zombies » continuent d'utiliser des ressources et de payer leurs employés avec de l'argent emprunté. Matsushita Electrical Industrial Co., par exemple, a perdu plus de 2 milliards de dollars en 2001. Pourtant, elle a refusé de licencier un seul de ses 130 000 employés. La survie des entreprises n'était pas si difficile au Japon, les taux bas et les politiques de crédit facile la rendaient simple et douce.

Ce n'était pas seulement *simple* d'emprunter, pour les entreprises japonaises – c'était presque *obligatoire*. Le gouvernement, les banques et les entreprises se soutenaient les uns les autres... même lorsque cela semblait contraire à leurs propres intérêts. Le gouvernement – grâce à la Banque du Japon – mettait beaucoup d'argent à la disposition de tous, à des taux négligeables. Les banquiers proposaient même des prêts à leurs clients insolvables. Un incident révélateur : les autorités ordonnèrent à la Shinsei Bank, appartenant aux Ripplewood Holdings de New York, de prêter de l'argent à des clients qui auraient fait faillite sans capitaux additionnels. Qu'elles en aient besoin ou non, les entreprises avaient tendance à emprunter simplement pour se montrer bons partenaires. Ces conditions de prêt encouragèrent les entreprises vampires à rester à flot. En essayant de mettre rapidement fin à la récession grâce à de l'argent facilement disponible, les autorités japonaises l'ont rendue quasiment éternelle.

Aux États-Unis, les experts niaient ce phénomène d'économie zombie. « Nous n'avons tout simplement pas le temps pour les zombies », expliqua l'un d'entre eux. Dans la version américaine de la légende capitaliste, les marchés enfoncent rapidement un pieu dans le cœur d'une entreprise agonisante, et évitent aux villageois actionnaires la terreur d'affronter ces goules dans l'obscurité.

Pourtant, selon Michael Lewitt, d'Harch Capital, le mythe n'a qu'un lointain rapport avec la réalité. « L'économie américaine est poursuivie par des entreprises vampires, suggère Lewitt (dans l'édition du 15 octobre 2002 de la publication *HCM Market Letter*), qui sont bien mortes pour leurs créanciers, mais épouvantablement vivantes pour leurs concurrents. » Lewitt souligne que WorldCom, William Communications et Global Crossing, en dépit de leur faillite déclarée, « continuent de se nourrir des corps de leurs concurrents encore solvables ».

Et voilà des décennies que l'industrie aérienne américaine est hantée. « Eastern, PanAm, Continental, Braniff et les autres, écrit Lewitt, ont pu sortir de la faillite (à plusieurs reprises pour certaines) et se repaître de la chair d'American Airlines, United Airlines, US Air et Northwest. Foulant la terre en plein jour, ayant rendu leur dernier souffle mais toujours vivantes, ces entreprises vampires émergent de la faillite pour engendrer d'autres de leurs semblables, à mesure qu'elles bouleversent les structures de coûts et l'équilibre concurrentiel de leur secteur. »

L'échec des banques centrales – une pièce morale

Qu'arrivait-il au Japon ? N'avait-il pas une banque centrale ? Pourtant la Banque du Japon était plus centrale encore dans l'économie japonaise que ne l'était le système de la Réserve fédérale aux États-Unis. Alors que se passait-il avec la banque centrale ? Pourquoi M. Hayami ou M. Mieno ne parvenaient-ils pas à accomplir les exploits de management économique attribués à leur homologue d'outre-Pacifique, M. Greenspan ?

Il y avait de nombreuses explications à cela. Tout éditorialiste compétent vous aurait dit que les Japonais « n'avaient pas réussi à restructurer » leur économie. Peut-être aurait-il même eu une idée bien précise de ce qu'il voulait dire par là, mais c'est peu probable. En général, la « restructuration » n'apparaissait que lorsque les méthodes conventionnelles – les politiques monétaires et fiscales – avaient échoué.

Et c'était certainement le cas au Japon. Les autorités japonaises avaient baissé les taux d'intérêt jusqu'à distribuer de l'argent, et l'avaient dépensé jusqu'à être pratiquement insolvables. Malgré ces efforts, l'énergie coopérative et les truquages collectivisés qui avaient fait tout le succès de l'économie japonaise rendaient à présent très difficile le rétablissement de la situation. Les baisses de taux d'intérêt n'avaient rien fait pour Mieno, Matsushita ou Hayami[5]. En fait, elles n'avaient probablement que retardé le jour du jugement, transformant un krach en ce que Paul Krugman a appelé « une longue dépression au ralenti ».

Krugman poursuit en ces termes : « J'aimerais pouvoir dire avec confiance que la sinistre expérience du Japon n'a rien à voir avec les États-Unis. Et c'est vrai que nos pays sont bien différents, de bien des manières. Mais il y a une vague ressemblance entre ce qui s'est produit au Japon il y a dix ans de cela et ce qui est arrivé à l'économie américaine il y a quelques semaines. En fait, l'histoire du Japon se lit presque comme une pièce morale destinée à notre édification. »

Ne serait-ce pas typique de Dame Nature que de mettre en scène une pièce morale pour les investisseurs et les décideurs américains ? N'a-t-elle pas prévenu César des ides de mars… et posté des petits cireurs de chaussures dans les rues de New York pour fournir des tuyaux sur les actions ? Et n'est-ce pas elle qui a mis entre les mains des généraux hitlériens les comptes rendus directs de la désastreuse campagne de Russie de Napoléon ? N'a-t-elle pas mis le visage de Jeff Bezos en couverture de *Time Magazine* alors qu'Amazon se vendait à près de 100 $ l'action… et sonné l'alarme au plus haut de la bulle américaine, avec des déclarations délicieusement absurdes de la part de gens qui auraient pourtant dû en savoir plus long ?

5. Présidents de la banque centrale japonaise durant les années 90.

Mais ces petits aperçus du futur doivent passer inaperçus. Sinon, l'histoire serait aussi morne qu'une session du parlement. Perrette ne parvient jamais à vendre tranquillement son pot de lait au marché – elle trébuche !

En fait, la crise américaine pourrait même se révéler pire que celle du Japon : contrairement au Japon, où l'épargne des ménages a financé le boom, les épargnants américains n'ont pas financé la fièvre dépensière des consommateurs du pays. Au lieu de cela, elle a été financée en empruntant massivement auprès des étrangers. En d'autres termes, c'est la bonté des étrangers – prêts à réinvestir leurs dollars supplémentaires dans l'économie américaine – qui a rendu possibles les dépenses de consommation américaines.

La Fed s'inquiète

Il y a des milliers d'économistes à la Fed. Ils préparent des rapports avec des titres tels que : « Trouver des résultats numériques pour des modèles économiques à grande échelle grâce aux algorithmes : un exemple classique ». La plupart de ces rapports ne seront peut-être jamais lus par personne (ni même par leurs auteurs) – mais l'un d'entre eux, paru au printemps 2002, fut, toutes proportions gardées, un best-seller.

« Éviter la déflation : leçons de l'expérience japonaise durant les années 90 » est sorti des presses de la Fed en juin 2002. Si ce rapport avait été publié plus tôt – deux ans et demi plus tôt, par exemple – il serait probablement passé aussi inaperçu que les autres publications de la Fed. Parce qu'à l'époque quasiment personne ne pensait qu'il y avait des leçons dignes de ce nom à tirer de l'expérience japonaise. De l'autre côté de la planète, les Japonais semblaient désespérément largués… incapables de faire quoi que ce soit correctement. L'Amérique, par contre, réussissait tout. Mais c'est là l'un des charmes du vieux globe de terre et d'eau sur lequel nous vivons – il tourne.

Alors que les États-Unis profitaient d'un boom si étincelant que toute une génération en fut aveuglée, le Japon subissait sa longue nuit – 12 années de marchés baissiers, de récessions, de faillites et de déflation. Il semblait impossible que la sombre comédie japonaise puisse un jour affecter les USA. Mais soudain... alors que le Dow Jones chutait sous la barre des 8 000, que WorldCom rendait l'âme, que le chômage augmentait... soudain, pour reprendre les mots d'un analyste en marchés obligataires du Credit Suisse First Boston, « tout le monde parle du rapport de la Fed sur la déflation. On voit beaucoup de gens qui parlent du Japon en le comparant [aux USA] ».

Alan Greenspan était encore un héros à l'automne 2002. Par contraste, Yasushi Mieno[6] était devenu non pas un bandit, mais pire : il était devenu insignifiant. Ce n'était plus qu'un président de banque centrale comme les autres, qui aurait eu le malheur de mettre son petit postérieur dans le plus gros fauteuil de la Banque du Japon – et de présider la deuxième économie du monde durant son plus grand déclin de tous les temps. Greenspan était encore considéré comme l'un des hommes qui avait « sauvé le monde » après la crise de 1998. Mieno était considéré par bien des gens comme un de ceux qui l'avaient quasiment détruit ; c'est du moins ce qu'impliquait le rapport de la Fed – et ce que pensaient la plupart des économistes américains.

La Fed avait pris peur. La chute des prix était devenue un problème persistant au Japon ; l'archipel subissait une déflation des prix à la consommation depuis 1996. En termes nominaux, l'économie japonaise n'était pas plus grande en 2002 qu'en 1995. Si bien qu'à l'automne 2002 la Fed se lança dans une vaste opération de relations publiques, destinée à convaincre le monde qu'il n'avait

6. 26ᵉ gouverneur de la Banque du Japon.

rien à craindre d'une déflation aux États-Unis ; la Fed détruirait sa devise avant de permettre aux prix de se stabiliser.

La déflation aux États-Unis était « peu probable », selon Moskow, président de la Fed. Le risque était « extrêmement limité », ajouta Ben Bernanke, lui aussi président de la Fed. « Extraor dinairement lointaines », c'est ainsi qu'Alan Greenspan définissait les chances de déflation. Puis Bernanke sembla menacer tout le système monétaire mondial en déclarant : « Nous avons une technologie appelée planche à billets. »

Mais, malgré ses affirmations réitérées selon lesquelles la déflation n'était pas un problème, le sommeil de Greenspan dut être perturbé par la pensée de « devenir japonais », durant l'automne 2002. La presse grand public s'était emparée de l'idée... et les économistes de son équipe offraient des solutions. Qu'est-il arrivé à Mieno ? devait se demander Greenspan. Parce que, loin d'être « extraordinairement lointain », le risque de déflation était au contraire singulièrement proche. Les prix n'avaient pas augmenté aussi lentement en 60 ans, et les prix des biens manufacturés étaient quant à eux en déflation déclarée. Seuls les prix des services et de l'énergie augmentaient encore. Les dirigeants de la Fed étaient bien conscients du problème, et il ne les laissait pas indifférents, bien au contraire : ils prenaient peur.

À l'automne 2002, les nouvelles en provenance du Japon semblaient empirer de jour en jour. Toutes les données économiques semblaient corroborer ce fait : même après un creux de 12 ans, le PIB nominal du Japon s'était effondré au rythme annuel de 10 % au second trimestre 2001, et ce malgré un taux de prêt principal de 0,001 %.

Une crise longue, lente et douce

Christopher Wood avait anticipé les similarités entre le Japon et l'Amérique dans son livre de 1992, *Bubble Economy* (Une économie de bulle), mais à l'époque l'analogie semblait fonctionner à l'envers :

> Comme l'Amérique, le Japon a son propre problème d'alea moral. La grande majorité des acteurs des secteurs financiers ou commerciaux du Japon, y compris la plupart des étrangers, souscrivent encore à la notion que la Japan S.A. ne laissera jamais les institutions financières couler, que tous les crédits sont bons, que tous les dépôts sont en sécurité. [Comme pour l'Amérique et son garde-fou fédéral, la croyance rassurante selon laquelle le système garantissait toutes sortes de risques de crédit a amplifié la bulle spéculative.] Cela présente le danger d'une grande déception, voire pire, si cette conviction partagée était remise en question. Pour une société de consensus, plus on perd contact avec la réalité, plus le potentiel de panique est élevé lorsque tout le monde change d'avis. On ne peut écarter d'office un dénouement aussi extrême, puisque le niveau de spéculation observé au Japon au cours des dernières années était lui-même extrême, et ne se prête donc pas à des corrections mineures.

Wood avait raison... et tort. Les dépôts n'étaient pas en sécurité. On permit finalement aux institutions financières de faire faillite. Tous les crédits ne se révélèrent pas sains. Et pourtant les Japonais ne paniquèrent pas. Dans leur système de capitalisme collectivisé, tout le monde semblait être tellement impliqué que personne n'était prêt à laisser les forces de la destruction créatrice faire leur travail. Les banques, le gouvernement, les travailleurs, les médias – tous ceux qui avaient travaillé sans relâche à construire la Japan S.A. s'allièrent pour l'empêcher de corriger rapidement ses erreurs. Grâce à leurs efforts, le Japon a enduré une longue et lente récession, qui a commencé en janvier et se poursuit encore aujourd'hui.

« Il y a une fêlure dans toute œuvre divine, expliquait Emerson dans un essai intitulé *Compensation*. Il semble qu'une occurrence vindicative parvienne toujours à se faufiler, inaperçue – même au cœur de la sauvage poésie dans laquelle la fantaisie humaine s'aventure hardiment pour tenter de se débarrasser des anciennes lois – cette course en arrière, ce recul du fusil, qui certifie que la loi est inéluctable ; que dans la nature rien ne peut être donné, que tout y est vendu. »

L'heure du bilan vient toujours... et elle peut durer 60 minutes ou 60 ans. « Les grands marchés baissiers prennent leur temps, nous dit Jeremy Grantham, en parlant du marché américain. En 1929, nous avons vu le début d'un marché baissier qui dura 17 ans, suivi d'un marché haussier de 20 ans, suivi ensuite en 1965 de 17 années de marché baissier, puis d'un marché haussier de 18 ans. Et aujourd'hui, nous aurions un marché baissier d'un an ? Voilà qui ne semble guère symétrique. Cela va prendre des années. »

Les actions japonaises ont mis 17 ans pour revenir à leur ligne de tendance de 1984. La bulle américaine a débuté en 1995. Si les États-Unis devaient imiter l'expérience japonaise, on pourrait s'attendre à ce que les actions reviennent à leur ligne de tendance de 1995 – avec le Dow sous la barre des 4 000 points – en 2012... à peu près au moment où les baby-boomers américains auront le plus besoin d'argent.

La nature, dans sa sagesse... et Dieu, dans sa grâce... s'assurent toujours que les gens obtiennent ce qu'ils méritent, et non ce qu'ils attendent. Bienvenue à Hiroshima, mon amour.

Chapitre 5

Le fabuleux destin d'Alan Greenspan

Nous savons que l'or donné par le diable à sa maîtresse devient excrément après son départ.

Sigmund Freud

Le 7 juillet 2001, le Système de la réserve fédérale ouvrait un musée à Chicago. La presse parla d'une exposition où l'on présentait aux visiteurs un problème économique, en les invitant à deviner ce que la Fed devait faire. Augmenter les taux, les baisser, ou ne rien faire ? L'exposition expliquait ensuite ce qu'avait fait Alan Greenspan, confronté à la même situation dans le monde réel. Si l'on en croit l'opinion populaire, la gestion d'une banque centrale est devenue une science. Il y a une bonne réponse et une mauvaise réponse. Et on pouvait compter sur le président de la Fed, Alan Greenspan, pour donner la bonne. À une époque où le cynisme était de mise, il faisait partie des quelques personnes au sujet desquelles les gens n'avaient pas de doutes ou presque. Il était l'intendant de la monnaie dirigée la plus prospère de l'histoire, le plus éminent président de banque centrale depuis John Law, et le fonctionnaire le plus célèbre depuis Ponce Pilate.

Alan Greenspan est né le 6 mars 1926, à une époque où les banques centrales étaient déjà fermement établies en Amérique. Mais le Système de la réserve fédérale, comme on l'appelait alors, était loin d'être le majestueux édifice qu'il deviendrait à la fin du siècle. La banque centrale de la nation était encore une institution inexpérimentée, gauche comme un adolescent et tout aussi peu sûre d'elle. Les présidents de la Fed n'étaient pas encore des célébrités.

Le Système de la réserve fédérale avait été mis en place quasi clandestinement pour servir de banque centrale à l'Amérique. On ne l'appela pas « banque centrale » – cela aurait été trop en dire. L'Amérique était un pays plus libre, à l'époque, les États s'efforçant encore de préserver le peu d'indépendance qui leur restait. Le Congrès américain aurait eu de la peine à digérer une banque centrale, en 1913. Si bien que les politiciens – réalisant à peine ce qu'ils faisaient – votèrent pour la Réserve fédérale… et obtinrent une banque centrale en prime.

L'adieu de l'or

Lorsque la Fed fut créée, les États-Unis faisaient partie d'un système monétaire en place depuis 1880 : l'étalon-or international de « pure forme », dans lequel les devises nationales étaient librement échangeables contre de l'or. Mais la loi de la Réserve fédérale demandait explicitement à la nouvelle Fed de « fournir une devise élastique ». Voici le titre complet de la loi : « Une loi pour définir la mise en place des banques de la Réserve fédérale, fournir une devise élastique, réescompter les effets de commerce, établir une surveillance plus efficace du secteur bancaire aux États-Unis, et pour d'autres buts. » C'est probablement ces « autres buts » qui intéressaient le plus les législateurs ; un peu d'argent facile avant les élections, voilà qui ne ferait pas de mal.

L'étalon-or « de pure forme » est mort, en même temps que les bonnes manières et l'architecture, dans les tranchées de la Première Guerre mondiale. Sous la pression du financement de la guerre, la Grande-Bretagne céda, et le système s'effondra. « À peine la loi était-elle votée que les conditions que l'on croyait acquises cessèrent de tenir », écrivirent Milton Friedman et Anna Schwartz dans leur *Monetary History of the United States* (Histoire monétaire des États-Unis). « Avant que le Système ne lance les opérations, la Première Guerre mondiale avait commencé. Bientôt les belligérants abandonnèrent l'étalon-or dans les faits, et un flot de métal jaune commença à arriver aux États-Unis, en paiement des achats effectués par les Alliés. »

Friedman et Schwartz continuent en décrivant le système qu'Alan Greenspan trouverait en prenant son poste 72 ans plus tard : « Le jugement discrétionnaire d'un groupe d'hommes fut inévitablement substitué à la discipline quasi automatique de l'étalon-or. »

L'établissement de la Fed représentait une rupture majeure par rapport au siècle précédent, durant lequel l'or était présent en permanence. Les hommes du XXᵉ siècle avaient abordé leur époque selon les leçons apprises durant le XVIIIᵉ avec les expériences de la bulle du Mississippi de John Law, la bulle des mers du Sud, la bulle de l'East India Company, les assignats de la Révolution française, puis diverses bulles des canaux et de l'immobilier en Grande-Bretagne. Ils se méfiaient du papier-monnaie, exigeaient que les devises s'appuient sur l'or… et profitèrent d'un siècle de relative stabilité financière.

L'or n'était pas complètement sorti du tableau après la Première Guerre mondiale. L'entre-deux-guerres vit émerger un système d'échanges basé sur l'or, où les devises étaient toujours liées au prix de l'or. Mais ces liens étaient distendus, et il leur arrivait de glisser. Ce système dura jusqu'à la fin de la Seconde Guerre mondiale. Il fut ensuite remplacé par le système de Bretton Woods, dans lequel les gouvernements – mais pas les individus – pouvaient toujours échanger leurs devises contre de l'or. Il leur suffisait d'aller à la « fenêtre de l'or » de la banque centrale, et de demander de l'or en échange de leurs billets.

Les accords de Bretton Woods furent annulés le 15 août 1971, date à laquelle Richard Nixon réalisa que la file devant la « fenêtre de l'or » devenait de plus en plus longue. Les étrangers n'avaient plus confiance dans le dollar, et ils voulaient de l'or. Peu à peu les réserves d'or de l'Amérique quittaient le pays. Fermer la fenêtre de l'or, et donc mettre fin à l'ère monétaire de Bretton Woods, semblait être le moyen le plus rapide de résoudre le problème.

Bien entendu, les choses étaient loin d'être aussi simples. Ne pouvant racheter les dollars papier qu'ils détenaient, les étrangers vendirent leurs dollars sur le marché libre, ce qui fit baisser le prix. Étant moins cher, le dollar rendit les importations plus coûteuses. Les taux d'inflation des prix à la consommation grimpèrent en flèche aux États-Unis, à mesure que les détenteurs de dollars, tant étrangers que nationaux, s'empressaient de se débarrasser d'une devise qui se dépréciait rapidement. Quiconque avait épargné en dollars, ou avait des revenus fixes libellés en dollars, subit une perte.

C'était du vol, mais qui s'en rendit compte ? La plupart des gens ne se soucièrent pas d'y penser et ne pensèrent pas à s'en soucier. Les problèmes monétaires n'attiraient plus les foules américaines depuis le célèbre discours de la « Croix de l'Or » prononcé par William Jennings Bryant en juillet 1896. Bryant se plaignait du fait que « l'argent solide » – c'est-à-dire la monnaie basée sur l'or – n'offrait pas aux fermiers et aux travailleurs un moyen simple de se débarrasser de leurs dettes. Au lieu de cela, les malheureux devaient les payer !

Bryant aurait adoré le système monétaire qui suivit l'effondrement de Bretton Woods, parce qu'on n'y trouvait pas trace d'or. De

1971 à la fin du siècle et après, les gouvernements étaient libres de gonfler leur masse monétaire autant qu'ils pouvaient se le permettre. Il existait un système mondial de « monnaies dirigées », dans lequel le soutien explicite des devises par l'or était non seulement superflu, mais activement déconseillé par le Fonds monétaire international, au motif qu'il réduisait la flexibilité des pays pour réagir aux problèmes économiques les menaçant.

Et pourtant, tout au long de l'histoire, l'or s'est révélé être une base solide pour les systèmes monétaires : une pièce d'or byzantine, par exemple, avait été utilisée durant 8 siècles – en conservant sa valeur, tandis que les rois et les empires se succédaient. L'or fonctionnait pour des raisons évidentes ; il était rare ; il était maniable, malléable, et ainsi de suite. Alors que la planète Terre cède son or à contrecœur et en dorlote la moindre once, le papier sort des usines par camions entiers... et peut être à l'origine d'un incendie aussi bien que d'une fortune. Toutes les onces d'or extraites depuis Crésus avaient conservé leur valeur et leur utilité à la naissance d'Alan Greenspan.

Par contraste, le papier-monnaie n'a jamais duré bien longtemps. Les collectionneurs peuvent tapisser leurs murs d'exemples de papiers-monnaies non soutenus par l'or, et qui ont mal tourné. Tôt ou tard, ils finissent tous par mal tourner. L'Histoire ne fournit pas le moindre contre-exemple. Mais l'or faisait toujours partie intégrante du système monétaire à la naissance d'Alan Greenspan. Ce jour-là, on pouvait acheter une once d'or pour 20,63 $. On aurait pu acquérir la même once d'or 12 ans auparavant pour un peu moins de 19 $ – le prix de l'or étant resté virtuellement fixe durant près de 200 ans. L'or avait lesté le dollar pendant si longtemps, il semblait presque superflu de demander son prix. Par décret, il s'éloignait rarement de son cours de la veille. Et en 1926, 13 ans après la création du Système de la réserve fédérale – dont le but déclaré était de protéger la valeur du dollar – pouvait-on douter que le dollar resterait solide ?

Le billet vert de Lincoln

Les banques centrales avaient fait leur première apparition en Amérique dans les années 1860. Jusqu'à la guerre de Sécession, les gens pouvaient déterminer eux-mêmes quels billets de banque ils accepteraient. Les pièces de Grande-Bretagne et d'autres nations souveraines circulaient librement dans les Amériques, et pouvaient être utilisées par quiconque le souhaitait.

Il n'y avait aucune banque centrale à charte, à l'époque. Seules les espèces – c'est-à-dire les pièces d'or ou d'argent – étaient légalement reconnues. Pour les besoins de l'économie, on utilisait uniquement des billets de banque convertibles en espèces à la demande. La concurrence privée régulait ainsi la circulation du papier-monnaie.

Mais en 1862, le gouvernement de Lincoln calcula combien il en coûtait de tuer des sudistes – et c'était plus que les banquiers nordistes étaient prêts à consentir. Peinant déjà sous le poids de son fardeau financier, Lincoln chercha à alléger sa peine par le moyen habituel. On promulgua une loi monétaire début 1862, qui permettait au gouvernement fédéral d'émettre du papier-monnaie.

Le billet vert de Lincoln ne s'appuyait sur rien d'autre que des promesses gouvernementales. Les nouveaux billets étaient émis directement par le gouvernement, et avaient cours pour tous les paiements, excepté les droits tarifaires et les intérêts sur la dette du Trésor.

Opposé au projet, le sénateur Charles Sumner demanda s'il était vraiment nécessaire que « notre foi nationale [dans une monnaie papier inconvertible] soit entachée – qu'elle porte les stigmates d'une répudiation apparente… Il est difficile – très difficile – de penser qu'un tel pays, si puissant, si riche et si aimé, se voie contraint d'adopter une politique dont la correction même est discutable. »

Le billet vert de M. Lincoln est toujours parmi nous. Personne ne soupçonne ni la devise ni ses gestionnaires – à part quelques économistes, des mordus de théories du complot et des analystes grincheux. Sinon, ils profitent du même genre de réputation que les héros de guerre encore vivants ou les rock stars déjà mortes. Mais lorsqu'une chose doit être gérée, elle finit invariablement par être *mal* gérée... du moins est-ce notre hypothèse.

C'est difficile à imaginer de nos jours, mais il y eut une époque où la devise américaine n'avait pas de gestionnaires centraux. Les historiens économiques – qui croient à la marche inéluctable du progrès – décrivent la période bancaire d'avant la guerre de Sécession comme étant marquée de crises fréquentes, d'instabilité et de faillites bancaires. Ainsi, la nouvelle autorité monétaire de Lincoln, et même son papier-monnaie détaché de l'or, paraissaient une amélioration notable à bien des gens.

Mais pour certains historiens, cette période – sous Jackson – avait au contraire bénéficié du système monétaire le plus stable que les États-Unis aient jamais eu. « Les prétendus excès des banques "risquées" – fraudes, spéculation, insolvabilité – étaient largement exagérés », écrit Jeffrey Rogers Hummel dans son histoire de la période, *Emancipating Slaves, Enslaving Free Men* (Émanciper les esclaves, asservir les hommes libres). « Si on les comparait à l'économie de 1860, les pertes totales enregistrées par les détenteurs de billets de banque durant toute la période d'avant la guerre de Sécession dans les États appliquant les lois de banque libre n'atteindraient pas les pertes infligées en un an par l'inflation (2 %). »

Les gestionnaires de 1863 ne tardèrent pas à prendre de mauvaises habitudes. À l'époque aussi ils avaient des planches à billets. La masse monétaire de l'Union doubla rapidement. Et l'année suivante, le billet vert ne valait plus que 35 cents d'or. Les gens tentèrent de se protéger en se débarrassant de leurs billets verts, et en entassant les pièces d'or et d'argent. Bientôt il devint illégal de frapper soi-même ses pièces. Et le Congrès tenta de « mettre fin aux contrats promettant une future livraison d'or ». À cette époque, cependant, le billet vert ne jouissait pas de la confiance universelle dont il profite aujourd'hui. Le gouvernement de Lincoln fut forcé de reculer : les gouvernements étrangers exigeaient encore une monnaie soutenue par l'or.

La banque centrale de Lincoln fut en grande partie démantelée à la fin du XIXᵉ siècle. Mais les mauvaises idées finissent toujours par réapparaître. Le Système de la réserve fédérale fut mis en place en 1913, après que la panique de 1907 eut convaincu les banquiers qu'ils pouvaient se dissimuler sous la « cape de la philanthropie » et s'introduire au Congrès.

À ses débuts, la Fed était principalement un système de soutien décentralisé, réparti en douze districts sur tous les États-Unis. Mais lorsque les États-Unis entrèrent en guerre en avril 1917, tout cela changea. La Fed joua un rôle clé dans le financement de la guerre, et en vint à détenir une part significative de la dette à court terme du gouvernement. Rechignant à abandonner son rôle de premier plan à la fin de la guerre, la Fed gonfla la masse monétaire, et devint également un acteur essentiel dans la récession de 1920-1921, qui fut courte mais sérieuse. Puis, menée par Benjamin Strong, qui était alors à la tête de la Réserve fédérale de New York, la Fed fit réellement « tourner la manivelle », selon l'expression de William Anderson, durant les années 20, dans un effort coordonné visant à soutenir la livre britannique.

« Faire tourner la manivelle », c'est effectivement ce que la Fed a tendance à faire.

De la décadence à la dépression

L'année de la naissance de Greenspan, Irving Fisher publia un article bien connu : « A Statistical relationship between unemployment and price change » (Relation statistique entre l'emploi et l'évolution des prix). L'article décrivait ce que l'on baptisa plus tard du nom de courbe de Philips : une théorie qui prétendait démontrer qu'une inflation limitée n'était en fait pas si néfaste ; elle semblait même stimuler l'emploi. Les gouverneurs de la Fed avaient alors déjà défini la formule clé des banques centrales du XXe siècle : baisser les taux pour relancer l'économie, les augmenter pour la ralentir. Tant que l'inflation restait contrôlée, pensait-on, une baisse des taux déclencherait un boom salutaire.

L'année suivant la naissance d'Alan, un remarquable épisode de l'histoire de la Fed se produisit – et il marquerait la tendance pour les 75 années qui suivirent.

En juillet 1927, Ogden Mills, secrétaire au Trésor US, organisa une réunion chez lui, à Long Island. Il y avait convié les plus grandes autorités monétaires de l'époque – les présidents des banques centrales d'Angleterre, de France, des États-Unis et d'Allemagne. On comptait parmi les hôtes Benjamin Strong, de la Fed, Montagu Norman, de la Bank of England, et Hjalmar Horace Greeley Schacht de la Reichsbank. Émile Moreau, président de la Banque de France, détestait voyager presque autant qu'il haïssait le président de la Bank of England. Il envoya donc un subalterne, Charles Rist, pour le représenter.

Tous faisaient face au même problème : l'or. Ou plus précisément à la ruée sur l'or anglais, due à l'erreur de jugement commise par Norman lorsqu'il avait fixé le cours de la livre sterling. La Banque d'Angleterre avait mis le cours de la livre trop haut après la Première Guerre mondiale, provoquant une crise économique au Royaume-Uni. La solution proposée consistait à augmenter le crédit de concert. Strong était un ami proche de Norman ; Schacht et Norman entretenaient eux aussi des relations amicales. C'étaient les Français qui posaient problème… comme ils le feraient 44 ans plus tard. La France menaça de racheter ses crédits à la Banque d'Angleterre, faisant ainsi diminuer ses réserves d'or.

Strong décida d'aider à diminuer la pression sur la livre en baissant les taux d'intérêt américains, et en rendant l'or américain accessible aux Français. En fait, comme il le dit allègrement à Rist, il allait administrer « un petit coup de whisky au marché boursier ». À la suite de cela, Adolph Miller, de la FRB (Federal Reserve Board), déclara en 1931 au Comité bancaire du Sénat américain que cet épisode constituait « l'opération la plus vaste et la plus hardie jamais entreprise par le Système de la réserve fédérale, et qui, selon moi, s'est soldée par l'une des erreurs les plus coûteuses qu'elle – ou tout autre système bancaire – ait jamais commise au cours des 75 dernières années ». Peu après la réunion de Long Island, un économiste de JP Morgan fit la remarque suivante : « Monty et Ben ont semé le vent. J'imagine que nous allons devoir récolter la tempête… Nous aurons une crise du crédit mondiale. »

Une crise du crédit se développa effectivement… mais seulement après deux années de dette galopante. La Bourse avait déjà quasiment doublé depuis la fin 1924. Suite à la conférence de Long Island, Wall Street grimpa de 50 % supplémentaires durant la seconde moitié de 1928. Au cours des trois années précédant août 1929, les marchés prirent 25 % de plus.

On développa de nouveaux instruments de crédit, comme les plans d'achat à crédit, de façon à ce que de plus en plus de gens puissent participer à la prospérité. « Tout le monde devrait être riche », écrivit John J. Raskob, directeur de General Motors et président du parti démocrate dans le magazine *Ladies Home Journal*. En 1929 comme en 1999, tout le monde était persuadé que les nouvelles technologies – la radio, le téléphone, les automobiles, les appareils électriques – rendaient possible une toute nouvelle ère de richesse.

Après avoir baissé les taux pour aider les Anglais, la Fed s'inquiéta : elle percevait comme un excès d'emprunts et une « exubérance irrationnelle » sur les marchés. En 1925, le taux d'escompte que demandait la Fed aux banques commerciales pour les fonds fédéraux n'était que de 3 %. Après une série d'augmentations, il passa à 5 % en 1928. Mais la folie continuait. Finalement, en août 1929, on augmenta le taux à 6 %, et la bulle éclata.

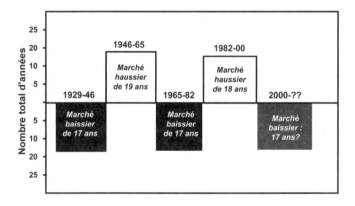

On accusa ces hausses de taux d'avoir causé le krach qui s'ensuivit. Mais le taux de rendement réel sur les fonds empruntés était si élevé que ces hausses n'eurent probablement pas beaucoup d'effet. Si Wall Street vous permettait de gagner 25 % sur votre argent en 3 mois durant le deuxième trimestre de 29, une augmentation de 1 % sur le coût de l'argent ne constituait pas un moyen de dissuasion bien efficace. Les États-Unis furent inondés de fonds européens cherchant à profiter de la hausse des actions. Un point supplémentaire dans le taux d'intérêt ne pesait guère dans la balance – et la popularité des investissements américains ne s'en trouverait probablement pas entamée.

Et pourtant, cela suffit… La balance pencha à tel point que l'investissement passa du positif au négatif en un rien de temps. Les actions s'effondrèrent. Les entreprises firent faillite. Les prix chutèrent. En 1931, les prix de gros étaient 24 % plus bas qu'en 1929, et ils chuteraient encore de 10 %. 15 % de la main-d'œuvre était au chômage en 1931. Deux ans plus tard, ce chiffre atteignait 25 %. Plus de 10 000 banques firent faillite.

À cette époque, les banques étaient comme des fonds d'investissement, ou des portefeuilles d'actions, de nos jours. Il n'y avait pas d'assurance dépôts. Les pertes étaient réelles – définitives. La richesse disparaissait purement et simplement.

Devenus méfiants à l'égard des banques et des actions, les gens firent appel à l'or pour se protéger. Les dépôts bancaires diminuèrent. Les gens préféraient garder leur argent liquide – ou leur or – à portée de main. Voilà qui posait problème, dans la mesure où le système financier dépendait de la santé des banques et de leur volonté de prêter. Lorsque les gens retirèrent leur argent, les banques firent faillite et la méfiance des déposants à l'égard du système bancaire s'en trouva accrue.

Les faillites bancaires devinrent si problématiques que le président Hoover tenta de persuader les gens de laisser leur argent à la banque. Il envoya le colonel Frank Knox[1], dont le franc-parler était légendaire, dans une campagne nationale destinée à décourager l'accumulation de monnaie ou d'or.

---

1. L'histoire retiendra surtout la carrière qu'a faite Knox en tant que secrétaire de la Défense durant la Seconde Guerre mondiale, et la remarque « sensible » qu'il avait faite à T.V. Tsoong, l'ambassadeur chinois, en affirmant sa confiance dans l'issue de la guerre sino-japonaise : « Ne t'inquiète pas, T.V., on va foutre la raclée à ces bâtards de Jaunes ! »

À mesure que les banques rendaient l'âme, la masse monétaire déclinait. Ainsi la valeur de la monnaie augmenta (les prix chutèrent). Les États-Unis étaient encore à l'étalon-or, si bien que la valeur de l'or augmenta en proportion. Mais bientôt des économistes progressistes, emmenés par le Britannique John Maynard Keynes, virent le besoin de plus d'argent... et de plus de crédit... pour relancer l'économie. Et l'or semblait être en travers du chemin.

Effrayés à l'idée que l'Amérique puisse dévaluer le dollar (en termes d'or), les investisseurs commencèrent à transférer leurs capitaux à l'étranger, ou dans l'or lui-même. En février 33, il se produisit une ruée sur l'or américain – 160 millions de dollars quittèrent le Trésor. 160 millions supplémentaires disparurent dans les quatre premiers jours de mars. Les banques commerciales perdaient de l'or elles aussi : les investisseurs retirèrent plus de 80 millions de dollars durant les 10 derniers jours de février, et 200 autres millions de dollars durant les quatre premiers jours de mars.

Parmi ces investisseurs, on trouve Arthur Dewing, professeur à l'école de commerce de Harvard. Son inquiétude était telle qu'il se rendit à la Harvard Trust Company, sur Harvard Square, et retira l'intégralité de son compte sous forme de pièces d'or. « Lorsque les clients présents à l'intérieur de la banque racontèrent dans la rue ce que Dewing avait fait, nous dit Peter Bernstein, racontant l'anecdote dans son livre *Power of Gold* (Le pouvoir de l'or), une foule se rassembla sur la place, se bousculant pour entrer dans la banque et suivre l'exemple donné par le distingué professeur. » Dewing fut critiqué plus tard pour son « comportement anti-patriotique », et quitta la faculté peu après.

Et c'est au cours de cette ruée sur l'or que le nouveau président des États-Unis, Franklin Roosevelt, fit son apparition. Le 8 mars, Roosevelt tint sa première conférence de presse, assurant ses concitoyens que l'étalon-or resterait en place. Le 9 mars, il fit approuver par le Congrès une loi d'urgence bancaire lui donnant le pouvoir de réguler ou d'interdire la propriété de l'or. Moins d'un mois plus tard, les arguments persuasifs de Hoover faisaient place à la force pure et simple – le maître du monde libre déclara qu'il était illégal de détenir de l'or. Deux mois après, Roosevelt alla jusqu'à abroger tous les contrats dont les paiements étaient stipulés en or – y compris les obligations du gouvernement américain.

Lorsqu'une chose est si populaire que le gouvernement la déclare illégale, c'est forcément un bon investissement. Suite à la demande du marché, confirmée par édit gouvernemental, la valeur de l'or augmenta de 69 % entre l'intronisation de Roosevelt en mars 1933 et janvier 1934. En termes de pouvoir d'achat, l'or avait augmenté de près de 100 % durant la plus grande déflation de l'histoire américaine.

« C'est la fin de la civilisation occidentale », déclara Lewis Douglas, directeur du budget américain. Et en un sens, c'était effectivement le cas.

Parmi les victimes du krach, on compte le père d'Alan Greenspan. Financièrement ruiné et divorcé de la mère d'Alan, il avait presque disparu de la vie de famille ; mais lorsqu'Alan eut 8 ans, son père avait repris du poil de la bête. Il donna à son fils un exemplaire du livre qu'il avait écrit, intitulé *Recovery Ahead* (La reprise est devant nous). Les talents littéraires d'Herbert Greenspan étaient à l'image de ses prévisions : médiocres. Alan irait bien plus loin, comme le démontre l'histoire du XXe siècle – mais sans nécessairement être beaucoup plus doué pour l'écriture ou les prévisions. En grandissant, le jeune Alan fit preuve de deux talents similaires à ceux de John Law : il avait la bosse des maths, et il savait flatter les gens haut placés.

La femme la plus rationnelle du monde

« Je pense, donc je suis », a dit René Descartes. Et puisque je n'ai que ma propre pensée, aurait pu ajouter Ayn Rand, je déciderai moi-même de ce qui a une signification pour moi, en me basant sur mon propre « intérêt personnel rationnel ».

Ayn Rand s'est ménagé une place à part dans l'histoire de la philosophie. À la fin des années 50, durant les années 60 et jusque dans les années 70, des milliers de jeunes gens intelligents – ou pas – parcoururent péniblement son livre, *La Source vive*, et en conclurent qu'ils avaient trouvé une vérité profonde. Au lieu d'écouter les parents, prêtres, politiciens, policiers, voisins, amants, amis, professeurs... Rand leur disait qu'ils ne pouvaient qu'écouter leur propre voix intérieure, et définir par eux-mêmes leur mode de vie et leur éthique personnelle.

L'« objectivisme » de Rand plaçait les facultés rationnelles au-dessus de tout. Il laissait peu de place à l'instinct, et pas de place du tout aux vérités découvertes, aux coutumes ou à l'expérience. C'était donc parfait pour des esprits adolescents aux arêtes tranchantes, que l'expérience n'avait pas encore émoussées. Une doctrine exaltante pour des jeunes gens qui n'avaient pas mieux à faire. Soudain, ils étaient libres de faire ce qu'ils voulaient, et d'aller où bon leur semblait... avec pour seules limites celles de leur esprit.

L'appartement new-yorkais d'Ayn Rand, où se réunissait le « Collectif », bourdonnait de bavardages intellectuels. Pour des gens qui mettaient la liberté avant tout, le groupe avait adopté un curieux code de comportement ; quiconque n'était pas d'accord avec Rand était jeté dehors. L'économiste Murray Rothbard, par exemple, fut proclamé persona non grata après qu'il eut contredit Ayn Rand sur le rôle de l'État. Rothbard, un anarchiste, ne voyait pas la moindre fonction pour le gouvernement. Rand pensait que le gouvernement devait se limiter à fournir la défense, les tribunaux et la police. Plus tard, Edith Efron fut bannie après que Rand l'eut entendue faire une remarque critique.

Une fois débarrassés des hérétiques et des incroyants, comme on pouvait s'y attendre, les libres-penseurs du Collectif en vinrent tous à penser la même chose ! Et pourquoi pas ? Ils étaient en compagnie de celle qu'ils considéraient comme « la femme la plus rationnelle qui ait jamais existé ». Ces ultra-libéraux adoraient la raison par-dessus tout – ou du moins était-ce leur impression. Comment auraient-ils pu défier leur déesse, littéralement imbibée de raison ?

Tel était le grisant monde de l'ultralibéralisme randien lorsqu'Alan Greenspan rejoignit le Collectif dans les années 50. Il ne tarda pas à devenir le « chouchou » d'Ayn Rand, comme le déclara Efron. Alan et Ayn semblaient avoir tissé un lien spécial, selon les observateurs. Dans le petit groupe des ultra-libéraux, on laissait plus de liberté à Alan qu'à la plupart des autres.

Débarrassés du joug de la pensée conventionnelle, les membres du Collectif étaient libres de penser ce qu'ils voulaient – aussi absurde que cela soit. Rand elle-même détestait les moustaches et les barbes, et ne faisait pas confiance aux non-fumeurs. Petite Juive russe, elle admirait les grands hommes blonds, à qui elle trouvait une allure héroïque – c'était là des hommes comme « ils peuvent et devraient être ». Elle épousa l'un d'entre eux, Frank O'Connor, après l'avoir rencontré dans un studio une semaine après son arrivée à Hollywood. Un autre, Nathaniel Branden, de 25 ans son cadet, deviendrait son amant avec l'accord de Frank... Dans un monde où régnait l'intérêt personnel rationnel, les gens pouvaient se convaincre d'à peu près n'importe quoi, et même l'adultère et la tromperie étaient acceptables. Mais cet intense effort de réflexion brisa nombre d'entre eux, y compris O'Connor... et la femme de Branden.

Mais pourquoi Branden n'aurait-il pas couché avec la femme qu'il admirait tant ? Rand en avait déjà écrit une apologie – *La Vertu d'égoïsme.* Les gens devraient décider eux-mêmes ce qui est moral et ce qui ne l'est pas, déclara la femme la plus rationnelle qui ait jamais vécu. Ainsi, Rand et ses disciples étaient capables de n'importe quelle bêtise dans laquelle ils choisissaient de se fourvoyer, sans la moindre trace d'arrière-pensée morale. S'ils décrétaient que quelque chose était bon, ça l'était. Pas de zones grises.

« Dans cet univers, toute chose, toute personne, est soit entièrement bonne, soit entièrement mauvaise, sans ces nuances intermédiaires qui, dans la vie, compliquent la réalité et déroutent l'œil qui cherche à la sonder réellement », écrivit Whitaker Chambers, membre du culte randien. Les randiens pouvaient élaborer leur propre code moral comme on meuble une pièce – c'est-à-dire dans n'importe quel style leur convenant. Ils pouvaient toujours redécorer au gré des modes.

Même les êtres humains les plus intelligents sont impressionnables et facilement trompés. À la poursuite de leur propre bonheur, ils achèteront aussi volontiers des actions technologiques à 200 fois les bénéfices qu'ils se lanceront dans quelque campagne désespérée pour faire du monde un endroit meilleur. La raison – et cela a été prouvé maintes et maintes fois – n'est pas une défense contre l'absurdité. Une personne peut-elle réellement élaborer un code d'éthique personnelle en se basant sur la raison seule, comme on prouve une équation ou on construit une machine à vider les poulets ?

Un homme rationnel définit ce qui lui apportera le bonheur, et soumet ses caprices à sa raison, pensait Rand. « L'homme est rationnel », déclara-t-elle, ce qui poussa ses lecteurs à se demander si elle en avait déjà rencontré un ; ses hommes étaient faits de fer-blanc. La plupart des hommes que nous connaissons utilisent effectivement leurs capacités de raisonnement – mais c'est afin d'obtenir n'importe quelle absurdité leur passant par la tête à ce moment-là.

Dans les années 1970, Alan Greenspan avait trouvé ce qu'il voulait. Il avait abandonné sa carrière de musicien de jazz dans l'orchestre de Henry Jerome des années auparavant, et avait adopté la vocation de son père – les prévisions économiques. Mais, aussi bonnes que soient ses capacités de prévision, son habileté à faire la cour aux autorités en place était probablement meilleure. Le 4 septembre 1974, Greenspan l'athéiste avait placé sa main sur le Talmud. Puis Greenspan l'ultra-libéral jura de remplir ses devoirs auprès du gouvernement américain en tant que président du Conseil économique du Président. Ayn Rand y assista avec Rose Greenspan, la mère d'Alan. Toutes deux étaient fières.

Alan Greenspan était-il passé à l'ennemi ? demanda un reporter à Ayn Rand.

« Alan est mon disciple, expliqua-t-elle. C'est mon agent à Washington. »

Son agent alignerait-il Washington sur ses convictions de marché libre ? demanda quelqu'un. La femme la plus rationnelle qui ait jamais vécu concéda que la tâche pourrait prendre du temps.

Greenspan n'avait pas dit autre chose durant son entretien de confirmation. Il avait déclaré à ses inquisiteurs ce qu'il pensait. En tant qu'ultra-libéral, il pensait que le gouvernement devait être réduit à sa plus simple expression. En tant qu'économiste conservateur, il pensait également que les dépenses déficitaires du gouvernement étaient responsables de 80 % à 90 % de l'inflation de l'époque.

Il exprima également son opinion sur l'or.

L'or et la liberté économique

« L'opposition quasi hystérique à l'étalon-or, voilà un sujet sur lequel s'entendent les étatistes de tous bords », avait-il écrit.

S'exprimant dans la publication ultra-libérale *The Objectivist*, le futur président de la banque centrale la plus célébrée de tous les temps continuait : « Ils semblent sentir – peut-être plus clairement et plus subtilement que de nombreux défenseurs acharnés du laisser-faire – que l'or et la liberté économique sont inséparables, que l'étalon-or est un instrument du laisser-faire, et que chacun implique et exige l'autre. »

« L'or et la liberté économique » était le sujet favori de Greenspan dans les années 60 :

« La monnaie est le dénominateur commun de toutes les transactions économiques. C'est le produit qui sert de moyen d'échange ; il est universellement acceptable par tous les acteurs d'une économie d'échange en tant que paiement de leurs biens ou de leurs services. Il peut donc être utilisé en tant que référence de valeur marchande et réserve de valeur, c'est-à-dire en tant que moyen d'épargne. »

« L'existence d'un tel produit est une condition préalable à la division de l'économie du travail. Si les hommes n'avaient pas de valeur objective généralement acceptable en monnaie, ils devraient avoir recours au troc primitif, ou se verraient forcés de vivre dans des fermes autosuffisantes en renonçant aux inestimables avantages de la spécialisation. Si les hommes n'avaient pas de moyens de stocker de la valeur, c'est-à-dire d'épargner, la planification à long terme et les échanges seraient impossibles. »

Puis, après une longue analyse du fonctionnement de la monnaie, M. Greenspan livrait aux objectivistes la conclusion qu'ils voulaient entendre : « En l'absence de l'étalon-or, il n'y a aucun moyen de protéger l'épargne de la confiscation par l'inflation. Il n'y a pas de réserve de valeur sûre. S'il y en avait, le gouvernement devrait rendre sa détention illégale, comme cela a été le cas pour l'or. Si tout le monde décidait par exemple de convertir tous les dépôts bancaires en argent, en cuivre ou toute autre matière première, et de refuser ensuite les chèques comme paiement de ces biens, les dépôts bancaires perdraient leur pouvoir d'achat, et les crédits bancaires créés par le gouvernement n'auraient aucune valeur pour réclamer les biens. La politique financière de l'État-providence exige que les propriétaires de richesses n'aient aucun moyen de se protéger. »

« Voilà le triste secret derrière les tirades des partisans de l'État-providence contre l'or, continuait-il. Les dépenses déficitaires ne sont qu'un plan visant à confisquer la richesse. L'or fait barrage à ce procédé insidieux. Il fait office de protecteur des droits patrimoniaux. Une fois que l'on a saisi cela, on n'a aucun mal à comprendre l'opposition des étatistes à l'étalon-or. »

Le fervent défenseur de l'argent liquide qu'ils avaient rencontré lors des entretiens de confirmation avait inquiété plusieurs politiciens. « Pour faire votre chemin, suivez le courant », comme on disait à Washington. Ils se demandaient si Greenspan ne serait pas un idéologue inflexible, dont l'esprit était irréversiblement rempli des meubles en noir et blanc d'Ayn Rand.

« Le fait que vous êtes un homme de libre entreprise, qui ne croit pas aux lois antitrusts, ni à la protection du consommateur, ni à l'impôt progressif sur le revenu me pose de gros problèmes, déclara le sénateur Proxmire. Ce dernier point est peut-être cohérent dans une logique de laisser-faire, mais vous semblez opposé à nombre des programmes sociaux que nous avons réussi à mettre en place. »

Proxmire n'avait nul besoin de s'inquiéter. Alan Greenspan était sur le point de redécorer...

La tentation d'Alan

L'histoire économique américaine traversait alors des jours bien sombres. Alan Greenspan prit son poste environ 60 jours après que Gerald Ford eut pris son poste de président suite au scandale du Watergate et à l'un des plus graves creux boursiers depuis la Grande Dépression. Le Dow était à 770 ; début octobre, il était sous les 600 points. Le numéro du journal *Barron's* du 7 octobre 1974 présentait une sélection d'entreprises américaines profitables s'échangeant à moins de 3 fois les bénéfices. « Le prix moyen de ces actions se monte à environ 15 $, expliquait le journal, pour des bénéfices estimés à près de 6,60 $ par action en 1974 – avec un PER moyen de 2,3. »

Lorsque M. Greenspan arriva à Washington, les investisseurs ne voulaient pas entendre parler des actions. Vingt-cinq ans plus tard, on ne pourrait plus les séparer d'elles.

Au cours du dernier quart de siècle – les lecteurs s'en seront peut-être aperçus d'eux-mêmes – le gouvernement américain ne s'est pas exactement aligné sur les positions d'Ayn Rand. Au lieu de cela, M. Greenspan a changé de look. L'ultra-libéral débraillé devint le digne dirigeant de la banque centrale la plus puissante au monde. Le fanatique de l'or de 1966 se métamorphosa en célèbre gardien de la monnaie la plus dirigée au monde.

Le prix de l'or était à 154 $ le jour où Greenspan prit ses fonctions à la tête du Conseil économique du Président. Il augmenterait radicalement au cours des 12 années suivantes, jusqu'à son sommet de 850 $ l'once en janvier 1980.

Le Système de la réserve fédérale n'est qu'un cartel de banques affiliées, qui gagnent leur pain en contrôlant l'argent et le crédit à leur avantage. Elles n'ont pas grand intérêt à protéger rigidement la valeur du dollar, mais elles ne bénéficieraient pas non plus de sa destruction rapide. Au lieu de cela, elles préfèrent laisser le dollar s'acheminer tout doucement vers la ruine. À 3 % d'inflation, par exemple, le dollar perd la moitié de sa valeur en 14 ans. Ces 3 % sont généralement considérés non seulement comme acceptables, mais même comme judicieux ; on pense généralement qu'une inflation modeste est bonne pour l'économie. C'est ce que nous apprend la courbe de Phillips.

Mais, à la fin des années 70, l'inflation de l'économie américaine atteignait quasiment des taux à deux chiffres (l'inflation basée sur l'indice des prix à la consommation était de 9 % en 1978). La Fed avait augmenté le taux d'escompte de un point de pourcentage le premier novembre 1978 – la plus grande augmentation en

45 ans –, mais l'inflation refusait de se laisser abattre. Les électeurs poussèrent des cries d'orfraie. Les politiciens fulminèrent. Les économistes se moquèrent. Lorsque Paul Volcker prit le contrôle de la Fed en 1979, il savait qu'il devait agir : il augmenta le taux d'escompte d'un autre point de pourcentage – à 12 %. De plus, la Fed se mit à exiger que les banques augmentent leurs réserves.

Puis, le 15 février 1980, la Fed fit grimper les taux d'un point de pourcentage de plus – à 13 %. Et le 14 mars, elle resserra les réserves, et étendit ces exigences aux banques non affiliées. Enfin, elle annonça un programme de restriction volontaire du crédit, encourageant les banques à restreindre les prêts, en particulier ceux ayant des objectifs spéculatifs.

L'effet de tout ce resserrement du crédit fut celui qu'on attendait : les taux d'inflation commencèrent à baisser – ils continueraient de le faire durant les 22 années suivantes.

La douleur provoquée par cette politique de désintoxication monétaire fut telle que les actions s'effondrèrent. Des emplois furent perdus. Des spéculateurs furent ruinés. Les rendements sur les obligations à long terme augmentèrent à 15 %. Et une foule se rassembla sur les marches du Capitole, où l'on brûla une effigie de Volcker.

Mais le programme de Volcker réussit. Les taux d'intérêt chutèrent de leurs niveaux élevés en même temps que les taux d'inflation, avec plus ou moins de régularité durant les deux décennies qui suivirent. Il en fut de même pour l'or, qui passa de son plus haut niveau de 850 $ le 19 janvier 1980 à son plus bas cyclique de près de 253 $ en juillet 1999. À son sommet à la fin des années 70, une seule once d'or valait à peu près autant que toutes les actions du Dow 30. C'est l'une des raisons pour lesquelles la comédienne Bette Midler déclara préférer qu'on lui paie ses cachets en pièces d'or sud-africaines plutôt qu'en dollars !

En janvier 1980 – les deux premiers jours ouvrables de l'année – l'or réagit violemment : il prit 110 $ l'once, à 634 $. L'augmentation fut si soudaine que les banques centrales se demandèrent si l'or devait retrouver son rôle en tant que base du système financier mondial. Le secrétaire au Trésor américain G. William Miller annonça que les États-Unis ne vendraient plus leur or aux enchères. « Actuellement, annonça-t-il à la presse, le moment semble mal choisi »… Trente minutes plus tard, le prix de l'or avait grimpé de 30 $ à 715 $ l'once. Le jour suivant, il passa à 760 $. Et finalement, le 21 janvier, l'or atteignit son sommet record de 850 $ l'once.

Au cours des 12 années qui précédèrent janvier 1980, l'or avait augmenté à un taux annuel moyen de 30 % par an. Durant la même période, le taux d'inflation n'était en moyenne que de 7,5 %. Le rendement à 12 ans de l'or dépassait le rendement des actions sur n'importe quelle période de 12 ans dans l'histoire. Et à la fin, il y avait plus d'argent investi dans l'or que dans les marchés boursiers américains dans leur ensemble. En 1980, de nombreux investisseurs étaient convaincus que l'or était la seule véritable monnaie, et qu'il grimperait éternellement. « L'or est indestructible », disaient-ils. « L'or est éternel », reprenaient-ils en chœur. « Rappelez-vous la règle d'or, réprimandèrent-ils : celui qui a l'or commande ! »

Ils achetèrent donc de l'or… et le regrettèrent durant les 20 années qui suivirent.

Au cours des deux décennies suivantes, l'or et le Dow se séparèrent à grand bruit. À la fin du siècle, c'est à peine s'ils se parlaient – le Dow terminant le siècle à 10 787 points le 31 décembre 2000, tandis que l'once d'or était juste au-dessous de 273 $.

Le jour où M. Greenspan arriva à Washington, en 1974, le Dow n'était qu'à 785. À peine M. Greenspan avait-il découvert où se trouvaient les toilettes que le marché commençait sa marche triomphale vers la gloire. Le 9 décembre 1974, les actions atteignaient un plus bas cyclique… avec le Dow à 750 et un PER moyen de 7,3 pour l'indice S&P.

Le maestro

Ayn Rand mourut d'un cancer des poumons en 1982, le jour de l'anniversaire d'Alan Greenspan (qui a dit que les dieux n'avaient pas le sens de l'humour ?). Mais Alan Greenspan avait déjà dépassé le maître. Ayn méprisait la planification centrale, mais son disciple était en passe de devenir le planificateur central le plus heureux de l'histoire. Quatre ans seulement après la mort d'Ayn Rand, Greenspan fut nommé directeur du Système de la réserve fédérale. L'ancien fanatique de l'or était devenu un fanatique des monnaies dirigées. Il se débrouillait magnifiquement.

« Alan, vous y êtes. » Bob Woodward, auteur du livre *Maestro : Greenspan's Fed and the American Boom* (Maestro : la Fed de Greenspan et le boom américain), cite E. Gerald Corrigan le 20 octobre 1987. Cela faisait 11 semaines que Greenspan était aux commandes de la Fed, et le Dow venait de chuter de 508 points.

« Bon sang, tout dépend de vous. Tout cela repose sur vos épaules », continua Corrigan.

Dans son livre, Woodward observe la scène comme un écureuil témoin du cambriolage d'une banque. Il note le moindre mouvement, mais semble n'avoir pas la moindre idée de ce qui se passe. Greenspan, cependant, savait exactement ce qu'il faisait : en bon randien, Greenspan ne mettait jamais les intérêts des autres avant les siens. Il faisait simplement son petit bonhomme de chemin.

« La Réserve fédérale, conformément à ses responsabilités en tant que banque centrale du pays, a affirmé aujourd'hui sa volonté de servir de source de liquidités afin de soutenir le système financier et économique », déclarait le communiqué de presse de Greenspan. Oubliez l'étalon-or, semblait dire le président de le Fed ; nous allons faire en sorte qu'il y ait assez de papier-monnaie et de crédit électronique pour tout le monde. Et ce fut le cas.

Et dans toutes les crises qui s'ensuivirent – la guerre du Golfe et sa récession en 1993, la crise des monnaies asiatiques, la crise russe, la menace du bogue de l'an 2000... et finalement le grand marché baissier de 2000... – la Fed de Greenspan réagit de la même manière : en fournissant au marché plus d'argent et plus de crédit. Les chiffres sont à couper le souffle. Depuis qu'il a pris le contrôle de la monnaie des États-Unis, le président Greenspan a ajouté 4 500 milliards de dollars à la masse monétaire (telle que mesurée par le M3) – doublant ainsi la somme imprimée par tous les présidents de la Fed avant lui... réunis.

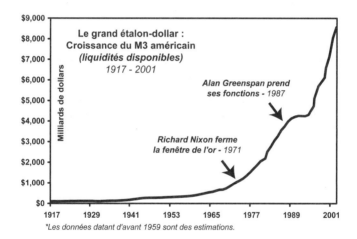

« Il aide à insuffler la vie à la vision d'une Amérique forte, insurpassable, invincible », s'exclame Woodward. Mais c'est le souffle enfiévré du crédit quasi illimité qui déclencha les vapeurs de l'Amérique.

Tout cet argent et ce crédit eurent pour effet d'aiguillonner le plus gros boom des actifs financiers de l'histoire mondiale. Volcker avait brisé l'échine de l'inflation ; à présent la Fed pouvait desserrer sa politique monétaire quasiment à volonté. Lorsque les prix des actions et de l'immobilier augmentèrent, comme cela avait été le cas en Amérique dans la fin des années 20, ou au Japon durant les années 80, personne ne s'en plaignit. Seule l'inflation des prix à la consommation provoquait des pleurs et des grincements de dents – sans parler des rumeurs concernant des remaniements de personnel dans la banque centrale du pays. Les prix des actifs pouvaient atteindre des niveaux absurdes ; on ne brûlerait aucune effigie du président de la Fed. On ne commencerait pas à lui chercher un remplaçant.

Une exubérance irrationnelle

« Comment savons-nous à quel moment l'exubérance irrationnelle a fait excessivement grimper la valeur des actifs, qui sont ensuite sujets à des contractions inattendues et prolongées, comme cela a été le cas au Japon au cours de la décennie écoulée ? » demanda le président de la Fed alors qu'il était encore mortel. C'était à l'occasion d'un dîner de gala à l'American Enterprise Institute en décembre 1996.

« En tant que dirigeants de banques centrales, continua Greenspan, nous n'avons pas à nous inquiéter tant que l'effondrement d'une bulle des actifs financiers ne menace pas de détériorer la véritable économie, sa production, les emplois et la stabilité des prix. Mais nous ne devrions pas sous-estimer ou faire preuve de complaisance à l'égard de la complexité des interactions entre les marchés des actifs et l'économie. Ainsi, l'évaluation des changements qui se produisent dans les bilans des entreprises en général et les prix des actifs en particulier doit être partie intégrante du développement de la politique monétaire. »

En 1996, le marché baissier de 1973-1974 et le krach de 1987 faisaient encore office d'avertissement. Greenspan prit la parole le soir du 5. Le 6 au matin, les marchés réagirent. À Tokyo, les investisseurs paniquèrent... provoquant une perte de 3 % en une journée pour le Nikkei, sa plus grande chute de l'année. Hong-Kong chuta de près de 3 %. Francfort 4 %. Londres 2 %. Mais lorsque le soleil se leva à New York, où l'on connaissait mieux le président de la Fed, les investisseurs avaient décidé de ne pas se faire de souci. Après une chute sévère durant la première demi-heure, alors que l'on exécutait les ordres de vente passés durant la nuit, le marché entama un rebond... et ne s'arrêta plus. Au printemps 2000, le Dow avait quasiment doublé le niveau qui causait tant de soucis au président de la Fed.

Alors que le maestro s'alarmait d'un Dow à 6 437, il restait serein avec un Dow à 11 722. En 1996, à force de pressions, les politiciens des deux partis l'avaient convaincu de continuer la plaisanterie. Les actions augmentaient et tout le monde était content. La dernière chose qu'ils voulaient, c'était un rabat-joie à la Fed dérangeant les choses. Bien à propos, Alan Greenspan en était venu à croire – ou c'est du moins ce qu'il disait – à la Nouvelle Ère et à tout ce qui l'accompagnait – et même en son propre pouvoir de guider l'économie.

Wall Street avait une expression pour les gestionnaires de fonds dont la conversation semblait destinée à soutenir leurs positions boursières du moment. « *To talk the book* », dit-on à Wall Street – une expression qui désigne la pratique consistant à présenter uniquement les arguments en faveur de vos intérêts. Un gestionnaire de fonds avec une immense position à découvert dit qu'il est certain que le marché va chuter ; un autre qui croit aux ressources naturelles déclare qu'il s'attend à un marché haussier dans se secteur immédiatement ; tandis que le dernier, qui se spécialise dans la technologie, vous dira sans aucun doute que les actions high tech sont le seul moyen de gagner de l'argent sur Wall Street.

Soudain, après son commentaire sur « l'exubérance irrationnelle », Alan Greenspan sembla s'éveiller et réaliser quel genre d'affaires il traitait. Quoi qu'il fasse d'autre, il était le chef des relations publiques du capitalisme de consommation américain, de l'économie américaine, du dollar et des marchés de capitaux.

Les actions étaient déjà chères en 1996. Mais elles le devenaient encore plus, et personne – ni les politiciens, ni les courtiers, ni les investisseurs – ne souhaitait voir ce processus s'achever. Le chef de la Fed avait momentanément oublié que ce qui profitait à Alan Greenspan n'était pas un commentaire objectif sur le niveau du cours des actions, mais d'aider ces cours à grimper plus haut encore. Plus ils montaient, plus les gens étaient convaincus que le grand vizir de la banque centrale savait ce qu'il faisait. L'intérêt de M. Greenspan, c'était les actions à long terme, et non à découvert.

Lorsqu'il se présenta devant le Congrès quelques semaines plus tard, M. Greenspan réalisa clairement son erreur.

Jim Bunning, un sénateur républicain du Kentucky, devait penser qu'il avait une ligne directe avec les dieux des marchés. D'une manière ou d'une autre, il savait que les marchés n'étaient pas surévalués. La position de Greenspan était « mal inspirée », dit-il, ajoutant qu'elle pourrait « devenir une plus grande menace pour notre économie que l'inflation ne le serait jamais ».

Phil Gramm, un autre républicain du Texas, fut plus modeste. Tout de même, il avait un avis sur la question, et il différait de celui du président de la Fed. « J'ai l'impression, hasarda-t-il, que non seulement les actions ne sont pas surévaluées, mais qu'elles sont peut-être encore sous-évaluées. »

Bunning lui exposa ensuite les choses carrément. « Si nous avons des taux directeurs à deux chiffres, nous mettrons un frein brutal à cette économie. Je ne voudrais pas que cela se passe pendant votre tour de garde, et encore moins pendant le mien. »

Greenspan comprit le message. « Je partage votre point de vue », répondit-il.

Le président avait vite appris sa leçon. Alors que la Nouvelle Économie l'avait laissé sceptique, il commença à prêcher pour son église.

« C'est la meilleure économie que j'aie jamais vue en 50 ans – et je l'étudie tous les jours », dit-il à Bill Clinton en mai 1998.

« Ce que nous observons peut-être dans l'environnement actuel, dit-il en décembre de la même année, c'est qu'un certain nombre de technologies clés, certaines déjà mûres, sont en train d'interagir pour créer de nouvelles opportunités significatives de création de valeur. La nouvelle technologie a radicalement réduit les coûts de l'emprunt et du prêt au-delà des frontières nationales traditionnelles », ajouta-t-il.

Même à la mi-2001, après que des milliers de milliards de dollars avaient été perdus sur les marchés de capitaux et qu'une récession se fut déclarée en Amérique, le président continuait de ressembler à Abby Joseph Cohen (analyste américaine célèbre pour ses opinions haussières). « Selon moi, il y a toujours quantité de preuves que nous ne subissons qu'une pause de l'investissement dans un large éventail d'innovations qui ont élevé la croissance sous-jacente de la productivité… La légèreté et la brièveté de la baisse témoignent de l'amélioration notable dans la résistance et la flexibilité de l'économie », ajouta-t-il lorsqu'il sembla que la récession fût terminée.

Après Greenspan, le déluge

Fin 2000, les investisseurs plaçaient toujours tous leurs espoirs dans les actions. Mais on ne pouvait nier qu'il y avait eu des pertes – et même des pertes substantielles. Près de 1 000 milliards de dollars avaient déjà été perdus sur le Nasdaq. Des entreprises comme Theglobe.com, Career Builder, Webvan et Audible Inc. étaient déjà en quasi-faillite. Les investisseurs étaient toujours exubérants, mais pensaient être bien plus rationnels que l'année précédente.

Que des dot.com excentriques souffrent était une chose. Mais le Dow, voilà qui était bien différent. « En aucun cas, disaient les investisseurs, Alan Greenspan n'autorisera un marché baissier sérieux, ou une récession grave. » N'était-ce pas là le véritable marché passé avec la banque centrale, après tout ? Les Américains permettraient aux banquiers d'amasser profits, limousines et salles de conseil... ils permettraient également la ruine progressive de la devise du pays. Mais en échange la Fed gèrerait l'économie de telle sorte que les gens n'aient pas à se soucier d'un déclin sérieux. Voilà pourquoi le taux d'épargne était bas en Amérique : les gens n'avaient pas besoin d'économiser pour les mauvais jours – il n'y en aurait pas.

« Dans les faits, écrivit Paul Krugman dans le *New York Times*, le capitalisme et ses économistes passèrent un contrat avec le public ; à partir de maintenant, on peut avoir des marchés libres, parce que nous en savons assez pour éviter d'autres Grandes Dépressions. »

Et le monde entier tourna donc ses yeux las vers M. Greenspan. Le *capo di tutti capi* des banques centrales était censé sauver non seulement les investisseurs américains, mais également le monde entier. Tout le monde savait, sur la planète entière, que l'Amérique était « le moteur de la croissance », et que les Américains étaient les meilleurs consommateurs – toujours prêts à acheter ce dont ils n'avaient pas besoin avec de l'argent qu'ils n'avaient pas. Et malgré les dommages causés au Nasdaq, on savait partout que M. Greenspan avait ce qu'il fallait pour permettre à la machine à richesse américaine de continuer à délivrer la marchandise.

Les investisseurs achetèrent le Dow en 2000, confiants dans le fait que M. Greenspan ne permettrait pas aux prix de chuter – parce qu'une baisse des cours pousserait les gens à se sentir plus pauvres ; et des gens plus pauvres achèteraient moins, menaçant ainsi toute l'économie mondiale.

Le « *put* Greenspan »

Qu'il ait la volonté d'empêcher les actions de chuter ne faisait aucun doute. Et presque tout le monde s'accordait à dire qu'il en avait également le moyen – le soi-disant « *put* Greenspan ».

Sur les marchés options, un *put* permet à son détenteur de vendre à un prix déterminé, c'est-à-dire de l'imposer à son interlocuteur lors de la transaction. Dans un marché en baisse, un *put* est un moyen de faire des profits en forçant l'autre personne à acheter à un prix au-dessus du marché.

Le contrôle des taux d'intérêt à court terme, tel était le *put* de M. Greenspan. Baisser les taux, pensait-on généralement (y compris dans les banques centrales), voilà un moyen de stimuler la demande d'argent, en augmentant les dépenses des consommateurs et l'investissement des entreprises, et en forçant quasiment les investisseurs à acheter des actions. « *In Greenspan We Trust* », proclama la couverture du magazine *Fortune* fin 2000 (« Nous avons foi en Greenspan », allusion à la devise « *In God We Trust* » – Nous avons foi en Dieu – inscrite sur les billets de banque américains). Avant même que les baisses de taux ne commencent, le fait de savoir que la Fed allait agir semblait suffisant.

Ici, nous nous contenterons de souligner que, tel un travesti, M. Greenspan avait tout ce qu'il fallait pour faire son travail, sauf l'essentiel. À la fin 2000, on avait prêté environ 25,6 milliards de dollars aux neuf plus grandes entreprises de télécoms américaines (Alcatel, Cisco, Ericsson, Lucent, Motorola, Nokia, Noretel, Qualcomm et Siemens – chiffres provenant du *McKinsey Quarterly*, 2001). Le chef de la Fed n'avait aucun moyen de faire en sorte que la dette des télécoms vaille ce que les gens avaient payé. Il ne pouvait réapprovisionner les comptes épargne des consommateurs. Il ne pouvait faire d'Enron une entreprise saine, pas plus qu'il n'était en mesure de faire disparaître la surcapacité ou les pertes d'investissement.

En plus de cette théorie inappropriée au plus haut de la bulle, M. Greenspan disposait des mauvaises informations. L'« âge de l'information » apportait certes plus d'information à un nombre accru de personnes – y compris aux banques centrales –, mais plus les gens avaient d'informations, plus ils avaient d'occasions de choisir la désinformation qui correspondait à leurs besoins.

Le mythe de la productivité

Les troisième et quatrième trimestres 1999 avaient produit des chiffres très sains pour la productivité de la main-d'œuvre. Le Bureau américain des statistiques de l'emploi avait enregistré un taux de croissance de 5 % au troisième trimestre, et 6,4 % au quatrième.

C'est en partie sur la base de ces chiffres qu'on expliquait (et justifiait) le transfert historique d'argent de la Vieille Économie vers la Nouvelle. On disait que la croissance de la Vieille Économie était paresseuse, tandis que la Nouvelle semblait être propulsée vers l'avant à des vitesses exponentielles grâce à d'incroyables gains de productivité rendus possibles par les technologies de l'information. « Incroyable », le mot convenait parfaitement. Une fois décortiqués ces chiffres de productivité, ils semblaient peu crédibles, voire carrément frauduleux.

Remettons ces chiffres en perspective : entre 1945 et 1962 aux États-Unis, la productivité de la main-d'œuvre a augmenté au taux annuel d'environ 3,1 %. Puis elle a décliné. Entre 1965 et 1972, la productivité de la main-d'œuvre a augmenté au taux de 2 % à 2,5 % seulement. Elle s'est ensuite effondrée jusqu'à 0,3 %… pour plafonner aux environs de 1 % jusqu'en 1995.

Comme le dit Kurt Richebächer : « Après trois années de quasi-stagnation entre 1992 et 1995, la croissance de la productivité a soudain commencé à croître spectaculairement durant [le dernier trimestre de 1995]. À quoi était-ce dû ? »

C'était dû au fait que le Bureau américain des statistiques de l'emploi avait changé sa manière de calculer la productivité. Il avait choisi de prendre en compte ce qu'il appelait un indice de prix « hédoniste » – qui prenait en compte non seulement le prix du matériel informatique, mais également ses capacités de calcul. À première vue, cela semblait sensé. Si un dollar achète deux fois plus de capacités de calcul d'une année sur l'autre, c'est comme si le prix de ces capacités avait été divisé par deux.

C'est au troisième trimestre 1995 que ce changement prit effet pour la première fois. Il transforma miraculeusement 2,4 milliards de dollars de dépenses informatiques en 14 milliards de dollars de production… provoquant ainsi instantanément une hausse de 20 % du PIB, une baisse de l'inflation, et une hausse de la productivité (production par heure).

À mesure que l'on dépensait de plus en plus d'argent pour les technologies de l'information, et que les capacités de calcul continuaient de suivre la loi de Moore – doublant tous les 18 mois – le PIB et les chiffres de productivité commencèrent à ressembler à quelqu'un qui aurait subi un lifting de trop – grotesque et méconnaissable. Mais c'est au dernier trimestre 1999 que cette mesure hédoniste mit réellement les chiffres de la productivité sous leur jour le plus flatteur. Les dépenses en technologies de l'information prirent vraiment le mors aux dents durant le deuxième semestre 1999 – aiguillonnées à l'excès par la menace du bogue de l'an 2000. Cette activité fut amplifiée par le Bureau américain des statistiques de l'emploi, à tel point que l'on pouvait entendre son message dans le monde entier : 6 % de productivité, c'était un véritable triomphe… la Nouvelle Ère se révélait payante !

Le chiffre du quatrième trimestre, pour nous répéter, était spectaculaire. Incroyable. Plus tard, on le révisa au chiffre encore plus incroyable de 6,9 %.

Un seul problème : il n'était pas réel. Tout comme la Nouvelle Ère qui l'avait soi-disant rendu possible, c'était une fraude. Une capacité de calcul accrue, ce n'est pas la même chose qu'une croissance économique. Et être capable de fournir plus de capacité de calcul pour chaque heure de travail effectué, ce n'est pas la même chose qu'une augmentation de la productivité de la main-d'œuvre. Comme les millions de lignes de code et les millions de kilomètres de câbles de fibres optiques... la capacité de calcul ne vaut jamais que l'argent que les gens sont prêts à dépenser pour l'obtenir. Et cela se mesure non en chiffres « hédonistes », mais en véritables espèces sonnantes et trébuchantes.

Ce qui était vrai de la performance financière du pays l'était également des entreprises individuelles. Des entreprises construisaient leurs rapports financiers pour donner aux investisseurs les informations qu'ils voulaient entendre. Elles faisaient souvent exactement ce dont s'inquiétait Alan Greenspan : elles modifiaient les bilans de manière à produire des chiffres de croissance et de bénéfices qui plaisaient au monde de la finance. Assez curieusement, durant ce qui était censé être le plus grand boom économique de l'histoire, la condition financière de nombreuses grandes entreprises se détériora.

Pour les mauvaises raisons

En 2000, pourtant, Alan Greenspan avait cessé de s'en inquiéter ; il était lui-même plein d'exubérance irrationnelle. Les marchés font l'opinion, comme on dit à Wall Street. L'opinion du président de la Fed avait rattrapé le marché haussier des actions. Comme l'écrivait Benjamin Graham durant le marché haussier de 1949-1966 : « D'aussi belles réussites provoquèrent une satisfaction naturelle à Wall Street, mais aussi une conviction, plutôt illogique et dangereuse, selon laquelle on pouvait s'attendre à des résultats tout aussi merveilleux pour les actions ordinaires dans le futur. »

Comme le disait Buffett, les actions montent d'abord pour les bonnes raisons, puis pour les mauvaises. Les actions étaient peu chères en 1982... Le Dow augmenta de 550 % au cours des 14 années qui suivirent. Puis, lorsque Greenspan parla d'« exubérance irrationnelle », les actions n'étaient plus du tout bon marché. Mais plus personne ne s'en souciait. La gigantesque « machine à voter » de Wall Street, dont parlait Benjamin Graham, avait choisi des actions technologiques à gogo et un management « pas de problème ». Les actions continuèrent de grimper, et les gens étaient de plus en plus certains qu'elles ne s'arrêteraient pas.

« Greenspan ne permettra jamais à l'économie de sombrer dans la récession », dirent les analystes. « La Fed interviendra toujours pour éviter un marché baissier vraiment sévère », dirent les investisseurs. À long terme, il n'y avait plus de risque à posséder des actions, déclarèrent-ils. Même Alan Greenspan semblait le croire. Et si le président de la Fed en était convaincu, qui pouvait en douter ? Plus cela semblait vrai, plus les gens devenaient exubérants.

« Dans les années 1990, écrivit Robert Shiller, auteur du livre *L'Exubérance irrationnelle*, les gens pensaient réellement que nous entrions dans une nouvelle ère, et ils étaient prêts à prendre des risques que les gens rationnels n'auraient pas pris... [Ils] ne pensaient pas avoir besoin d'épargner. Ils dépensaient abondamment parce qu'ils pensaient que le futur ne présentait aucun risque. »

Mais le risque – comme la valeur – a la fâcheuse manie d'apparaître là où on ne l'attend pas. Plus Alan Greenspan semblait infaillible, plus la hausse des valeurs semblait « excessive ». Ayant prévenu des risques d'une « exubérance irrationnelle » modeste, le maestro en créa une plus grande.

« Greenspan met fin à l'effondrement de Wall Street », lisait-on en titre de *La Tribune* début décembre 2000. Apparemment, Greenspan avait réussi. Il avait sauvé la situation. Et pourtant, M. Greenspan n'avait encore rien fait. Et que pouvait-il faire ?

Baisser les taux d'intérêt ? Cela fonctionnerait-il ? Pourquoi des gens et des entreprises déjà lourdement endettés voudraient-ils emprunter plus encore ?

Peut-être que baisser le prix du crédit ne ferait pas plus pour soulager les problèmes de crédit qu'une baisse du prix de la bouteille de Johnny Walker aiderait à guérir une personne atteinte de dipsomanie. Dans les deux cas, le problème n'était pas le prix de l'élixir, mais l'usage qu'on en faisait.

Junk bonds et mauvais paris

À la fin des années 90, n'importe quelle nouvelle idée – aussi stupide soit-elle – pouvait se rendre au bar du crédit et absorber autant qu'elle le voulait. Des milliers de milliards de dollars de capitaux furent rassemblés, dépensés, avant de disparaître. Il n'en resta que des reconnaissances de dette, des actions, des prêts bancaires et des obligations. La qualité de ces titres de créance se détériorait rapidement.

En 2000, le marché des *junk bonds* subissait son pire malaise depuis 1990 au moins. Cette année-là, un fonds d'investissement perdait en moyenne 11 %, la pire performance depuis 1990. Les entreprises des « TMT » (télécommunications, médias et technologie) étaient les pires créditeurs du marché des *junk bonds*. Elles empruntaient des sommes énormes pour construire de nouveaux réseaux de télécommunications prometteurs. ICG Communications Inc., par exemple, avait emprunté 2 milliards de dollars lorsqu'elle déclara faillite en novembre.

La baisse des prix des *junk bonds* impliquait une hausse des coûts du crédit pour les emprunteurs – et pas seulement ceux des TMT. Les obligations de J.C. Penney rapportaient 18 %, Tenneco Automotive rapportait 21,3 %, et l'on pouvait acheter les obligations du producteur aurifère Ashanti à un rendement de 27 %. Toutes ces entreprises avaient des problèmes. Mais voilà ce qui arrive, après une poussée de crédit : des entreprises à problèmes... des entreprises qui ont pris trop de capital et l'ont dépensé trop librement. Vous obtenez également des consommateurs à problèmes, pour les mêmes raisons.

Lorsque le crédit est trop bon marché, les gens le traitent avec mépris. Des problèmes apparaissent. Mais n'était-ce pas le genre de problèmes qu'un crédit encore moins cher peut guérir ? En 2000, l'économie américaine approchait de la fin d'une des plus grandes fièvres de crédit de l'histoire. Impossible d'esquiver ou d'ignorer le mal de tête et les regrets. Sur les marchés, l'ambiance changeait. Au lieu de rêves... on y trouvait des cauchemars. Les fonds de capital-risque avaient fait place aux fonds vautours. Et les amateurs naïfs étaient remplacés par des investisseurs réalistes de la dernière heure et des spécialistes du calcul... Le but de ces investisseurs sérieux n'était pas de mettre de l'ordre dans le marché, mais simplement de gagner gros. De plus, les investisseurs qui gobaient jusqu'alors tous les contes de fées qu'on leur servait commençaient à avoir des doutes – et seules les démissions des chefs d'entreprise semblaient les satisfaire.

Parmi les tristes histoires faisant le tour de la « Toile » à l'époque, on trouvait celle de Warren « Pete » Musser de Philadelphie – l'un des courtiers les plus agressifs de Wall Street durant la folie Internet.

M. Musser n'était pas un imbécile. Cet investisseur de 73 ans avait construit l'une des pépinières de jeunes entreprises technologiques les plus prospères de la nation – avec d'immenses participations dans les stars les plus connues du monde d'Internet, comme ICG, VerticalNet et US Interactive. Il n'y était pas arrivé du jour au lendemain. Au lieu de cela, il avait fondé son entreprise des décennies auparavant, et il connaissait son secteur. « On aurait pu s'attendre à plus de raison, surtout de sa part », commenta Howard Butcher IV, investisseur et « techno-sceptique » de longue date. « C'est un investisseur consommé. On aurait pu s'attendre à ce qu'il s'en débarrasse et qu'il se constitue un joli bas de laine, plutôt que de s'endetter. »

Mais Musser a apparemment succombé au risque qui pèse sur tous les acteurs du monde de la finance (et peut-être même sur Alan Greenspan) : il en vint à croire sa propre publicité. À son désavantage. Il fut forcé de vendre 80 % de ses actions pour couvrir un appel de marge à l'ancienne. Les actions, qui valaient 738 millions de dollars en mars, rapportèrent moins de 100 millions de dollars. Il était trop tard pour M. Musser, mais la presse financière du monde entier continua de déclarer que M. Greenspan arrivait avec les secours.

Les actionnaires aussi pensaient que M. Greenspan détenait toujours le *put* qui les protégerait des pertes. Mais était-ce le cas ? Un changement de la politique de la Fed pouvait-il sauver tous les M. Musser de ce monde ? Ou bien leurs investissements étaient-ils si suicidaires et si désespérés qu'ils ne pouvaient éviter l'autodestruction ? Dans le monde de la finance il y a l'argent intelligent, l'argent bête, et l'argent si stupide qu'il semble presque supplier qu'on l'euthanasie.

Pets.com avait dépensé 179 $ pour acquérir chacun de ses acheteurs de nourriture pour chiens. Après que l'entreprise eut rendu l'âme, que restait-il ? Comment un changement dans la politique des taux d'intérêt aurait-il pu ramener les millions qui avaient été dépensés ? De la même manière, TheStreet.com avait dépensé 37 millions de dollars durant les 9 premiers mois de 2000 – soit près de 400 $ pour chacun de ses clients payants. TheStreet.com annonça la fermeture de ses bureaux britanniques, et la suppression de 20 % de sa main-d'œuvre. Peut-être qu'un jour elle trouverait un *business model* qui marcherait. Mais en quoi des taux d'intérêt plus bas aideraient-ils les investisseurs à récupérer les 37 millions de dollars ? Et en quoi des taux d'intérêt plus bas rapporteraient-ils les 100 milliards de dollars perdus par AOL/Time Warner en 2002 ?

Une baisse des taux d'intérêt ne rend pas tout à coup les emprunteurs plus solvables. Personne n'allait se battre pour la chance de prêter de l'argent à TheStreet.com, ou à Amazon, ou à d'autres entreprises à problèmes simplement parce que la Fed baissait ses taux. Lorsqu'un homme emprunte plus qu'il ne peut se le permettre, et dépense l'argent pour mener la belle vie plutôt que pour faire des investissements productifs, des taux d'intérêt bas ne vous donnent pas pour autant envie de lui prêter plus. Il doit d'abord mettre ses affaires financières en ordre – et cela ne peut être accompli en empruntant plus d'argent.

Si l'on en croit George Soros, pour gagner de l'argent, il faut trouver une tendance dont les prémisses sont fausses, et parier contre. À Wall Street, en 2001, les prémisses étaient qu'Alan Greenspan, fonctionnaire, serait capable de faire ce que personne n'était jamais parvenu à faire auparavant – empêcher les cours des actions de revenir à la moyenne.

On donna de nombreuses raisons à sa réussite potentielle : le « miracle de la productivité » était populaire, jusqu'à ce que la plupart des chiffres démontrent que la croissance de la productivité retournait à la moyenne. « La hausse du taux de croissance du PIB » faisait également partie des favoris, jusqu'à ce que la croissance du PIB ralentisse aussi. « Les technologies de l'information » avaient une certaine grandeur, mais il leur fallait le corrélatif objectif de la hausse de la productivité et de la croissance économique pour leur donner une substance. Et qu'en était-il de « la hausse des profits des entreprises » ? Hélas, elle roula dans les ruisseaux de Wall Street à mesure que les profits des entreprises glissaient avec le reste… y compris les mythes d'une « expansion sans fin » et les « systèmes parfaits de contrôle des stocks ». Seul un mince roseau restait inflexible – l'idée qu'Alan Greenspan avait le contrôle du dollar américain et de son économie.

Et pourtant, rien – ou si peu – dans l'histoire de la Fed ne justifiait la confiance que les gens semblaient lui accorder. Le devoir premier de la banque était de protéger le dollar et le système bancaire. Depuis sa création en 1913, cependant, on enregistrait plus de faillites bancaires que jamais – 10 000, rien que durant la Grande Dépression. Et sur une période de 87 ans, elle avait transformé le dollar : il était passé du statut de monnaie forte à celui de gélée tremblotante.

Les vertus de l'inscrutabilité

À l'automne 1999, Greenspan fournit la preuve de la capacité de la Fed de voir par-delà les obstacles. « Le fait que les modèles économétriques de la Fed – les meilleurs du monde – aient été faux durant 14 trimestres d'affilée ne signifie pas qu'ils ne seront pas justes au 15e trimestre. » On ne l'a pas vu sourire ni étouffer un rire en prononçant cette phrase. Et pourtant, dans la mesure où la Fed ne peut prévoir le trafic économique… comment pourrait-elle éviter une collision ? Selon toutes probabilités, elle en était incapable.

Et pourtant, le « *put* de Greenspan » semblait offrir aux investisseurs un pari impossible à perdre. Si les choses tournaient vraiment mal, Greenspan ouvrirait les vannes – comme il l'avait fait lors de la crise Long Term Capital Management, et lorsque l'effondrement des devises asiatiques menaçait les marchés mondiaux. La Fed gardait le contrôle du matériel d'irrigation, pour adopter le jargon de Wall Street, et faisait en sorte que « les choses restent vertes ».

À la fin de l'année 2000, le Nasdaq avait été divisé par deux… il était très certainement temps d'exercer le *put*… d'ouvrir les vannes et de soulager les légumes, non ? Cependant, il était important de ne pas agir trop vite. Le plus grand risque était moral. Si les investisseurs pensaient ne courir aucun risque, ils placeraient des paris encore plus hardis. Greenspan comprenait également les vertus de l'inscrutabilité. Si ses réactions étaient connues à l'avance, le marché les ignorerait. Il était pris au piège : tant que le public croyait au « *put* de Greenspan », les gens continueraient d'acheter des actions à des prix de plus en plus ridicules. Et pourquoi pas ? Après tout, la présence du *put* impliquait qu'ils ne pouvaient pas perdre d'argent. Mais si le président de la Fed renonçait à son *put*, les actions s'effondreraient, provoquant ainsi toutes les choses déplaisantes qu'il souhaitait éviter.

La Fed prétendait qu'elle n'avait jamais « ciblé le marché boursier » en mettant en place sa politique de taux d'intérêt. Voilà qui était probablement vrai... mais insuffisant. Tant que dura la hausse de la Bourse, les gens se crurent plus riches, et dépensèrent plus librement. Le marché boursier créait de la « richesse » (des stock-options et de la valeur en portefeuille) qui faisait concurrence à ce que l'hôtel de la Monnaie américain avait à offrir en échange des biens et des services de l'économie mondiale. La Fed ne pouvait l'ignorer. Et à présent que le marché détruisait de la « richesse », Alan Greenspan ne pouvait se permettre de l'ignorer lui non plus. En fin de compte, il passerait à des taux d'intérêt plus bas... et tout le monde le savait.

Parmi les bulles

La presse rapporte qu'Alan Greenspan avait l'habitude de prendre un bain chaud tous les matins durant une heure au moins. Se prélassant dans la mousse, le grand homme devait réfléchir à de nombreux sujets – le moindre n'étant pas sa propre carrière, bien curieuse. Ainsi, deux cents ans après la création des banques centrales modernes, le maestro devait méditer sur sa réussite, bien à propos... parmi les bulles.

La devise américaine était devenue le papier-monnaie le plus estimé au monde, en grande partie grâce à lui. Ou du moins c'est ce qu'il pensait. C'était lui qui avait gardé l'inflation sous contrôle pendant tant d'années. Et c'est lui qui avait guidé l'économie américaine avec un tel talent que les actifs libellés en dollars en vinrent à faire l'envie du monde entier.

Mais le succès de Greenspan était plus considérable encore que la plupart des mortels ne pouvaient l'imaginer. N'était-il pas le premier homme de l'histoire à présider une monnaie fiduciaire dont la valeur s'apprécia par rapport à celle de l'or durant deux décennies entières ? En 1980, il fallait jusqu'à 850 $ pour acheter une once d'or. Vingt-deux ans plus tard, cette même once s'échangeait contre 280 $. Greenspan, ancien fanatique de l'or devenu fanatique du papier, devait sourire intérieurement.

Un an plus tard, lors d'un rassemblement de numismates à New York, Greenspan rappelait le succès des banques centrales dans le contrôle de l'inflation. Il y avait de l'espoir pour l'avenir des monnaies dirigées (par opposition à celles s'appuyant sur l'or ou d'autres actifs réels), suggéra-t-il. Il parlait modestement.

Les collectionneurs de pièces étaient mieux placés que quiconque pour apprécier la valeur de son exploit. Tout comme John Law l'avait fait – très brièvement – à l'automne 1719, Alan Greenspan, le maestro, avait fait grimper la valeur du papier-monnaie par rapport à la véritable devise.

Greenspan avait porté aux nues la monnaie comme « l'une des plus grandes inventions de l'humanité ». Mais c'est la monnaie fiduciaire – du papier émis par des gouvernements, et ne s'appuyant pas sur du métal précieux – qui était la véritable avancée. Le papier-monnaie, comme les « bénéfices pro forma », pouvait se conformer exactement à ce que le gouvernement en disait. Précieux outil d'illusion et de tromperie, le papier-monnaie pouvait également perdre soudain toute valeur.

Greenspan en était bien conscient. Mais c'est ce qui rend ses prouesses si… eh bien, incroyables. N'importe quel imbécile pouvait donner à la véritable monnaie – comme les pièces d'or – une valeur quelconque. Mais il fallait un réel talent pour rendre le papier plus précieux que l'or.

Greenspan en fit une plaisanterie : si le papier-monnaie venait à échouer, hasarda-t-il, nous devrions revenir au troc de coquillages ou de bétail.

« Et si cet improbable événement se produisait, le guichet d'escompte de la Réserve fédérale de New York aurait un stock adéquat de bétail, hé ! hé ! »

Aux premiers jours de janvier 2001, les économistes devaient être agrippés à leurs sièges. La Fed – qui avait déprécié la devise qu'elle était censée protéger – allait-elle être le sauveur de l'économie tout entière ? Nulle part dans la législation de la Réserve fédérale on ne trouve la mention d'une « poule dans chaque pot ». On n'y parle pas non plus de « protéger les commissions de Wall Street », ni de « renflouer des entreprises en perdition », de « pousser les consommateurs à acheter », d'« aider les Américains à s'endetter plus encore », ou même de « regonfler les bulles qui ont des faiblesses ». Et pourtant, c'était là ce que la Fed se proposait de faire.

Greenspan fait jouer son *put*

Avant Keynes et Friedman, les économistes croyaient en un monde économique newtonien. On pouvait s'attendre à ce qu'un boom produise une réaction opposée et quasiment égale. Plus les gens se laissaient emporter durant la partie ascendante du cycle – plus ils empruntaient et dépensaient imprudemment, en d'autres termes – plus il souffriraient durant la baisse qui ne manquerait pas de s'ensuivre. L'économie et la philosophie morale étaient en harmonie, toutes deux étant des éléments de la science la plus humaine qui soit : l'étude de ce que les gens font vraiment. La Grande Dépression était perçue comme l'inévitable répercussion du boom des années 20, aggravée par l'intervention du gouvernement dans les mécanismes de correction des marchés.

Mais avec la publication de leur livre, *A Monetary History of the United States* (Une histoire monétaire des États-Unis) (1963), Milton Friedman et Anna Jacobson Schwartz réinterprétèrent la Grande Dépression. Ils offrirent aux politiciens et aux investisseurs l'espoir d'une résurrection sans crucifixion… de Pâques sans le Carême… de la gloutonnerie sans les kilos… et d'un boom sans krach.

« L'effondrement de l'économie américaine entre 1929 et 1933 n'était en rien la conséquence de ce qui s'était produit auparavant durant le boom », écrivirent Friedman & Schwarz. « Cela résultait des mesures mises en place durant ces années. Il existait des politiques alternatives qui auraient pu mettre fin à la débâcle monétaire de l'époque. Et même si le Système de la réserve fédérale prétendait suivre une politique d'argent facile, il suivait en fait une politique excessivement sévère. »

« Les autorités monétaires auraient pu empêcher le déclin de la masse monétaire, continuèrent-ils. En fait, elles auraient même pu produire n'importe quelle augmentation souhaitable de la masse monétaire. » M. Greenspan était déterminé à ne pas refaire cette erreur. Il suivrait l'avis de Friedman et emballerait le moteur des stimulants économiques jusqu'à ce que la machine cale.

Mais si Friedman s'était trompé ? Si la politique ne pouvait produire aucun des résultats souhaités par les politiciens ? Si le krach et la dépression n'étaient pas seulement des phénomènes monétaires, mais des évènements financiers et économiques (et humains !) ? Et si ce n'était pas la crise bancaire qui avait causé les pertes sur les marchés, mais l'inverse ?

Un taux de fonds fédéraux plus bas – c'est-à-dire le taux qu'applique la Fed à ses banques affiliées lorsqu'elles lui empruntent de l'argent – permet aux banques de prêter elles aussi à des taux moins élevés. Mais lors d'une crise déflationniste, les gens perdent leur emploi, la valeur des actions et des autres investissements chute, les ventes et les profits déclinent… alors qu'il reste de grosses dettes à payer. Baisser le prix de l'argent aura peut-être de l'effet, mais pas forcément celui qu'on veut.

Si seulement Alan Greenspan était vraiment aux commandes d'une immense machine ! Il pourrait tourner un bouton, actionner un levier, et le mécanisme ferait ce qu'il veut. Malheureusement, la manette de Greenspan a fait partir la machine dans une direction inattendue.

Les bons marchés sont comme les bons romans – l'intrigue comporte une ou deux péripéties empreintes d'ironie. Impossible d'imaginer un bon roman dans lequel les personnages obtiennent exactement ce qu'ils veulent (imaginez, si Scarlett avait épousé Ashley Wilkes, et qu'ils aient vécu heureux jusqu'à la fin de leurs jours... Margaret Mitchell aurait vendu quelques exemplaires à ses amis et à sa famille, et l'histoire se serait arrêtée là). Nous ne voudrions pas non plus vivre dans un tel monde ; il serait aussi monotone et bien intentionné qu'un poème de Maya Angelou. Et donc, tel un héros tragique, Greenspan n'obtiendrait pas ce à quoi il s'attendait... ou du moins ce à quoi il disait s'attendre.

Maximus Greenspan

« La bénignité et la brièveté du ralentissement témoignent de l'amélioration notable de la résistance et de la flexibilité de l'économie », déclarait Alan Greenspan à un comité du Congrès US en juillet 2002.

« Les fondamentaux sont en place, continua-t-il (tandis que le marché grimpait), pour un retour à une croissance saine et soutenue, les déséquilibres dans les stocks et les biens d'équipement semblent avoir été en grande partie résorbés ; l'inflation est plutôt basse, et l'on s'attend à ce qu'elle le reste ; et la croissance de la productivité a fait preuve d'une remarquable solidité, impliquant un soutien considérable aux dépenses des ménages et des entreprises, ainsi qu'un soulagement potentiel des pressions de coûts et de prix. »

Une fois encore, M. Greenspan parlait d'un air impassible. Et pour autant que nous en sachions, il ne croisait pas les doigts dans son dos. Il prononçait son discours comme s'il le pensait vraiment... comme s'il y croyait lui-même. En tout cas, ses auditeurs semblaient en être persuadés. Les politiciens avaient la mine grave, lorsque les caméras étaient pointées sur eux. Ils posaient des questions idiotes préparées par des assistants empressés. Ils riaient à leurs propres plaisanteries assommantes. Personne ne semblait soupçonner à quel point toute l'affaire était ridicule et pathétique.

Le spectacle semblait destiné à une émission en *prime time* pour rassurer la Nation des Actionnaires : elle n'était confrontée à rien d'autre qu'une « panne de confiance » temporaire de la part d'investisseurs ombrageux... et dès que quelques scélérats auraient été mis sous les verrous, tout ce désagréable épisode serait vite oublié. Personne n'eut l'impolitesse de souligner que c'était le témoin clé, M. Greenspan lui-même, qui était en grande partie à blâmer pour la bulle et ses conséquences. Et personne non plus ne semblait se demander comment le président de la Fed s'y prendrait pour corriger son erreur.

Après le krach de 1929, des séances similaires avaient réuni le même genre de politiciens à Wahsington. C'était avant l'air conditionné. Peu de choses étaient assez importantes pour que l'on transpire durant tout un été dans la capitale américaine. Mais lorsque le temps devint plus clément, les politiciens firent monter la température à l'intention des péquenauds et des jobards de leurs circonscriptions. On découvrit qu'Albert Wiggin, à la tête de la Chase National Bank, avait vendu ses propres actions à découvert et gagné des millions. Sam Insull était le président du WorldCom des années 20, Commonwealth Edison, une entreprise de services publics de 3 milliards de dollars dont les comptes furent audités par Arthur Andersen. Il fuya le pays lorsque la police vint le chercher.

Et le pauvre Richard Whitney – qui avait dirigé la Bourse de New York – fut jeté en prison pour avoir détourné pas moins de 30 millions de dollars des fonds de pension de la Bourse new-yorkaise.

Soixante-dix ans plus tard, par contraste, M. Greenspan était toujours accueilli en héros dans les salles d'audience du Congrès US. Les politiciens – et le *lumpeninvestoriat* – comptaient toujours sur lui pour sauver le monde tel que nous le connaissons.

Les gens en attendaient tant d'Alan Greenspan – peut-être trop. Ils s'attendaient à ce que son tir soit parfait. Mais ses onze premières tentatives échouèrent à placer les taux d'intérêt exactement au niveau où ils devaient être pour ressusciter les marchés.

À tous les égards, les baisses de taux de Greenspan étaient vouées à l'échec. À cause d'elles, les emprunteurs qualifiés commencèrent à hésiter, tandis que ceux qui ne l'étaient pas s'endettaient plus lourdement encore. Et elles produisirent une nouvelle poussée inflationniste dans un secteur inattendu : la propriété immobilière.

Une récession est censée baisser les dépenses des consommateurs et augmenter les niveaux d'épargne. Mais cela ne fut pas le cas de la récession de 2001. Au lieu de cela, les consommateurs empruntèrent et dépensèrent plus que jamais, confiants dans l'avenir. Au lieu de s'en alarmer, M. Greenspan affirma au Congrès que ce comportement inconscient était « une importante force de stabilisation pour l'économie globale ». Personne n'éclata de rire. Mais, à la mi-2002, les consommateurs étaient presque aussi désemparés et désespérés que la banque centrale. Paul Kasriel, économiste chez Northern Trust, souligna que, pour la première fois depuis la Deuxième Guerre mondiale, la valeur nette moyenne des Américains était en baisse. Elle avait augmenté de 3 700 $ par an environ à la fin des années 90. Mais, durant les deux premières années du nouveau siècle, elle avait chuté de 1 000 $. Les marchés avaient effacé entre 7 000 et 5 000 milliards de dollars. Seuls les prix de l'immobilier semblaient défier la tendance déflationniste générale.

Le dernier pilier

Le consommateur était le dernier pilier de l'économie américaine. Greenspan était forcé de faire tout son possible pour le maintenir droit – même s'il était déjà mort. Il ne se contentait plus d'inciter les riches investisseurs à s'autodétruire. En enlevant 475 points de base aux taux d'intérêt à court terme, le président de la Fed poussa des millions d'innocents consommateurs à s'endetter plus lourdement encore – les exhortant à acheter de nouveaux 4 x 4 et à hypothéquer leurs maisons comme si le destin de la nation en dépendait. On ne peut pas dire que les consommateurs se rendaient service en souscrivant des prêts hypothécaires et automobiles toujours plus considérables, et quelques-uns commençaient à s'en rendre compte. Peu à peu, l'image de « sauveur du monde » de M. Greenspan se ternissait, le faisant ressembler de plus en plus à la canaille ambitieuse qu'il était vraiment.

Les prêteurs étaient pleins aux as, mais les emprunteurs étaient dans l'eau jusqu'au cou et avaient du mal à garder pied dans les flots tourbillonnants. Fin 2002, les taux de saisies immobilières avaient atteint un niveau inégalé depuis 30 ans, on enregistrait un nombre record de faillites, et les profits des entreprises continuaient de chuter.

Et Alan Greenspan ? De la comédie à la tragédie… de la poésie aux vers de mirliton… l'œuvre de M. Greenspan sembla atteindre des sommets de ridicule le 30 août 2002, lorsque le président de la Fed prit la parole lors d'un symposium de la Réserve fédérale à Jackson Hole, dans le Wyoming.

Six ans auparavant, il avait décrit les investisseurs boursiers comme étant « d'une exubérance irrationnelle ». À présent, il affirmait ne rien voir d'anormal, même avec un Dow 100 % plus haut. Il ne reconnaîtrait pas une bulle même si l'une d'entre elles lui explosait au visage, semblait-il dire ; il lui faudrait attendre de pouvoir vérifier dans son miroir s'il avait des bleus.

Et même s'il avait été en mesure de détecter la bulle en train de se former, continua le président de la Fed, il aurait été incapable de trouver une épingle. Les centaines d'économistes de la Fed étaient impuissants à agir, « confrontés à des forces qu'aucun de nous n'avait connues... à part la récente expérience du Japon, seuls les livres d'histoire et les archives poussiéreuses nous donnaient des indices sur la conduite à tenir en matière de politiques monétaires. »

Greenspan – le seul membre du triumvirat composant le « Comité pour sauver le monde » du *Time* à être toujours à son poste, le César des banques centrales – ne pouvait plus tenir bien longtemps.

Les experts se rapprochaient, des poignards d'or entre les dents. Paul Krugman, du *New York Times*... Abelson, de *Barron's*... leurs attaques allaient croissant, de la critique au mépris ouvertement affiché.

Le « maestro » avait donné au pays exactement ce qu'il avait demandé ; il avait fait sonner la fanfare, et gonflé la plus grande bulle de l'histoire mondiale.

Le 14 novembre 2000, l'hagiographie de Greenspan écrite par Bob Woodward, *Maestro*, fut mise en vente. La réputation de M. Greenspan n'avait jamais été aussi grande que ce jour-là. Le même jour, on pouvait acheter une once d'or – la réciproque de la réputation de M. Greenspan – pour 264 $ seulement. Qui aurait pu se douter que l'or était sur le point de commencer un marché haussier majeur ? Après une baisse initiale à moins de 260 $ en février, puis à nouveau en avril 2001, il augmenta brusquement.

Alors que l'or venait d'entrer dans une phase haussière, la réputation de M. Greenspan était sur le déclin. Non seulement il avait contribué à la formation de la bulle sans réussir à la faire éclater, mais il s'était en plus empressé d'ajouter de l'air dès qu'elle commençait à se dégonfler d'elle-même.

Quelques jours seulement après son discours du Wyoming en 2002, le prix de l'or atteignit les 320 $. À la fin de l'année, il était à 330 $.

Une photo dans la presse estivale montrait le titan des banques centrales, l'air un peu fatigué. Même une heure à faire trempette dans la mousse ne semblait plus suffire. L'absurdité nécessite beaucoup d'énergie. Sur les photos, le président de la Fed a le menton appuyé sur le bras, comme s'il était épuisé.

Les comptes rendus des précédentes réunions du comité du marché ouvert de la Fed révélaient un président étonnamment plus confiant et énergique. En septembre 96, par exemple, M. Greenspan déclara à ses collègues : « Je reconnais qu'une bulle boursière s'est formée en ce moment. » Puis, faisant allusion à une suggestion proposant d'augmenter les marges pour ralentir la spéculation : « Je garantis que si vous voulez vous débarrasser de la bulle, quelle qu'elle soit, cela fera l'affaire. »

Qu'est-il arrivé à cette perspicacité ? Où est passé le Alan Greenspan de cette époque ? Il n'avait rien à voir avec Paul Volcker ; l'ancien président de la Fed était fait de matériaux plus solides, et il était prêt à s'opposer à la foule. Greenspan plia.

Le chef de la Fed s'était déjà métamorphosé pour suivre ses ambitions. Le dévot fanatique de l'or et fervent adepte d'Ayn Rand n'était-il pas devenu le plus grand défenseur du papier-monnaie que le monde ait jamais connu ? L'homme qui avait écrit que l'or était la seule devise honnête n'avait-il pas déjà trahi ses propres croyances, ainsi que la monnaie de son pays ?

Qui sait ce que pensait réellement M. Greenspan. Peut-être était-ce dans la mousse aérienne de son bain qu'il en était venu à croire que les marchés de capitaux du pays avaient vraiment été métamorphosés par un « miracle de productivité ».

Et peut-être, pendant qu'il cherchait le savon dans la chaude et glissante étreinte de sa baignoire, s'est-il autorisé à croire qu'il n'y avait pas lieu d'augmenter les marges, ni d'avertir les investisseurs des dangers d'une bulle boursière ni d'essayer de la dégonfler lui-même.

Épilogue

Comment l'histoire jugera-t-elle M. Greenspan ? Qui s'en soucie ? Collectivement, même avec du recul, les hommes sont capables de faire d'un cochon une ballerine. Ils pourraient faire du président de la Fed un héros ou un coquin.

« Selon moi, il ne fait aucun doute que Greenspan a le meilleur historique de tous les présidents de la Fed de l'histoire », déclarait le prix Nobel d'économie Milton Friedman, fin 2002. Ce n'est pas entièrement une coïncidence si Friedman a posé les fondations intellectuelles des politiques de crédit facile de Greenspan.

Bien entendu, ce point de vue ne faisait pas l'unanimité. « L'histoire ne sera pas tendre avec M. Greenspan, qui a joué le rôle du barman en chef pour la Nouvelle Économie, laquelle a engendré la Nouvelle Bulle », déclara Paul McCulley, gestionnaire de fonds chez Pacific Investment Management Co. M. Greenspan a continué à servir les consommateurs et les investisseurs bien longtemps après qu'ils eurent dépassé la limite légale, dirent ses détracteurs. Ne devait-il pas endosser au moins une partie de la responsabilité du krach qui s'était ensuivi ?

N'ayant pas l'occasion de jeter un coup d'œil aux nouvelles de demain, nous ne savons pas ce qui se produira pour l'économie ou la Bourse – ni ce qu'en feront les classes bavardes. Nous avons conté la fabuleuse carrière de M. Greenspan non pour le condamner, mais simplement pour montrer ce que sont les êtres humains. Ils sont parfaitement capables d'avoir des idées raisonnables, et d'argumenter, rationnellement, sur n'importe quelle opinion qui leur va. Un jour, leur raison les mène à des positions qui semblent irréfutables ; le lendemain, l'opinion contraire semble tout aussi irrésistible, voire plus.

Plus remarquable encore, ils peuvent avoir une idée, et la chérir, tout en agissant dans une direction totalement opposée. Vers la fin de sa carrière, le seul membre ultra-libéral du Congrès, Ron Paul, du Texas, demanda des comptes à M. Greenspan. Lui tendant un exemplaire de *Gold and Economic Freedom* (L'or et la liberté économique), un essai écrit par Greenspan pour *The Objectivist* en 1966 – qui disait en substance qu'une monnaie ne s'appuyant pas sur l'or était une sorte d'escroquerie au public –, M. Paul posa la question suivante :

« Voulez-vous ajouter un démenti ? »

« Non, déclara l'homme qui avait créé plus de papier-monnaie non soutenu par l'or que quiconque dans l'histoire de l'humanité. J'ai relu cet article récemment – et je n'y changerais pas un mot. »

Chapitre 6

L'âge des foules

La moitié de la population ne lit plus les journaux ;
il s'agit de toute évidence de la moitié la plus intelligente.

Gore Vidal

Tout se passe à la marge. À la marge, les gens ne sont pas systématiquement bons ou mauvais, intelligents ou stupides, haussiers ou baissiers... ils sont sujets à influence. Offrez-leur un verre le jour des élections, ils voteront pour qui vous voudrez. Faites-leur avaler n'importe quel discours démagogique, placez-les parmi une foule... et ils n'hésiteront pas à lyncher mère Teresa.

Le XXe siècle sera l'âge des foules, prédisait Gustave Le Bon dans son livre publié en 1896, *Psychologie des foules*. Les foules avaient pris le contrôle de tous les gouvernements occidentaux, ou presque. On trouvait toujours des monarques et des empereurs dans leurs palais, mais il y avait également des assemblées populaires – et elles gagnaient du terrain grâce aux moyens de communication modernes. Grâce aux journaux, dont le prix avait baissé, aux trains et au télégraphe, un pays entier pouvait penser presque la même chose au même moment. Les masses, qui se limitaient jusqu'alors à des groupes relativement petits dans des régions urbaines, devinrent nationales, et même internationales. Bientôt, ces vastes foules s'intéresseraient à la politique... et voudraient devenir riches.

Les foules ont tendance à amplifier toute émotion ressentie par un individu. Prenez un homme de sensibilité normale, qui conduit à droite, qui réussit à programmer son magnétoscope, qui trouve sans problème les produits les plus économiques au supermarché, et placez-le dans une foule : il se transforme en forcené. Sur les marchés, l'avidité et la crainte règnent en maîtres, on fait monter les prix à des niveaux qu'aucun homme sain d'esprit n'accepterait de payer s'il prenait seul la décision, ou au contraire on les fait baisser à des niveaux auxquels aucune personne normale ne résisterait. Mais quelle importance ? On a jeté le bon sens par-dessus bord. Durant les dernières étapes d'un marché haussier, comme au début d'une guerre... les foules deviennent très courageuses. Par contre, dans les derniers instants d'une guerre ou d'un marché baissier, les gens abandonnent tout espoir ; désespérés, ils courent s'abriter. La raison n'est pas seulement endormie... elle a sombré dans un profond coma.

La folie des foules

Le professeur Joseph Lawrence, de l'université de Princeton, déclarait avec ferveur : « Le consensus réunissant des millions de personnes dont l'opinion décide des niveaux de prix sur les marchés nous indique que les actions ne sont pas surévaluées. »

« Et qui sont ces gens, ajouta-t-il, dont la sagesse est si universelle qu'elle leur donne le droit d'opposer leur veto à l'opinion de cette intelligente multitude ? »

Il n'y a pas à douter de ce que pensait l'intelligente multitude. Elle avait évalué les actions à 20, 30, 40 fois les bénéfices. Qui pouvait remettre en question l'avis d'autant de monde ? Dans les grands groupes d'individus, des idées complexes – voire élégantes – sont broyées jusqu'à n'être plus qu'un sirop fermenté de ritournelles vides, de slogans et d'absurdités politiques. De temps en temps, M. Tout-le-Monde s'empare de ce breuvage et l'avale avec autant d'avidité qu'un alcoolique au ventre vide. En moins de temps qu'il n'en faut pour le dire, il lui monte à la tête. Le professeur Lawrence nous a donné son opinion. Écrite en 1929, elle ne venait malheureusement pas à propos... Il avait raison sur ce que pensaient les multitudes à l'époque. Mais quelques mois plus tard, les multitudes avaient changé d'avis.

« Que ces profits énormes soient devenus des pertes plus colossales encore, écrivirent Graham et Dodd dans leur étude sur le krach de 1929 et ses conséquences, que de nouvelles théories aient été développées, puis discréditées, que cet optimisme illimité ait été suivi du désespoir le plus profond – tout cela est en parfait accord avec une tradition séculaire. »

Les traditions ne se créent pas en une génération. Ce qui les rend précieuses, c'est qu'elles se développent petit à petit, forgées par la chaleur et le froid, façonnées génération après génération par un martèlement obstiné, et à travers de nombreux cycles.

Bien entendu, après le siècle des Lumières, les gens en étaient venus à croire que les traditions importaient peu. S'ils avaient assez d'informations et assez de temps pour y réfléchir, ils pensaient être capables de prouver à peu près tout ce qu'ils désiraient. Mais il y a un problème. La connaissance prend du temps et des efforts. Comme la différence entre les profits véritables et les profits virtuels, il faut investir du temps et des efforts pour transformer des données, ou de l'information, en connaissances. Plus la connaissance acquise est importante, plus il faudra de temps et d'effort pour y parvenir. La sagesse peut prendre des décennies.

Les règles et les principes – tels que « Aime ton prochain » ou « Achetez bas, vendez haut » – peuvent évoluer pendant des siècles.

Sagesse et tradition

Au début des années 20, la tradition séculaire disait aux investisseurs de se méfier des actions – elles étaient dangereuses. En 1921, la grande masse des investisseurs jugeait qu'un dollar de revenus des entreprises ne valait que 5 $ de prix des actions. Mais quelque chose se produisit à la fin des années 20 qui fit changer d'avis les actionnaires. Les années 20 connurent une « nouvelle ère », avec d'importantes innovations – l'automobile, les appareils électriques, les émissions de radio, etc. En 1929, tout cela était monté à la tête des investisseurs, qui, étourdis, étaient prêts à payer 33 $ pour chaque dollar de bénéfices – en considérant cela comme un marché honnête. Puis, bien entendu, le krach se produisit.

À la fin de l'année, les investisseurs se demandèrent : « Qu'est-ce qui a bien pu me faire penser que General Electrics valait autant ? » M. Tout-le-Monde n'en avait pas la moindre idée… et c'est encore le cas aujourd'hui.

Les groupes ne pensent ni n'agissent comme les individus. Aussi fous que soient ces derniers… les groupes peuvent être plus fous encore. Non seulement ils agissent différemment, mais ils pensent différemment également – comme des simples d'esprit, en général, et souvent comme de parfaits crétins, voire comme des aliénés.

« Une foule pense en images, écrivit Gustave Le Bon. Et l'image elle-même fait naître une série d'autres images, qui n'ont aucun lien logique avec la première. Notre raisonnement nous montre l'incohérence de ces images, mais une foule est quasiment aveugle à la vérité, et confond avec l'événement réel ce que l'action déformante de son imagination y a superposé. »

« Avant d'apparaître sur les murs de Jérusalem à tous les croisés, saint Georges fut certainement perçu d'abord par l'une des personnes présentes. Grâce à la suggestion et à la contagion, le miracle signalé par une seule personne fut immédiatement accepté de tous. »

« Tel est toujours le mécanisme des hallucinations collectives si fréquentes dans l'histoire – des hallucinations qui semblent avoir toutes les caractéristiques reconnues de l'authenticité, puisque ce sont des phénomènes observés par des milliers de personnes »…

Dans le jeu des masses – qu'elles mènent une bataille, regardent CNBC ou écoutent un discours politique – la frontière entre la réalité et la fiction se dilue. Les foules humaines ne peuvent séparer la réalité de la fiction. Si un homme déclare à la foule que les Martiens sont sur le point d'attaquer la planète ou qu'ils sont victimes du FMI, les membres de la foule, pris individuellement, n'ont pas l'expérience ou la connaissance personnelle pour le contredire. En fait, une foule ne peut être sûre de rien ; sa connaissance n'a rien à voir avec la connaissance d'un individu. Les événements et les faits sont compris par un groupe uniquement de la manière la plus crue et la plus élémentaire qui soit. L'expérience individuelle des membres du groupe – infiniment variée et nuancée – ne compte quasiment pour rien.

Une génération qui a vécu une Grande Dépression, par exemple, ou une Grande Guerre, se rappellera probablement l'événement lui-même, mais ne le *comprendra* que comme une preuve anecdotique de la connaissance publique. Un homme aurait pu vivre heureux durant les années 30 sans avoir la moindre idée qu'il faisait partie de quelque chose de plus grand. Mais, une fois qu'il sait qu'il a subi une Grande Dépression, ses expériences particulières prennent de nouvelles significations et sont réinterprétées pour soutenir le sentiment collectif.

Communications de masse

À mesure que la technologie progresse, les communications modernes permettent à de plus en plus de gens de sentir et d'agir comme s'ils étaient physiquement ensemble. Les idées se répandent rapidement – instantanément, en fait – si bien qu'un homme regardant CNN à Dubuque est en contact direct et immédiat avec des événements se produisant dans le monde entier. Télévision, radio, journaux, magazines – tous aident à façonner les pensées de la foule... et à s'assurer que tous pensaient plus ou moins la même chose plus ou moins au même moment.

L'augmentation de la couverture télévisée de Wall Street durant les années 1990, par exemple, amplifia et exagéra grandement la conscience des individus et leur implication dans la Bourse. Sans quitter son bureau ou sa chambre, l'investisseur pouvait être happé par l'excitation du moment comme s'il était lui-même à la Bourse.

La grande réussite d'Internet fut de permettre aux gens de se laisser entraîner par les sentiments de la foule... et d'agir immédiatement en conséquence. Au milieu des années 90, par exemple, des milliers de gens se convainquirent qu'ils pouvaient s'enrichir en faisant du *day-trading* en actions grâce à leur ordinateur personnel ou au bureau. Les forums de discussion disponibles en ligne 24 h sur 24 permettaient également aux gens de prendre part à la démagogie destinée à remuer la populace – quelle qu'elle soit. Ils pouvaient enrager à propos de l'affaire Monica Lewinsky, d'Enron, ou de n'importe quoi, et se sentir comme aux jardins des Tuileries durant la Révolution française. Ils pouvaient rejoindre la foule sans quitter leur domicile !

On a beaucoup dit qu'Internet rendrait les gens plus intelligents – en leur donnant accès à bien plus d'information. En réalité, il ne fit que resserrer les liens des gens avec la pensée de masse –

parce qu'à présent leurs propres pensées étaient noyées dans le bruit constant de la foule du web.

Un homme seul peut faire sa propre expérience – bonne ou mauvaise – du net. Mais, une fois connecté, il aurait probablement une opinion du nouveau média formée non par sa propre expérience mais par le fracas collectif transmis sur les ondes virtuelles. Une fois happé par la pensée unique, il est difficile de résister au jugement du groupe, même lorsqu'il est absurde.

Nietzsche et au-delà

Nietzsche avait identifié deux genres de connaissances. Il y a les choses que vous savez grâce à l'expérience et aux observations personnelles, qu'il appela « *Erfahrung* », et que nous appellerons la connaissance privée. Il y a également les abstractions que vous pensez connaître – le genre de choses dont on parle dans les journaux et dans les éditoriaux – qu'il appelait « *Wissen* », et que nous appellerons la connaissance publique. Ce que Nietzsche n'avait pas vu, c'était que non seulement il y a deux formes de connaissances, mais qu'on trouve également deux manières entièrement différentes de raisonner.

Il y a d'abord le genre de raisonnement que vous construisez autour de choses que vous connaissez. Si vous voyez quelqu'un grimper sur la branche trop mince d'un arbre, par exemple, et que la branche casse... vous pouvez raisonnablement en conclure par analogie que la même chose pourrait vous arriver dans des circonstances similaires. Dans le prolongement de la tradition nietzschéenne, nous appellerons ce mode de pensée « *schwer uberlegen* ». Il implique des inférences raisonnables à partir d'expériences ou d'observations personnelles.

Mais, si vous tournez vos pensées vers la guerre contre la Terreur ou la prochaine élection, vous utilisez un processus de pensée entièrement différent. Au lieu de réfléchir aux choses que vous connaissez... vous pensez à des choses que vous ne pouvez ni connaître ni expliquer. Nous appelons ce genre de pensée « *lumpen denken* ». Par exemple, ouvrez n'importe quel journal à la page des éditoriaux, et vous y trouverez probablement quelque chose qui ressemble à l'éditorial de Zbigniew Brzezinski dans l'*International Herald Tribune*, appelé : « Il est temps que l'Amérique intervienne ». Immédiatement, nous nous trouvons dans un autre monde.

L'Amérique ne peut intervenir, car la nation n'existe qu'en tant qu'abstraction. Un soldat américain peut abattre quelqu'un, un avion américain peut larguer une bombe, mais l'Amérique elle-même est bien trop grande. Quoi que fasse l'« Amérique », ce sera effectué uniquement par un minuscule pourcentage du tout, la plupart des Américains ne joueront pas le moindre rôle, certains y seront opposés, et un grand nombre n'auront pas la moindre idée de ce qui est en train de se passer.

Quels étaient tous les intérêts en jeu ? Comment quiconque pouvait-il les connaître ? C'était complètement impossible. Mais cela n'a pas arrêté Brzezinski.

« En fin de compte, 4,8 millions de Juifs israéliens ne peuvent continuer à soutenir l'assujettissement de 4,5 millions de Palestiniens (dont 1,2 million sont des citoyens israéliens de seconde zone), continue-t-il, alors que la démocratie d'Israël et son respect de soi seraient mis en danger »...

« Dans ces circonstances, l'Amérique ne peut ignorer l'opinion publique mondiale. »

Vos auteurs n'ont pas d'opinion sur la situation au Moyen-Orient. Nous sommes américains, mais nous ne nous intéressons pas plus à ce qui se passe entre Israël et la Palestine qu'entre le Zimbabwe et l'Afrique du Sud. Nous nous intéressons au point de vue de Brzezinski seulement en tant qu'exemple de *lumpen denken* de la part d'un homme qui en a fait sa carrière. En lisant avec attention, nous ne pouvons déterminer si cet ancien conseiller à la sécurité nationale américain a tort ou raison, parce qu'il n'y a pas de points solides où ancrer une opinion. Il n'y a pas un mot ou presque dans le document tout entier qui ne soit pas sujet à interprétation, argumentation ou subornation. Il n'y a pas de faits qui ne fassent naître des « anti-faits », et aucune conclusion qui ne puisse être contredite par les mêmes « faits » et circonstances. Toute cette expérience – connaissance publique et *lumpen denken* – a été décrite par Cicéron comme « une torche éteinte dans une pièce sombre ». Brzezinski présente ses sentiments comme s'ils étaient logiques, comme s'ils étaient le résultat d'un processus de raisonnement. Mais ils ne sont soutenus par aucune logique en béton armé. Ni même par une logique de papier mâché. Ce ne sont là que sentiments publics et mots creux. Et pourtant, ils abondent dans les éditoriaux, les forums de discussion internet, les conversations, les discours, les émissions de radio et de télévision.

Du « *lumpen denken* » grossier

« L'économie mondiale est en difficulté », expliquait un autre éditorialiste dans l'*International Herald Tribune* en janvier 2003, le professeur Jeffrey E. Garten, de Yale. « Les investissements des entreprises et le commerce ralentissent, les usines produisent plus qu'elles ne peuvent vendre et la déflation menace de nombreuses régions. L'Allemagne et le Japon stagnent. Les grands marchés émergents, de l'Indonésie au Brésil, sont en grande difficulté. Washington doit réunir ses partenaires économiques – le groupe des Sept comprenant le Canada, le Japon et quatre des pays européens – afin de remettre l'économie mondiale en marche. »

Quel monde merveilleux que celui créé par le *lumpen denken* ! Vous avez un problème ? Il suffit de rassembler un groupe de politiciens. Garten pensait qu'ils pouvaient décider – à eux sept – de modifier l'économie mondiale tout entière.

Les États-Unis faisaient déjà tout ce qu'ils pouvaient, dit-il. Les taux d'intérêt avaient été baissés. La nation « enregistrait déjà d'énormes déficits budgétaires », notait-il avec approbation. Mais qu'en était-il de ces Européens ? Il faut les encourager à baisser les taux, et à dépenser plus eux aussi, pensa-t-il. Et – ah oui – nous pourrions également « pousser le Japon à restructurer ses dettes bancaires, qui [étouffent] la croissance ».

Voilà qui devrait faire l'affaire. Mais après tout, quitte à réparer l'économie mondiale, pourquoi s'arrêter en si bon chemin ?

Rappelez-vous, il faut reconstruire l'Irak, dit-il. Cela coûterait 1,2 millier de milliards de dollars, une somme « qui ne comprend pas les coûts des intentions du gouvernement de mettre en place des institutions démocratiques et un marché libre dans la région du Golfe ». Pour 1,2 millier de milliards de dollars, on serait en droit d'attendre une reconstruction digne d'un chirurgien esthétique d'Hollywood. Cette somme représentait 49 896 $ par personne en Irak – soit 19 fois le revenu annuel moyen. D'où viendrait l'argent ? À nouveau, M. Garten avait la réponse : « L'administration Bush devrait collaborer avec le Congrès pour incorporer les besoins [en dollars] dans la planification – ce que Mitchell E. Daniels Jr., directeur du Bureau américain de la gestion et du budget, hésite à faire. » Nous n'avons jamais rencontré M. Daniels, mais nous avons été heureux de constater qu'il n'est pas aussi toqué que M. Garten.

« Nous entrons dans une décennie de tensions politiques et militaires, continuait ce dernier comme s'il pouvait prévoir l'avenir, et la construction de nations sera une partie essentielle de la réponse américaine. » Pourquoi pas ? Après avoir réparé l'économie mondiale, les politicards devraient pouvoir construire une nation ou deux sans même avoir de courbatures.

Le problème, c'est que les gens prennent ce genre de *lumpen denken* au sérieux. Ils pensent qu'ils peuvent comprendre les grands sujets aussi bien que les petits, et manipuler les événements mondiaux comme on répare une tondeuse à gazon.

Abstractions et pensées de masse

Les foules peuvent « connaître » des choses. Mais c'est cette connaissance abstraite, et non l'expérience personnelle directe, qui détermine la manière dont les foules comprennent les événements. Ce genre de connaissance a son propre caractère particulier, parce qu'il doit être simplifié jusqu'à ce qu'il puisse être repris par une foule. Un homme éduqué et réfléchi peut s'adresser à une foule sans récolter la moindre réaction positive. Un véritable démagogue, par contre, distillera ses pensées en quelques expressions simplettes, et aura bientôt assez d'admirateurs pour se présenter aux présidentielles. Les lecteurs qui se demandent pourquoi les hommes politiques semblent tous être aussi crétins ont maintenant la réponse : cela fait partie des exigences du poste. Parce qu'en masse l'humanité ne peut comprendre des pensées complexes ou ambiguës, ni se les rappeler.

C'est pourquoi l'histoire ne peut être retenue par les masses que sous sa forme la plus intellectuellement vulgaire. Comme le reste, pour la consommation de masse, l'histoire doit être réduite à son plus simple dénominateur commun, finissant souvent en mythe pur et simple. Prenez par exemple ce simple « fait » : la France et le reste des Alliés ont gagné la Première Guerre mondiale ; l'Allemagne a perdu. Comme tous les écoliers le savent, cela est vrai. C'est là du « *wissen* », comme disait Nietzsche. Personne ne l'a en fait jamais vu ou vécu – parce que c'est de la pure abstraction – mais on considère néanmoins que cela est vrai.

Et pourtant, si vous disiez à une Française – dont les deux fils avaient été tués durant la guerre… et dont le mari avait été aveuglé par une grenade – qu'elle devrait célébrer la victoire, elle vous prendrait pour un idiot. Un tiers du capital de la France avait été englouti. Des millions de personnes étaient mortes. Un grande part du pays était en ruine. Quel genre de victoire était-ce là ?

Ah… mais la France avait retrouvé l'Alsace et la Lorraine. Et pour qui cela était-il un avantage ? Les hommes qui avaient survécu en Lorraine trouvaient-ils leur nouvelle petite femme plus jolie que leur ancienne *frau* rustique ? Leur choucroute avait-elle meilleur goût que leur *sauerkraut* ? Pouvaient-ils boire plus de breuvage local, maintenant qu'il s'appelait vin blanc plutôt que *weiss wein* ? Peu probable. Au lieu de cela, ils travaillèrent le sol comme ils l'avaient fait avant la guerre… découvrant de temps en temps, des années et des années plus tard, des bombes de la Première Guerre mondiale qui n'avaient pas explosé – et qui éclataient souvent lorsque la charrue les heurtait. Au cours des années qui suivirent, les vainqueurs de la Première Guerre mondiale s'en tirèrent-ils mieux que les vaincus ? Hélas non. Dans les années 30, la France, la Grande-Bretagne et l'Amérique étaient toujours en crise – alors que l'Allemagne prospérait. Alors que les Alliés semblaient fatigués, usés et perdus, l'Allemagne entrait dans un période de détermination, de fierté et d'énergie remarquables.

La France était-elle plus sûre, maintenant qu'elle contrôlait la rive ouest du Rhin ? Pas du tout. L'Allemagne se réarma rapidement, et, comme les événements suivants allaient le montrer, elle devint une menace bien plus grande en 1934 qu'elle ne l'avait été vingt années auparavant.

Si la France avait gagné… qu'avait-elle gagné ? On pourrait à la fois dire qu'elle avait « perdu » la guerre et qu'elle l'avait gagnée.

Un fait est un fait, et pourtant…

Quel genre d'étrange connaissance est-ce là, cher lecteur ? Le processus de *lumpen denken* vous dit qu'un « fait » est exact, et pourtant l'inverse est tout aussi exact. Et quel mode de pensée lui donne-t-il un sens… quel genre de raisonnement vous mène à deux conclusions à la fois, chacune aussi différente de l'autre que le jour et la nuit ?

Voilà comment le mode de pensée d'une masse diffère de celui d'un individu. La masse peut en arriver à croire à peu près n'importe quoi, parce que la « connaissance » sur laquelle elle se base est aussi douteuse que ses conclusions. La connaissance d'un individu est bien plus directe et immédiate. Il sait ce qui se produira s'il tient une allumette enflammée trop longtemps ou s'il insulte sa femme ; et il se trompe rarement.

Mais, même pour un individu, la raison est moins sûre que ne le pensent la plupart des gens.

Les êtres humains ont tendance à se surestimer. Nous croyons être des gens raisonnables, et nous le sommes presque. Nous réussissons à appliquer la raison aux choses qui nous sont proches avec un tel succès que nous ne pouvons nous empêcher de tenter d'appliquer le même processus à des choses éloignées, dont nous n'avons pas la moindre idée. Nous essayons de donner un sens aux événements qui nous entourent en décrivant les « raisons » pour lesquelles ils se produisent, puis nous extrapolons en anticipant logiquement ce que ces raisons produiront ensuite.

Contrairement à la mouche tsé-tsé ou au kangourou, un homme peut additionner 2 et 2. De près, travaillant avec des choses qu'il comprend, il parvient à 4 le plus souvent. Mais lorsqu'il applique ces mêmes capacités de raisonnement aux affaires des autres gens – comme la manière d'arriver à la paix au Moyen-Orient, ou de profiter d'un boom sur Wall Street – les « faits » se changent en mélasse, et l'équation tout entière n'est bientôt plus qu'un ramassis d'absurdités.

La raison, semble-t-il, est la plus grande force d'un homme. Hélas, c'est aussi sa plus grande vanité.

De simples phrases affirmant des « faits » nous laissent perplexe, comme par exemple : « Je suis un menteur. » Si cette affirmation est exacte, elle se réfute elle-même. Et si elle n'est pas vraie, eh bien...

Même en mathématiques, pourtant la plus rationnelle des matières, la raison n'est pas aussi nette qu'elle en a l'air. Dans ses *Principia Mathematica*, Bertrand Russell a tenté d'établir la fondation logique de toutes les mathématiques. Kurt Godel, brillant mathématicien, a souligné l'inévitable contradiction des travaux de Russell en 1931. Des années plus tard, Russell, qui était passé d'une proposition douteuse à une autre au cours des ans, s'en souviendrait : « Je me rendis évidemment compte que les travaux de Godel étaient d'une importance fondamentale, mais ils me laissèrent perplexes. Ils me firent me réjouir de ne plus travailler dans les mathématiques logiques. »

Godel, l'un des mathématiciens les plus doués du monde, est mort en 1978. Il se laissa mourir de faim, recroquevillé en position fœtale, refusant aux infirmières l'accès à sa chambre... craignant qu'elles ne tentent de l'empoisonner.

Pauvre Kurt. Il ne lui restait plus que ses facultés de raisonnement. La logique cartésienne qui avait fait étinceler sa carrière ternit sa mort : il pensait que les gens essayaient de l'empoisonner ; c'est donc ce qu'ils faisaient.

Même les professionnels se trompent

Le problème, avec le ridicule globe sublunaire sur lequel nous vivons, comme nous avons essayé de l'expliquer dans ce livre, c'est que la vie y est infiniment complexe. Plus vous vous en approchez, plus vous voyez de choses. Ce qui semble simple de loin, comme par exemple l'éducation d'un adolescent, ou la politique sud-africaine, se révèle effroyablement compliqué vu de près. Il est impossible de connaître la vérité tout entière, puisqu'elle est infinie. Et pour chaque petit fragment qui la compose, un pauvre idiot pointe un revolver contre sa tempe... et un coin d'enfer lui est réservé.

« Personne ne sait rien », dit-on à Hollywood, en reconnaissant ainsi la complexité de l'industrie du cinéma. Un studio peut dépenser 100 millions de dollars pour un énorme *blockbuster*... qui se révélera être un bide complet. Mais il est tout aussi possible qu'un jeune homme fasse un immense succès populaire avec 20 000 $. Les plus vieux savent que même toute une vie d'expérience n'est pas une garantie. Les professionnels eux-mêmes se trompent au sujet des films censés battre tous les records au box-office.

Mais abordez un homme dans la rue, et il aura probablement une opinion. Il aura peut-être même acheté des actions dans une compagnie de production cinématographique... après avoir entendu parler des gros films qu'ils ont préparés pour l'été. Bien entendu, il n'a pas lu les scripts, ni rencontré les acteurs, ni jamais gagné un seul centime dans le secteur du cinéma... ni même travaillé comme ouvreur ! Et pourtant, il a une opinion – basée sur ce qu'il a lu dans la presse ou entendu à la télévision !

Les gens ont des opinions sur tout – et surtout sur ce à quoi ils ne connaissent rien. À Baltimore, pendant les années 1980, les électeurs pouvaient à peine comprendre le fonctionnement de leurs autorités municipales et parvenaient tout juste à obtenir un ramassage correct des ordures et la remise en état des rues. Et pourtant, même si très peu de gens avaient mis les pieds en Afrique du Sud, en connaissaient la langue, ou parvenaient à en identifier les groupes ethniques principaux, tous avaient des opinions bien arrêtées sur la manière de réorganiser le gouvernement sud-africain !

Et pourtant, plus vous en saviez à propos de la situation sud-africaine, plus il était difficile d'avoir une opinion simple. Un homme bien informé, à qui l'on demandait son opinion sur la question, précédait invariablement son commentaire d'un « Je ne sais pas » dubitatif...

Grâce aux moyens de communication modernes de l'âge de l'information, les gens deviennent chaque jour de plus en plus ignorants. Des mauvaises herbes de pensée unique et de connaissance commune écrasent les quelques pousses de véritable sagesse et de vérité. L'imbécillité collective s'étend comme du chiendent. Bientôt il ne restera plus rien de vivant ; nous ne saurons plus rien.

Contrôle des foules

« L'amour à distance devient rancune à la maison », a écrit Emerson. Un homme néglige sa femme, mais s'intéresse de près au triste sort des femmes soudanaises. Ou peut-être s'inquiète-t-il de la situation sanitaire de New Delhi, mais en oublie de sortir les poubelles.

La pensée unique est populaire parce qu'elle est plus simple que la pensée privée, et qu'il y a moins en jeu. L'attitude publique d'un homme est étayée par d'autres, montrée par les médias et renforcée par de constantes répétitions. Ses pensées privées, par contre, sont fragiles, solitaires et souvent sombres. Il ne peut même pas obtenir de ses enfants qu'ils rangent leur chambre, ou que sa femme approuve le budget familial ; qui peut le blâmer de vouloir dire aux autres ce qu'il faut faire, ou leur ordonner de partir en guerre ?

Des masses de gens ne partent pas en guerre parce que cela rendra leur vie privée plus riche, plus longue ou meilleure… mais pour des principes abstraits que peu d'entre eux peuvent expliquer ou justifier. *Lebensraum*… Préserver l'union… Bouter les infidèles hors de la Terre sainte… Rendre le monde plus sûr pour la démocratie… la Théorie des Dominos… Peu importe le slogan. Mais il doit être simple pour être compris des masses, et assez brillant pour les attirer vers leur propre destruction. C'est ça, l'histoire !

Avant le développement de l'état moderne à la suite des révolutions française et américaine, les guerres étaient l'affaire de relativement peu de gens. Elles avaient tendance à être saisonnières, sur une petite échelle, même si les combattants étaient souvent plutôt féroces les uns avec les autres – et envers quiconque se trouvait sur leur chemin.

Mais en 1793, après que la monarchie française eut été mise sur la touche par la Convention, la France était menacée de tous côtés. À chaque frontière se trouvaient des armées étrangères, dont la plupart regorgeaient d'aristocrates français émigrés qui avaient hâte d'envahir le pays pour renverser le nouveau gouvernement populaire et restaurer la monarchie. Ainsi menacée, la Convention effectua la première « levée en masse[1] » de conscrits qui se battraient pour la patrie. De nombreux officiers – dont La Fayette, le grand héros de la révolution américaine – avaient rejoint les rangs des ennemis de la France, ce qui laissa le champ libre à l'ascension rapide de jeunes officiers de talent, provenant de milieux modestes. C'est ainsi que Napoléon Bonaparte prit les commandes des forces françaises en Italie, et devint rapidement le héros du pays.

Peu de gens douteraient que Bonaparte était un génie militaire. Mais ce qui rendit ses campagnes si historiquement puissantes était autant le produit de la démographie et de l'engagement collectif que de ses talents pour la guerre. Comme nous le verrons dans le prochain chapitre, la France avait connu un baby-boom durant le XVIIIe siècle. Ces citoyens jeunes et ardents avaient poussé la monarchie hors du chemin de l'histoire… et à présent ils avaient permis à Napoléon d'amener ses « grands bataillons » dans des guerres à des milliers de kilomètres de distance, et de remplacer les soldats tombés parce qu'il les avait mis en danger.

---

1. En français dans le texte.

La longue et lente marche de l'histoire

C'est en 1806 que Wilhelm Friedrich Hegel affirma que l'histoire était terminée. Il voyait dans la victoire de Napoléon sur la Prusse à Iéna la même victoire que Fukuyama crut voir durant l'été 1989 – le triomphe des idéaux de la Révolution française. La participation du peuple au gouvernement, comme le pensaient tant Hegel que Fukuyama, amenait la paix et la prospérité permanente. L'histoire devait être terminée.

Mais l'histoire ne se termina pas en 1806... (ni en 1989). Au lieu de cela, en 1806, l'« histoire » au sens où nous la connaissons aujourd'hui avait à peine commencé. Jamais autant de gens n'avaient participé aux exercices collectifs qui fascinent tant d'historiens. À mesure que le XIXᵉ siècle se développait à pas de géant, de plus en plus de gens s'impliquèrent dans la politique – grâce à la croissance des assemblées et des parlements démocratiques. Cette démocratisation du monde occidental n'était pas un obstacle au cheminement de l'histoire. Au contraire, elle semblait éclaircir l'horizon et ouvrir le chemin au siècle le plus historique de l'humanité. C'est au XXᵉ siècle que le monde devint saturé de politique, de démocratie, et – ce qui n'est pas une coïncidence – de guerres. Pour la première fois, des armées de citoyens soldats étaient à la disposition de quasiment tous les pouvoirs européens... ainsi que les ressources complètes de sociétés entièrement collectivisées. Grâce aux communications modernes – chemin de fer, télégraphe, journaux, télévision – les masses, qui jusqu'alors étaient limitées par la portée de la voix et des rumeurs, pouvaient à présent parcourir les fuseaux horaires. Comme nous l'avons déjà vu, des nations entières s'engagèrent dans les sentiments de masse et se lancèrent dans des aventures que même le plus sombre idiot de village aurait pu considérer auparavant comme sans espoir. Fukuyama se trompait autant sur l'économie et la démocratie que sur l'histoire. Selon le point de vue populaire – qu'il reprit –, l'effondrement du communisme signalait la défaite totale des idées de Marx. « Le siècle qui avait commencé plein de confiance en lui-même et en l'ultime triomphe de la démocratie libérale occidentale semble, à la fin, avoir bouclé la boucle et être retourné là où il avait commencé, écrivit-il. Non pas à la "fin de l'idéologie", ou à une convergence entre le capitalisme et le socialisme, comme on l'avait prédit plus tôt, mais à la victoire écrasante du libéralisme politique et économique. » Le national-socialisme avait été détruit durant la Seconde Guerre mondiale, soulignait-il. L'Union des républiques soviétiques socialistes s'était effondrée à la fin des années 80.

Le « capitalisme » étouffé

La chute du communisme ne marquait pas vraiment la fin de cette tendance. Le communisme était une entreprise aussi désespérée que les autres, mais elle n'était qu'une partie de la tendance à la collectivisation des deux derniers siècles. La démocratie faisait elle-même partie de cette tendance, elle était simplement une forme différente de prise de décision collectivisée. Dans un système communiste, on dit que les moyens de production sont entre les mains du peuple pour commencer, et que leurs fruits sont ensuite distribués grâce au processus politique. Dans la démocratie moderne, la propriété est détenue par les individus, mais, selon les caprices des assemblées démocratiques, les usufruits sont distribués entre les groupes favorisés. Même si les titres de propriété sont aux mains des particuliers, les propriétaires n'exercent qu'un contrôle limité sur leurs propres biens. On indique aux propriétaires qui ils doivent embaucher, sous quelles conditions, combien ils doivent être payés, et ainsi de suite. On leur explique comment traiter la faune et la flore sur leurs terrains, et ils doivent régulièrement faire la queue pour se plier aux réglementations de zonage et de construction.

Les propriétaires, eux-mêmes de plus en plus démocratisés par les marchés de capitaux, sont forcés de récolter des impôts de la part de leurs employés, tout en fournissant d'autres fonctions sociales, sanitaires, voire policières – comme le contrôle de la parole de leurs salariés, l'interdiction de fumer dans les locaux, etc.

Bien entendu, à une époque, la démocratie américaine mettait l'accent sur les droits et les libertés des individus par rapport à l'État. Mais ces jours étaient bien loin, au XXe siècle. La démocratie américaine – lors de la chute du mur de Berlin – en était venue à correspondre à la définition européenne du terme, dans laquelle la volonté des individus était subordonnée aux intérêts du groupe tels qu'ils sont définis lors des élections. Les majorités en étaient venues à revêtir l'habit du roi, avec des droits plus sacrés encore. Au moins le roi devait-il son poste à Dieu... et craignait d'ordinaire son maître. Mais de qui avaient peur les majorités ? Elles ne pouvaient se tromper, car il n'y avait pas plus haute autorité. Elles ne devaient leur position à personne – sauf aux foules.

Y avait-il vraiment une frontière si nette entre le système américain miraculeux de 1989... ou 1999... et tous ceux qui l'avaient précédé ?

Le mythe de la démocratie

L'esprit des masses ne peut contenir que des idées simples... des idées si diminuées par le processus de simplification qu'elles sont à peine plus que des mythes. C'est aussi vrai de la démocratie que cela l'était du communisme.

Le point important, c'est que la démocratie laissait la place à une participation accrue dans la politique et dans son butin, tout comme le faisaient le communisme et le fascisme. Les rois et les empereurs pouvaient prendre des décisions en se basant sur leur propre opinion et leur conscience. Ils auraient plus ou moins de succès lorsqu'ils appliqueraient ces décisions, selon les circonstances. Mais la participation de masse a changé la nature de la politique et du gouvernement, les rendant plus despotiques que jamais… et, curieusement, plus résistants encore.

Les Américains subissent une tyrannie bizarre. Aucun mot ne peut décrire la dictature molle de la majorité… ou les chaînes de satin avec lesquelles nous nous attachons. Alexis de Tocqueville l'avait vu venir il y a 200 ans de cela. « Je pense, écrivait-il, que l'espèce d'oppression dont sont menacées les nations démocratiques ne ressemble à rien que le monde ait jamais vu. »

Dans les empires et les royaumes, nota Tocqueville, le pouvoir des autorités est absolu, souvent capricieux et dangereux. Mais les armées du roi ne peuvent être partout. Et ses agents tendent à être clairsemés. La plupart des gens vivant sous ces formes de gouvernement n'avaient qu'un contact très limité avec les autorités. Les impôts étaient bas. Il y avait peu de réglementations. Et les législateurs eux-mêmes vivaient dans la crainte d'être pendus par la foule. La poigne du roi était peut-être épouvantable, mais elle était de courte portée.

La démocratie est différente. Elle invite les gens dans les classes dirigeantes… et les transforme ainsi en agents non payés du gouvernement, avant d'en faire finalement leurs propres oppresseurs.

« Après avoir ainsi pris successivement chaque membre de la communauté dans sa puissante étreinte et l'avoir façonné à sa volonté, prédit Tocqueville, le pouvoir surprême [de la démocratie] étend son bras à toute la communauté. Il couvre la surface de la société avec un réseau de petites règles compliquées, minuscules et uniformes, au travers desquelles les esprits les plus originaux et les caractères les plus énergiques ne peuvent pénétrer pour s'élever au-dessus des foules. La volonté d'un homme n'est pas détruite, mais amollie, pliée et guidée... on force rarement les hommes à agir, mais on les empêche constamment de le faire... Un tel pouvoir ne détruit pas, mais il empêche l'existence ; il ne tyrannise pas, mais compresse, affaiblit, éteint et abrutit un peuple »...

« Leur esprit est ainsi graduellement brisé, continue Tocqueville, ils perdent peu à peu la faculté de penser, ressentir et agir pour eux-mêmes. » Les gens se consolent donc de la perte de leurs libertés « en pensant qu'ils ont choisi leurs propres gardiens ».

Tous les deux ou quatre ans, les Américains célèbrent leur liberté démocratique en faisant la queue à l'isoloir.

Puis ils retournent faire ce qu'on leur dit.

La réglementation de la liberté

Dans la société médiévale, on pensait que le rôle qu'avaient les hommes dans la vie était déterminé par Dieu. Les rois étaient des rois parce que Dieu l'avait voulu ainsi, et le sort des paysans dépendait aussi de la volonté divine. Les individus pouvaient tirer le pire ou le meilleur parti du rôle qui leur était assigné, mais leurs devoirs et leurs privilèges étaient assez clairement définis et ne dépendaient pas d'eux.

La promesse de la société moderne en général, et de la démocratie en particulier, fut que l'homme pourrait décider lui-même du rôle qu'il jouerait. Ce n'était plus Dieu qui écrivait les lois. Les hommes les écriraient à sa place dans des assemblées, par l'intermédiaire de représentants des citoyens élus par vote populaire.

Comme le droit de vote s'étendait tout au long des XIXᵉ et XXᵉ siècles, ce nouveau système rassembla un nombre croissant d'individus. Les théoriciens conçurent un système qui permettrait de débattre en public des avantages et inconvénients de toute loi proposée. Puis, après avoir mûrement réfléchi, chaque électeur pourrait exprimer son vote. En pratique, les diverses formes de démocratie présentent, pour le meilleur et pour le pire, toutes les caractéristiques d'un système dans lequel on légifère collectivement, la législation étant adoucie par les habitudes et caractéristiques du groupe auquel elle a été imposée.

Mais la liberté d'établir des lois, quelles qu'elles soient, était une invitation à semer le trouble. Comme s'en aperçut Herbert Spencer, les gains en liberté apparente s'avérèrent bientôt être des pertes en liberté réelle.

Voici ce qu'il écrit sur le Parlement anglais au XIX siècle :

> La législation... a suivi le cours que j'avais souligné. La multiplication rapide de mesures dictatoriales a tendu de façon persistante à restreindre les libertés individuelles, et ceci de deux manières. Un nombre de plus en plus important de réglementations ont été établies chaque année, imposant une contrainte au citoyen dans des domaines dans lesquels ses actes étaient auparavant complètement libres, et le forçant à accomplir des actes qu'il était auparavant libre d'accomplir ou de ne pas accomplir selon sa volonté. En même temps, des charges publiques, particulièrement locales, de plus en plus lourdes ont restreint encore davantage sa liberté en diminuant la part de ses bénéfices qu'il peut dépenser à son gré, et en augmentant la part qui lui est retirée pour qu'elle soit dépensée selon le bon plaisir des autorités publiques.

Et ce qui se passa en Angleterre au XIX siècle se passa aussi aux États-Unis au XX. De plus en plus de lois, votées par un corps législatif démocratique, eurent pour effet de restreindre les libertés. Mais, ce faisant, elles rapprochèrent les individus de plus en plus, donnant à chacun des intérêts, d'abord, dans ce que l'autre avait en poche... mais aussi dans l'économie et la Bourse en général.

Un mensonge est au cœur même de la démocratie : on peut tricher, assassiner et voler tant qu'on peut conserver le soutien de 51 % d'électeurs. Les individus n'éprouvent aucun scrupule à mettre la main sur les comptes en banque de leurs semblables grâce au vote, et ils trouvent des justifications morales à le faire. Car ils le font toujours au nom d'un noble objectif plein d'audace, que ce soit pour protéger l'environnement ou les pauvres... ou pour libérer le monde !

On dit communément que « nul n'a ses libertés ou ses biens à l'abri quand le Parlement tient séance ». Petit à petit, les corps législatifs s'insinuèrent dans presque tous les aspects du commerce. Malgré l'affirmation de Fukuyama, à la fin du XXᵉ siècle, en Amérique comme dans les autres pays développés, une part allant d'un tiers à la moitié de tout le PIB des pays occidentaux était redistribuée par le processus politique.

Un noble objectif plein d'audace

La tendance dominante du monde occidental dans son ensemble depuis la Révolution française s'est orientée vers davantage de vote et moins de liberté. « Donnez-moi la liberté ou donnez-moi la mort », dit Patrick Henry[2] à une époque où les réglementations gouvernementales étaient presque inexistantes et où la totalité des levées d'impôts étaient inférieures à 3 %. À quoi pensait-il donc ?

Peut-être faisait-il référence à la liberté des individus de décider qui va se faire leur maître. Mussolini décrivit le concept mieux que Patrick Henry. « Le fascisme, expliqua-t-il, est pour la liberté. Et pour la seule liberté qui peut être réelle, la liberté de l'État et de l'individu au sein de l'État. Donc, pour le fasciste, tout est au sein de l'État, et rien d'humain ou de spirituel n'existe, ni encore moins a de la valeur, en dehors de l'État. Le fascisme, synthèse et union de toutes les valeurs, interprète, développe et donne force à toute la vie des individus. »

---

2. Patrick Henry (1736-1799), avocat, patriote et orateur, fut un symbole vivant de la lutte américaine pour la liberté et l'autonomie.

Les gens exercent cette liberté collective en votant. C'est sur ce principe que repose la démocratie. Au début, en Amérique et ailleurs, peu de gens (les propriétaires terriens de sexe masculin) avaient le droit de vote. La Nouvelle-Zélande fut le premier pays qui permit aux femmes de voter, en 1898. Depuis lors, de plus en plus de gens ont acquis la liberté d'exprimer leur voix dans un scrutin.

Au début du siècle dernier, on pensait que le vote était la clé de la paix, la prospérité et la liberté. Même aujourd'hui, la plupart des gens en sont convaincus, après un siècle qui leur prouva le contraire. Au cours de la Première Guerre mondiale, les principaux combattants avaient déjà institué le suffrage universel des hommes. Cela ne leur a pas beaucoup profité. Après la guerre, presque tout le monde était persuadé que la propagation de la démocratie empêcherait les conflits armés dans l'avenir. À peine dix ans après l'armistice, les citoyens d'Allemagne élurent Hitler, tandis que les électeurs italiens confiaient la plus haute fonction du pays à Mussolini.

Peut-être que les lecteurs, qui s'attendaient à des conseils financiers, trouvent cette critique de la démocratie hors de propos. Mais notre but est de montrer comment fonctionne le monde. L'homme est un animal grégaire, et non un animal solitaire. C'est en groupe, et non pas seul, qu'il réfléchit et fait l'histoire. La démocratie amplifie la pensée de groupe en politique, de même que les marchés financiers constituent un point de rencontre pour la pensée collective dans le monde financier. Ni l'un ni l'autre ne font nécessairement du monde un endroit meilleur, mais les deux le rendent différent. Et, conjugués, il se peut bien qu'ils en fassent aussi un endroit plus dangereux.

La démocratie n'enrichit pas les individus. Hong-Kong est un des grands succès économiques d'après-guerre, ses résidents n'eurent pourtant jamais le droit de voter pour quiconque. Par ailleurs, alors que le nombre d'électeurs augmentait dans les démocraties occidentales, les taux de croissance économique ne montaient pas, mais baissaient.

Les habitants des pays démocratiques sont-ils plus libres ? Vivent-ils davantage en paix ? La démocratie enrichit-elle les individus ? Les rend-elle plus heureux ? Rien ne semble le prouver.

« On a écrit des bibliothèques sur le sujet. Le fait est que la démocratie se refuse à être enfermée dans une formule simple et univoque. Elle est une figure mobile, à facettes multiples et contradictoires. Elle n'est pas une "chose", ni même une idée ; elle est une mythologie » (Lucien Boia, *Le Mythe de la démocratie*).

Louis XVI, roi de France, était loin d'être un démocrate, fait remarquer Boia. C'était un « monarque absolu ». On le croyait presque divin, et sa puissance, disait-on, n'était pas limitée par la volonté du peuple. C'était un système de scrutin universel. Louis XVI était l'univers. Seule sa voix comptait. Et pourtant que pouvait-il faire ? Il pouvait faire la guerre. Mais il lui faudrait trouver un moyen de la financer. Il pouvait s'adresser aux banquiers. Il pouvait essayer de lever des impôts. Mais autant tondre un œuf...

Louis XVI ne pouvait rien faire de tout ça sans le soutien de nombreuses personnes qui occupaient beaucoup de positions différentes. En fait, il était moins libre de ses décisions qu'un petit fonctionnaire et était entravé de tous côtés. Il pouvait rencontrer l'opposition des agents de l'État, de l'Église, de ses créanciers, ou de la bourgeoisie. Même un commentaire négatif de sa maîtresse pouvait le plonger dans le désarroi.

Louis XVI pouvait proclamer une loi. Mais qui l'appliquerait ? Il pouvait annoncer une guerre. Mais qui pourrait-il persuader de se battre ?

On disait que Louis XVI était tout-puissant. S'il avait tout le pouvoir, les citoyens ordinaires n'en avaient donc aucun. Mais comparé aux Georges et aux Jacques d'aujourd'hui, Louis XVI était à peine plus puissant qu'un électeur américain. Et, à la fin, comme le tsar Nicolas II, non seulement il fut incapable d'empêcher une révolution, mais il n'eut même pas le pouvoir de sauver sa tête.

Quand les révolutionnaires enfoncèrent les portes de la Bastille, que l'on considérait être le symbole du régime répressif de Louis XVI, ils découvrirent une parcelle de vérité. La Bastille était presque vide. Louis XVI ne pouvait réprimer presque personne. Les monarques absolus disparurent de la planète non parce qu'ils avaient trop de pouvoir, mais parce qu'ils n'en avaient pas assez.

Liberté, Égalité, Fraternité

De nos jours, grâce aux bénédictions de la démocratie, les citoyens des États-Unis, terre de la liberté, et d'autres démocraties occidentales paient des impôts qui sont de 5 à 10 fois supérieurs à ceux qu'exigeaient les monarques absolus... et se soumettent à des lois et des règlements que Louis XVI n'aurait jamais pu concevoir.

De nos jours, les prisons américaines sont pleines, et le président peut déclarer la guerre au pays de son choix. Pourtant, ni Fukuyama, ni l'esprit populaire, ne peuvent imaginer la possibilité d'une amélioration.

Ce que promet la société de consommation démocratique moderne, bien que la promesse n'ait jamais été faite de façon explicite, est que les citoyens trouveront le bonheur sur terre grâce à des mesures garantissant la sécurité et la santé publiques et grâce à la capacité du capitalisme moderne d'aider ses citoyens à produire et à distribuer de la richesse. L'homme, qui prend ses décisions de façon rationnelle, a, selon Fukuyama, tout naturellement choisi le système occidental démocratique et capitaliste, comme s'il s'agissait d'un marchand de vins et alcools qui livre à domicile !

Mais qu'on appelle cela le communisme ou la démocratie libérale, la promesse majeure demeure la même : les participants s'imaginent qu'ils obtiendront du système des avantages qu'ils n'auraient pas obtenus par leurs seuls efforts personnels. Le pouvoir des majorités étant bien plus important que celui des rois, les citoyens en attendent bien davantage que les sujets n'en attendaient de leurs souverains. Et ils ne peuvent pas imaginer la moindre raison que la promesse ne soit pas tenue.

« Une foule n'est pas seulement impulsive et mobile, explique Le Bon. Comme un sauvage, elle n'est pas prête à admettre que quoi que ce soit puisse s'interposer entre son désir et la réalisation de son désir. Il est moins capital pour elle de comprendre une telle intervention, à cause du sentiment de puissance irrésistible qu'elle tire de sa force numérique. La notion d'impossibilité disparaît de l'individu lorsqu'il est dans une foule. »

Un temps pour chaque chose

La guerre, comme les histoires d'amour, nécessite une dose de folie. Si l'on se lançait sauvagement dans une charge de cavalerie, les dernières personnes que l'on souhaiterait avoir à ses côtés seraient un groupe d'intellectuels discutailleurs. On voudrait plutôt de vrais hommes, des hommes dont l'esprit est dépourvu de complications et aussi obtus qu'une massue.

Avec le soutien de tels hommes, on a une chance de réussir, de se précipiter sur les lignes ennemies et de les percer. Mais un seul moment d'hésitation, un seul doute… et on est fini. Ni le dieu de la guerre ni le dieu de l'amour n'aiment les demi-mesures. « De l'audace, dit Danton aux généraux de France en 1792. Il nous faut de l'audace, encore de l'audace et toujours de l'audace. »

Soldats, hommes politiques, amateurs de matchs de football : tous sont particulièrement sensibles à la pensée de groupe. Observez seulement des supporters à un match de football ; ils se lèvent pour acclamer bruyamment leur équipe, comme si l'issue du match était pour eux d'une importance capitale. L'idée d'appartenir à l'équipe gagnante est en elle-même une forme primitive de la pensée de groupe. Ce n'est pas de la pensée du tout, bien entendu, mais seulement un sentiment brut qui se saisit d'un groupe entier et en force les membres à se départir de leur volonté individuelle pour adopter la volonté de la majorité. Enhardis par la foule qui se presse autour d'eux, les individus peuvent commettre les actes les plus insensés.

Un match de football captive un court instant les émotions de la foule. Les supporters savent que ce n'est qu'un jeu. Les individus sont bien plus captivés lorsque l'entreprise fait appel à des ambitions plus profondes et plus abstraites, par exemple si elle peut les enrichir tous, ou les rendre maîtres, non pas d'un terrain de football, mais du monde entier. Il est important de s'apercevoir qu'ils ne sont pas motivés par une pensée rationnelle, mais par un sentiment primitif et simpliste, souvent un vague désir qui peut à peine s'exprimer verbalement, et qu'on ne peut pas non plus mettre en doute de façon rationnelle.

« Malgré tous ses progrès, écrit Le Bon, la philosophie n'a pas pu jusqu'à maintenant offrir aux masses un idéal qui puisse les charmer ; mais, comme elles doivent à tout prix avoir leurs illusions, elles se tournent instinctivement, comme un insecte qui cherche la lumière, vers les rhétoriciens qui leur accordent ce qu'elles veulent. Ce n'est pas la vérité, mais l'erreur, qui a toujours été le principal facteur de l'évolution des nations ; et la raison pour laquelle le socialisme est si puissant de nos jours est qu'il constitue la dernière illusion qui soit encore vitale. Malgré toutes les démonstrations scientifiques, il continue à s'étendre. Sa force principale réside dans le fait que ceux qui s'en font les champions sont suffisamment ignorants de la réalité des choses pour avoir l'audace de s'aventurer à promettre le bonheur à l'humanité.

L'illusion sociale règne aujourd'hui sur les amas de ruines du passé, et l'avenir lui appartient. Les masses n'ont jamais été assoiffées de vérité. Elles tournent le dos à l'évidence si elle n'est pas de leur goût, pour diviniser l'erreur si l'erreur les séduit. Quiconque peut leur apporter des illusions se fait facilement leur maître ; quiconque tente de détruire leurs illusions est toujours leur victime. »

Introduisons ici une nuance. L'esprit de foule qui unifie une armée ou une équipe de football sert leur objectif. Sans lui, la cavalerie se disperse et n'a aucune chance de remplir sa mission. C'est peut-être la raison pour laquelle la nature l'a intégré à la condition humaine. Comme le patriotisme, il a peut-être sa fonction.

Bien que la pensée moutonnière puisse être essentielle à certaines sortes d'activités compétitives, elle est plus que superflue dans d'autres domaines. « Quand tout le monde pense la même chose, personne ne pense vraiment », dit-on à Wall Street. La différence entre les marchés et les champs de bataille est que, dans les premiers, la pensée de groupe ne paie que rarement. Ainsi, quand les investisseurs pensent tous s'enrichir en achetant la même action, ce sont les vendeurs qui s'enrichissent, et pas les acheteurs. Le cours de l'action monte rapidement à un niveau bien supérieur au prix que devrait payer un acheteur raisonnable. Bientôt il s'avère que les détenteurs de l'action l'ont payée trop cher. Et à qui vont-ils la vendre ? Tous les acheteurs susceptibles de le faire l'ont déjà achetée.

La ruée vers la sortie

En économie, on appelle ce problème le « sophisme de la composition ». En bref, ce qui marche pour un individu ne marche pas toujours pour un groupe. Pour revenir à la charge de cavalerie, un soldat pourrait tirer sur les rênes de son cheval lorsqu'il approche de l'ennemi, et laisser ses camarades subir le choc du contact initial avec les baïonnettes et les balles des mousquets. Le soldat de cavalerie peut ainsi augmenter ses propres chances de survie. Mais si tous les soldats agissaient de même, il est presque certain qu'ils échoueraient dans leur entreprise et seraient probablement pulvérisés par les balles pendant qu'ils hésiteraient devant les lignes ennemies.

Le paradoxe se répète souvent en économie et dans d'autres domaines. Un homme d'affaires a peut-être intérêt à licencier ses employés pour limiter ses dépenses et améliorer sa marge de bénéfices. Mais si tous les hommes d'affaires licenciaient soudain les travailleurs, les dépenses des consommateurs chuteraient. Et bientôt les entreprises constateraient une baisse des ventes et des bénéfices.

Charles Kindleberger mentionne le phénomène des spectateurs qui se lèvent à des événements sportifs. Quand quelques-uns se lèvent, ils voient mieux. Mais si tous les spectateurs se lèvent, l'avantage disparaît. Un homme peut vendre une action surcotée et en tirer un bon profit. Mais si les autres actionnaires essaient tous de faire la même chose en même temps, le cours va chuter. Au lieu de faire des bénéfices, ils finiront peut-être tous par perdre de l'argent.

La grande masse des citoyens d'un système participatoire croit en des choses qui deviennent si banales qu'elles en perdent presque leur sens d'origine. Ainsi, ils croient peut-être que le roi a un « droit divin » de leur dire ce qu'ils doivent faire, ou que la majorité de leurs représentants élus peut faire de même. Ou qu'ils sont de race supérieure, ou bien qu'ils ont « une destinée manifeste », ou encore qu'ils risquent d'être assommés par la chute d'un domino. En politique, les mensonges, les absurdités et les sottises suivent leur propre cours : il est souvent sordide, parfois pitoyable, et à l'occasion amusant. Mais sur les marchés l'issue est toujours la même : perdant la tête à cause d'un mensonge, les participants, illustrant le « sophisme de la composition », se comportent comme des spectateurs de théâtre pris de panique qui se ruent vers la sortie. Ils croient, par exemple, qu'ils peuvent tous s'enrichir en achetant des actions. Mais s'enrichir est relatif. Seule une minorité peut le faire. En comparaison avec une grande partie de l'humanité présente et passée, presque tous les investisseurs américains sont déjà riches. Mais c'est la comparaison avec les autres investisseurs vivants, leurs amis ou leurs voisins, qui leur importe. Peuvent-ils tous être plus riches que leurs amis ou leurs voisins ? C'est aussi possible que pour des enfants d'être tous d'une intelligence supérieure à la moyenne.

Ainsi, à la fin de 2002, les Américains de la génération du baby-boom pensaient qu'ils avaient les moyens de prendre leur retraite en vendant leurs maisons qui avaient pris de la valeur. Mais à qui vendre ? Les premiers qui vendraient s'en tireraient peut-être bien, mais qu'adviendait-il des prix de l'immobilier si les 78 millions d'Américains de la même génération décidaient de vendre en même temps ?

En s'étendant, la participation de masse aux marchés cause un afflux de plus en plus important de capitaux et d'individus qui font n'importe quoi. Les prix montent, et même ceux qui ne sont pas débutants et qui devraient être plus avisés n'ont pas les idées claires. Et voici le décor planté pour un dernier acte bien décevant. Pour finir, le mythe trahit les masses qui avaient cru en lui, parce qu'il n'est qu'imaginaire ou physiquement impossible.

La « Croyance générale » selon Le Bon

Toute société à un besoin essentiel de ce que Le Bon appelle une « Croyance générale », un mythe de grande ampleur, qui la maintient dans son intégrité. Ainsi, le marxisme-léninisme, ou du moins les discours officiels que l'on tenait sur lui, maintint l'Union soviétique en l'état pendant soixante-dix ans. Bien que, dès les années 1960, les gens aient commencé à s'apercevoir que cette croyance était vouée à l'échec, ils s'y accrochèrent pendant 30 ans de plus, car ils n'avaient rien à mettre à sa place.

Quand la Croyance générale est au plus haut, ceux qui y prennent part ne voient pas du tout en elle une « croyance ». Elle semble aller d'elle-même et ne paraît pas pouvoir être mise en doute. Après la chute de l'Empire romain, l'Europe vécut dans la Croyance générale que Dieu avait organisé les choses telles qu'elles étaient et que son intention était qu'elles le restent. Et peut-être que telle était la volonté divine. Mais avec la Révolution française, soudain, la Croyance générale changea.

La Croyance générale dans la société démocratique de consommation de masse n'avait pas encore complètement pris forme à la fin du XVIIIᵉ siècle. On voyait encore en elle une idée qu'on pouvait mettre au rancart si elle ne convenait pas à l'époque. Entre 1790 et 1820, comme nous le dit Gustave Le Bon, la Croyance générale changea trois fois en France. Elle passa de la vision monarchiste d'un ordre divin à un credo révolutionnaire. Puis le feu révolutionnaire se consuma ou fut étouffé par les sortilèges de l'Empire napoléonien. Mais quand Napoléon fut expédié à Sainte-Hélène, il y eut un retour à une monarchie bien fatiguée.

Cela prit un bon siècle pour que la Croyance générale en une société démocratique de consommation de masse finît par atteindre l'âge adulte.

Le siècle américain

Au milieu de l'ère victorienne, Sydney Smith se demanda si quiconque aurait vraiment envie de voir une pièce américaine ou d'écouter un air de musique américain. Ce fut lui qui dit que la nation américaine en son ensemble était une « expérience de vulgarité ». Peut-être que c'était le cas. Et peut-être que ça l'est encore. Mais cela n'empêcha pas les Américains de gagner de l'argent. Et en fait cela sembla même les y encourager.

Cela fait bien longtemps que *Le Figaro* existe. Dans son premier numéro de l'an 2000, ce quotidien reproduisit sa première page de 1900. Elle comprenait un article sur le sénateur Andrews Clark. Le correspondant à Washington du *Figaro* écrivait que Clark était l'homme le plus riche du Sénat, sa fortune étant supérieure à celles additionnées des huit sénateurs les plus riches qui venaient après lui. Pour gagner son argent, nous dit l'article, il n'avait, au début, qu'un attelage de bœufs. Il les conduisit à une mine de cuivre, la mine de la Verde, où il fit fortune. Au tournant du siècle, il avait des banques, des chemins de fer, des plantations de caoutchouc, et le reste.

Était-il vulgaire ? Aussi vulgaire qu'une gare routière, sans aucun doute. Mais il possédait par ailleurs à New York une collection de chefs-d'œuvre de l'École des modernes français qui orne probablement les murs d'un musée de nos jours. *Le Figaro* se demandait tristement s'il serait possible de faire venir « cet homme d'affaires prodigieux » à Paris où « les artistes et les pauvres n'auraient aucune raison de s'opposer à sa visite ».

Tandis que les intellectuels américains léchaient les bottes de leurs cousins d'Angleterre et d'Europe continentale, les hommes d'affaires dynamiques des États-Unis construisaient des McDonald's. Et faisaient des films qui étaient exportés dans le monde entier. Et vendaient de la musique qu'on entend maintenant (souvent sans pouvoir s'y soustraire) dans les coins les plus reculés et désolés que connaisse l'humanité.

Le capitalisme démocratique de consommation de masse

Joseph Conrad décrit cette caractéristique du monde des affaires américain dans son personnage de Holroyd qui dit : « Nous gérerons les affaires du monde, que le monde le veuille ou non. » Et c'est en fait ce qui se produisit au XXᵉ siècle. Ce siècle-là fut le siècle de l'Amérique, comme l'avait suggéré Henry Luce[3].

« Nous ne devons jamais oublier ce que signifie le XXᵉ siècle, ou... le triomphe de la liberté », annonça le président Clinton. C'était de liberté que les États-Unis disposaient en abondance en 1900, et c'est la liberté qui mit le sénateur Clark et M. Holroyd sur la voie de la gloire commerciale. La liberté leur permit d'être à la fois prospères et vulgaires. Plus ils étaient prospères, plus ils avaient les moyens d'être vulgaires.

Un siècle plus tard, le capitalisme démocratique de consommation de masse était sans rival. Partout dans le monde, on pouvait voir les arches dorées des McDonald's et l'enseigne des magasins Gap, mais la Croyance générale était devenue aussi invisible que l'ordre féodal l'était au Moyen Âge. Alors que le XXᵉ siècle s'achevait, que l'on regardât à l'est, à l'ouest, au sud ou au nord, on ne pouvait voir ni cette Croyance générale, ni autre chose, car il n'y avait pas d'élément de comparaison. La fin de l'histoire décrite par Fukuyama semblait être arrivée. « Le triomphe de l'Occident, de l'idée de l'Occident, se voit de prime abord dans le fait que toutes les alternatives systématiques viables au libéralisme occidental ont été complètement épuisées », écrivait Fukuyama dans son célèbre essai.

À la fin du XXᵉ siècle, tout le monde s'attendait à ce que le siècle suivant fût également dominé par l'Amérique, par sa culture, ses entreprises, et son marché des valeurs. Presque tous les éditoriaux

---

3. Fondateur de *Time Inc*.

mentionnaient le « triomphalisme américain ». Presque tous les rédacteurs d'éditoriaux étaient consternés par les McDonald's, et méprisants de la masse de l'Amérique moyenne, mais fiers de trôner avec elle au sommet du monde. Les consommateurs, les investisseurs et les hommes politiques croyaient encore que l'Amérique conservait un avantage compétitif au XXIe siècle. Ils affirmaient que l'économie des États-Unis était libre… et plus flexible et innovante que celle des autres nations.

Heureusement, les étrangers en étaient aussi persuadés. Ils continuaient à accepter le billet vert comme monnaie de choix, malgré la perte de valeur intrinsèque du dollar (le produit américain d'exportation qui avait le plus de succès) avec chaque nouvelle unité utilisée. Même à Cuba, un pays qui s'accroche encore à la politique comme le pape à la croix, on avait accepté que le dollar ait cours. Mais le dollar américain était suracheté. Personne ne le disait, car le mythe était devenu invincible. Il n'y avait pas d'autre opinion. Personne ne se rendait compte, semblait-il, que l'Amérique était passée depuis longtemps d'une économie à forte croissance et forts investissements, où les gens étaient libres de s'enrichir ou de se ruiner selon leurs propres mérites, à une économie hautement réglementée et à fortes dépenses publiques, où les gens s'attendaient à recevoir sans donner… et étaient prêts à voter dans ce sens !

Qu'advienne la révolution !

Récemment assis à un café en plein cœur du Quartier latin et écoutant les conversations aux tables voisines, les auteurs de ce livre n'ont pas une fois entendu prononcer les noms de Marx, Lénine, Freud, Foucault ou Sartre. Ils sont bien morts et enterrés.

Il y a trente ans, ce quartier de Paris était si épris de politique que les révolutionnaires de l'époque arrachèrent les pavés et construisirent des barricades. « Qu'advienne la révolution, se

disaient-ils les uns aux autres, et les choses seront différentes. »
Les cafés et les restaurants étaient déjà pleins à l'époque… mais
pas de touristes. Ils étaient pleins d'idéologues, des jeunes aux
cheveux gras qui fumaient, buvaient, et se disputaient sur des
points précis du marxisme jusqu'aux petites heures du matin. Ils
n'avaient pas le Che sur leurs tee-shirts, mais sur les lèvres et à
l'esprit (ou du moins ce qui en faisait fonction).

En 1789, la scène n'était probablement pas si différente. La
Révolution française est « la source de toutes les idées communistes,
anarchistes et socialistes », écrivit le prince Piotr Kropotkine.

À la fin du XVIIIe siècle, la France jouissait d'une position
privilégiée qui fait un peu penser à celle de l'Amérique à la fin
du XXe siècle. C'était le plus grand pays, la plus grande économie
et la puissance militaire dominante en Europe. (C'est l'intervention
française qui avait permis aux colonies américaines d'échapper
à la férule des Britanniques dix ans auparavant.) La France pouvait
même sermonner les autres pays sur les avantages de la libre
entreprise !

Mais la réussite s'ajuste d'elle-même. Turgot et les physiocrates
avaient appliqué leurs principes du laisser-faire à l'économie
française, avec un effet considérable. Ce faisant, ils avaient empiété
sur des intérêts puissants proches de la monarchie qui s'inquiétaient
de protéger leurs privilèges et leurs marchés, un peu comme les
sidérurgistes de Virginie-Occidentale et les agriculteurs du Kansas
pendant le mandat de Bush fils. En 1776, l'année même où débuta
la guerre d'Indépendance américaine et où Adam Smith publia
La Richesse des nations, Turgot fut mis à la porte.

« Le renvoi de ce grand homme m'accabla, écrit Voltaire.
Depuis ce jour fatal, je n'ai suivi aucune idée… et j'attends
patiemment que quelqu'un nous tranche la gorge. »

Et les coutelas apparurent effectivement quelques années
plus tard à peine. Le 14 juillet 1789, une foule parisienne attaqua
la vieille forteresse de la Bastille. Ils en libérèrent « deux idiots,

quatre faussaires et un débauché », écrit un observateur de l'époque. On promit aux gardes de la prison des sauf-conduits s'ils se rendaient, mais, une fois qu'ils eurent rendu les armes, la foule les tailla en pièces et défila dans les rues de Paris, avec leurs têtes, leurs torses et d'autres parties du corps enfilés au bout de leurs piques.

Pendant les 25 années qui suivirent, la France fut ébranlée par des tempêtes successives de folie collective. Le marquis de Sade fut relâché de prison, tandis que des milliers de bonnes gens prenaient sa place. Le papier-monnaie remplaça l'or et l'argent. Les cartes d'identité, que l'on avait baptisées « certificats de bonne citoyenneté », devinrent obligatoires pour tous les citoyens. Il fallut des permis pour presque tout. Et les déplacements furent strictement contrôlés.

Une atteinte à la tradition

Toute révolution, que ce soit le début d'une Nouvelle Ère à Wall Street... ou d'une nouvelle ère à Paris, est une atteinte à la tradition. L'Église fut pillée. Les langues régionales, les écoles et les lois furent démantelées. Même les anciennes façons de s'adresser aux autres furent mises au rancart : désormais, les seules appellations seraient « citoyen » ou « citoyenne ». Les Français finirent par en avoir assez. Au moment critique, Napoléon Bonaparte rétablit l'ordre à Paris avec quelques charges de mitraille.

Mais de nos jours les seules révolutions dont on parle au Quartier latin concernent la technologie et la mode. On voit des lesbiennes à chaque coin de rues, mais il faudrait passer Paris au peigne fin pour trouver quelques communistes rongés aux mites qui ont perdu l'esprit il y a 30 ans. Il y a des tee-shirts à l'effigie du Che, mais qui se soucie de ce qu'a dit le Che, si ce n'est quelques fossiles des années 60 ? Il n'y a pas non plus de vrais républicains. Car en quoi le programme de Chirac est-il différent de celui de Bush fils, de Clinton, de Blair... ou de Louis XVI ? Ils font tous les mêmes choses : ils lèvent des impôts, dépensent de l'argent et réglementent autant qu'on les y autorise.

Comment en sommes-nous arrivés à cette étrange rencontre ? Tous les grands gouvernements semblent se retrouver dans une forme de socialisme profane... Mais où sont les socialistes ? Peu d'hommes politiques reconnaîtront volontiers la croyance qu'ils partagent. Et, d'ailleurs, quel électeur s'en soucie vraiment ?

« Nous avons vécu la révolution, principalement rhétorique, de la période Reagan, écrit l'économiste Gary North. Après Reagan, nous avons vécu la contre-révolution Bush-Clinton. Et maintenant nous continuons avec l'administration présente : davantage de contrôle sur nos vies, davantage de dépenses publiques, et de plus grands déficits de l'État fédéral. »

« La victoire de Reagan n'a pas réduit le contrôle de l'État, continue North. Nous n'allons pas voir des baisses d'impôts, une réduction de la réglementation gouvernementale dans le monde des affaires, un budget fédéral réduit, le remboursement de la dette nationale, de meilleures écoles, des villes plus sûres, et des effectifs plus réduits dans les entreprises... »

La révolution qui commença à Paris il y a plus de deux cents ans se poursuit. Mais, au milieu des années 1990, la foule se désintéressa de la tragédie pour s'intéresser à la farce, c'est-à-dire passa de la politique à l'économie, de la guerre à la concurrence commerciale, et de l'idéologie au consumérisme.

Les crises longues, lentes et modérées de l'âge moderne

« Voici une hypothèse, suggère l'économiste Paul Krugman, se proposant d'expliquer les étranges événements que nous avons connus au cours des 12 dernières années. Le monde est devenu vulnérable à ses épreuves actuelles, non pas parce que les politiques économiques n'avaient pas été réformées, mais parce qu'elles l'avaient été. C'est-à-dire, partout dans le monde, les pays ont réagi aux défauts mêmes des types de politiques qui avaient été élaborés en réaction à la crise de 29 en revenant à des politiques qui avaient beaucoup des vertus du capitalisme d'économie de marché d'avant la Grande Crise. Toutefois, en ressuscitant les vertus d'un capitalisme à l'ancienne, nous avons aussi redonné vie à ses vices, et notamment à une vulnérabilité à la fois à l'instabilité et à de longues périodes de ralentissement économique. »

Krugman imagine une sorte de contrat social après la Grande Crise selon lequel les électeurs acceptèrent de tolérer le capitalisme, mais seulement s'il s'accompagnait de réglementation et de protections sociales pour que nul n'en souffrît. Selon lui, ces restrictions produisirent une prospérité stable dans laquelle les avantages furent partagés par la population au cours des années 50, 60 et 70.

« L'Amérique dans laquelle j'ai grandi, l'Amérique des années 1950 et 1960, dit-il, était une société de la classe moyenne. Oui, bien entendu, il y avait des gens riches, reconnaît-il, mais [Dieu merci !], il n'y en avait pas tant que ça. Les jours où les ploutocrates constituaient une force dont il fallait tenir compte dans la société américaine, sur le plan économique comme sur le plan politique, étaient passés depuis longtemps. »

Krugman écrivait pour des lecteurs approbateurs du *New York Times Magazine* en octobre 2002. Fidèle à lui-même, il se laissa emporter par l'envie, s'inquiétant que les riches ne fassent un retour en force. Les rémunérations des cent directeurs d'entreprise les mieux payés aux États-Unis sont passées de seulement 1,3 million de dollars en 1970 (ramenés à la valeur du dollar en 1998) à 37,5 millions de dollars en l'an 2000. Ces super-riches ne sont pas en nombre suffisant pour remplir un quartier à urbanisation contrôlée dans une ville moyenne des États-Unis, et pourtant Krugman s'en indignait tant qu'il est passé à côté de l'aspect le plus important : le triomphe du laisser-faire du capitalisme américain, célébré par les conservateurs et déploré par Krugman, est en trompe-l'œil. À la fin du XXᵉ siècle, les vrais capitalistes avaient presque complètement disparu. Le mot « capitalisme » est un terme péjoratif inventé par Marx pour décrire un système dans lequel les riches possèdent les moyens de production et exploitent les masses. Le système décrit par Marx n'a jamais vraiment existé de la manière qu'il imaginait, bien qu'un observateur de passage, qui s'est levé du pied gauche, ait pu être tenté de l'interpréter ainsi.

Marx avait une analyse tout aussi fantasque de l'économie que de l'histoire. Mais au moins une de ses prédictions se réalisa, bien que ce ne fût pas du tout de la manière qu'il avait imaginée. Alors que nous levions nos verres de champagne pour accueillir le nouveau millénaire, la vision marxiste avait triomphé au moins autant que celle d'Adam Smith et de Turgot sur le laisser-faire : les moyens de production appartenaient aux travailleurs. (Bizarrement l'économie qui se rapprochait le plus du laisser-faire au monde en 2002 était celle de Hong-Kong, ville sous le contrôle direct de la Chine, un pays encore communiste. Et la plus forte croissance économique, et d'une certaine manière l'économie la plus libre, se trouvait en Chine continentale.)

Des risques collectivisés

En Amérique comme au Japon, le capitalisme débridé de l'économie de libre marché du XIXᵉ siècle céda sa place au XXᵉ siècle à un capitalisme collectivisé et consensuel, accompagné d'une implication massive de l'État et d'une participation collective d'individus qui ne connaissaient pas la différence entre un bilan et un bidet. Les directeurs d'entreprise très fortunés qui irritaient tant Krugman n'étaient que des hommes de main, et non de vrais capitalistes. Leurs revenus exorbitants ne témoignaient pas de la victoire d'un capitalisme à l'état brut, mais de sa défaite. De vrais capitalistes ne permettraient jamais à des gestionnaires de s'accaparer une telle quantité de LEUR argent.

S'il demeurait quelques vrais capitalistes sur terre, ils avaient dû s'assoupir. Car ils avaient pratiquement laissé leurs cadres détourner leurs entreprises et dilapider leurs investissements. L'endettement des entreprises fut multiplié par 382 % dans les années 90, c'est-à-dire qu'il augmenta 30 % plus vite que la croissance du PIB. Et les emprunts ne furent pas utilisés pour des améliorations en équipement qui auraient pu faire gagner davantage d'argent aux capitalistes. Les emprunts furent en grande partie dissipés en fusions, acquisitions et rachats d'actions. Ces manœuvres n'avaient pas pour but d'enrichir les vrais capitalistes, mais de faire monter le cours des actions en impressionnant la nouvelle classe de citoyens-actionnaires, le *lumpeninvestoriat*.

De même, quel capitaliste ne réagirait pas aux distributions généreuses de stock-options aux employés aux grands jours des années d'expansion, comme si c'était des œufs de Pâques en chocolat.

Les entreprises modernes appartiennent aux petits actionnaires, pas aux gros, souvent sous la forme de participations à un organisme de placement collectif, tels un fonds de retraite, un fonds commun de placement, et ainsi de suite. Ces petits actionnaires n'ont ni la jugeote ni le pouvoir ni la volonté de s'opposer à des salaires de cadres ridiculement élevés. À la fin des années 1990, même les directeurs généraux de sociétés dont les bénéfices étaient en baisse, ou qui étaient à deux doigts de la faillite, étaient payés comme s'ils étaient de grands joueurs internationaux de football. Peut-être avaient-ils d'immenses talents et peut-être n'en avaient-ils pas. Mais le simple fait qu'ils étaient payés si cher et qu'ils figuraient sur les couvertures des magazines semblait imposer le respect aux petits actionnaires et impressionner les analystes. La foule des investisseurs acheta les actions que représentaient ces personnages célèbres sans y réfléchir à deux fois... D'ailleurs, leur participation à l'entreprise n'était pas assez importante pour justifier des recherches sérieuses sur ceux qui la géraient. Les investisseurs agissaient désormais sur les marchés comme le font les électeurs !

Le capitalisme de masse produisit des illusions de masse, et une nouvelle arithmétique de l'actionnaire. Que Warren Buffett se plaigne des stock-options et examine de près les revenus des cadres est compréhensible. C'est un actionnaire important, et si les employés qui occupaient des positions clés n'avaient pas perçu des rémunérations exagérément élevées, une grande partie de cet argent lui aurait été versée. Mais cela ne valait pas la peine pour un petit actionnaire de se lancer dans une enquête sérieuse pour les deux ou trois centimes qui étaient en jeu pour lui.

La bonne affaire

Krugman pense qu'un marché avantageux fut conclu après la crise des années 30. Le capitalisme resterait le système économique de l'Occident, mais il se soumettrait au contrôle du gouvernement pour éviter les débâcles futures. En un sens, c'était vrai. Le capitalisme n'était plus le même en Amérique après que l'administration Roosevelt lui eut réglé son compte. Mais ce n'était qu'un élément d'une tendance plus générale, vers un capitalisme de masse dirigé par le gouvernement selon ses propres objectifs. L'actionnariat se développa de façon croissante. En Amérique, à la fin du siècle, le pourcentage d'individus qui possédaient des actions aurait suffi à élire un président. L'actionnariat passa de simplement 5 % de la population au début du XXe siècle à 56 % des ménages à la fin.

Comme tout groupe important d'individus qui reste à distance des faits ou d'une expérience directe, les actionnaires étaient aussi sujets aux émotions de masse qu'un groupe d'électeurs ou une foule de lyncheurs. Se reposant seulement sur les connaissances qui étaient accessibles à tous, leurs émotions pouvaient facilement être attisées par les médias financiers et ils étaient prêts à amplifier à un degré absurde toute mode passagère.

Le premier grand mouvement de capitalisme de masse se produisit en Amérique dans les années 1920. L'actionnariat était rare en 1900. Les États-Unis dans leur ensemble ne comptaient à peu près que 4 000 agents de change. Trente ans plus tard, le nombre d'agents de change avait augmenté de plus de 500 %. Les actions devinrent un sujet de conversation si populaire que même les cireurs de chaussures avaient leur mot à dire sur la question. Le Dow Jones monta de 120 le premier jour d'ouverture des marchés, en 1925, à 381 à son point culminant en 1929.

Puis, après l'éclatement de la bulle financière, l'Amérique connut sa première période de crise de masse. Contrairement aux périodes de ralentissement qui avaient précédé, les années 30 firent souffrir tout le pays, et pas seulement une poignée de riches capitalistes. Un quart de la main-d'œuvre perdit son emploi. En 1931 et 1932, plus de 5 000 banques fermèrent. La tendance à la baisse sur Wall Street s'éternisa, le Dow Jones ne retrouvant le pic de 1929 qu'en 1954.

Pour la première fois également, les électeurs américains exigèrent que leur gouvernement « fasse quelque chose ». Et l'administration Roosevelt répondit bien sûr à l'appel. Elle arriva sur la scène avec un programme de relance monétaire et budgétaire qui suivait les modes les plus récentes en macroéconomie. C'était la première fois que l'on tentait une intervention de cette force. Et ce fut aussi la première fois qu'une économie en ressentit si peu l'effet. Au lieu de rebondir comme elle l'avait fait à la suite de la panique de 1873 ou de la crise de 1907, la nation resta enlisée dans le bourbier de la récession, de la faillite et d'une croissance léthargique, et cela dura dix ans. Et, même alors, il semble bien qu'il fallut la plus grosse guerre de tous les temps pour sortir la nation de l'ornière.

« Trop peu, trop tard », jugeaient professionnellement les grands économistes de l'époque. Le gouvernement avait fait une tentative valable, mais elle n'avait pas été assez massive, ni assez rapide.

Une nation d'actionnaires : pour le mieux... ou pour le pire

Selon une autre interprétation, qui ne suivait pas les modes de l'époque, les efforts mêmes du gouvernement pour aider l'économie à sortir du marasme avaient en réalité fait empirer la situation, en prolongeant sur une longue période et en rendant bien plus coûteux les rajustements douloureux qui étaient nécessaires.

Quoi qu'il en soit, c'était une Nouvelle Ère pour le capitalisme. Car désormais le gouvernement, agissant souvent par l'intermédiaire de bureaucrates de la Banque fédérale, promettait d'adoucir les angles du capitalisme, de mettre en place des filets de sécurité qui protégeraient les gens d'accidents graves, sur les lieux de travail ou ailleurs... et de gérer les politiques monétaires et budgétaires de manière à alléger les souffrances causées par une baisse conjoncturelle de la courbe de l'activité économique. Désormais, les déficits budgétaires deviendraient un outil économique, et non pas seulement une commodité pour des hommes politiques pusillanimes qui hésitaient à augmenter les impôts pour payer leurs programmes. Et désormais, les taux d'intérêt ne seraient pas déterminés par le marché et fondés sur l'offre et la demande d'épargne. À la place, les taux d'intérêt, du moins en ce qui concerne les taux à court terme, seraient fixés par la banque centrale pour le bien de l'économie !

Mais, selon Krugman, pendant les années 80, une poussée néo-conservatrice visant à la déréglementationn avait rétabli le capitalisme sans foi ni loi de l'ère qui avait précédé Roosevelt. Et, selon le même économiste, un retour aux politiques mises en œuvre avant la Grande Crise conduisait inévitablement à des économies comme celles des années 30, ce qui expliquait le Japon dans les années 90, et l'Amérique au début du XXIe siècle.

Si quelqu'un estime que les faibles mesures de déréglementation mises en œuvre aux États-Unis dans les années 80 purent produire le long malaise que connut le Japon dans les années 90 ou le marasme actuel en Amérique, il n'adhérera pas à ce livre. Le capitalisme fut adopté par les Japonais à la suite de la guerre. Mais le capitalisme du Japon ne ressembla jamais vraiment au capitalisme à l'état brut né de l'imagination de Krugman. Sa caractéristique essentielle, la distribution des capitaux, ne fut jamais aux mains de capitalistes libres de leurs actions. Les décisions d'importance capitale étaient en fait prises par des groupes de banquiers, de larges conglomérats, et le gouvernement.

Et même en Amérique, les réformes de la période Reagan ne changèrent presque pas la nature du capitalisme de la fin du XXe siècle. On effilocha à peine l'énorme filet de sécurité qui protégeait le secteur public. Les dépenses du gouvernement augmentèrent à tous les niveaux : en part du revenu personnel, en dollars nominaux et en dollars réels. La tendance fondamentale à un capitalisme de consommation de masse s'accéléra. Alors que seuls 23 % des ménages américains détenaient des actions en 1989, à la fin du siècle une bonne moitié d'entre eux étaient de petits pseudo-capitalistes. Et parmi eux, près de la moitié avaient investi une grande partie de leur richesse dans des actions de sociétés introduites en Bourse !

Les États-Unis étaient devenus la nation d'actionnaires par excellence, et ses citoyens étaient aussi obsédés par les cours des actions que ceux du Japon l'avaient été dix ans auparavant. Le risque avait été collectivisé, de telle sorte que presque personne ne se sentait à l'abri d'un ralentissement de l'économie.

Mais les économistes de convictions diverses avaient à peine remarqué la manière dont le gouvernement s'était associé aux systèmes capitalistes qui, à la fin du XXᵉ siècle, étaient gérés par des intermédiaires et répugnaient au risque. Partout dans le monde développé et tout au long du siècle, les gouvernements avaient augmenté leur part du PIB. D'un pourcentage du PIB estimé à 8,2 % en 1900, les dépenses du gouvernement américain, par exemple, étaient passées à peu près à 30 % à la fin du siècle. Les impôts augmentèrent également. À l'aube du XXᵉ siècle, il n'y avait toujours pas d'impôt sur le revenu au niveau fédéral aux États-Unis. Il ne devait être introduits que dix ans plus tard. Et, même alors, les premiers impôts fédéraux sur les revenus ne s'appliquaient qu'aux plus riches citoyens. Les hommes politiques conservateurs contestèrent l'introduction de l'impôt et avertirent que les taux pourraient finir par atteindre 10 %. Mais cette menace semblait si grotesque que l'amendement à la Constitution fut voté malgré leurs objections. À la fin du siècle, le taux moyen d'imposition sur le revenu avait atteint 13,2 % aux États-Unis et le taux marginal maximum était de 39,6 % (chiffres pour 2001 ; source : CTJ). Avec la multiplication et l'augmentation des impôts, la charge fiscale qui pesait sur l'Américain moyen devint beaucoup plus élevée – de l'ordre de 30 à 40 %. Globalement, dans l'ensemble des pays développés, en l'an 2000, le taux le plus élevé de l'impôt sur le revenu personnel avait atteint une moyenne de 47 % et le taux le plus élevé de l'impôt sur les sociétés 34 %, alors que les dépenses publiques totales des principaux pays développés représentaient une moyenne de 38,8 % du PIB (chiffres OCDE, 2000).

Ceci ne fit qu'attiser l'inquiétude des hommes politiques et des banquiers centraux quant à l'économie et ses marchés. Non seulement les électeurs exigeaient que leur gouvernement « fasse quelque chose » pour promouvoir la prospérité, mais les revenus des gouvernements eux-mêmes en dépendaient. Pour les citoyens, le gouvernement n'était plus une dépense secondaire, mais une dépense de premier plan : elle se plaçait en première ligne de leur budget. Pour l'économie, le gouvernement n'était plus un parasite d'importance mineure, mais le plus gros parasite qui soit.

Les économistes de l'administration Reagan s'étaient rendu compte que les parasites dépendent de la santé de leur hôte. Plus l'économie qui les hébergeait était forte, raisonnaient-ils, et plus le parasite pouvait grossir. Le génie de la courbe de l'économiste de l'offre Art Laffer (qui aurait, dit-on, tracé sa courbe sur une serviette pendant qu'il déjeunait) fut de démontrer que la réduction du taux marginal d'imposition ferait en fait augmenter les revenus bruts de l'État. Pendant son premier mandat, Reagan exploita cette idée et baissa le taux marginal maximum de 70 % à seulement 50 %. Le résultat fut le même que celui obtenu avec les baisses d'impôts de Kennedy 20 ans auparavant : le revenu du gouvernement augmenta en même temps que l'activité économique.

En bref, le gouvernement démocratique n'était plus spectateur, ni même arbitre indifférent. C'était devenu le premier participant de ce qui était censé être les libres marchés du monde occidental. C'était lui qui dépensait le plus dans les économies de consommation. C'était lui qui empruntait le plus. Il contrôlait la monnaie et le crédit. C'était le chien de garde des marchés de capitaux, leur principal observateur, et leur principal bénéficiaire. En conséquence doit-on s'étonner que George W. Bush se soit hâté de « faire quelque chose » pour protéger ses revenus ?

Chapitre 7

Arithmétique et démographie

La démographie, c'est le destin.

Auguste Comte

Les premiers économistes classiques – Smith, Ricardo, Malthus, Mill, Marshall et les autres – s'intéressaient tous de près au rôle que jouent jeunes et vieux dans la construction de la richesse. Ils vivaient à une époque où le taux de natalité était élevé, et où la population se développait : ils voulaient savoir comment la croissance démographique changeait les salaires, l'épargne et la production, quelles classes en profitaient, et si une population nombreuse était, à long terme, une bénédiction.

Deux siècles plus tard, comme nous en avertit Peter Peterson dans son livre *Gray Dawn* (L'aube grise), nous pourrions poser la question en termes bien différents : qu'advient-il de la richesse des nations lorsque la population vieillit et commence à diminuer ? Dans ce chapitre, nous examinerons les différents effets du « glissement démographique ».

Des mutations démographiques considérables

Dans son livre *Revolution and Rebellion in the Early World* (Révolutions et rébellions dans le monde classique), l'historien Jack Andrew Goldstone déclare que les grandes révolutions européennes – en France et en Angleterre – ont un point en commun avec les grandes rébellions asiatiques qui renversèrent l'Empire ottoman et des dynasties entières en Chine et au Japon. Dans tous les cas, ces « crises » se produisirent lorsque des institutions politiques, économiques et sociales inflexibles se retrouvèrent confrontées aux pressions jumelles de la croissance démographique et de la diminution des ressources disponibles.

Dans toute l'Europe, au début des années 1700, la population était en plein développement ; les taux de mortalité dus à la maladie, à la peste et à la famine déclinaient, tandis que le taux de natalité restait élevé. Cet excès de naissances, qui se prolongea durant une grande partie du XVIIIᵉ siècle, produisit un baby-boom. Selon le démographe Michael Anderson, la population européenne a doublé entre 1750 et 1850. L'« ère de la révolution démocratique » de la fin des années 1700 – qui comprend la Révolution française – coïncide avec l'accroissement de la proportion de jeunes gens dans la population.

Ce sont les populations rurales, jeunes et turbulentes, qui étaient l'une des causes principales de troubles sociaux en France avant et pendant la Révolution. La population française augmenta de 8 à 10 millions de personnes au XVIIIᵉ siècle. À titre de comparaison, au cours du siècle précédent, la population n'avait augmenté que de un million. Vers 1772, l'abbé Terray se lança dans la première véritable étude de la démographie française. Terray fixa la population à 26 millions d'individus. En 1789, à la veille de la Révolution, on pense que Louis XVI comptait près de 30 millions de sujets dans son royaume – plus de 20 % de la population totale de l'Europe, Russie exceptée. Ces chiffres, comme le suggère une étude publiée par la George Mason University, ont dû avoir un effet. On peut dire qu'ils ont changé la France, tant économiquement que politiquement. Et, pourrions-nous ajouter, ils ont coûté à Louis son royaume et sa tête...

De la même manière, la population russe a doublé entre les années 1850 et le début de la Première Guerre mondiale. Entre 1855 et 1913, la population de l'Empire russe est passée de 73 millions d'individus à 168 millions[1] environ. Il fallait nourrir et faire vivre tous ces gens ; cette pression était insoutenable pour le système existant. À la campagne, le principal problème était le manque de terre. La croissance de la population entraîna une diminution de la surface des terrains, qui passèrent d'une taille moyenne de 5,24 hectares en 1861 à 2,84 en 1900.

À l'ouest, la croissance démographique était absorbée par l'industrie, mais la Russie ne pouvait mettre qu'un tiers de sa population environ autour des chaînes de montage. De plus en plus de gens étaient d'avis qu'à moins d'agir rapidement la campagne ne tarderait pas à exploser. Les paysans avaient une solution simple à leurs problèmes : confisquer toutes les terres que possédaient les propriétaires fonciers...

Dans un article présenté lors de la Conférence sur la population européenne en 2001, l'historien russe Lev Protasov suggérait qu'avant la révolution russe les facteurs démographiques jouaient un rôle bien plus important dans les soulèvements des masses qu'on ne le pense généralement. Curieusement, parmi les radicaux ayant aidé à fomenter la révolution, un nombre frappant était né en 1880. « La génération de 1880, déclare Protasov, constituait près de 60 % des radicaux, et dominait les factions de gauche : 62 % des révolutionnaires socialistes, 58 % des bolcheviks, 63 % des socialistes "nationaux" et 47 % des mencheviks. Il est

---

1. Walter Moss dans *A History of Russia* (Histoire de la Russie).

certain que la performance impressionnante des jeunes radicaux au début de XXᵉ siècle n'est pas passée inaperçue des historiens. »

Dans les régions rurales, les enfants naissaient aussi rapidement qu'on crache des pépins de pastèques ; les villages étaient dépassés et « surchauffés ». Les taux de mortalité infantile étaient en baisse grâce à de meilleurs soins médicaux, une meilleure nutrition et une meilleure hygiène. « Les cataclysmes politiques russes de 1905 et 1917 ont été "préparés" non seulement par des causes économiques et politiques, conclut Protasov, mais par la nature même, qui suivait ses lois. Les poussées démographiques des dernières décennies du XIXᵉ siècle ont non seulement accentué les problèmes de la modernisation, ils ont également accéléré la marginalisation de la société, donnant ainsi un abondant "matériel humain" aux premières lignes des futurs révolutionnaires. »

Les explosions démographiques ont causé des problèmes. Mais à présent, la population est en baisse – et les conséquences pourraient être tout aussi dévastatrices. Dans la mesure où tous les pays développés comptent sur les impôts payés par les jeunes travailleurs pour soutenir leurs retraités, le vieillissement et le déclin de la population se produira au moment où les sociétés occidentales auront le plus besoin de jeunes gens.

Le vieillissement de l'Occident

Le 12 octobre 1999, le monde vit naître son 6 milliardième citoyen. Dans les années 70, suite à la publication du livre *Population Bomb* (La bombe démographique) de Paul Ehrlich, une grande partie du monde fut prise d'une crainte de la surpopulation tout à fait néo-malthusienne. Et pourtant, ces dernières années, grâce à des livres comme *Gray Dawn* et *Agequake*, cette crainte a changé. La majeure partie du monde développé se dirige à petits pas vers le grand âge.

Durant la plus grande partie de l'histoire de l'humanité, le nombre de personnes âgées de plus de 65 ans représentait en gros 2 ou 3 % de la population. Lorsque Hammurabi, Jules César ou (même) Thomas Jefferson étaient vivants, observe Peterson, il y avait peu de probabilités (1 personne sur 40) de rencontrer une personne âgée de 65 ans ou plus. Aujourd'hui, cette probabilité est de une personne sur 7 – et dans quelques décennies, ce sera une personne sur 4, ou, dans les cas extrêmes (comme l'Italie), une personne sur 3. Selon l'OCDE, en 2030, le nombre de personnes âgées de 65 ans ou plus dans les pays développés aura augmenté de 89 millions, tandis que le nombre d'adultes en âge de travailler aura diminué de 34 millions. En 1960, il y avait près de sept personnes en âge de travailler pour chaque personne de 65 ans ou plus. En 2000, ce chiffre était tombé à 4,5. En 2030, toujours selon l'OCDE, seules 2,5 personnes travailleront pour chaque personne âgée dépendante dans les pays développés.

De plus, la population des pays développés part à la retraite plus tôt, si bien que le nombre de contribuables soutenant les retraités est en déclin rapide. Cette baisse est particulièrement frappante dans les États-providence très développés de l'Europe de l'Ouest. En France, en Allemagne et en Italie, sur 100 hommes âgés de plus de 65 ans, moins de 5 travaillent. En 2050, selon une projection du FMI, chacun de ces pays comptera un contribuable seulement (voire moins dans le cas de l'Italie) pour soutenir chacun de ses retraités.

Le Dr Gary North considère que nous vivons dans un « paradis de fous ». Tous les citoyens des démocraties occidentales industrielles (y compris le Japon) ont accès à des financements « à la carte » (c'est-à-dire sous-financés) pour leurs systèmes de retraite et d'assurance-maladie garantis par le gouvernement, explique-t-il. Chaque nation occidentale a un taux de natalité de moins de 2,1 enfants par famille – qui est le seuil de renouvellement. Le nombre de travailleurs arrivant dans l'économie ne suffira pas à financer les systèmes de retraite du troisième âge.

À nouveau, entre le mythe et la réalité, les masses ont choisi d'accueillir à bras ouverts le mythe selon lequel tout le monde pourrait prendre sa retraite aux frais des autres. Comme dans une arnaque en « pyramide » ou une bulle boursière, les premiers à profiter du système sont sortis gagnants. Ils ont cotisé des sommes dérisoires, vécu plus longtemps que prévu et utilisé une plus grande part que celle qui leur revenait de droit. Les participants suivants auront bien plus de mal à s'en tirer à si bon compte. Avec l'accroissement de la longévité et l'abaissement de l'âge de la retraite, le fardeau financier pesant sur la population mondiale en âge de travailler pourrait se révéler insoutenable.

La montée du fondamentalisme islamiste et l'influence de la jeunesse

Le déclin de la population occidentale risque de provoquer des complications politiques. La guerre contre le terrorisme déclarée le 13 septembre 2001 promet d'être coûteuse, tout simplement parce qu'il y a tant de terroristes potentiels à combattre. Les Occidentaux constituent une minorité déclinante de la population mondiale : en 1990, ils représentaient 30 % de l'humanité ; en 1993, ce nombre était passé à 13 %, et en 2025, si les tendances actuelles se poursuivent, ce pourcentage passera à 10 %. En même temps, le monde musulman rajeunit, et sa population augmente.

En fait, la « part de marché » des musulmans dans la population mondiale a radicalement augmenté au cours du XXᵉ siècle – et cette tendance se poursuivra jusqu'à ce que la proportion d'Occidentaux par rapport aux musulmans atteigne l'inverse du rapport au ratio de 1990. En 1980, les musulmans constituaient 18 % de la population mondiale, et en 2000, plus de 20 %. D'ici 2025, on s'attend à ce qu'ils représentent 30 % de la population mondiale.

Dans son livre *Le Choc des civilisations*, Samuel Huntington considère que ces données démographiques ont joué un rôle majeur dans la résurgence islamiste de la fin du XXe siècle. « La croissance démographique des pays musulmans, déclare-t-il, et en particulier de la tranche d'âge des 15-24 ans, fournit des recrues toutes prêtes pour le fondamentalisme, le terrorisme, les révoltes et la migration... La croissance démographique menace les gouvernements musulmans et les sociétés non musulmanes[2]. »

La résurgence islamiste a commencé dans les années 70 et 80, juste au moment où la proportion de jeunes gens de la classe d'âge 15-24 ans dans les pays musulmans augmentait de manière significative. En effet, cette proportion a atteint son sommet avec plus de 20 % de la population totale dans de nombreux pays musulmans durant ces décennies[3]. La jeunesse musulmane est une réserve potentielle de nouveaux membres pour les organisations et les mouvements politiques islamistes. La révolution iranienne de 1979, par exemple, a coïncidé avec un pic de jeunesse en Iran.

Il semblerait que cette tendance nous accompagnera pendant un certain temps, comme l'explique Huntington. « Pendant des années, les populations musulmanes compteront un ratio disproportionné de jeunes, avec une poussée notable d'adolescents et de jeunes adultes de 20 ans ou plus. Les pays du Golfe connaîtront leurs plus grands pics démographiques au début des années 2000. Cela aura des conséquences politiques significatives[4]. »

Huntington suggère que l'analogie la plus proche qu'on puisse faire entre la société occidentale et la poussée démographique des

---

2. Huntington dans *Le Choc des civilisations*.
3. Huntington dans *Le Choc des civilisations*.
4. Peter Peterson dans *Gray Dawn* (L'aube grise).

populations musulmanes serait la Réforme protestante. Ironiquement, la montée des mouvements fondamentalistes dans le monde musulman et la Réforme protestante se sont produites en réaction à « la stagnation et la corruption des institutions existantes », déclare Huntington. Toutes deux plaident pour « le retour à une forme plus pure et plus exigeante de leur religion ; elles prêchent pour le travail, l'ordre et la discipline, et font appel aux classes moyennes émergentes et dynamiques ». Toutes deux remettent en question l'ordre politique et économique de leur époque... et lorsque ce dernier est menacé, des dépenses militaires massives de la part de l'Occident ne semblent guère une réponse appropriée.

« La Réforme protestante, écrit Huntington, est un exemple exceptionnel de mouvement de jeunesse dans l'histoire. » Huntington continue en citant Jack Goldstone : « L'expansion notable de la proportion de jeunes dans les pays occidentaux coïncide avec l'ère de la révolution démocratique dans les dernières décennies du XVIIIᵉ siècle. Durant le XIXᵉ siècle, le succès de l'industrialisation et de la migration a réduit l'impact politique de la jeunesse dans les sociétés européennes. La proportion de jeunes a de nouveau augmenté durant les années 20 cependant – fournissant ainsi des recrues aux fascistes et aux autres mouvements extrémistes. Quatre décennies plus tard, dans le monde de l'après-Deuxième Guerre mondiale, la génération du baby-boom laissait son empreinte durant les manifestations des années 60. »

Les jeunes ont généralement une influence rebelle et révolutionnaire sur la société, mais qu'en est-il lorsque les gens vieillissent ? L'exact opposé. Le vieillissement s'accompagne d'ordinaire d'un accroissement de la crainte et d'une perte du désir. Les personnes plus âgées ont tendance à ne pas vouloir autant de choses que les jeunes gens. Elles n'ont plus le désir d'impressionner leurs amis, leurs parents et leur petite amie. Au lieu d'acheter des choses dont elles n'ont pas besoin, elles ont tendance à craindre de ne pouvoir obtenir ce qui leur est effectivement nécessaire. Rien de bizarre à cela ; c'est simplement la manière qu'a la nature de reconnaître la diminution des opportunités. Un homme de 40 ans peut recommencer sa vie. Mais une fois qu'il en a 70, il n'a plus l'énergie ou le désir de le faire. Il commence donc à tout mettre de côté – papier aluminium, argent, chiffons – de crainte d'en manquer lorsqu'il en aura besoin. En général, c'est ainsi qu'une personne plus âgée se comporte. Mais à quoi ressemble une société vieillissante ? À nouveau, il nous suffit de porter nos regards de l'autre côté du Pacifique – vers le Japon.

Le soleil couchant et l'influence des personnes âgées

Le Japon est un « cas d'étude qui sonne l'alarme », parce qu'il a déjà commencé à vieillir très rapidement, écrit Peter Peterson[5]. Au début des années 80, écrit Peterson, le Japon était la plus jeune société du monde développé. Mais en 2005, elle sera la plus vieille. Le Japon compte 105 personnes âgées (définies ici comme celles de plus de 64 ans) pour chaque galopin de moins de 15 ans[6]. Les spécialistes du marketing du monde entier se sont déjà emparés de la tendance ; ils étudient à présent le Japon afin de déterminer ce qui se produit lorsque les consommateurs prennent de l'âge. Parmi les secteurs japonais en déclin, souligne Peterson, on compte la pédiatrie, les jouets et l'éducation ; tandis que les maisons de retraite, les croisières, les animaux de compagnie et les icônes religieuses sont florissantes.

Les journaux japonais parlent du « plongeon des taux de natalité » et d'un « désastre démographique ». D'ici l'an 2010, le ratio de dépendance du troisième âge japonais (le nombre d'adultes en âge

5. Voir le graphique de l'indice de vieillissement élaboré par le journal *Investor's Business Daily*.
6. Chiffre obtenu à partir des données du Bureau du recensement américain.

de travailler par rapport aux anciens) sera le premier à tomber sous la barre des 3 dans les économies développées. Le nombre d'enfants de moins de 15 ans ne représente actuellement que 14,3 % de la population japonaise ; des estimations montrent que la population passera de 127 millions à 100 millions d'individus en 2050. Ce n'est pas là de la spéculation, mais de l'extrapolation, dans la mesure où ces chiffres se basent sur des tendances actuellement en place.

Pourquoi ces tendances sont-elles si marquées, par rapport à d'autres pays développés ? Le Japon, contrairement aux États-Unis et à l'Europe, a subi un « baby-krach » plus important que son baby-boom à la fin de la Seconde Guerre mondiale. Au début des années 60, le taux de natalité a été divisé par deux par rapport à son niveau 20 ans auparavant. Aujourd'hui, la proportion de Japonaises célibataires âgées de 25-29 ans a doublé par rapport à 1950 et les taux de natalité ont continué de baisser, ce qui n'est pas surprenant.

Les citoyens japonais vivent également plus longtemps que ceux des autres pays. En 1998, le Japon est devenu le premier pays au monde où l'espérance de vie a atteint 80 ans. En 1950, lorsqu'un citoyen japonais entrait dans sa 65ᵉ année, il pouvait s'attendre à vivre 12 ans de plus en moyenne. Aujourd'hui, il peut s'attendre à 19 ans de plus ! Et s'il atteint 80 ans ? Dans ce cas, il vivra probablement jusqu'à son 89ᵉ anniversaire.

À ce rythme, d'ici 2015, un bon quart de la population sera âgée de 65 ans ou plus. D'ici 2050, plus de 42 % de la population japonaise sera âgée de 60 ans ou plus, et 15 % supplémentaires auront plus de 80 ans. En voyant ces chiffres, le président de la Toyota Motor Corporation, le Dr Shoichiro Toyoda, plaisanta en disant que la race japonaise s'éteindrait dans 800 ans. Un rapport du ministère japonais de la Santé et de la Sécurité sociale suggère que, si l'on « osait faire le calcul, la population japonaise ne compterait plus que… 500 personnes environ en l'an 3000, et une personne en l'an 3500 ».

Mais quel est l'effet de ce processus de vieillissement ? En examinant les données provenant d'un rapport du Bureau américain du recensement, l'analyste Ya-Gui Wei souligna l'évidence : « Pour tous les individus de la société, quelles que soient les mesures employées, les capacités vont probablement augmenter à mesure qu'ils grandissent, atteindre un sommet à un certain âge, puis décliner tandis qu'ils vieillissent. Ceci s'applique tant à la force physique qu'aux performances sexuelles, ou à leur capacité à gagner de l'argent. » Une étude comparant les tendances démographiques avec le comportement des investisseurs a été publiée par la Cowles Foundation durant l'automne 2002, corroborant les conclusions de Wei : les personnes plus âgées ont tendance à se contenter de moins pour vivre, diminuer leurs dépenses, rembourser leurs dettes et augmenter leur épargne. À mesure que les gens passent de l'âge mûr à la vieillesse, ils économisent de plus en plus pour leur retraite, et vendent les actions qu'ils possédaient durant leur âge mûr. Cela a directement contribué à l'effondrement du Nikkei en 1989, et très certainement aggravé le ralentissement économique du Japon ces 12 dernières années.

La société de consommation japonaise s'est développée dans les années 70, lorsque la majeure partie de ses baby-boomers entraient dans l'âge mûr. Elle a subi sa bulle boursière durant la deuxième moitié des années 80, à une époque où la majeure partie de la population atteignait le sommet de son pouvoir d'achat, entre 45 et 54 ans. Le krach s'est produit peu après, lorsque ce segment commença à préparer sa retraite. Durant la bulle boursière, les indices du marché japonais ont augmenté de plus de 100 %. À la fin de la décennie, cependant, le marché s'était effondré – perdant les deux tiers de sa valeur.

« Durant les années 90, on trouvait au cœur du problème japonais le manque d'opportunités d'investissement correspondant au flux d'épargne », écrit Paul Wallace, citant la démographie comme la « cause première » de la récente crise économique du Japon durant les années 90. « Les Japonais ont épargné en quantités prodigieuses pour leur retraite. Mais, à cause du déclin de la fertilité, la population en âge de travailler commence elle aussi à diminuer. Cela signifie qu'il y a moins d'opportunités d'investissement, puisqu'il y a moins de personnes ayant besoin de capital. »

Le baby-boom japonais a commencé en 1945, et s'est achevé en 1950. Quarante-cinq ans plus tard, le marché japonais s'effondrait. Depuis, l'économie et les actions japonaises ont décroché, tandis que les baby-boomers japonais économisaient de l'argent pour leur retraite. Ces schémas démographiques correspondent étrangement au boom et au krach de la fin des années 90 aux USA – une décennie plus tard. Mais, alors que le baby-boom japonais était terminé en 1950… aux États-Unis, il ne faisait que commencer : en Amérique, le véritable pic de naissances s'est produit entre 1955 et 1960 – 10 ans après les Japonais.

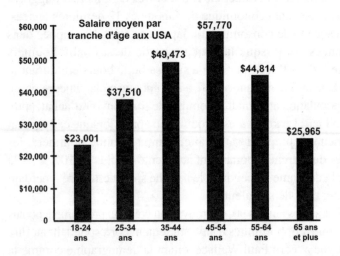

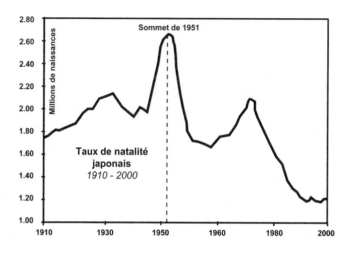

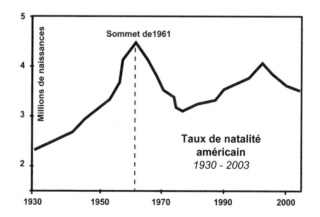

L'essor de la société de consommation aux États-Unis

On a beaucoup écrit sur la taille et l'influence de la génération du baby-boom. Nous voudrions y ajouter cette nuance : dans toute l'histoire des foules, on ne trouvera pas masse plus vaste et plus consciente de sa propre importance que le groupe de 79 millions de personnes nées après la Seconde Guerre mondiale. Jamais auparavant un groupe si important n'aura grandi de concert. Grâce aux communications modernes – et en particulier à la télévision – les baby-boomers ont pu rester en contact entre eux, d'un bout à l'autre du pays. Ils pouvaient s'observer mutuellement, ou regarder leurs émissions favorites. Des heures et des heures de télévision leur montrèrent non seulement comment danser, mais également quelle musique écouter, comment s'habiller, comment parler et comment penser. On n'avait jamais rien vu de tel.

On démontre souvent de quelle manière cette immense masse de gens a évolué dans la société américaine, y causant de profonds changements. Mais on n'a jamais pleinement réalisé à quel point – ce qui ne s'était jamais produit jusqu'alors dans l'histoire de l'humanité – les baby-boomers étaient sujets à la folie des foules, à une échelle monumentale. Les baby-boomers adoptaient toutes les idées qui leur plaisaient, et les simplifiaient jusqu'à la bêtise, puis ils les diffusaient, les vulgarisaient et les reprenaient comme le dernier refrain à la mode. Révolutionnaires durant leur jeunesse, ils s'embourgeoisèrent à l'âge adulte. Puis, pesant de tout son poids démesuré sur les marchés boursiers, la génération baby-boom provoqua un boom tout aussi démesuré. Et pour donner au lecteur un rapide aperçu de ce qui l'attend, les baby-boomers vont probablement créer à présent un krach démesuré.

Les baby-boomers s'endettèrent en masse. Leur fièvre dépensière se poursuivit bien avant dans les années 90, accumulant dettes de cartes de crédit et hypothèques dantesques. Plutôt que d'épargner, les baby-boomers dépensèrent. Et ces dépenses – multipliées par des millions de consommateurs – eurent un effet remarquable : l'économie tout entière ne tarda pas à être inondée de crédit, de 4 x 4 et de points de vente. La nature de l'économie était progressivement passée de la production à la consommation, et ce au cours d'une génération de baby-boomers. À la fin des années 90, la tendance était devenue grotesque, avec l'équivalent de 4,8 nouveaux dollars de crédit et de dette pour chaque dollar supplémentaire de PIB entre 1997 et 2001.

Que faut-il pour créer de la richesse ? Du temps. Du travail. De l'imagination. Des compétences. De la persévérance. Au lieu de dépenser le moindre sou nous tombant dans la main, nous devons épargner afin d'investir dans l'amélioration du capital – de nouvelles machines, par exemple – pour pouvoir créer plus de richesse. Mais les baby-boomers n'avaient pas la patience nécessaire pour la création de richesses véritables.

En l'espace d'une vie de baby-boomer, la plus grande expansion du crédit de l'histoire se produisit, permettant à l'économie américaine de profiter d'un boom sans précédent. Mais c'était un boom bien étrange. Les ménages purent conserver leur niveau de vie, et profiter d'un progrès financier illusoire, simplement en s'endettant plus lourdement et en travaillant plus dur.

Les Américains confondaient plus-values et accumulation de capital. Ils pouvaient regarder leurs portefeuilles et se croire riches. Mais parallèlement l'endettement atteignait des sommets records. Les Américains – qui se croyaient au sommet du monde (comme les Japonais en 1989) – firent monter les prix des actifs à des niveaux absurdes. Mais, contrairement aux Japonais, ils s'étaient également permis de devenir les plus grands débiteurs de la planète – et ils devaient plus d'argent à plus de gens qu'aucun autre pays.

Étaient-ils vraiment aussi riches qu'ils le pensaient ? Les chiffres sont difficiles à suivre, et souvent trompeurs, mais, lorsqu'on les décortique, le château en Espagne devient une chambre de bonne.

Paul Krugman s'est attelé à la tâche dans un article publié le 20 octobre 2002 dans le *New York Times Magazine*. « Au cours des 30 dernières années, écrivit-il, la plupart des gens ont vu leur salaire n'augmenter que modestement ; le salaire annuel moyen en Amérique, exprimé en dollars de 1998 (c'est-à-dire ajusté à l'inflation) est passé de 32 522 $ en 1970 à 35 864 $ en 1999, soit une hausse de 10 % environ sur 29 ans – un progrès, mais modeste. »

« Le revenu moyen des familles – c'est-à-dire le revenu total divisé par le nombre de familles – a grimpé de 218 % entre 1979 et 1997, mais le revenu familial médian – le revenu d'une famille moyenne – n'a augmenté que de 10 %. Et les revenus des familles faisant partie du cinquième le plus bas ont en fait légèrement baissé… Le revenu médian des familles n'a augmenté que de 0,5 % par an – et pour autant que nous puissions en juger à partir de données quelque peu instables, la majeure partie de cette augmentation était due à l'allongement de la durée de travail des femmes, avec peu – voire aucun – gain de salaires »

Un boom bidon

Quel genre de boom était-ce là ? Comment se fait-il que la société capitaliste la plus dynamique et la plus avancée technologiquement parlant n'ait jamais partagé son butin avec les gens qui huilaient ses rouages et transportaient ses détritus à la décharge ? Impossible que l'histoire s'arrête là, pas vrai ? Vrai.

Krugman continue en comparant la jungle de la libre entreprise américaine au début du troisième millénaire avec le quasi-socialisme suédois, qui avait à peine participé au grand boom de la Nouvelle Ère :

> En Suède, l'espérance de vie dépasse de trois ans environ celle des Américains. La mortalité infantile est moitié moins élevée qu'en

Amérique... L'analphabétisme est moins répandu qu'aux États-Unis... Les Suédois prennent de plus longues vacances que les Américains, si bien qu'ils travaillent moins d'heures par an... La famille suédoise médiane a un niveau de vie à peu près comparable à celui de la famille américaine médiane : les salaires sont égaux, sinon plus élevés qu'en Amérique ; les impôts sont plus élevés, mais l'accès aux soins médicaux compense ce fait – d'une manière générale, les services publics sont de meilleure qualité. Et si l'on descend encore dans la répartition des revenus, le niveau de vie suédois dépasse de loin celui des États-Unis. Les familles suédoises ayant des enfants et faisant partie du 10e centile – c'est-à-dire plus pauvres que 90 % de la population – ont des revenus plus élevés de 60 % que leurs homologues américaines. Très peu de Suédois connaissent l'extrême pauvreté si courante aux États-Unis. Un exemple : en 1994, seuls 6 % des Suédois vivaient avec moins de 11 $ par jour   alors qu'ils étaient 14 % aux USA.

Bien entendu, on pourrait tirer bon nombre de conclusions différentes de cet aperçu. Comme à son habitude, Krugman a réussi à en trouver quelques-unes qui sont assez absurdes. Mais ces faits sont révélateurs : le grand boom américain était une imposture.

En conséquence, pour de nombreux baby-boomers, les opportunités de carrière et de salaire ne furent pas à la hauteur de leurs hallucinations. Les salaires horaires réels commencèrent à se stabiliser dans les années 70, et se sont à peine améliorés depuis. « En termes d'argent, écrit l'économiste Gary North, il y eut une augmentation de la rémunération. Mais en termes de salaires réels, l'amélioration entre 1973 et 2000 fut mineure. »

Entre 1947 et 1973 – le zénith des années de revenus et de dépenses des parents des baby-boomers – il se produisit une augmentation régulière de la productivité et de la rémunération des ménages. Mais entre 1973 et 1993, une période que la presse baptisa « décennie de la cupidité », les revenus des familles n'augmentèrent pas. Pour rester à flot, de plus en plus de femmes intégrèrent la main-d'œuvre. Mais cela eut une conséquence inattendue : les salaires réels des hommes chutèrent. Comme vous pouvez le voir sur le tableau ci-contre, en 1979, un homme gagnait en moyenne 677 $ par semaine. En 2000, 21 ans plus tard, il gagnait 33 $ de moins par semaine. Les femmes, par contre, virent leur salaire augmenter de 47 $ par semaine seulement au cours de la même période de 20 ans. Et leurs revenus restent plus bas que ceux des hommes.

« Le nombre total d'heures travaillées par les familles américaines augmenta, démontre North, mais quant aux revenus familiaux, c'est une autre histoire... » Comme le révèle le tableau des revenus familiaux médians, « le revenu global des familles stagna, exception faite du cinquième le plus riche de la population américaine ». Le groupe des familles les plus riches continua à travailler plus longtemps au cours de ces 21 années, mais toutes les autres classes de revenus multiplièrent elles aussi le nombre d'heures travaillées. Et pourtant, les revenus familiaux n'augmentèrent pas. « Dans leur ensemble, les économistes n'ont accepté aucune explication de cette réduction du revenu per capita, déclare North. Les tableaux suivants comptent parmi les plus décourageants de l'histoire économique récente. »

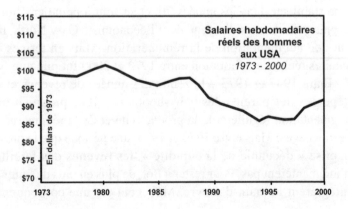

Salaires hebdomadaires réels des hommes aux USA *1973 - 2000*

Salaire hebdomadaire médian aux USA
1979 – 2000
(en dollars*)

	En tout ($)	Hommes ($)	Femmes ($)
1979	558	677	424
1980	546	653	421
1981	541	648	419
1982	544	656	429
1983	541	654	436
1984	540	648	439
1985	549	650	443
1986	562	658	456
1987	565	656	459
1988	560	654	459
1989	554	650	455
1990	543	634	456
1991	539	623	463
1992	540	615	466
1993	547	608	468
1994	543	607	464
1995	541	608	459
1996	538	611	459
1997	540	621	462
1998	553	632	482
1999	567	639	489
2000	576	646	491

* Ces valeurs sont exprimées en dollars de 2000.

Source: *Bureau américain des statistiques de l'emploi*

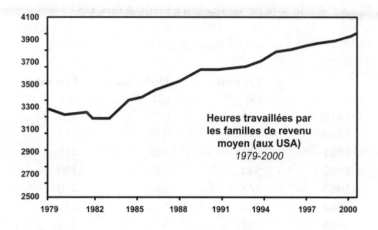

Nous avançons une explication : le système de croyances de la génération du baby-boom différait quelque peu de celui de ses parents. Peu à peu, au travers des sentiments de la foule plutôt que par raisonnement individuel, les baby-boomers en étaient venus à croire au slogan du magazine *Whole Earth* : « Puisque nous sommes les égaux des dieux, autant nous acquitter le mieux possible de leurs tâches. »

Ces dieux avaient créé une économie à leur propre image. Pour une économie saine, il faut de la persévérance, de l'épargne, de la patience, de la discipline – autant de caractéristiques qui faisaient défaut aux baby-boomers. Bientôt, l'économie en vint à refléter leur personnalité : arrogante, imprévoyante, recherchant en permanence les gratifications immédiates, imprudente et complaisante.

Un nouveau capitalisme dégénéré

La gestion des entreprises américaines par les baby-boomers illustre on ne peut plus parfaitement ces caractéristiques – avec des résultats désastreux au possible. Au lieu d'investir dans de nouvelles usines et du matériel qui leur permettraient de générer de futurs profits, les sociétés américaines firent des coupes claires dans les coûts et se lancèrent dans divers tours de passe-passe comptables et financiers destinés à faire ressortir les profits au détriment du bilan. Comme les baby-boomers eux-mêmes, les entreprises s'endettèrent lourdement, achetant souvent leurs propres actions à des prix délirants afin d'entretenir l'illusion de profits croissants.

Les crédits bidon introduits par la Fed encouragèrent la consommation et les mauvaises décisions d'investissement – l'une comme les autres entamèrent la véritable épargne destinée à la croissance future. À cela s'ajouta l'effondrement des bénéfices, de l'épargne et des plus-values, ce qui provoqua durant le boom une diminution effective des ressources disponibles pour la croissance et le développement... qui pourraient selon toute vraisemblance avoir été plus basses en 1999 qu'au début du boom.

Selon Kurt Richebächer, le résultat très visible de la fièvre de consommation, dont personne ne se soucie, est une augmentation progressive mais forte de la consommation en part du PIB. À la fin des années 70 dans l'économie américaine, le taux de consommation en pourcentage du PIB était de 62 %. À la fin des années 80, ce chiffre était grimpé de 4 %, à 66 % ; à la fin des années 90, 4 % supplémentaires s'étaient ajoutés. Mais fin 2001, la part de la consommation dans la croissance du PIB dépassait les 90 %.

La hausse de la consommation allait avoir un autre effet secondaire déplaisant. Une fois que les baby-boomers eurent fait de l'économie de leurs parents – avec son épargne (relativement) élevée, ses investissements solides et sa considérable valeur ajoutée – une économie de consommation où l'épargne était faible et les investissements inexistants, des changements se produisirent dans sa structure : d'une économie qui pouvait donner aux baby-boomers ce dont ils avaient besoin à long terme, on passa à une économie qui pouvait leur donner ce qu'ils voulaient à court terme. Privilégiant la consommation immédiate au détriment de l'investissement à

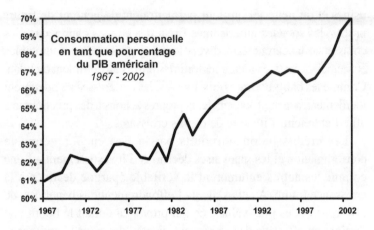

long terme, l'économie était dorénavant incapable de produire assez de bénéfices et de profits pour permettre aux baby-boomers de prendre leur retraite. Certes, ils avaient pu gonfler leurs portefeuilles boursiers, mais 79 millions d'entre eux ne pouvaient prendre leur retraite sur des plus-values valables uniquement sur le papier. Dès qu'ils chercheraient à vendre, les gains disparaîtraient.

Il leur fallait des bénéfices, des profits, des revenus, pour prendre leur retraite. Et pour cela, ils avaient besoin d'une économie où le taux d'épargne et d'investissement en capital était élevé.

Pourquoi les bénéfices des entreprises ont-ils chuté ? Pourquoi les revenus personnels ont-ils stagné ? Et pourquoi les Américains ont-ils dû travailler de plus en plus longtemps simplement pour conserver leur niveau de vie ? On n'a rien sans rien, telle est notre réponse.

Sans épargne, il ne peut y avoir de véritables investissements en capital – parce qu'il n'y a rien à investir. Au lieu de cela, on ne trouve qu'investissements factices, payés grâce au crédit. Sans véritables investissements dans de nouvelles machines, de nouvelles usines, de nouveaux équipements – autant de choses qui génèrent des profits –, les gens n'obtiennent pas de nouveaux emplois à forte valeur ajoutée. Les salaires ne peuvent augmenter, puisqu'ils ne produisent pas vraiment plus de biens ou de services de meilleure qualité. Les gens sont forcés de travailler plus longtemps et de s'endetter, tandis que la valeur de leurs investissements boursiers et immobiliers augmente. Cela donne l'illusion d'un progrès financier. Puis, alors qu'ils pensent s'enrichir, on les encourage à emprunter et dépenser plus encore – ce qui accentue les déformations de l'économie, la contraignant à un niveau de consommation insoutenable. Puis, enfin, les consommateurs arrivent à l'âge de la retraite, et réalisent qu'ils n'ont pas assez d'argent. Que peuvent-ils faire ? Retourner travailler !

« Tous sur le marché du travail ! » suggérait un article du *Time* en juillet 2002. « L'effritement des retraites, l'allongement de l'espérance de vie et la crise majeure des marchés actions signifient une chose : la plupart d'entre nous vont devoir travailler bien après 70 ans. » Au moins les Américains en avaient-ils l'habitude. Ils trimaient durant des heures de plus en plus longues depuis 1982. À présent, ils se préparaient à travailler jusqu'à la mort.

Mauvaise lune

Trois petits chiffres pour la fin du monde :
Âge moyen des baby-boomers au premier janvier 2001 : 46[7].
Montant moyen des plans retraite : 50 000 \$[8].
Nombre d'années à 6 % de croissance nécessaires pour se constituer une retraite confortable : 63[9].
Attendez... un autre chiffre pourrait être important : somme disponible dans les coffres de la Sécurité sociale américaine : 0 \$.

---

7. Selon l'AARP, Association des retraités américains.
8. 50 000 \$ x 6 (intérêts composés annuels 0 x 63,35 = 2 004 917,79 \$ (les impôts, les dividendes et les contributions annuelles ne sont pas inclus).
9. Mark Hulbert dans le *New York Times* du 2/12/02.

Vos serviteurs ne croient pas à la manipulation des chiffres. Pas question de les aplatir, de les tordre, de les augmenter ou de les torturer pour leur faire prendre des formes plus attrayantes. Nous les prenons tels qu'ils sont, aussi désagréables soient-ils.

Le tableau esquissé par les chiffres ci-dessus n'est pas une œuvre d'art notable... mais plutôt un monstrueux tableau futuriste. Quelque chose que Goya aurait pu produire un jour où il était de mauvaise humeur... ou Andre Serano un jour où il était de bonne humeur. La scène est à peu près la même dans tout le monde occidental : de plus en plus de gens deviennent de plus en plus vieux. Et, comme nous l'avons dit plus haut, le Japon lance les tendances. Ses habitants ont environ 10 ans de plus que ceux de la plupart des nations occidentales. Aussi, nous demandons-nous à présent, que se passe-t-il lorsque toute la population vieillit ? Nous nous tournons vers le Japon pour avoir une réponse... et ce que nous voyons ne nous plaît guère. Puis nous nous rappelons quelque chose de pire encore : un ménage japonais moyen n'a jamais investi lourdement en Bourse... et ne s'est jamais arrêté d'épargner. Dans douze ans, le tableau américain pourrait être encore moins joli.

Que se passerait-il si le baby-boomer américain devenait un peu japonais ces prochaines années ? S'il se rendait compte qu'il ne peut attendre 49 ans pour se constituer un bas de laine ? Et s'il décidait de limiter ses dépenses, de rembourser ses dettes et de se construire une épargne ?

Que deviennent les profits des entreprises lorsqu'elles ne peuvent plus vendre leurs produits ? Qu'arrive-t-il aux prix à la consommation lorsque le consommateur de dernier recours cesse de consommer ? Et que se passe-t-il si les actions n'atteignent pas un creux ces prochains mois... si elles ne prennent pas le chemin d'une lente reprise – 5-7 % par an – comme tout le monde s'y attend ? Si le Dow new-yorkais suit les traces de son cousin de Tokyo, et termine à 2 700 points en 2012 ? En bref, qu'adviendrat-il de l'économie mondiale lorsque les baby-boomers commenceront à se conduire comme des gens de leur âge ?

L'étude de la Cowles Foundation mentionnée précédemment nous donne une assez bonne indication : si l'on se base uniquement sur la démographie, vous pouvez vous attendre à ce que les actions américaines déclinent durant les 18 prochaines années – et à ce que les consommateurs se mettent à épargner. L'importance de cette étude ne réside pas dans sa conclusion stupéfiante, mais dans le fait que cette conclusion est complètement prévisible. La nature corrige tous les excès, tôt ou tard – y compris ceux des baby-boomers et de leur marché boursier.

L'étude montre une forte corrélation entre l'âge et les PER. « Les résultats que nous obtenons, déclarent en introduction les auteurs, étayent le point de vue selon lequel les changements de la structure démographique provoquent des mutations profondes dans les prix des actions – d'une manière qui soutient en outre les variations des paramètres sous-jacents. » L'évolution des habitudes d'achat des investisseurs à mesure qu'ils vieillissent peut expliquer le marché haussier de ces 20 dernières années... et présage d'un déclin prolongé pour les années à venir. « Nous obtenons des variations dans les PER qui se rapprochent de ceux observés aux États-Unis au cours des 50 dernières années, expliquent encore les auteurs. En accord avec les récents travaux de Campbell et Schiller (2001), le modèle corrobore le point de vue selon lequel les PER enregistreront probablement une chute considérable au cours des 20 prochaines années. »

« Le revenu d'un individu est limité durant sa jeunesse, élevé à l'âge mûr, puis à nouveau limité, voire inexistant, à la retraite », expliquent-ils – et ces résultats sont en accord avec les conclusions de Harry Dent et Ya-Gui Wei. Toujours selon cette étude, la démographie est le principal facteur déterminant pour les tendances boursières à long terme, dans la mesure où le comportement des investisseurs dépend largement de schémas liés à l'âge. Le rapport révèle que les jeunes adultes, entre 20 et 39 ans, tendent à être des consommateurs. Les gens d'âge mûr, entre 40 et 59 ans, investissent généralement en actions, et les retraités (+ de 60 ans) sont plus susceptibles de vendre des actions que d'en acheter : « Ils cherchent à emprunter durant leur jeunesse, investissent dans les actions et les obligations lorsqu'ils ont atteint l'âge mûr, et exploitent ensuite ces investissements pour vivre durant leur retraite. » L'étude déclare également que les performances des marchés sont fortement affectées par le nombre relatif de personnes dans chacune de ces trois catégories d'âge.

En quoi est-ce que ceci explique la performance boursière américaine depuis les années 70 ? Durant les années 70 et 80, la consommation et les dépenses ont fait rage. Les baby-boomers étaient de jeunes adultes ; on n'en attendait pas moins d'eux. Les actions ont commencé à augmenter dans les années 80, jusqu'en 1999 – ce qui correspond exactement à l'âge mûr des baby-boomers. Comme on pouvait le prévoir – et comme cela avait été le cas au Japon – le marché boursier atteignit son sommet en 2000, l'année où le ratio de personnes d'âge mûr/jeunes adultes était lui aussi à son sommet. Par conséquent, les ventes d'actions effectuées par des baby-boomers sur le point de partir en retraite devraient continuer à l'emporter sur les achats effectués par la génération suivante à mesure qu'elle approche de l'âge mûr. Selon les prévisions de l'étude, le marché pourra rebondir épisodiquement, mais la tendance générale sera à la baisse jusqu'en 2018 environ[10].

Parmi les rumeurs ayant alimenté le boom de Wall Street, on trouvait celle selon laquelle ces millions de baby-boomers versaient des milliards de dollars dans des programmes d'investissements boursiers en prévision de leur retraite. Cet afflux d'argent était censé porter le Dow à 36 000 points, dans ce qu'Harry Dent appela « le plus grand boom de l'histoire ». Ce fut effectivement le plus

10. *Gray Dawn.*

grand boom de l'histoire. C'est pour cette raison qu'il devrait être suivi du plus grand krach de l'histoire.

L'arithmétique regagne du terrain

Quelles que soient les mesures employées, à 11 722 points, le Dow était surévalué. Le prix Nobel d'économie James Tobin élabora une donnée appelée « q » servant à déterminer à quel point le marché était surévalué.

L'idée est simple. Une entreprise devrait valoir ce qu'il en coûterait de la remplacer. Le ratio « q », qui met le prix de marché en numérateur d'une fraction et le coût de remplacement en dénominateur devrait donc être de 1. Smithers et Wright appliquèrent ce concept « q » au marché boursier dans son ensemble, et découvrirent que, si la Bourse suivait l'exemple du marché baissier de 1973-1974, elle chuterait sous la barre des 4 000. Et s'il venait à suivre le schéma du krach de 29, le Dow franchirait à la baisse le seuil des 2 000.

Comment ? Nous ne parvenons même pas à l'imaginer.

À la fin 2002, l'arithmétique commençait à rattraper la génération du baby-boom. Comme le soulignent Buffett et bien d'autres, les marchés financiers ont subi au moins 8 marchés baissiers principaux, qui ont duré en moyenne 14 ans et demi environ : 1802-1829, 1835-1842, 1847-1859, 1881-1896, 1902-1921, 1929-1942 et 1966-1982.

La perte moyenne de ces huit marchés baissiers aurait coûté aux investisseurs près de 6 % par an durant plus de 14 ans. Si le marché baissier actuel devait suivre le même schéma que ses prédécesseurs, les actions pourraient bien continuer à chuter durant une douzaine d'années encore. Et s'il empruntait le même chemin que les deux marchés baissiers qui ont inauguré les deux siècles précédents – 1802, 1902 – il ne prendrait pas fin avant 20 ans.

Un investisseur âgé de 35 ans qui aurait acheté au sommet de 2000 pourrait attendre son 55ᵉ anniversaire avant que son investissement ne retrouve sa valeur d'origine. On peut soutenir qu'un investisseur portant encore des culottes courtes peut se permettre d'attendre la fin du cycle baissier. À très long terme, peut-il se dire, je m'en sortirai. Mais un investisseur qui approche de l'âge de la retraite observe ses finances d'un œil plus inquiet. D'ordinaire, il délaissera les gains graduels des actions – quand il y en a – en faveur des rendements plus sûrs provenant des obligations, des prêts hypothécaires… ou des loyers.

Les gens ne sont pas idiots – pas même les baby-boomers. Ils savent qu'ils doivent mettre de l'argent de côté pour l'avenir. Ainsi, lorsque les plus-values disparaissent, ils doivent trouver un moyen de compenser. Pendant quelque temps, ils peuvent bien entendu se convaincre que le marché se remettra… et que les plus-values referont leur apparition. Et peut-être même que le marché coopérera – pendant un certain temps. Mais l'arithmétique est inexorable.

La Sécurité sociale… mais pas tout à fait

Le premier système de retraite public fut créé en Allemagne par Otto von Bismarck, en 1880. Cinquante ans plus tard, durant la Grande Dépression, Franklin Roosevelt l'imita en Amérique. Comme nous l'avons vu, on considérait alors que le nombre de personnes censées atteindre l'âge de la retraite ne représentait pas de menace pour les financements futurs. En 1935 aux États-Unis, par exemple, l'espérance de vie était de 76,9 ans pour les hommes[11]. Les travailleurs dont les retraites dépendaient de ce système ne recevaient pas beaucoup chaque mois, et l'on ne s'attendait pas à ce qu'ils vivent assez longtemps pour épuiser les ressources.

11. *Gray Dawn*.

Lorsque le système de Sécurité sociale fut fondé, le travailleur américain moyen de 65 ans pouvait s'attendre à vivre encore 11,9 ans. Mais si les projections officielles actuelles sont exactes, d'ici 2040 un travailleur de 65 ans pourrait vivre en moyenne 19,2 années supplémentaires. Si l'âge normal de la retraite avait été « indexé » à la longévité depuis 1935, un travailleur actuel devrait attendre d'avoir 73 ans pour recevoir l'intégralité de ses allocations retraites – et ce chiffre augmente encore pour les futurs travailleurs[12].

Dans un rapport appelé *Demographics and Capital Markets Returns* (La démographie et les rendements des marchés de capitaux), Robert Arnott et Anne Cassells avancent l'hypothèse selon laquelle la crise n'a pas été provoquée par la Sécurité sociale, mais par la démographie. « Lorsqu'une société entière vieillit, suggèrent Arnott et Cassells, la chose qui importe le plus est le ratio travailleurs/retraités. Malheureusement, le vieillissement de la génération du baby-boom – qui représente une poussée démographique considérable – provoquera une augmentation brutale du ratio travailleurs/retraités – ce qui fera peser d'énormes pressions sur la société, et causera des frictions entre les générations. »

Aux États-Unis comme dans d'autres pays développés, le manque à financer pour les régimes de retraite publics se monte à 100-250 % du PIB. C'est une « dette cachée » bien plus considérable que la dette publique officielle. Contrairement à ce qui se produit dans le secteur privé, ces dettes ne sont pas amorties sur 30 à 40 ans, comme des dépenses[13]. Et il faut également souligner que, dans des conditions normales, les économies n'encourent pas de déficits aussi écrasants. Cela ne se produit qu'en temps de crise.

Une étude demandée par l'ancien secrétaire au Trésor américain, Paul O'Neill, a révélé l'amplitude de la crise qui menace. En

---

12. *Gray Dawn.*
13. *Gray Dawn.*

calculant les revenus nets attendus par rapport aux dépenses prévues, et en rapportant ces deux chiffres à leur valeur actuelle, on a découvert un déficit de près de 44 milliers de milliards de dollars, une somme représentant près de 4 fois la taille de l'économie américaine tout entière. Par ménage, cette somme équivaut à un prêt hypothécaire supplémentaire d'environ 500 000 $. En clair, l'Amérique est ruinée.

Le poison des fonds de pension

Et comme si cela ne suffisait pas, après que le marché boursier a commencé à chuter en 2000, les régimes de retraite privés sont devenus de plus en plus vulnérables. Puisqu'ils ont investi avec la même témérité aveugle que les investisseurs privés, les fonds de pension des entreprises sont en danger. Eric Fry, d'Apogee Research, souligne par exemple que, durant l'exercice fiscal se terminant au 31 octobre 2001, l'entreprise de tracteurs Deere & Co. prévoyait que ses fonds de pension et de retaite complémentaire engrangeraient des gains de 657 millions de dollars. Au lieu de cela, ces fonds enregistrèrent des pertes de 1,4 milliard de dollars – une différence de plus de 2 milliards de dollars, ce qui porte la dette du fonds de pension Deere à plus de 3 milliards de dollars.

De même, General Motors (GM) déclara que les actifs dans ses fonds de pension américains avaient chuté de 10 % en 2002 – ce qui signifiait que les dépenses de retraite après impôts de l'entreprise pouvaient augmenter d'environ 1 milliard de dollars, soit 1,80 $ par action, en 2003. L'agence Standard & Poor's s'empressa de baisser la notation de GM pour la simple raison que « les mauvais rendements enregistrés par le portefeuille du fonds de pension ont contribué à augmenter considérablement le passif des retraites de GM, déjà significatif ».

Mais cela n'empêcha pas GM de lancer à Wall Street la plus grande offre obligataire de l'histoire – d'un montant de 17,6 milliards de dollars. De cette somme, pas un sou ne serait utilisé pour construire de meilleures voitures – elle était entièrement destinée aux retraités de GM.

Durant le marché haussier des années 90, les rendements démesurés des investissements créèrent une « cagnotte » remplie d'un excès de bénéfices. D'une manière ou d'une autre, les directeurs financiers américains – à qui la créativité ne fait pas défaut – trouvèrent le moyen d'inscrire ces excès sur les déclarations de revenus, permettant ainsi d'améliorer les bénéfices déclarés – y compris les rendements des fonds de pension investis sur les marchés.

Hélas, les actions baissent aussi facilement qu'elles ont monté. Le marché baissier qui a régné ces dernières années a mis un frein brutal à ces pratiques d'investissement. Pour la plupart des fonds de pension privés, là où il y avait autrefois de coquets surplus, on ne trouve plus que des déficits considérables. Selon David Zion, analyste comptable chez CSFB, sur les 360 entreprises de l'indice du S&P 500 offrant des régimes de retraite à prestations déterminées, 240 étaient en manque de financement fin 2001.

Dans un marché baissier, les entreprises ne peuvent plus prendre une partie des gains boursiers de leurs fonds de pension et les faire passer pour des profits. De nombreuses entreprises devront débourser du liquide pour combler les déficits de leurs fonds de pension, et ceci *avant* d'investir dans leur activité, de rembourser leurs dettes, de racheter des actions ou d'effectuer toute opération profitant aux investisseurs. À nouveau, des entreprises soi-disant capitalistes finissent par travailler pour leurs employés à la retraite plutôt que pour leurs actionnaires.

En 2002, pour les entreprises de l'indice S&P 500, le déficit total des fonds de pension se montait à plus de 300 milliards de dollars. À long terme, cet argent devra être prélevé sur la trésorerie des entreprises… ce qui fera baisser plus encore les profits, les dividendes et les prix des actions.

Le boom des soins médicaux

On pourrait ajouter aux doutes et aux incertitudes des baby-boomers le coût des soins médicaux américains, qui devraient augmenter de 7 % du PIB au cours des 40 prochaines années – un rythme deux fois plus rapide que celui des autres pays développés. Le « 4e âge » – les personnes de plus de 80 ans – devrait se développer rapidement jusqu'en 2050, ce qui provoquera une hausse radicale du coût des soins à long terme, ainsi que des dépenses liées à l'invalidité, à la dépendance et aux soins médicaux.

En fait, selon les projections officielles, en 2030, le gouvernement américain dépensera plus pour les maisons de retraite qu'il ne dépense pour la Sécurité sociale actuellement. « Même si les gens s'inquiètent légitimement de la Sécurité sociale, déclare Victor Fuchs, économiste spécialisé dans le secteur médical, c'est le financement des soins médicaux pour personnes âgées qui représente la véritable hydre à 12 têtes à laquelle l'économie américaine est confrontée[14]. » Si l'on ajoute aux dépenses de la Sécurité sociale les frais entraînés par les systèmes Medicare et Medicaid, le coût total pourrait se monter à plus de 50 % des charges sociales[15]. Les mesures fiscales stimulant l'inflation des frais médicaux et les exigences politiques portant sur l'augmentation des prestations médicales à long terme menacent d'augmenter radicalement les dépenses publiques en Amérique.

Le *lumpeninvestoriat*, encore et toujours...

Les gens ne choisissent pas de vieillir, ni individuellement ni collectivement. Mais c'est tout de même ce qui leur arrive. Pour

14. *Gray Dawn.*
15. *Gray Dawn.*

autant que nous le sachions, une personne, comme une économie, ne peut empêcher un déclin naturel qu'en empirant anormalement les choses. Un homme pourra toujours mettre fin au processus de vieillissement en se faisant sauter la cervelle, par exemple – tout comme une banque centrale peut éviter la déflation en détruisant sa devise, et une économie peut repousser la correction de ses dettes en poussant les gens à emprunter plus !

À long terme, le système de la Sécurité sociale finira par exploser lui aussi. Parce qu'il repose sur un mensonge qui consiste à croire qu'une personne peut obtenir quelque chose pour rien et peut retirer plus du système qu'elle n'y met. Et même si cela peut être vrai pour quelques personnes, ça ne marche pas au niveau global. Pour durer, l'illusion dépend de groupes de travailleurs de plus en plus vastes, qui doivent payer les pensions des retraités. En fait, cet espoir repose au cœur même de toute l'illusion des baby-boomers : non seulement ils s'attendent à ce que la prochaine génération les soutienne grâce au système de la Sécurité sociale, mais ils s'imaginent également qu'ils vont pouvoir vendre leurs maisons et leurs actions au groupe qui les suit – et empocher des profits au passage. Mais tôt ou tard, la prochaine génération refusera. Elle ne sera ni assez nombreuse ni assez riche pour donner aux baby-boomers ce qu'ils attendent.

À cet égard – comme dans bien d'autres domaines – les Américains s'imaginent qu'ils ont un avantage par rapport aux Japonais. Contrairement au Japon, les États-Unis accordent toujours aux immigrants le privilège d'entrer dans le pays et de travailler jusqu'à épuisement pour financer les autochtones vieillissants.

On pense en général que l'immigration sauvera la situation. Mais l'étude Arnott-Cassell citée ci-dessus suggère qu'il faudrait 4 millions de nouveaux immigrants par an – soit une augmentation de 1,5 % de la population américaine tous les ans – pour sauvegarder le système. Cela représente deux fois environ les niveaux d'immigration actuels – une évolution qui ne se produira certainement pas.

Dans la colonne de tête, les baby-boomers sont à présent âgés de 56 ans. Ils sont suivis par 80 millions d'Américains. et parmi eux, bien peu ont pris au sérieux le défi du financement des retraites… Les réserves financières de 80 % de la population ne leur permettraient pas de tenir plus de 8 mois. « Le groupe des 50 ans et plus n'est pas préparé pour sa retraite », déclare un rapport de l'AARP (Association américaine des personnes retraitées). Et le nombre de personnes dont la retraite n'est pas assurée enfle plus rapidement que leurs articulations. En 2000, environ 76 millions d'Américains – soit 25 % – avaient plus de 50 ans. En 2020, ils seront 40 millions de plus dans ce groupe, et représenteront 36 % de la population.

À mesure qu'ils approchent de la retraite, nous soupçonnons que les baby-boomers ne tarderont pas à découvrir les joies de l'épargne – comme ils ont un jour découvert le sexe, la drogue et le rock'n'roll. Ils pourraient même en venir à aimer l'idée à tel point qu'ils penseront l'avoir inventée. Et peut-être iront-ils jusqu'à l'excès en la matière (comme dans tous les autres domaines qu'ils ont abordés jusqu'à présent).

Même une petite dose d'épargne aurait un effet dramatique sur l'économie globale. 1 % d'évolution du taux d'épargne, c'est environ 0,6 % du PIB américain. Dans un article pour l'*American Enterprise Institute*, John Makin a calculé que, si les baby-boomers se mettaient à épargner plutôt que de dépenser, à hauteur d'un tiers seulement du taux réel qui prévalait dans les années 90 – c'est-à-dire à 5 % – ils devraient renoncer à l'équivalent de 350 milliards de dollars de dépenses chaque année. Cela enlèverait 3,5 % au PIB – garantissant ainsi une récession pour de nombreuses années à venir. Le Dr Richebächer a lui aussi fait quelques calculs. Il en a déduit que, si le taux d'épargne devait retourner à la moitié de sa moyenne d'après-guerre, cela causerait « la récession la plus profonde et la plus longue depuis la Seconde Guerre mondiale ».

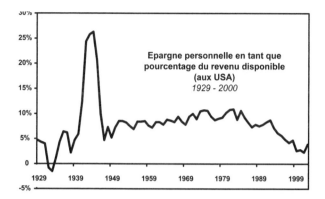

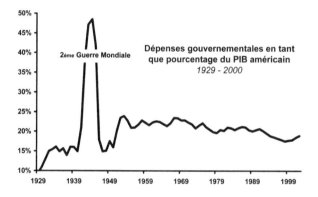

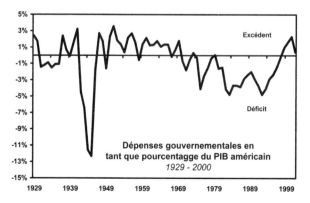

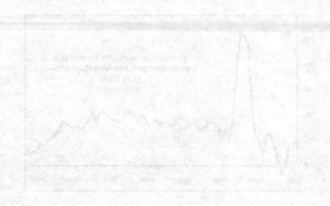

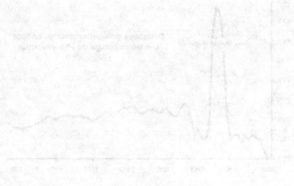

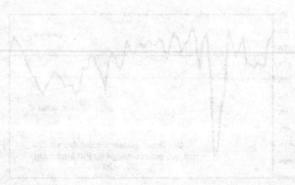

Chapitre 8

Pour qui sonne le glas – l'Amérique et le risque

> Aucun homme n'a jamais eu de sujet de fierté qui ne lui soit nuisible.
>
> Ralph Waldo Emerson

À la fin du XXe siècle, l'Amérique planait si haut... elle ne pouvait que redescendre. Mais comment ? Résumons...

Nous avons vu que l'homme est rationnel – mais pas toujours, et jamais à 100 %. En fait, il prend les décisions les plus importantes de son existence sans vraiment recourir à la raison. En d'autres termes, il choisit son compagnon (ou sa compagne), sa carrière et son style de vie selon ce qui lui plaît, en suivant son cœur et non sa tête.

Et aussi raisonnable soit-il, il se laisse tout de même emporter par ses émotions de temps en temps. Sur les marchés comme en politique, il se comporte souvent comme un idiot, poussé par n'importe quelle émotion qui le tient à ce moment-là – crainte, avidité, confiance aveugle, dégoût, désir de revanche, bonne humeur… Mais les marchés et la politique sont encore plus sujets au délire, parce qu'ils impliquent d'importants groupes d'individus. Et l'une des plus grandes prouesses de la technologie moderne est d'avoir rendu les foules plus importantes que jamais.

La folie des foules a deux caractéristiques essentielles. Tout d'abord, les foules ne peuvent « connaître » les choses que dans leur forme la plus brute et la plus simplifiée. Dans la mesure où la vérité est infiniment complexe, il s'ensuit que les pensées de la foule sont généralement réduites à tel point qu'elles contiennent plus de mensonge que de vérité. Ensuite, même si les individus sont assaillis par les mêmes émotions que les foules, un homme seul cause rarement beaucoup de problèmes. Il est freiné par sa famille, ses amis et les circonstances physiques. Une foule, par contre, amplifie ses émotions et corrompt ses idées – et rapidement, c'est la société tout entière qui est en route pour l'enfer.

Quant à l'itinéraire emprunté par les États-Unis au début du XXIe siècle pour se rendre en enfer, il était caractéristique de leur situation tout à fait unique. Un demi-siècle de progrès économique et un marché haussier de 25 ans les avaient poussés à croire des choses qui n'étaient pas vraies, et à attendre des choses qu'ils n'obtiendraient probablement pas. Jamais quiconque dans l'histoire de l'humanité n'était parvenu à s'enrichir en dépensant de l'argent… jamais non plus les marchés n'avaient vraiment enrichi l'investisseur moyen adepte du « acheter et conserver »… Et jamais un papier-monnaie ne s'appuyant pas sur l'or n'avait conservé sa valeur pendant longtemps…

À la fin des années 90, cependant, toutes ces choses semblaient non seulement possibles, mais également inévitables. Tout semblait aller en faveur de l'Amérique. Puis, soudain, au début du XXIe siècle, tout sembla se liguer contre elle. Les surplus fédéraux étaient devenus les plus grands déficits jamais enregistrés par la nation – et l'on s'attend à ce qu'ils dépassent les 3 000 milliards de dollars d'ici 2013.

Le déficit commercial américain était source de fierté durant les années de boom ; des milliards de dollars finirent entre les mains des étrangers, et furent ensuite réinvestis dans les immobilisations américaines. En 2003, ces déficits étaient devenus une honte publique : le dollar chutait, et les étrangers semblaient de moins en moins disposés à accepter les billets verts. Les consommateurs américains avaient été les locomotives de l'économie mondiale tout entière à la fin des années 90, mais au début des années 2000 ils étaient si lourdement endettés qu'eux-mêmes avaient les plus grandes peines du monde à se traîner. Même la considérable avancée américaine dans le domaine militaire était devenue une source de coûts faramineux que les contribuables du pays avaient le plus grand mal à financer.

Ces problèmes auraient pu être surmontés par un pays jeune et vigoureux, mais les Américains vieillissaient, et leurs institutions commençaient à sembler bien décrépites elles aussi. Un changement structurel était nécessaire – mais la structure des marchés démocratisés de l'Amérique et son gouvernement collectiviste dégénéré rendaient toute évolution difficile. La majorité ne pouvait pas se tromper, pensait-on. Et la majorité pensait avoir droit à une retraite qu'elle n'avait pas gagnée, à des programmes gouvernementaux qu'elle ne voulait pas payer, et à un style de vie qu'elle ne pouvait se permettre. La majorité américaine s'attendait à ce que ses dirigeants « fassent quelque chose » pour s'assurer qu'elle obtiendrait ce qu'elle voulait, au lieu de ce qu'elle méritait.

Que se passerait-il ensuite ?

Dans ce chapitre, nous prêtons attention à l'avenir. Nous n'avons pas pour autant accès aux journaux de demain. Nous ne savons pas plus ce qui va arriver que les pronostiqueurs de la Réserve fédérale ou les services de voyance par téléphone.

Nous avons d'ailleurs lu récemment que les services de voyance par téléphone se portaient si bien que les entreprises devaient engager de nouvelles personnes pour répondre aux appels. « Formation assurée », disait l'annonce.

Nous avons pensé envoyer notre candidature. Ça, nous avons eu beau essayer, nous n'avons jamais été capables de maîtriser cette science tout seuls. Le don de seconde vue nous faisant défaut, nous hasardons une supposition :

Les Américains n'abandonneront pas la promesse d'obtenir « quelque chose pour rien ». Ce serait trop raisonnable... trop sensé... trop humble. Oui, le gouvernement américain pourrait réduire les dépenses. Il pourrait renoncer à son rôle de gendarme du monde, par exemple, et en revenir à la défense du pays. En réduisant considérablement ses dépenses, le gouvernement pourrait équilibrer le budget tout en diminuant les impôts des citoyens. Oui, les gens pourraient eux aussi réduire leurs frais – et mettre de côté 10 % de leurs revenus, comme ils le faisaient dans les années 50 et 60. Le déficit commercial serait éliminé... et les dettes pourraient être remboursées. Oui, on pourrait probablement sauver le dollar également. Sa valeur baisserait sans doute un peu, mais une stricte politique de « dollar fort » – on pourrait peut-être tirer Paul Volcker de sa retraite, pour lui donner un peu de crédibilité – enrayerait peut-être son déclin. Après une récession sévère – qui verrait une baisse significative de la valeur des actions et du niveau de vie – l'économie américaine pourrait se redresser sur une base plus solide d'épargne interne.

Et non, rien de tout cela n'est très probable. Parce qu'un tel comportement contredirait toutes les théories que les Américains en sont venus à adorer, et les forcerait à admettre qu'ils se sont trompés. Lorsqu'une économie entre en récession, le gouvernement est censé augmenter les dépenses – c'est ce que Keynes leur avait appris. Les autorités auraient pu éviter la Grande Dépression, ajouta Friedman, en imprimant plus de dollars. Si les consommateurs réduisaient leurs dépenses, ce serait un désastre, dirent les économistes d'un bout à l'autre du pays.

Les gens n'abandonnent pas facilement leur système de croyances, surtout s'il fait des promesses aussi attirantes que « quelque chose pour rien ». Comment le capitalisme de consommation américain, qui avait connu un succès phénoménal durant si longtemps, pouvait-il les abandonner à présent ? Impossible, se dirent-ils. Pourquoi devraient-ils accepter un déclin de leur niveau de vie, quand tout le monde savait qu'ils devenaient de plus en plus riches ? Cela ne se peut pas.

Les Américains ne peuvent pas plus abandonner leur rêve que Napoléon n'a pu retirer ses troupes d'Allemagne, d'Italie et d'Espagne, et abandonner son empire... ou que l'investisseur moyen n'a pu vendre ses actions à la fin 1999. Les choses ne fonctionnent pas ainsi. « Un marché baissier suit son cours jusqu'à la fin », disent les vétérans de la finance. Les gens doivent suivre une tendance jusqu'à ce qu'elle les ruine, selon les auteurs de ce livre.

De plus, se dirent les Américains début 2003, s'il y a des problèmes, ce doit être de la faute des autres : les terroristes... tous ces PDG trop avides d'argent... ou encore les erreurs de politique de la Fed. Rien ne clochait dans le système, affirmèrent-ils.

Comme nous allons le voir, c'est pour cette raison que les emprunts des Américains ont en fait augmenté après le début de la première récession en 2001 ; à mesure que le chômage augmentait, les Américains hypothéquèrent de plus en plus leurs maisons – et achetèrent de nouvelles voitures à un rythme record. C'est la raison pour laquelle le gouvernement fédéral américain augmenta en fait ses dépenses... et ses déficits (en quantité énorme)... après que ses revenus fiscaux eurent commencé à s'effondrer au début du XXIᵉ siècle. Et c'est pour cela que le déficit commercial se creusa de plus en plus – tandis que le dollar chutait. Début 2003, la nation tout entière – ses actions, sa devise, son armée et ses consommateurs – semblait vouloir s'autodétruire à tout prix.

Humeurs

La plupart des spécialistes vous diront que le système économique est contrôlé par les changements d'humeur de la Fed. Mais il arrive que des choses se produisent même lorsque la banque centrale américaine n'est pas d'humeur à les supporter.

Lorsque les dirigeants de la Fed ressentent le besoin d'un peu plus d'activité dans les boutiques et les usines du pays, ils leur administrent un « petit coup de whisky », comme le disait si poétiquement le président de la Fed, Norman Strong. Lorsqu'ils sont d'humeur plus calme, par contre, ils confisquent la bouteille de whisky, et la fête ne tarde pas à s'éteindre. Depuis la Seconde Guerre mondiale, les sautes d'humeur de la Fed ont semblé correspondre aux hauts et bas de l'économie. Un associé d'Alan Greenspan, John Taylor, rassembla et résuma ces observations, donnant naissance à la Règle de Taylor : à mesure que l'économie et l'inflation s'échauffent… les taux de prêts à vue de la Fed augmentent. Et à mesure que l'économie et l'inflation refroidissent, les taux à court terme de la Fed baissent aussi. Mais quelquefois, des choses se produisent.

Malgré le flot d'argent et de crédit, et en dépit des prédictions de reprise, les marchés refusèrent de coopérer durant les premières années du XXIᵉ siècle. Quelle qu'ait été la maladie de l'économie américaine, une ou deux rasades de whisky ne semblaient pas suffire à la faire reculer. Pour la première fois depuis l'après-guerre, l'assouplissement monétaire – et même l'assouplissement le plus agressif de l'histoire de la Fed – se solda par un échec.

Tout au long de 2001, la Fed de Greenspan fit ce qu'elle avait à faire, c'est-à-dire la seule chose qu'elle pouvait faire : elle baissa les taux. Mois après mois, on rogna quelquefois 25 points de base, quelquefois 50. Tout d'abord, la quasi-totalité des économistes et des investisseurs s'attendait à une « reprise au second semestre ». Mais la véritable reprise n'eut jamais lieu. Le chômage augmenta ; les profits diminuèrent.

Les consommateurs mordirent à l'hameçon que leur présentait la Fed : des taux d'intérêt plus bas. L'endettement continua à progresser. Mi-2001, la dette du secteur privé se montait à 280 % du PIB – la plus grosse somme de l'histoire économique. Puis, au premier trimestre 2002, les consommateurs empruntèrent au taux annuel de 695 milliards de dollars – pulvérisant ainsi tous les records précédemment établis. Leurs revenus, par contre, n'augmentèrent qu'au taux annuel de 110 milliards de dollars. Et durant les 12 mois précédant avril 2002, on ajouta 5,9 $ de dette à chaque dollar de croissance du PIB. Fin 2002, la dette du secteur privé atteignait les 300 % du PIB.

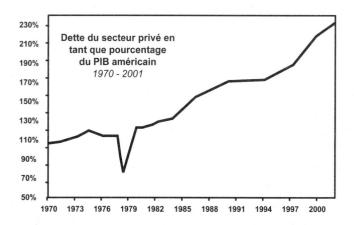

« Donnons-nous la main et achetons un 4 x 4 ! »

« Si nous nous donnons tous la main pour acheter des 4 x 4, déclara Robert McTeer, gouverneur de la Fed de Dallas, à la chambre de commerce de Richardson, au Texas, en février 2001, tout ira bien… Il faudrait de préférence que ce soit un Navigator. »

Après les attentats du 11 septembre, les appels à la consommation commencèrent à ressembler autant à des slogans patriotiques qu'à de l'analyse économique. On en vint à considérer l'épargne comme un ennemi d'État, presque aussi diabolique qu'Oussama ben Laden lui-même.

Le *Los Angeles Times* dénonça un homme qui se trouvait 3 961 km plus loin : « À Long Island, le boulanger Carlos Gaviria a déclaré que l'effondrement du marché l'avait poussé à mettre un frein à ses dépenses personnelles. Si beaucoup de gens faisaient la même chose, cela pourrait provoquer un événement considérable. »

« Ce qui se passe à Wall Street… laisse à penser que, quelle que soit la somme dont je dispose, je dois la conserver, parce qu'on ne sait pas de quoi demain sera fait, déclarait Gaviria. En gardant mon argent, peut-être que j'affecte l'économie elle-même. »

Même Robert McTeer le reconnaissait. Plus tard dans l'année, il expliqua : « L'industrie étant déjà en crise, c'est l'empressement des consommateurs à vider leurs poches dans les magasins qui a permis au pays d'éviter la récession. Ces dépenses ont été nourries par une utilisation toujours croissante du crédit. »

« [Les Américains] se sont probablement conduits de manière irrationnelle du point de vue du consommateur individuel, dit McTeer, parlant de la tendance que lui et ses collègues de la Fed avaient déclenchée, parce qu'ils devraient tous épargner plus : pour leur retraite, pour les études de leurs enfants, etc. Mais nous serions dans le pétrin s'ils commençaient soudain à se comporter rationnellement. Nous sommes ravis qu'ils dépensent. Nous souhaiterions qu'ils n'aient pas à s'endetter lourdement pour le faire. »

Excès de confiance

À l'automne 2001, au lieu de chuter, la confiance des consommateurs américains enregistra sa plus forte hausse en plus de 10 ans. Presque tous les prix et les données statistiques révélaient un étonnant manque d'inquiétude.

Même la guerre contre la Terreur était menée avec une remarquable assurance. Les troupes américaines n'avaient aucun scrupule. L'une des choses les plus frappantes au sujet de cette

« guerre » inhabituelle, c'est que les troupes américaines ne semblaient avoir aucun doute sur la raison de leur présence. Il s'agissait probablement du premier déploiement militaire américain depuis la Seconde Guerre mondiale dont personne ne remit la raison en cause. Bien entendu, la guerre ne produisit que peu de victimes américaines. Les soldats n'étaient même pas fatigués. « La bataille de Shah-i-Kot, qui a duré deux semaines, n'a produit que des cas mineurs de fatigue, bien moins qu'il n'était statistiquement probable », déclara un spécialiste militaire dans l'*International Herald Tribune*.

De même, dans l'économie, l'absence de scrupules ou de doutes était dérangeante. Les consommateurs augmentèrent la consommation personnelle de 6 % durant le 4e trimestre 2001 – un trimestre où l'économie était censée tituber sous les coups de la récession et des attentats terroristes du 11 septembre. « Jamais auparavant les consommateurs n'avaient dépensé avec si peu de retenue au cours d'une récession », commenta Stephen Roach, économiste en chef chez Morgan Stanley.

Les consommateurs s'endettent plus lourdement uniquement lorsqu'ils sont plus ou moins sûrs que leur dette supplémentaire ne leur posera pas de problème. Rien qu'en 2000 ils empruntèrent 152 milliards de dollars supplémentaires grâce à la valeur de leurs propres maisons. En 2002, le total se montait à 130 milliards de dollars. Même après une récession, ils étaient sûrs que les emplois seraient abondants. Ils ne s'inquiétaient pas non plus de la hausse éventuelle des taux d'intérêt, non que ceux-ci ne pussent monter, mais simplement ils ne semblaient pas y penser.

Les investisseurs ne s'inquiétaient pas non plus du fait que les actions soient trop chères. Ils se souciaient plus de savoir comment ils se sentiraient si les actions montaient et s'ils manquaient le coche du marché haussier. Ils firent grimper le prix des actions à des niveaux que le monde n'avait encore jamais vus… et qu'il ne reverrait probablement pas de si tôt. Fin 2001, l'indice Standard

& Poor s'échangeait à 44 fois les bénéfices. Et le PER médian de l'action Value Line atteignait 20,3 (selon Ned Davis Research) – un nouveau record à la hausse.

Le monde entier fit bon accueil à la confiance des consommateurs et investisseurs américains. Pour les gens, cette assurance signifiait que l'avenir était radieux. Si l'on avait voulu se montrer contrariant, on aurait pu dire au contraire qu'elle ne faisait que démontrer que les beaux jours étaient bel et bien terminés. La confiance est un indicateur mobile. Plus il y en a – plus le boom finissant est important – plus les problèmes qui apparaissent sont graves.

Pourquoi les consommateurs et les investisseurs étaient-ils si confiants ? Rétrospectivement, ils avaient beaucoup de raisons de se sentir optimistes. Le Dow semblait n'avoir fait que grimper durant deux décennies entières (avec tout de même un petit ralentissement au cours des deux dernières années). L'inflation et les taux d'intérêt avaient baissé durant la même période. L'Union soviétique avait capitulé. Militairement, les États-Unis étaient dans une classe à part – ils n'étaient pas seulement la seule superpuissance planétaire, mais ils étaient aussi le seul pouvoir qui soit au monde, dans tous les domaines. Jamais auparavant on n'avait vu tel déséquilibre entre les dépenses militaires des États-Unis et celles du reste du monde. Il y eut de faibles tentatives de résister à la puissance économique et militaire des États-Unis ; mais la bataille contre la récession tout comme la guerre contre la Terreur avaient été menées quasiment sans faire de victimes. Dans ces conditions, fallait-il s'étonner que les Américains regardent leur passé avec fierté – et un chaud sentiment de confiance ?

Mais il en allait bien autrement pour l'avenir. Lors d'un marché haussier, les actions « franchissent un mur d'inquiétude », disent les vétérans de la finance – et, sur la paroi lisse de l'autosatisfaction, les actions ne trouvaient aucune prise solide. Non qu'il n'y eût rien d'inquiétant. Il y avait le déficit courant, par exemple, et le dollar. Tôt ou tard, le reste du monde commencerait à poser des questions, même si cela n'était pas le cas des Américains. C'est alors que le dollar chuterait... et qu'il en irait de même pour les actifs financiers américains.

Et bien entendu, il y avait les actions elles-mêmes, que les investisseurs ordinaires portaient si haut qu'elles n'avaient aucune chance d'accomplir ce que l'on attendait d'elles. Tôt ou tard, pouvait-on raisonnablement penser, la déception mènerait au désinvestissement. Jeremy Grantham déclara au journal *Barron's* que tous les épisodes de bulle finissent par être complètement corrigés. Il défia les lecteurs de trouver un contre-exemple. Pas un seul ne lui fut opposé. Mais ces choses ne semblaient pas inquiéter les Américains. Ils continuaient sereinement leur route. Mains sur le volant, pied au plancher... et les yeux fixés sur la route derrière eux !

Qui pouvait douter qu'il y aurait toujours du travail pour qui en voulait ? Qui allait imaginer que les baisses de taux agressives d'Alan Greenspan ne mettraient pas rapidement l'économie sur la voie de la reprise ? Qui aurait pu penser que des taux d'intérêt plus bas ne seraient pas une aubaine pour le consommateur – lui permettant de continuer à dépenser ?

Le problème du consommateur n'était pas son manque d'assurance, bien au contraire : il en avait à revendre. Son apparent succès financier, associé aux réussites de la Fed, l'avaient rendu confiant au point d'en être téméraire. Il était ainsi une proie facile pour les savants fous du secteur financier. Avec une ingéniosité croissante, ils inventèrent de nouvelles méthodes toujours plus efficaces pour transformer la confiance des consommateurs en *dette* des consommateurs – exactement comme l'avait prédit Minsky. Bientôt, les constructeurs automobiles offrirent des financements à 0 %. Et les sociétés de prêts hypothécaires permettaient à leurs clients d'emprunter jusqu'à 100 % (chiffres de 2002) de la valeur estimée de la propriété, de payer les intérêts durant 15 ans seulement, et même de manquer des mensualités de temps en temps. Quasiment sans que personne ne s'en rende compte, les accédants à la propriété avaient même réussi à contourner les conditions normales de prêt hypothécaire, qui voulaient qu'un emprunteur potentiel puisse au moins verser l'acompte lui-même.

Un emprunteur dont l'argent n'est pas en jeu peut sembler ne présenter que peu de risques de crédit. Mais une lacune dans la réglementation de Fannie Mae (principale société de prêts immobiliers américaine) autorisait une association à but non lucratif à verser l'acompte, afin d'encourager la propriété parmi les couches défavorisées de la population. Les propriétaires immobiliers ne tardèrent pas à réaliser qu'ils pouvaient fonder de tels groupes eux-mêmes, et vendre plus de maisons à des acheteurs marginaux. Fin 2002, ce genre de montage représentait jusqu'à 20 % des nouveaux prêts hypothécaires.

Quant aux actions, même après neuf mois de récession, elles n'avaient pas atteint des niveaux de crise – qui permettent d'acheter la valeur d'un dollar de bénéfices pour 8 à 12 $ – un dollar de bénéfices valait toujours environ 40 $. Les cours des actions étaient si élevés que les bénéfices pouvaient doubler en 2001 – comme le prédisaient la plupart des analystes – sans que les PER ne baissent de leurs sommets du marché haussier... même si les prix des actions stagnaient.

Quel genre de récession était-ce là ? Peut-être s'agissait-il d'une récession parfaite – aussi bidon que le boom qui l'avait précédée. Nous rappelons au lecteur que le boom était construit sur un mensonge : grâce à quelques stars de la « Nouvelle Ère », la Terre ne devait plus jamais s'endormir dans le noir. Les choses iraient de mieux en mieux, pour les siècles des siècles, amen. Ces étoiles brillaient d'un tel éclat qu'elles en rendaient fous les investisseurs – qui étaient certains qu'ils pouvaient s'enrichir sans travailler ! Ils firent donc augmenter les cours des actions, pensant voir leur richesse faire de même. Ils se persuadèrent ainsi que les promesses des étoiles se réalisaient.

Un dollar dangereux

L'assurance des consommateurs américains présentait une caractéristique frappante : elle était égalée par une confiance plus grande encore dans le reste du monde. Les étrangers semblaient admirer l'économie américaine plus encore que les Américains eux-mêmes. Sans qu'on ait besoin de leur mettre le canon d'un revolver sur la tempe, les Européens et les Asiatiques expédièrent de leur plein gré des biens précieux en Amérique, et acceptèrent en retour des morceaux de papier vert appelés dollars. Aucun papier-monnaie n'a duré éternellement, et peu ont gardé leur valeur durant plus de quelques années – mais les étrangers n'en acceptent pas moins les dollars. De tous les remarquables succès de l'histoire financière, aucun n'égalait celui du dollar américain.

Entre 1997 et 2001, le total d'actifs libellés en dollars circulant à l'étranger augmenta de près de 50 %, de 6,2 milliers de milliards de dollars en 1997 à environ 9,2 milliers de milliards de dollars. De tous les dollars papier en circulation, pas moins de 80 % (environ) étaient détenus à l'étranger au début du XXIe siècle.

Mais que pouvaient faire les étrangers de tous ces billets verts ? Si les volumes commerciaux étaient à l'équilibre, ils livraient généralement ces dollars aux Américains en guise de paiement contre des biens en provenance des USA. Mais à mesure que les années passaient, les Américains produisirent de moins en moins de choses que le reste du monde voulait acheter. Le déficit commercial des États-Unis passa de 29,5 milliards de dollars en 1991 à 43,5 milliards en 2003 (chiffres de mars).

N'étant pas en mesure d'acheter assez de biens en provenance des États-Unis pour équilibrer la balance, les étrangers se retrouvèrent encombrés de centaines de milliards de dollars. On aurait pu s'attendre à ce qu'ils vendent leurs dollars sur le marché libre – si cela avait été le cas, le cours du dollar aurait chuté. Ce mécanisme permettait habituellement de garder les bilans à l'équilibre. La baisse du dollar aurait rendu les biens étrangers plus chers pour les Américains, et les biens américains moins chers pour les étrangers. Résultat probable : exportations en hausse pour les États-Unis, importations en baisse en provenance de l'étranger. Mais au printemps 2003, rien de cela ne s'était produit : les étrangers avaient pris leurs dollars et investi dans des actifs américains. Ils avaient utilisé leur surplus de dollars pour acheter des actions, des obligations, de l'immobilier et des entreprises privées – aux USA.

Voilà un acte de foi qui dépassait l'entendement. Les étrangers prenaient un double risque. Non seulement le prix des actifs américains pouvait chuter – les actions, par exemple, étaient plus chères à Wall Street que sur la plupart des marchés mondiaux (le PER moyen de l'indice S&P était à 27 environ en octobre 2001) –, mais en plus le dollar pouvait chuter lui aussi.

Ignorance ou incrédulité ? Que ce soit par méconnaissance ou par foi aveugle, l'investisseur étranger aux USA avait une grenade à la main – et elle était dégoupillée. Mais il avait une telle confiance qu'il n'avait pas la moindre peur. Au lieu de laisser tomber ses investissements libellés en dollars, il en acheta davantage (ce qu'il ne tarderait pas à regretter : au cours des 12 mois précédant le 31 janvier 2003, les investisseurs européens positionnés sur les actions américaines du S&P avaient perdu 38 % de leur argent en termes d'euros).

Et pourtant, à l'automne 2002, les étrangers continuaient de trimer et de transpirer – et d'accepter les dollars américains en guise de paiement, à hauteur d'environ 1,5 milliard de dollars par jour. À l'argument selon lequel le dollar devait chuter, les haussiers du dollar répondaient que le dollar n'était pas une devise ordinaire ; il était devenu une devise impériale, la marque de fabrique de la seule super-super-puissance de la planète. Ainsi, la confiance que portait le monde à la monnaie américaine et aux actifs qu'elle permettait d'acheter se mua en super-confiance, basée sur le supersuccès de toute la gamme des institutions américaines – l'armée, Wall Street, la Fed, les dirigeants des entreprises et « l'économie la plus flexible et la plus dynamique au monde ».

Une récession qui n'a rien d'ordinaire

Nous rappelons aux lecteurs que rien n'échoue comme le succès. À l'automne 2002, les investisseurs jetèrent un regard à la grenade qu'ils tenaient à la main, et commencèrent à se poser des questions. Que se passerait-il si d'autres étrangers décidaient qu'ils avaient assez d'actifs libellés en dollars ? Ou pire : que se passerait-il s'ils décidaient qu'ils en avaient trop ?

Dans la nature, la symétrie règne en toute chose – et les marchés sont naturels. Personne ne les conçoit. Personne ne les contrôle – et on ne peut pas plus les comprendre ou les prévoir pleinement. Nous n'avons que des intuitions… et de l'expérience. À la réussite succède l'échec, à mesure que les choses reviennent à la normale. Les investisseurs qui ont brillamment réussi finissent par croire que leurs succès ne connaissent pas de limites. Ils s'imaginent qu'ils méritent ce succès considérable parce qu'ils sont plus intelligents, parce qu'ils ont plus de chance, parce que leur économie, leur banque centrale ou leur gouvernement est supérieur.

Mais la nature, dans sa magistrale simplicité, vaque à ses affaires quoi que pensent les gens. Le temps chaud et ensoleillé de l'été fait place aux froides et grises journées hivernales. D'une manière ou d'une autre, la moyenne doit être rétablie. La super-confiance des gens ne peut durer éternellement. Ils ne peuvent pas être super-haussiers pour toujours. En fait, ils ne peuvent être super- « quoi que ce soit » en permanence. Mais au contraire, ils doivent compenser les mauvais jours avec les bons… leur sens de l'aventure avec leurs craintes, et leur yin avec leur yang, de manière à parvenir à l'heureuse moyenne que l'on appelle « la vraie vie ».

Il y a bien longtemps, les économistes réalisèrent que le commerce avait un certain rythme naturel. Ils illustrèrent cette théorie en décrivant le schéma suivi par les éleveurs de porcs.

Lorsque le prix du porc grimpait, les éleveurs cherchaient rationnellement à optimiser leurs profits, et augmentaient leur production. Mais il fallait du temps pour élever des nouveaux pourceaux. Environ 18 mois plus tard, les nouveaux porcs arrivaient sur le marché. Cette nouvelle offre provoquait la chute des cours – les éleveurs alors décidaient de réduire leur production, ce qui provoquait une hausse des prix.

C'est à ce schéma d'expansion et de réduction, appliqué à toute une économie, que font allusion les économistes lorsqu'ils parlent de booms et de krachs cycliques. Depuis la Seconde Guerre mondiale, la Fed a géré ces hauts et bas cycliques, tentant de les contrôler et de les atténuer. En fait, la Fed semblait si bien réussir à gérer ces cycles qu'on aurait dit qu'elle avait maîtrisé la science des banques centrales – parvenant même à éliminer complètement la partie baissière du cycle.

Cependant, il existe un autre genre de mouvement à la baisse qui n'est pas seulement cyclique, mais également « structurel ». Il se produit lorsque la structure de l'économie présente des défauts fondamentaux.

Depuis 1945, l'économie américaine avait subi de nombreuses hausses et de nombreuses baisses. Toutes étaient cycliques. Toutes les récessions, à l'exception de deux, étaient intentionnelles. Ces « récessions planifiées » avaient été délibérément provoquées par la Fed, dans une tentative de ralentir l'économie et d'abaisser des taux d'inflation.

Comme le disait le professeur Rudi Dornbush, du MIT, « aucune des périodes d'expansion de l'après-guerre n'est morte de sa belle mort ; elles ont toutes été assassinées par la Fed ». La première exception fut la récession de 1973-1974, durant laquelle l'embargo sur le pétrole joua le rôle de la Fed. La deuxième fut la crise de

2001. Cet effondrement, plus récent, n'était pas une récession d'après-guerre ordinaire. Elle ressemblait plus à la dépression structurelle post-bulle des années 30, pour laquelle on trouve peu d'exemples. La seule autre crise structurelle d'une économie majeure durant la période d'après-guerre s'est produite au Japon au début des années 90. Le boom hystérique du Japon fut suivi d'une longue période de fausse reprise, d'un marché baissier, puis de récessions épisodiques. On peut raisonnablement s'attendre à ce que la crise américaine post-bulle ressemble elle aussi à celle du Japon – dans la mesure où elles sont toutes deux structurelles et se sont toutes deux produites dans le capitalisme de masse de la fin du XXᵉ siècle.

Le problème structurel n'est pas le même, mais les effets pourraient être similaires. Le Japon pensait pouvoir exporter jusqu'à atteindre la croissance financière et la prospérité permanentes. L'Amérique pensait pouvoir faire de même avec les importations. Grâce principalement à la participation de masse, les deux économies ont exagéré leurs avantages durant les années de boom... avant de résister aux inévitables ajustements structurels.

« Il ne s'agit pas d'un cycle économique traditionnel, déclara un article du magazine *The Economist* à l'automne 2002, mais de l'éclatement de la plus grande bulle de l'histoire américaine. Jamais les actions n'ont été autant surévaluées. Jamais auparavant on n'a compté tant d'actionnaires. Et jamais tous les secteurs de l'économie n'ont investi (et même surinvesti) avec autant d'entrain. À cause de tout cela, les conséquences des abus dureront plus longtemps et seront plus étendues qu'on ne le croit généralement. »

L'étendue de ces conséquences est due en partie à l'ampleur du tapage qui les a précédées. Le monde n'avait jamais rien vu qui soit à l'échelle de la bulle japonaise... ou américaine. Un nombre inimaginable de participants avaient exagéré les excès habituels de la bulle. Ces gens – comme les institutions – avaient tout intérêt à ce que les beaux jours continuent. Nombre d'entre eux avaient également le pouvoir d'influencer considérablement l'économie.

En Amérique, les effets de l'effondrement de la bulle boursière furent visibles presque immédiatement dans les budgets gouvernementaux, à tous les niveaux. Le gouvernement fédéral passa d'un surplus d'environ 94 milliards de dollars aux 11 premiers mois de l'exercice fiscal 2001 à un déficit de 159 milliards de dollars en 2002 – et une perte estimée de plus de 300 milliards de dollars l'année suivante. La Californie annonça début 2003 un déficit budgétaire équivalent à 1 000 $ par Californien – homme, femme ou enfant ; l'État de New York annonça un passif de 10 milliards de dollars, tandis que le découvert du Texas se montait à près de 12 milliards de dollars.

Au Japon, le budget national avait subi un revirement similaire, d'un surplus équivalent à 2,9 % du PIB en 1991 à un déficit de 4,3 % en 1996, à mesure que les taux d'intérêt baissaient. Comme en Amérique 10 ans plus tard, le gouvernement japonais ne put rester les bras croisés pendant que la richesse et le pouvoir économique de ses citoyens disparaissaient. On pensait que la Japan S.A. était invincible. Pour la Croyance Générale de l'époque, les caractéristiques particulières à l'économie japonaise lui permettraient de surmonter n'importe quel revers. Et lorsque les Japonais subirent effectivement un revers, ils durent « faire quelque chose » pour le surmonter. Ils firent donc ce que les économistes leur conseillaient – et aggravèrent la situation.

Keynes n'avait pas fourni de véritable explication quant à la raison de ces phénomènes. Il les attribuait à un manque d'« instinct animal » chez les investisseurs et les hommes d'affaires. Par le passé, l'instinct animal s'était même littéralement effondré de temps à autre, en particulier durant la période précédant la Grande Dépression. En général, une « panique » sur les marchés des capitaux causait la dévastation, les prix chutaient radicalement, les capitalistes et les spéculateurs étaient ruinés et tombaient en disgrâce, puis l'activité économique reprenait. Le cycle boom/krach faisait partie de la vie, et des pics d'activité économique s'étaient produits en 1887, 1893, 1900, 1903, 1907, 1910, 1914, 1916, 1920, 1923, 1927 et 1929. Dans tous ces cycles, le krach atteignit son point le plus bas moins de 16 mois après que le boom eut atteint son sommet.

Avant 1916, il était pratiquement impossible pour le gouvernement américain d'influencer la macro-économie. Les impôts et les dépenses gouvernementales d'avant-guerre n'étaient pas assez importants ; ils représentaient moins de 59,9 % du PNB jusqu'à la Première Guerre mondiale.

Après 1915, les dépenses gouvernementales en tant que pourcentage du PNB passèrent de moins de 2 % à plus de 10 % au milieu des années 30, mais prirent vraiment leur envol durant la Seconde Guerre mondiale. Grâce à ces nouveaux outils, « l'augmentation du contrôle gouvernemental sur la demande globale d'après-guerre a permis d'atténuer de nombreuses récessions, et de contrer complètement quelques chocs, explique Christina Romer. Ainsi, l'apparition d'une gestion efficace de la demande globale après la Seconde Guerre mondiale explique pourquoi les cycles sont devenus moins fréquents et moins susceptibles de proliférer. »

On élimina quasiment les paniques – comme la poliomyélite – à la suite des changements effectués durant l'ère Roosevelt. Il n'y avait pas de raisons de s'effrayer – puisque les banques étaient dorénavant assurées ! Et en effet, même si des paniques majeures se produisirent en 1890, 1893, 1899, 1901, 1903 et 1907, aucune ne se produisit après la Seconde Guerre mondiale.

« Le cycle économique ne sera probablement pas aussi inquiétant ou ennuyeux pour nos enfants qu'il l'était pour nos parents », annonça Arthur Burns en 1959, lors de son discours à l'Association économique américaine.

Avec les quelques distorsions dues à l'expansion démesurée des années 90, la période de croissance moyenne d'après-guerre dépassa l'expansion typique d'avant-guerre d'environ 65 %, découvrit Romer. « Pour résumer, conclut-elle, les expansions sont significativement plus longues après la Seconde Guerre mondiale qu'elles ne l'étaient avant la Première Guerre mondiale, ce qui indique qu'il y a moins de récessions que par le passé. »

Avant la Grande Dépression, le public réclamait rarement que l'on « fasse quelque chose » pour interrompre les cycles naturels de booms et de krachs. Les principales victimes étaient les riches, les entrepreneurs et les spéculateurs… et qui se souciait d'eux ? Politiquement, les capitalistes de la fin du XIXᵉ siècle étaient aussi populaires que les fumeurs de la fin du XXᵉ. Ils n'étaient même pas assez nombreux pour élire un conseiller municipal.

Durant et après la Grande Dépression, cependant, les banques centrales et les gouvernements entreprirent d'adoucir les krachs qui contrariaient l'humanité depuis l'aube des temps. Keynes avait une théorie leur indiquant la marche à suivre. Les prix ne s'ajustent pas rapidement, dit-il, parce qu'ils sont « collants ». Le gouvernement devrait intervenir, dit-il encore, et stimuler l'économie en baissant les impôts et en dépensant de l'argent. L'idée de Keynes était simple : le gouvernement enregistrait des surplus durant les bonnes années, et des déficits les mauvaises années. Cela permettrait de compenser les hauts et les bas du cycle économique.

Des années plus tard, Milton Friedman et Anna Schwartz y ajoutèrent leur propre théorie. Les dépressions étaient causées par un manque d'argent en circulation, dirent-ils. La Grande Dépression avait été provoquée par la faillite d'un nombre élevé de banques, qui avait réduit d'un seul coup la masse monétaire. La Fed aurait dû intervenir et remplacer rapidement l'argent. Ce manquement avait été la plus grande erreur politique de l'époque, déclara le duo monétariste.

Selon les monétaristes, une crise peut être corrigée en imprimant plus de monnaie. Selon les keynésiens, le problème peut être résolu en dépensant plus d'argent. Les investisseurs sont incapables de différencier les deux théories, mais ils sont sûrs qu'on peut faire quelque chose. Dans la mesure où notre approche est « littéraire » ou « historique », nous ne tenterons pas une critique détaillée de ces deux écoles de pensée. Au lieu de cela, nous revenons au Japon, et nous laissons les faits parler d'eux-mêmes.

Le Japon, une dépression au ralenti

Tout au long de la première épreuve conséquente à laquelle le capitalisme de masse se vit confronté après la Seconde Guerre mondiale, tous les filets de sécurité – impôts, réglementations, interventions de la banque centrale, politiques fiscales et illusions de sécurité – n'ont fait que retarder le processus que Schumpeter appelait « destruction créatrice ». La destruction des mauvais investissements, des capitaux mal orientés et des entreprises et des consommateurs surendettés prit bien plus longtemps au XXe siècle qu'auparavant – parce que des organisations extrêmement puissantes tentaient de l'empêcher. Au lieu de laisser les banques japonaises faire faillite, par exemple, on mit en place en 1998 un fonds de sauvetage de 514 milliards de dollars, la moitié de cette somme étant destinée au gouvernement, afin de racheter les actions de ces institutions en difficulté – nationalisant ainsi les banques les plus faibles, plutôt que de les liquider. Le gouvernement japonais mit également en place un fonds de garantie de crédit de 20 000 milliards de yens qui aiderait les entreprises « zombies » – qui perdaient de l'argent et feraient faillite sans cela – à emprunter. Le magazine *The Economist* nota sèchement que « les fonds déboursés par ce programme vont souvent à des entreprises insolvables, et qui feraient faillite sans ce recours ».

Nous avons déjà fait allusion aux remarquables projets de dépenses du gouvernement japonais. Entre 1992 et 1995, six programmes de dépenses furent mis en place, pour un total de 65,5 milliers de milliards de yens. On baissa ensuite les impôts en 1994. On appliqua une baisse supplémentaire de 2 000 milliards de yens en 1998. Plus tard dans la même année, un autre programme de dépenses fut annoncé – pour 16,7 milliers de milliards de yens cette fois-ci. Et plus tard encore, en novembre 98, on ajouta 23,9 milliers de milliards de stimulants fiscaux. L'année suivante (novembre 1999), on dévoila un nouveau projet de dépenses de 18 000 milliards de yens, auquel on ajouta 11 000 milliards de yens en 2000. En tout, le Japon déboursa plus de 100 000 milliards de yens au cours de 10 programmes différents.

Et qu'obtint le Japon en retour ?

Le résultat évident fut le plus grand déficit gouvernemental de tous les pays du G 7. En l'espace de 11 ans, le Japon passa d'un surplus budgétaire de 3 % du PIB environ à un déficit budgétaire de près de 10 % du PIB en 2002… portant la dette de la nation au chiffre vertigineux de 150 % du PIB. Mais au moins les Japonais pouvaient-ils se le permettre ; au Japon, l'épargne était énorme.

Le Japon obtint autre chose également : le retard de la reprise.

On s'accorde généralement à penser que, durant un ralentissement, l'augmentation des dépenses gouvernementales est une bonne chose. Les preuves matérielles sont clairement en notre faveur.

Pauvreté et richesse véritables

Ne serait-ce pas parfait si les gens pouvaient vraiment guérir leurs maux financiers en dépensant plus d'argent ? Qui ne sauterait pas sur l'occasion de réparer un découvert en achetant une nouvelle voiture… ou de soulager sa douloureuse carte de crédit en y ajoutant des vacances dans les îles ? Si seulement le monde fonctionnait ainsi !

Notre intuition nous dit que ce n'est pas le cas. On n'a rien sans rien ; ce n'est pas en additionnant des zéros qu'on obtient un chiffre positif. Au niveau individuel, nous savons que dépenser de l'argent ne nous rend pas plus riche. La persévérance et l'épargne

– et non la prodigalité – mènent à la prospérité. Comment pourrait-il en être autrement pour une économie tout entière ?

Comme Adam Smith l'explique dans *La Richesse des nations* :

> Les capitaux augmentent grâce à la parcimonie, et diminuent à cause de la prodigalité et de l'inconduite. Quoi qu'une personne épargne de son revenu, elle l'ajoute à son capital, et s'emploie elle-même à entretenir un nombre additionnel de mains productives, ou permet à une autre personne de le faire, en lui prêtant à intérêt – c'est-à-dire en échange d'une part des profits. Comme le capital d'un individu ne peut être augmenté que par ce qu'il épargne de son revenu annuel ou des ses gains annuels, il en va de même pour le capital d'une société ; et il en va de même de tous les individus qui la composent, qui ne peuvent être augmentés que de la même manière.
>
> La parcimonie, et non l'industrie, est la cause immédiate de l'augmentation de capital. En effet, l'industrie n'est que l'objet de l'accumulation de la parcimonie.

Mais voilà la merveilleuse chimère de la pensée collective ; les choses qu'individuellement nous savons impossibles, lorsqu'elles sont magnifiées un million de fois, semblent soudain possibles.

Un homme pourrait certainement améliorer son niveau de vie – au moins à court terme. Il pourrait emprunter un million de dollars, et simplement les dépenser. Une belle voiture, une maison avec vue sur la plage, un home cinéma. Et, ah oui, un tour du monde de luxe. Sa vie s'en trouverait radicalement améliorée. Les gens qui ignoreraient tout de la provenance de son argent ne tarderaient pas à lui demander des conseils financiers !

Si seulement il n'avait pas besoin de rembourser cet argent ! Inutile d'être économiste pour imaginer ce qui se produit lorsque l'heure est venue de payer. Non seulement il doit tirer un trait sur ses nouvelles dépenses, mais il doit en plus économiser jusqu'à ce qu'il dépense moins qu'avant son emprunt.

Pour un individu, il semble évident que l'emprunt et les dépenses ne produiront pas une richesse durable. Mais, pour une économie, cela semble presque possible. De toute façon, si cent millions de personnes y croient, ce doit être vrai !

Imaginons un homme nu et seul sur une île tropicale. S'il passe tout son temps uniquement à tenter de trouver à manger, on ne peut pas vraiment s'attendre à ce que sa condition s'améliore ; il vivra à l'état sauvage jusqu'à sa mort. Mais s'il parvient à économiser un peu de temps sur sa survie quotidienne, il peut prospérer. Il peut par exemple employer une heure par jour à la construction d'un abri. Il peut planter un jardin. Ou construire de meilleurs outils. On imagine sans mal que, petit à petit, il pourra améliorer significativement son niveau de vie, dans la mesure où chaque progrès libère plus de temps durant lequel évoluer. Une fois que son foyer sera terminé, par exemple, il pourra se consacrer à son jardin – qui produira plus de nourriture, mais en moins de temps. Il pourra aussi fabriquer de meilleurs hameçons avec lesquels il prendra plus de poisson, en moins de temps.

Mais s'il se contente de creuser des trous puis de les remplir... ou d'empiler des cailloux au hasard... comment pourra-t-il améliorer sa condition ? Imaginons encore qu'il y ait deux hommes sur cette île, et qu'ils se déclarent la guerre. Au lieu de planter des papayes, ils construiront des catapultes pour lancer des pierres dans le jardin de l'autre... diminuant ainsi le rendement. Ils seront tous les deux pleinement employés, indubitablement, et plus riches en moyens de défense, mais l'idée que leurs économies respectives se trouveront plus prospères grâce à la guerre est grotesque.

Il est évident que deux éléments sont essentiels au progrès matériel : l'épargne, et l'application de cette épargne à des fins utiles. Les économistes classiques connaissaient l'importance de ces éléments, et concentraient leurs efforts sur l'incitation à l'épargne et l'amélioration des profits. Pourtant, dans le corpus de la pensée économique moderne, on ne leur accorde que peu d'attention. Au lieu de cela, les économistes modernes centrent leurs efforts intellectuels sur un fantasme. Ils s'imaginent pouvoir « stimuler la demande » par décret… et pensent que l'argent créé « à partir de rien » vaut autant que de la véritable monnaie.

Retournons sur notre île. Après quelque temps, un troisième homme échoue sur le rivage. Les trois hommes décident alors de se spécialiser, et de se répartir le travail afin d'être plus efficaces et plus productifs. L'un d'entre eux ramasse des noix de coco. L'autre pêche, et le troisième plante des bananiers. L'homme aux noix de coco et le pêcheur s'échangent leurs produits. Mais qu'en est-il du planteur de bananiers ? Il faudra quelques années avant que ses bananes ne soient consommables, comment survivra-t-il ?

Les deux autres reconnaissent les avantages de son activité, et se réjouissent de pouvoir manger des bananes à l'avenir. Ils décident donc de lui donner des noix de coco et du poisson, en partant du principe qu'ils seront remboursés en bananes lorsque ces dernières seront mûres. Pour effectuer cette transaction, le planteur de bananes émet de la « monnaie » équivalant à sa récolte tout entière. Il est acquis que ces petits coquillages pourront être échangés contre ses bananes, et c'est ainsi que les deux autres hommes commencent à amasser leur fortune, se sentant plus riches chaque fois qu'ils acquièrent un nouveau coquillage.

Mais que se passerait-il si le planteur de bananes décidait de doubler l'offre de monnaie ? Quelle en serait l'utilité ? Les fournisseurs de poissons et de noix de coco penseraient être plus riches – mais il n'y aurait pas pour autant plus de bananes.

Pourtant, la plupart des économistes modernes semblent penser qu'ils peuvent créer plus de poissons, plus de noix de coco et plus de bananes – simplement en mettant plus de « monnaie » en circulation durant les situations critiques. Le but est très simple : avec cet argent supplémentaire, les gens pensent qu'ils ont plus à dépenser. Ils augmentent donc leur consommation – encourageant les producteurs à augmenter leur production.

Les anciens économistes savaient que ce raisonnement était trop simple pour être vrai. « L'encouragement à la simple consommation ne profite pas au commerce, écrivit Jean-Baptiste Say en 1803, parce que la difficulté réside dans l'offre des moyens, et non dans la stimulation du désir de consommation ; et nous avons vu que la production à elle seule fournit ces moyens. Ainsi, c'est le but de tout bon gouvernement que de stimuler la production, et de tout mauvais gouvernement que d'encourager la consommation. »

Une célébration de la perversité

Les foules ont besoin de mensonges, non de vérités ; elles sont incapables de vivre avec l'infinie complexité, les paradoxes, les nuances et les zones troubles de la vérité. Les masses déprécient la vérité au point qu'elle ne se ressemble plus.

De la vérité selon laquelle les actions peuvent grimper sur de longues périodes est né le mensonge selon lequel elles le feront toujours.

La vérité selon laquelle les dépenses de consommation peuvent stimuler une économie est devenue le mensonge selon lequel l'économie n'a besoin de rien d'autre que des dépenses de consommation.

La vérité selon laquelle le crédit à la consommation peut stimuler les dépenses est devenue le mensonge selon lequel le crédit peut remplacer l'épargne.

La vérité selon laquelle la Fed peut manipuler l'économie à court terme est devenue le mensonge selon lequel la Fed peut contrôler l'économie à long terme.

La vérité qui veut que l'économie ressemble quelque peu à une machine géante est devenue le mensonge selon lequel l'économie fonctionne mécaniquement, et peut être comprise grâce aux statistiques.

La vérité selon laquelle les étrangers sont en général prêts à accepter des dollars américains en échange de biens et de services de valeur a donné naissance au mensonge selon lequel ils doivent toujours le faire.

Et les observations selon lesquelles l'économie américaine – et l'importance qu'elle accorde à l'investissement boursier du *lumpeninvestoriat*, à l'endettement et aux dépenses des consommateurs – était une réussite majeure des années 90 donnèrent naissance au fantasme qui voulait que ce succès représente la fin de l'histoire.

Prises ensemble, mélangées et simplifiées, ces notions en vinrent à produire un sentiment qui était complètement en désaccord avec la sagesse des générations précédentes, et contraire à la réalité économique.

Nous en revenons à Adam Smith[1] :

> Le prodigue pervertit cela à sa manière. En ne limitant pas ses dépenses à son revenu, il empiète sur son capital. Comme celui qui pervertit les revenus d'une fondation pieuse à des fins profanes, il paie son salaire d'oisiveté avec les fonds que ses ancêtres avaient consacrés à l'entretien de l'industrie. En diminuant les fonds destinés à l'emploi de travail productif, il diminue nécessairement, dans la mesure où il dépend de lui, la quantité de ce travail qui ajoute une valeur à l'objet auquel il est appliqué, et, par conséquent, la valeur du produit annuel des terres et du travail de tout le pays, les véritables richesses et revenus des ses habitants. Si la prodigalité de certains n'était pas compensée par la frugalité des autres, la conduite de tous les prodigues, en nourrissant les oisifs du pain des industrieux, tend non seulement à le ruiner lui-même, mais à appauvrir également son pays.
>
> Tout échec ou projet peu judicieux de l'agriculture, des mines, de la pêche, du commerce ou de l'industrie tend de la même manière à diminuer les fonds destinés à l'entretien du travail productif. Dans tous les projets de ce genre, bien que le capital soit consommé uniquement par des mains productives, dans la mesure où elles sont employées de manière peu judicieuse, elles ne reproduisent pas la pleine valeur de leur consommation, si bien qu'il y aura toujours une diminution dans ce qui aurait été autrement des fonds productifs de la société.

1. Dans le tome II de *La Richesse des nations*.

Les dépenses de consommation, en tant que pourcentage de l'économie tout entière, augmentèrent durant les quatre dernières décennies du XXᵉ siècle. Elles ne pouvaient continuer à croître éternellement – pas plus que les dettes des consommateurs n'étaient extensibles à l'infini. Et le déficit courant ne pouvait pas non plus s'étendre jusqu'aux frontières de l'univers. Il fallait que quelque chose cède, à un moment ou à un autre. La fin-du-monde-tel-que-nous-le-connaissons devait se produire tôt ou tard... ce n'était qu'une question de temps.

Les États-Unis, bien entendu, avaient toujours été une société de grande consommation, dépensant beaucoup. Ces caractéristiques avaient été amplifiées par la politique de l'offre employée sous le gouvernement Reagan, à tel point que le consumérisme passa en vitesse surmultipliée. L'épargne nette américaine chuta durant les années 80, passant de plus de 6 % du PNB à tout juste 2 %, et se soldant par le ratio d'investissements nets le plus bas de toute la période d'après-guerre. Ces tendances s'aggravèrent durant les années 90. L'épargne personnelle continua de chuter... atteignant moins de 1 % au premier trimestre 2002. L'épargne des entreprises (les profits non distribués) atteignit son sommet en 1997, puis s'effondra d'environ 75 % en 2001. Dans le secteur privé, l'épargne totale chuta, passant de 5 % environ du PIB durant la première moitié des années 90 à moins d'un demi pour cent à la fin.

Pourtant, jusqu'en mars 2000, à mesure que les actions grimpaient, les Américains pensaient qu'ils devenaient plus riches... et dépensaient plus d'argent. Mais cela se pouvait-il ? Les gens pouvaient-ils réellement s'enrichir en dépensant plutôt qu'en épargnant ? Ils savaient parfaitement qu'on n'a « rien sans rien » au niveau individuel, mais le fait qu'on contredise ce principe dans la vie publique ne les dérangeait pas le moins du monde. C'était la promesse muette de la démocratie moderne, d'après laquelle les électeurs pouvaient obtenir grâce au « système » quelque chose qu'ils n'avaient pas vraiment gagné... C'était également la promesse silencieuse du capitalisme de masse, selon laquelle n'importe quel quidam pouvait devenir riche en investissant dans les actions ordinaires... c'était enfin l'attrait du consumérisme basé sur le crédit, selon lequel le consommateur pouvait continuer éternellement à vivre au-dessus de ses moyens.

De l'argent bizarre

La Fed de Greenspan et le gouvernement Bush agirent plus rapidement que les Japonais – mais dans le même sens. Greenspan commença à baisser les prix en janvier 2001. La politique fiscale entra en jeu un peu plus tard – l'administration Bush annonça un plan de relance de 675 milliards de dollars s'étendant sur dix ans. Des relents de sushis planaient sur toute l'opération... mais personne ne semblait s'en apercevoir ou s'en soucier. Si les consommateurs américains cessaient de dépenser – comme les Japonais – les efforts du gouvernement ne feraient rien d'autre que gâcher une épargne précieuse.

Lorsque les taux d'épargne chutent, il y a moins d'argent disponible pour les mises de fonds. Toutes choses étant égales par ailleurs, la baisse de l'épargne provoque la hausse des taux d'intérêt – parce qu'il y a moins d'argent disponible pour les emprunts. La hausse des taux d'intérêt élimine à son tour de l'activité économique, puisque de moins en moins de nouveaux projets parviennent à dépasser les premiers stades du développement. Si une innovation apporte un profit de 10 %, mais que le capital nécessaire à sa construction est de 11 %, on ne lancera pas le projet. À 2 %... la barre sera peut-être assez basse pour rendre le projet digne d'intérêt, parce qu'il produira encore 8 % de profits, même après le coût du capital.

Il n'y a là rien de magique – mais il faut qu'une véritable épargne entre en jeu, et cette épargne doit être utilisée de manière à ce que les gens s'en trouvent mieux. Un homme ne peut prêter à un autre ce qu'il n'a pas. Cela semble assez évident pour deux hommes sur une île. Mais dans le brouillard torride de la pensée publique, le crédit supplémentaire accordé par la banque centrale semble aussi attrayant que le véritable argent.

Durant les deux bulles – au Japon comme en Amérique – les taux d'épargne ont généralement chuté, mais les taux d'intérêt aussi. Ces derniers auraient dû augmenter, reflétant le fait qu'il y avait moins de capitaux disponibles, et – du moins durant les années de boom – plus d'emprunteurs qui en voulaient. D'où provenait le capital additionnel forçant les taux à la baisse ? Les économistes ne se soucièrent pas de poser la question. Il y avait belle lurette qu'ils avaient cessé de s'interroger sur le fonctionnement ou l'origine de l'épargne. Ils savaient que les banques centrales pouvaient fournir autant de nouveau crédit qu'elles le voulaient – créant de l'épargne « à partir de rien ».

Mais quel étrange « argent » les autorités avaient-elles créé à partir de rien ? Il avait l'air vrai. On pouvait tenir l'un des nouveaux billets de la Réserve fédérale à la lumière, et l'étudier avec attention ; on ne pouvait le distinguer des autres billets émis par l'hôtel de la Monnaie américain. Vous pouviez le déposer à la banque. Vous pouviez le présenter à votre épicier… ou chez la mercière. Vous pouviez même l'emmener en vacances. Dans le monde entier, ce nouvel « argent » était aussi sain que le dollar.

Mais que se passa-t-il vraiment lorsque la banque centrale accorda de l'argent supplémentaire à l'économie… alors qu'il y avait en fait moins de crédit disponible ?

À nouveau, les économistes modernes ne posèrent pas de question. Un billet de la Réserve fédérale était aussi bon que les autres, pensaient-ils. Le fric, c'est le fric. L'épargne bidon était aussi valable que l'épargne authentique.

Mais l'histoire ne s'arrête pas là. Parce que ce n'est pas l'épargne « pour de faux » qui permet de développer la production et la productivité, mais la véritable épargne. Après tout, on ne la trouve qu'en quantité limitée dans l'économie. Comme un homme sur une île déserte, cent millions d'individus ne peuvent pas vraiment augmenter la quantité de temps ou de capital disponible… simplement en faisant un vœu. Les usines de béton ne peuvent produire qu'une quantité limitée de béton. On ne possède qu'une certaine quantité de briques en stock. Les réservoirs et les pipelines de pétrole ne peuvent contenir qu'une certaine quantité d'énergie – et pas plus. Non qu'on ne puisse les augmenter – mais cela est impossible sans y investir de véritables ressources.

Ni la Réserve fédérale ni la Banque du Japon n'ont le pouvoir d'augmenter la durée d'une journée. Elles peuvent, par décret, augmenter le nombre d'« heures » ou de « minutes »… mais la Terre mettra toujours autant de temps à effectuer sa rotation quotidienne. De même, aucune banque centrale n'a le pouvoir d'augmenter – par proclamation ou par prestidigitation – la quantité de véritable épargne dans une société. Elles ne peuvent que faire semblant – en émettant de nouveaux crédits et de nouveaux billets qui ressemblent aux vrais comme deux gouttes d'eau.

« C'est vraiment simple, répondit Milton Friedman à quelqu'un qui lui demandait comment éviter une crise à la japonaise : il suffit d'imprimer de l'argent. »

« Inutile de demander d'où proviendra l'argent, ajouta Paul Krugman, il pourra et devra simplement être créé… la situation offre une parfaite occasion de procéder à une expansion salutaire de la base monétaire. »

Ces nouveaux crédits présentaient toutefois un problème : ils n'étaient pas basés sur de véritables ressources – pas de temps additionnel, pas de matériaux supplémentaires… rien. On les confondait avec de l'argent réel, et les hommes d'affaires, les investisseurs et les consommateurs utilisèrent ces contrefaçons parfaites. Personne ne pouvait faire la différence. Le consommateur pensait qu'il avait plus d'argent – la valeur de sa maison ne venait-elle pas de grimper ? Ses actions ne montaient-elles pas tous les jours ? Il posait peu de questions et dépensait plus d'argent. L'homme d'affaires confondit ces nouvelles dépenses avec une augmentation de la demande véritable, sans se rendre compte qu'il s'agissait d'une tricherie temporaire. Il embaucha de nouveaux travailleurs et construisit de nouveaux locaux pour satisfaire cette nouvelle demande. Et l'investisseur crut avoir affaire à un boom. Avide d'y participer, il fit grimper le prix des actifs, pensant être entré au paradis avant même d'être mort.

Tout cela est absolument merveilleux – tant que cela dure. Mais ce boom repose sur une supercherie, et il ne peut durer. Le problème, c'est qu'il peut se prolonger très longtemps – si longtemps, en fait, qu'il commence à sembler éternel. Et plus les banques centrales réussissent à l'étendre, plus il y a de problèmes et de dislocations lorsqu'il finit par tomber en pièces. Afin de garder la machine sur les rails, la banque centrale fournit plus de crédit, à des prix encore plus bas. Les taux d'intérêt chutent, provoquant l'augmentation de l'endettement dans une population déjà dépensière. Après que les actions se furent effondrées aux États-Unis début mars 2000, les emprunts destinés à l'expansion des entreprises, aux introductions en Bourse, fusions/acquisitions et autres comptes sur marge boursiers finirent par se tarir peu à peu. Mais les emprunts immobiliers – et en particulier les refinancements hypothécaires – grimpèrent en flèche.

Entre la hausse des prix de l'immobilier, la baisse des versements mensuels et la multiplication des refinancements, les propriétaires immobiliers pensaient qu'ils s'en sortaient avec une longueur d'avance. Mais même avec la hausse des prix, ils perdaient en fait de l'argent.

Étonnamment, la valeur nette de la plupart des ménages américains avait baissé au cours du plus grand boom de l'histoire du pays. Une étude de l'université du Michigan publiée en février 2000 avait déterminé que « la valeur nette des ménages

gérés par des Américains de moins de 60 ans avait en fait décliné »…
au cours des dix années précédentes.

Les ménages administrés par des Américains plus âgés
s'enrichirent – parce qu'il s'agissait de la tranche de population
possédant le plus d'actions et d'immobilier. Si la décennie 90 a
servi à quelque chose, c'est bien à stimuler les prix des actions.
Mais les trois années suivantes laminèrent les cours boursiers,
causant plus de dommages parmi les ménages de plus de 60 ans
que dans tout autre groupe démographique.

Les plus-values boursières des Américains, elles aussi, n'atteignaient
qu'une fraction de ce qu'ils imaginaient. John Bogle, fondateur du
groupe Vanguard, interrogé par le magazine *Fortune* fin 2002, expliqua
que les transactions fréquentes et les honoraires élevés des gestionnaires
de fonds avaient laminé le taux de rendement moyen du plus grand
marché haussier de l'histoire (de 1984 à 2001), le portant à tout juste
4,2 % par an – et ce durant une période où le S&P 500 augmenta
de 14,5 % par an. Si on y avait ajouté les résultats de 2002, il estimait
que le rendement moyen des fonds actions serait passé à moins de
3 % par an – soit moins que le taux d'inflation !

S'ils s'étaient donné la peine de regarder plus loin que le
bout de leur nez, les Américains se seraient rendu compte que leur
économie ne les rendait pas aussi riches qu'ils le croyaient. Ce
phénomène n'était ni accidentel ni cyclique ; c'était une
caractéristique structurelle de leur capitalisme collectivisé – la
conséquence d'un demi-siècle de hausse de la consommation. Au
lieu d'épargner et d'investir dans de nouveaux projets profitables,
les Américains avaient choisi de vivre au-dessus de leurs moyens.
Et à présent, l'heure du bilan était arrivée.

Impasse économique

En Amérique, un aspect inquiétant de cette économie de crédit
apparut au début des années 60 : les profits en tant que pourcentage

du PIB avaient commencé à baisser, tandis que le déficit budgétaire augmentait. Alors qu'ils étaient de plus de 9 % en 1963, les profits avant impôts passèrent à moins de 3 % du PIB à la fin du XXᵉ siècle. Pourquoi ? Parce qu'il y avait eu peu de mises de fonds qui auraient permis de créer des profits pour les investisseurs ou de financer les augmentations des travailleurs. Cela explique en partie pourquoi les salaires des ouvriers industriels ont stagné ces 30 dernières années... et pourquoi l'Américain moyen n'a profité que d'augmentations minimes de son revenu.

Le problème réside au plus profond de la structure de l'économie consumériste. Dépenser au-dessus de ses moyens ne conduit pas à la perfection économique... mais bien à une impasse – comme aurait pu le prévoir un philosophe moral, mais pas un économiste.

Pourtant, n'y eut-il pas une énorme augmentation des investissements à la fin des années 90 ? On pensait généralement que de grosses sommes d'argent étaient consacrées aux jeunes entreprises et aux nouvelles technologies. Et c'était le cas. Mais les investissements prirent la curieuse direction que leur dictait le capitalisme de masse américain. Plutôt que d'investir dans de vrais projets qui pourraient produire de véritables profits à long terme, les entreprises se concentrèrent sur les manœuvres financières qui les aideraient à enregistrer des profits à court terme permettant d'impressionner le *lumpeninvestoriat*. « Un penny de plus que prévu », tel était le rapport financier idéal à la fin de la dernière décennie du XXᵉ siècle. Ce qu'il y avait derrière les chiffres semblait importer peu – personne ne se souciait de regarder. Il était rare qu'un analyste donne un signal de vente... ou remette en question les notes « pro forma » des entreprises. Les stratèges de Wall Street s'attendaient rarement à ce que les prix fassent autre chose que monter. Les économistes assuraient aux investisseurs que, quel que soit le prix assigné par le marché à une action, ce devait être le bon – le cours « parfait ». De toute façon, tout le monde était bien trop occupé à gagner de l'argent pour s'en soucier.

Après que le Nasdaq se fut effondré et que la poussière fut retombée, il apparut rapidement que bien peu d'argent avait été réellement investi dans de nouvelles usines et de nouveaux équipements, en fin de compte. À part les investissements consacrés aux acquisitions, aux rachats, aux introductions boursières, fusions et autres... la majeure partie des investissements du secteur technologique fut consacrée à des projets qui ne feraient jamais un centime de profit. Les bureaux étaient pleins de jeunes informaticiens et de négociateurs travaillant pour des entreprises « dot.com ». Sur le papier, on avait investi des milliards de dollars dans la nouvelle technologie – qui ne valait rien, dans la majorité des cas.

Le Bureau américain des statistiques de l'emploi américain inventa également une manière ingénieuse de calculer les chiffres – qui les déformait si sévèrement que même leur mère aurait été incapable de les reconnaître. Comme nous l'avons décrit plus haut, en théorie le Bureau devait mesurer la véritable productivité – plutôt que la productivité nominale. Mais lorsqu'on appliqua ce concept aux technologies de l'information, où l'on avait fait des progrès considérables en matière de calculs informatiques, ces « mesures hédonistes » permirent de faire apparaître d'énormes sommes d'investissements.

Lorsque la crise commença en 2001, et que des emplois disparurent... peu à peu, les Américains commencèrent à se poser des questions : l'argent sera-t-il vraiment là, à disposition, quand j'en aurai vraiment besoin ? Les baby-boomers, en particulier, commencèrent à se demander s'ils auraient assez d'argent, juste à temps, pour prendre leur retraite. On remarqua à peine cette tendance, au début – mais petit à petit, pendant que personne n'y prêtait attention, les consommateurs commencèrent à mettre de côté un peu plus d'argent.

Malgré tous les encouragements à acheter de nouvelles voitures à 0 %... ou de nouvelles maisons à 100 % de financement et à mensualités faibles, les taux d'épargne augmentèrent très légèrement (ils passèrent à 4 % durant le dernier trimestre 2002). S'étant endettés durant plus d'un demi-siècle, les Américains commençaient le long, lent et douloureux processus qui les sortirait de cette mauvaise passe. Le « *just-in-time* » devenait « juste au cas où ».

Vergetures impériales

« L'Amérique ne s'aventure pas à l'étranger à la recherche de monstres à détruire, écrivit John Quincy Adams dans un discours prononcé le jour de l'Indépendance américaine en 1821. Elle souhaite la liberté et l'indépendance de tous. Elle ne se fait le champion que de sa propre cause. »

Mais à la fin du siècle suivant, Bill Clinton remarquait que l'Amérique « avait clairement les moyens… de faire entrer des milliards et des milliards de gens du monde entier dans la classe moyenne planétaire ». Comment le plus grand débiteur au monde se proposait de faire une chose pareille, personne ne le savait. Mais la masse des électeurs, tout comme le *lumpeninvestoriat* crasse, posait peu de questions. Trois ans plus tard, l'Amérique chassait des monstres sur toute la planète. L'absurdité d'un tel projet semblait passer complètement inaperçue.

La Croyance générale selon laquelle le Rêve américain représentait une sorte de finalité historique prit un tour pas tout à fait inattendu au début du XXIe siècle. Il débuta par l'emploi du mot « mère patrie » (*homeland*) à la suite du désastre du World Trade Center. Soudain, les frontières de l'Amérique semblaient trop petites ; l'empire était sur le point de s'étirer. La nature a horreur du vide et des monopoles. Elle déteste les bulles de toutes sortes. Ayant atteint une position de domination mondiale, les politiciens américains commencèrent à chercher une épingle.

« Nous devons poursuivre ce but », déclara un participant lors d'une conférence organisée à Las Vegas par la Fondation américaine pour l'éducation économique au printemps 2002. Parlant au nom de ce qui pourrait bien être la majorité, il suggéra que « les États-Unis devaient lancer des frappes préventives contre l'Irak… l'Iran… et même la Chine ». La logique était sans faille. Ces pays nous veulent peut-être du mal. Nous avons les moyens de les arrêter. Qu'est-ce qui nous en empêche ? Pas grand-chose.

« Dès 1899, expliqua Gary North, les États-Unis ont lentement mais sûrement remplacé l'Europe dans le secteur risqué et coûteux de l'impérialisme. Notre flotte de porte-avions patrouille dans les mers. Et nous sommes devenus une cible de choix pour la haine et la revanche. Les gens n'aiment pas que des étrangers leur donnent des ordres, que ce soit en Grèce à l'époque de la Ligue athénienne ou à tout autre moment. »

En 431 av. J.-C., Athènes était devenue un empire, avec des États-sujets dans toute la région de la mer Égée. Cette année-là, la première guerre du Péloponnèse éclata – entre Athènes et ses alliés… et la ville de Sparte.

Périclès décida que la meilleure attaque était une bonne défense. Il mit à l'abri les Athéniens dans les murs d'Athènes – espérant que l'ennemi s'épuiserait en attaques futiles. Mais la peste bubonique se déclara dans la ville assiégée, et décima un quart de la population – y compris Périclès. C'est alors qu'un neveu de Périclès, Alcibiade, poussa les Athéniens à une campagne offensive. On rassembla une grande armée – pour attaquer Syracuse, une ville de Sicile alliée aux ennemis d'Athènes. La campagne se solda par un complet désastre. L'armada fut détruite, et les soldats furent vendus comme esclaves. Sentant que la chance avait tourné, d'autres villes-États grecques se séparèrent d'Athènes pour rejoindre Sparte. En 405, les vaisseaux restants de la flotte athénienne furent capturés lors de la bataille d'Egospotami. Peu de temps après, les murs d'Athènes cédèrent, et la cité devint une vassale de Sparte.

Nous rapportons cette brève histoire des guerres du Péloponnèse parce qu'Athènes était probablement le premier empire connu du monde occidental. Et puisque les Américains semblent en route vers l'empire, le sort d'Athènes peut être intéressant – de même que ce qui se passait dans le commerce mondial au début du XXIᵉ siècle.

Si vous prenez le train entre Washington et New York, vous verrez (en supposant qu'il soit toujours en place) un grand panneau à hauteur de la ville de Trenton, dans le New Jersey : « Ce que Trenton fabrique, le monde l'achète. » Mais ce panneau a été érigé à une époque différente de l'histoire américaine – alors que l'industrie était solide et que les comptes de la nation étaient encore dans le vert. Ces jours sont passés depuis longtemps. À présent, c'est le reste du monde qui fabrique, tandis que Trenton, Sacramento et jusqu'à la moindre petite ferme de Virginie achètent.

Il était évident que ces tendances ne pouvaient se poursuivre éternellement. En 2002, les Américains achetaient 60 % de la totalité des exportations mondiales. Les importations américaines représentaient 60 % de l'augmentation du commerce mondial des 5 années précédentes. Non seulement les consommateurs continuaient à dépenser plus qu'ils ne pouvaient se le permettre... mais le gouvernement américain se mit à creuser des déficits considérables – qui devaient eux aussi être financés. Il fallait déjà 80 % de l'épargne mondiale pour remplir ces abîmes. Combien de temps encore, aurait-on pu se demander avec raison, les étrangers se montreraient-ils prêts à financer la consommation des Américains ? Que se passerait-il lorsqu'ils cesseraient ?

Les auteurs étrangers – en particulier Emmanuel Todd dans son livre *Après l'Empire* – commençaient déjà à désigner le déficit des comptes américains comme une forme de « tribut impérial ». Le problème, comme le soulignait Todd, c'est que ce tribut était fragile ; les étrangers pouvaient à tout moment cesser de payer.

Le système tout entier était voué à l'échec. Sa structure allait en s'affaiblissant, devenant de plus en plus vulnérable à mesure qu'elle se développait. La dette des consommateurs augmenta. Le déficit courant se creusa. L'épargne rétrécit comme peau de chagrin.

Les mises de fonds – l'ingrédient vital du progrès économique – se ratatinèrent. Et plus les efforts d'Alan Greenspan pour pallier ces défauts se révélaient fructueux... plus l'effondrement structurel finirait par être énorme.

Toutes les bulles finissent par trouver une épingle. Qu'il s'agisse d'une bulle politique ou d'une bulle sur le marché du coton, elle enflera jusqu'à ce que, tôt ou tard, quelque chose finisse par faire échapper l'air. Cela peut se produire avec un bang ou un soupir – et quelquefois les deux. À l'aube du XXIᵉ siècle, l'Amérique se trouvait confrontée à deux objets pointus : le dollar – qui soupirait à fendre l'âme – d'un côté, et le coût de l'empire de l'autre.

Début avril 2002, le journal *International Herald Tribune* (*IHT*) déclara qu'un homme respectable pouvait désormais décrire les États-Unis comme un empire.

« Aujourd'hui, disait le *IHT*, l'Amérique n'est pas plus une super-puissance qu'une hégémonie ; elle est devenue un empire grandeur nature, au sens britannique et romain du terme. »

« Dans toute l'histoire du monde, aucun pays n'a établi une telle domination culturelle, économique, technologique et militaire depuis l'Empire romain », ajouta l'éditorialiste Charles Krauthammer.

Paul Kennedy alla plus loin, soulignant que le déséquilibre était plus prononcé encore que durant l'ère romaine. « L'Empire romain était peut-être très étendu, nota-t-il, mais il y avait [à la même époque] un autre grand empire en Perse, et un plus grand encore en Chine. »

En 2002, la Chine ne faisait pas figure de concurrente. Elle n'était qu'un pays de plus sur la liste des cibles de l'Amérique.

Être citoyen d'un grand empire n'est pas forcément déplaisant. La plupart des gens relèvent un peu le menton rien qu'à cette idée. Et s'occuper des affaires des autres peut être distrayant – voire divertissant. C'est bien plus facile que de se disputer avec sa femme ou avec ses enfants, et les chances d'avoir gain de cause sont plus élevées.

Un passage du livre de Robert Kaplan, *La Stratégie du guerrier :
de l'éthique païenne dans l'art de gouverner,* expliquait : « Nos
futurs dirigeants pourraient faire pire qu'être loués pour leur ténacité,
leur intelligence pénétrante et leur capacité à apporter la prospérité
dans des endroits reculés du monde sous la bénigne influence impériale
de l'Amérique. Plus notre politique étrangère sera réussie, plus les
Américains auront d'influence sur le monde. Ainsi, il est très probable
que les futurs historiens considéreront les États-Unis du XXIᵉ siècle
comme une république doublée d'un empire, aussi différent soit-il
de l'Empire romain et de tous les autres empires de l'histoire. »

En définitive, même après 227 ans, les actions américaines
continuaient leur ascension. La modeste république de 1776
était devenue la grande puissance de 2002 – et affichait des
prétentions impériales qu'il n'était plus nécessaire de nier. Il
était entendu que ses citoyens ne s'en trouveraient pas plus libres.
Mais seraient-ils plus riches sous un empire qu'ils ne l'auraient
été sous une humble république ? Seraient-ils plus en sécurité ?
Seraient-ils plus heureux ?

Si oui, les pauvres Suisses sont bien à plaindre. Dans leurs
forteresses montagneuses, ils n'ont d'ordres à donner qu'à eux-
mêmes... ils n'ont que leurs propres prairies, lacs et sommets pour
se distraire... et leurs propres industries pour fournir emploi et
subsistance. Et leurs pauvres forces armées ! Imaginez l'ennui...
et l'attente fastidieuse d'une attaque. Quelle gloire y a-t-il dans la
défense ? Ah, vive les aventures à l'étranger !

Mais les Suisses se trouveraient-ils réellement mieux s'ils avaient
eux aussi un empire à régir ?

Toutes les preuves disponibles – aimablement fournies par l'histoire
– suggèrent une seule réponse : non. Si l'on peut se fier au passé
pour servir de guide, les succès militaires du début sont inévitablement
suivis de défaites humiliantes, et le bon sens d'un peuple honnête
fait bientôt place à une mégalomanie maligne qui ne tarde pas à
provoquer une complète débâcle.

Mais qui s'en soucie ? Il ne nous est pas donné de connaître l'avenir... ou de le prescrire. En conséquence, nous prenons nos jumelles, et nous nous préparons à assister au spectacle.

Un grand empire est au monde de la géopolitique ce qu'une grande bulle est au monde de l'économie. Au début, il semble attirant... mais finit en catastrophe. Nous ne connaissons pas d'exceptions à cette règle. Pourtant, beaucoup de choses peuvent se passer entre la naissance d'un empire et sa fin, et tout n'est pas mauvais.

« Il y a une fêlure dans tout ce que Dieu fait[2] », a dit Emerson. Qui pouvait voir la fêlure dans l'apparent triomphe de l'Amérique ?

Le modèle américain du progrès humain dépendait en grande partie de la bonté (ou de la naïveté) des étrangers : l'Amérique imprimait de l'argent, les étrangers fabriquaient des biens. Les étrangers expédiaient leurs produits aux USA, les Américains envoyaient leurs dollars à l'étranger. Le défaut était évident. Que se passerait-il si les étrangers changeaient d'avis ? Qui paierait alors pour que les Américains puissent continuer à vivre au-dessus de leurs moyens ? Et qui financerait le déficit budgétaire américain, dont on s'attendait à ce qu'il se monte à plus de 300 milliards de dollars en 2003, en grande partie grâce à l'augmentation des dépenses militaires ?

Les empires sont coûteux à construire et à faire fonctionner, mais au moins se financent-ils eux-mêmes, en général ; le pouvoir impérial exige un tribut de ses vassaux pour payer ses frais. Mais dans le monde bizarre du début du XXIe siècle, les États conquis – que l'opération soit achevée ou encore potentielle – étaient trop pauvres pour payer ce tribut. En plus de cela, il fallait beaucoup d'argent et de matériel pour les empêcher de retomber parmi les renégats et les voyous qui harcelaient le nouvel empire.

Et pourtant, il fallait bien payer les dépenses impériales.

---

2. Source : *Compensation*, essai d'Emerson.

La première panacée

En novembre 2002, lorsque Benjamin Bernanke, nouveau membre de la Fed, aborda le sujet de la menace éventuelle d'une déflation à la japonaise[3], il ne fit pas que sous-entendre l'inflation, il la promit.

La presse financière s'était enfin emparée de l'exemple japonais. On posait couramment la question suivante aux officiels de la Fed : « Eh bien, comment se fait-il que les Japonais se soient montrés incapables d'éviter la déflation ? Et comment la Fed fera-t-elle mieux que la banque centrale japonaise ? »

Bernanke n'attendit pas la question. Les Japonais auraient pu éviter leurs déboires déflationnistes s'ils avaient visé des taux d'inflation plus hauts, affirma-t-il.

Ne nous en inquiétons pas ici. Même si nous atteignons le taux zéro (les taux réels étaient déjà sous le zéro), déclara le gouverneur de la Fed, les banques centrales ne sont pas à court de solutions. Imprimer de l'argent, par exemple. « Des injections de monnaie suffisantes renverseront toujours la déflation », déclara Bernanke.

Durant les années 30, continua-t-il, Roosevelt mit fin à la déflation en dévaluant le dollar de 40 % par rapport à l'or. Il aurait pu ajouter que la déflation s'était terminée après que la pire dépression de l'histoire américaine eut acculé 10 000 banques à la faillite, et mis au chômage un quart des travailleurs.

Était-ce rassurant de savoir que la Fed pouvait vaincre la déflation en détruisant le dollar et l'économie ? Ben Bernanke suivit son idée en disant : « Il n'y a quasiment aucune limite significative à ce que nous pourrions injecter [à partir de la masse monétaire] dans le système si cela se révélait nécessaire. »

---

3. Pour plus d'informations sur le discours de Bernanke, voir le chapitre 4, « Où l'on devient Japonais ».

Ce qui était techniquement correct, puisque la Fed pouvait toujours affréter une flotte d'hélicoptères pour parachuter des billets de 100 $ au-dessus de Manhattan – mais en matière de politique monétaire, imprimer de l'argent ne va pas sans inconvénients. La caractéristique incontournable de l'argent, c'est sa valeur – ce qui exige qu'il ne soit disponible qu'en quantité limitée. Mais c'est également le principal problème de toutes les monnaies dirigées. Ses gestionnaires peuvent en créer davantage lorsque cela leur convient, mais ils ne devraient jamais en créer tant que toute illusion de rareté soit détruite.

« Ce que les États-Unis doivent aux pays étrangers, ils le paient – au moins en partie, observait le général de Gaulle en 1965, avec 37 d'années d'avance sur Greenspan et Bernanke, avec des dollars qu'ils peuvent simplement émettre s'ils le veulent. »

De Gaulle était le premier de la file piétinant devant la « fenêtre de l'or » de la Fed, où il échangea ses dollars contre de l'or, faisant ainsi s'écrouler le système monétaire mondial. Nixon claqua alors la fenêtre de l'or, et le prix de l'or commença à grimper (30 % par an entre 1968 et le sommet de janvier 1980 – dépassant le rendement des actions pour n'importe quelle période de 12 ans de l'histoire).

Cela porta l'excitation des fanatiques de l'or à son comble ; ils achetèrent et achetèrent encore – même lorsque l'once d'or atteignit les 800 $... – pour le regretter durant les 22 années qui suivirent. En 2002, cependant, le prix de l'or augmenta légèrement... et les fanatiques de l'or avaient moins d'argent et plus de bon sens. Pourtant, sur le marché libre – sinon à la fenêtre de l'or – les néo-de Gaulle de la planète avaient toujours un moyen d'échanger leurs dollars contre de l'or. Greenspan et Bernanke avaient dû les y faire penser...

Imaginez donc la surprise de la planète lorsque Ben Bernanke, gouverneur de la Fed, annonça que la Fed créerait une masse quasi illimitée de nouveaux dollars – si elle le jugeait nécessaire – afin d'enrayer la déflation. Dennis Gartman déclara que le discours de

Bernanke était « le discours le plus important sur la Réserve fédérale et la politique monétaire depuis les explications données lors des accords du Plaza il y a une décennie et demie de cela ».

Bernanke déclara au monde – et aux étrangers, qui détenaient l'équivalent de 9 000 milliards de dollars d'actifs américains – que la Fed ne permettrait pas à la valeur de sa devise d'augmenter. Comment empêcherait-elle cela ? En augmentant la circulation monétaire autant que la situation l'exigeait. Dans les faits, il n'y avait « aucune limite » à la quantité d'inflation que la Fed pouvait créer... ou était prête à créer... afin d'éviter la déflation, dit-il.

Voilà qui ressemblait fort à la décision du Dr Rudolf Havenstein, président de la banque centrale allemande, qui avait annoncé au début des années 20 que l'Allemagne avait l'intention de détruire le deutsche Mark afin de se dérober aux réparations de guerre. Entre août 1922 et novembre 1923, l'inflation des prix à la consommation avait augmenté de 10^{10}... si bien qu'à la fin novembre un seul dollar valait 4 200 milliards de marks. Et Bernanke proposait à présent un exploit similaire pour financer les ambitions impériales et le style de vie de l'Amérique : les USA prendraient leur tribut sous la forme d'une devise gonflée artificiellement.

Au cours des 60 jours qui suivirent le discours de Bernanke, le dollar chuta de 6,4 % par rapport à l'euro, et de 10,1 % par rapport à l'or.

Donnons une chance à la guerre

Si ces efforts inflationnistes échouaient, il restait toujours la guerre. Il y avait autant de gens déraisonnables dans les bois et les déserts en 2002 que durant l'année de naissance de l'empereur Auguste. Le colosse militaire américain n'était peut-être pas capable de gagner leurs cœurs et leurs esprits, mais il pouvait en tout cas les réduire à l'état de poudre de perlimpinpin en les bombardant.

« La thérapie de choc d'une guerre décisive fera grimper le marché boursier de quelques milliers de points », prédit Lawrence Kudlow. Mais en matière de prévision, l'historique de Kudlow n'était pas exempt d'erreurs. Durant la frivole année 1999, il avait prédit que l'économie « dépasserait toutes les attentes. L'indice Dow Jones atteindrait 15 000 points, puis 30 000, puis 50 000 – et plus haut encore ».

Il n'avait que partiellement raison. Wall Street surprit en effet tout le monde – en chutant durant les trois années qui suivirent. Mais le point de vue de Kudlow, selon lequel les États-Unis pouvaient atteindre la prospérité à force de bombardements, était partagé par la majorité des gens en ce début de XXI\ siècle. La promesse tout entière de la Croyance générale semblait en dépendre. Dans l'esprit du peuple, c'est-à-dire dans l'esprit des foules, les distinctions subtiles sont impossibles. L'Amérique n'était pas seulement une grande puissance – c'était la plus grande puissance que le monde ait jamais connue. Il semblait incroyable que le pays n'ait pas le pouvoir de créer le paradis de consommation que ses citoyens désiraient. Et si la force des programmes fiscaux et de l'argent facile n'y suffisait pas – la guerre ferait l'affaire.

« Dans la mesure où nous verrons les profits des entreprises grimper et une victoire rapide en Irak, je pense que le marché montera de 5-10 % pour l'année », déclarait Scott Black, membre de la table ronde du journal *Barron's*, début 2003.

Il était inconcevable que la guerre ne soit pas gagnée... et qu'elle ne produise pas de bénéfices économiques. Mais était-ce le cas ? Un homme ne peut s'enrichir en empruntant et en dépensant, avons-nous observé plus haut. Peut-il le faire en tuant des gens ? Peu de personnes prirent la peine de poser la question.

La plupart des Américains étaient probablement aussi raisonnables que d'habitude, mais l'opinion populaire plaidait si vigoureusement pour l'action, et il semblait y avoir si peu de choix quant à ce que l'on pouvait faire, que la guerre semblait inévitable. En fait, il était tentant de voir la nouvelle puissance militaire de l'Amérique comme un secteur d'exportation. Les étrangers avaient financé la fièvre de dépenses de l'Amérique. Ils avaient aussi financé sa machine militaire. Voilà qui était dans l'ordre des choses, commençaient à penser les Américains ; ils travaillaient à maintenir la paix dans le monde – il était naturel que le reste du monde payât le prix de cette protection. C'était une logique de racketteur, bien entendu, mais pour la grande masse des citoyens-soldats de la grande Nation des Actionnaires, elle en valait bien une autre.

« Et maintenant, nous sommes une foule », avait écrit Emerson, avec cent cinquante ans d'avance sur son temps.

Chapitre 9

Les aléas moraux

> Nous ne pouvons pas garantir le succès, mais nous pouvons le mériter.
>
> George Washington

Au début du XXᵉ siècle, Albert Einstein renversa l'ordre des choses avec sa théorie de la relativité. Tout d'un coup, il n'y avait plus de positions fixes ; tout semblait déséquilibré… sans attaches.

Tout est relatif, dirent les gens. Rien n'était ceci ou cela, vrai ou faux, ici ou là, de manière absolue. Puis le principe d'incertitude d'Heisenberg fit son apparition et, même pour Einstein, c'était trop. Non seulement il n'y avait pas d'absolus, disait Heisenberg, mais, même s'il y en avait, on ne pouvait pas le savoir. Tout est en mouvement, faisait-il remarquer ; on peut calculer la position d'un objet ou sa vitesse, mais pas les deux. Et le processus nécessaire pour essayer de calculer l'une ou l'autre change forcément les mesures.

« Dieu ne joue pas aux dés », protesta Einstein. Et pourtant, après Einstein et Heisenberg, le monde commençait à ressembler à une partie géante de quatre-cent-vingt-et-un. On jette les dés et on croise les doigts. Que peut-on faire d'autre ?

L'idée d'un univers incertain qu'on ne pouvait pas appréhender ne plaisait pas à Einstein. Il passa le reste de sa vie à essayer de prouver le contraire. Mais Einstein et Heisenberg prouvèrent tous deux l'une des affirmations de ce dernier. En essayant de décrire le monde, ils le changèrent. « Une sorte de folie s'installa… » écrit Stefan Zweig en parlant de l'Allemagne dans les années 20. Tout le pays sembla perdre ses points de repère en s'apercevant que rien n'était tout à fait ce qu'il avait cru.

Aujourd'hui nous entendons partout rouler les dés. Les gens les réchauffent dans leur paume pour les jeter une fois de plus. Quelles sont les probabilités d'obtenir ceci… ou cela… se demandent-ils ?

Il y a relativement peu de chances, supposons-nous, qu'un énorme météorite détruise le sud de Manhattan, et tout aussi peu que Saddam Hussein devienne lauréat du prix Nobel de la paix. Tout peut arriver, mais certains événements sont plus probables que d'autres. Toutefois, comme nous en avertit Heisenberg, dès que nous essayons de calculer des probabilités, nous les faussons.

C'est l'étrange perversité des marchés. Lorsque les individus se mettent à croire que quelque chose va se produire, les probabilités de réussir à exploiter la situation pour gagner de l'argent baissent. C'est là qu'est la différence entre les sciences exactes et les sciences humaines. Quand les êtres humains prennent conscience qu'un événement va se produire sur les marchés, il est vraisemblable que cet événement s'est déjà produit. Ainsi, si les individus en viennent à croire qu'ils s'enrichiront en achetant des actions, ils bouleversent l'ordre de l'univers : ils achètent des actions et font monter les cours. Ensuite, plus les cours montent, plus les gens croient en leur hausse inévitable… et plus les cours s'envolent. À un certain moment, comme cette envolée ne peut pas se poursuivre à l'infini, les actions plafonnent, presque au moment précis où les individus sont le plus convaincus qu'ils peuvent s'enrichir en les achetant.

Ce point culminant fut atteint aux États-Unis entre l'automne 1999 et mars 2000. Une sorte de folie s'était installée.

Au cours des trois années qui suivirent, presque tous les experts financiers se trompèrent dans leurs prédictions ; la majorité d'entre eux s'accordèrent à penser que les cours ne baisseraient pas, mais monteraient, particulièrement en 2002, puisque les actions « ne baissaient presque jamais trois ans de suite ». Abby Cohen, Ed Yardeni, Louis Rukeyser, James Glassman, Jeremy Siegel, Peter Lynch, tous les grands noms des années 1990 pensaient encore que les cours monteraient, si ce n'était pas l'année dernière, ni cette année... certainement l'année prochaine. Ils semblaient totalement inconscients du fait que leur optimisme même retournait les probabilités contre eux. Par leurs discours optimistes répétés d'année en année, ils contribuèrent à convaincre M. et Mme Tout-le-Monde qu'à long terme les actions étaient un investissement sans risque, même pour les imbéciles. Et voilà que les imbéciles avaient gagné et prouvaient que rien n'est plus voué à l'échec que la réussite.

Au cours du dernier trimestre du XXe siècle, rien ne semblait mieux réussir que le capitalisme de consommation américain. Les actions commencèrent à monter en 1975... et poursuivirent leur ascension, plus ou moins, jusqu'à mars 2000. À ce moment-là tous les doutes avaient été levés. Les Américains croyaient en la Bourse avec ferveur.

« Croire que les actions vont à nouveau perdre de leur valeur, écrit James Glassman, qui eut l'audace de publier son livre *Dow 36,000* (Le Dow Jones à 36 000) au début de 2002, c'est croire qu'elles iront à l'inverse d'un fort courant qui s'oriente dans la même direction depuis plus de 60 ans. »

Glassman ne s'était, semble-t-il, pas aperçu que les courants ne coulent pas éternellement dans la même direction. Ils connaissent des flux et des reflux de volume égal en directions opposées. Glassman pourrait être comparé à un météorologiste qui ne regarde jamais par la fenêtre. « Il pleut, mais le soleil réapparaît. Les actions baissent, mais elles regagnent toujours un niveau supérieur », écrivait-il. Mais, oubliait-il de dire, la pluie reprend alors !

Et si le soleil brille assez longtemps, on n'aperçoit plus les nuages à l'horizon. Qui s'apercevait, en ces jours parfaits du début de l'an 2000, que les probabilités avaient changé, que la Bourse était devenue très différente de celle de 1975, et que les quelques investisseurs qui avaient acheté des actions en 1975 étaient très différents de tous les M. et Mme Tout-le-Monde qui avaient placé leur argent dans des actions en l'an 2000 ? Qui s'apercevait, comme le dit Waren Buffett, que les investisseurs avaient peut-être acheté pour de bonnes raisons en 1975, mais pour de mauvaises raisons en l'an 2000 ?

Des millions de nouveaux investisseurs étaient entrés sur les marchés financiers au cours des 25 dernières années du XXᵉ siècle, attirés par l'exemple de Buffett, les discours optimistes de Rukeyser, et l'attrait des gains faciles sans prendre de risque. Peu nombreux sont ceux qui avaient prévu de prendre leur parapluie.

Quand le marché s'écroula, les petits prirent l'averse, mais ils ne s'affolèrent pas. Ils croyaient encore, du moins au début de 2003, en la promesse du capitalisme de consommation américain… et en ses gourous. Ils croyaient aux raisons que l'on donnait pour expliquer que les actions allaient vraisemblablement remonter : parce qu'elles ne baissent presque jamais 4 ans de suite !

Il est effectivement rare que les actions chutent 4 ans de suite, parce que d'habitude, au bout de 36 mois, elles atteignent presque toujours un plancher. Mais au début de 2003, les actions se vendaient encore à des cours qui rappelaient davantage un plafond qu'un plancher. Si l'on se base sur les *core earnings* (bénéfices tels que les définit Standard & Poor's), les actions de l'indice Standard & Poor's atteignaient un ratio cours-bénéfices de 40. Ou, si l'on se base sur les *reported earnings* (bénéfices tels que les définit *Barron's*) de 2002, elles s'échangeaient à un ratio de 28. Dans un cas comme dans l'autre, elles étaient chères.

Les bénéfices dépendaient de l'interprétation, mais pas les rendements des actions en dividendes. À la fin de 2002, ils ne dépassaient pas 1,82 %. Ce nombre est important, d'abord parce que les dividendes ne mentent pas, et ensuite parce qu'une part considérable des promesses de la Bourse repose sur les bénéfices. Pendant cent ans, selon l'interprétation la plus courante, les actions gagnèrent du terrain à raison de 7 % par an, battant les obligations, l'immobilier, les tableaux de maîtres... tout. On remarque peu le fait que 5 de ces 7 % provenaient de l'accumulation des bénéfices, et pas d'une hausse des cours. Retirons les 5 %, et les actions auraient eu des rendements inférieurs à ceux de plusieurs autres catégories d'actifs, dont les obligations.

Les dividendes dépendent des bénéfices. Comme nous l'avons déjà dit, les bénéfices baissèrent pendant toute la période du capitalisme de consommation, c'est-à-dire depuis les années 1960. Avec des bénéfices en chute, les sociétés eurent de plus en plus de difficultés à maintenir les paiements en dividendes. En tant que pourcentage des bénéfices, les dividendes augmentèrent en fait pendant les années d'expansion, passant de 35 % en 1981 à plus de 50 % en 2001. Et après 1997, les bénéfices accusèrent leur plus forte baisse depuis la crise de 1929. Comment les investisseurs pouvaient-ils raisonnablement s'attendre à une hausse ? Et sans une augmentation des versements en dividendes, comment pouvaient-ils s'attendre à des revenus égalant ceux des cent années passées... et encore moins ceux des 25 dernières années du XXe siècle ? Un retraité qui prévoirait de vivre sur 1,82 % de dividendes devrait avoir investi 2 millions de dollars en actions pour en tirer un revenu annuel de 36 000 dollars. Et pourtant, à la fin de 2002, les membres de la génération du baby-boom avaient en moyenne un total de 50 000 $ à investir.

Ces pigeons se sont à peine penchés sur le problème. Et d'ailleurs, qui sait, peut-être ont-ils encore une chance de s'enrichir ? Peut-être que les actions monteront. Peut-être qu'après tout c'est vraiment une question de veine. Imaginez l'éclat de rire quand Einstein arriva au ciel et que Dieu expliqua : « Je n'ai aucun plan... Je me contente de jeter les dés ! »

Dieu peut faire ce qu'il veut, c'est sûr. Nous ne prétendons pas connaître ses projets ou sa méthode.

Et alors ? Comme nous le disent les existentialistes, il faut quand même que nous nous levions le matin et que nous prenions des décisions. Si nous admettons que nous ne pouvons pas savoir si les actions vont monter ou baisser dans l'année à venir, que faisons-nous alors ? Nous émettons une supposition... et nous essayons de faire ce qu'il faut. Nous pourrions essayer d'agir de façon astucieuse, mais nous ne sommes pas si astucieux que cela. Nous ne pouvons qu'essayer de nous protéger de la folie en suivant les traditions les plus anciennes et les plus vénérables, la sagesse que nous distillent les générations précédentes.

Nous devinons que les actions sont de mauvais investissements, et cela pour des raisons très simples : « On peut en général trouver un investissement sûr et rémunérateur là où les autres ne le cherchent pas », écrit James Grant. Tout le monde a les yeux rivés sur Wall Street. Nous regarderons donc ailleurs.

« Achetez bon marché et vendez cher », cette vieille rengaine nous trotte dans la tête. Elle énonce une règle que nous devons suivre. Au cours des 100 dernières années, l'action moyenne s'est échangée à un ratio cours-bénéfices inférieur à 15 (les bénéfices étant calculés avec plus d'honnêteté dans le temps). Quelle que soit la manière dont on le calcule, le ratio est à peu près multiplié par deux de nos jours.

« Une tendance à la baisse suit son cours jusqu'à la fin, c'est-à-dire jusqu'à ce que les actions aient atteint leurs vraies valeurs », dit Richard Russell qui observe les marchés depuis bien longtemps.

Les actions ont leurs vraies valeurs lorsqu'elles se vendent à un ratio cours-bénéfices de 8 à 10, et non de 28 à 40. Si les actions doivent se vendre à un ratio de 10 dans l'avenir, pourquoi les acheter aujourd'hui ? Elles pourraient monter, bien entendu. Et peut-être d'ailleurs que ce sera le cas. Mais nous ne sommes pas assez malins pour le savoir. Alors, plutôt que de jeter les dés, nous suivrons la règle. Et nous croiserons les doigts.

L'école des « devrait »

Nous, les auteurs de ce livre, avons une approche bien à nous de la prévision. Nous n'essayons pas de calculer ce qui va se produire, car c'est impossible de le savoir. Nous examinons plutôt ce qui « devrait » se produire. Si nous nous abstenons de parler au futur, il ne nous reste que « devrait » pour faire nos prédictions. « Les individus devraient récolter ce qu'ils ont semé », nous disons-nous.

Et sur les marchés, c'est en général le cas.

Un homme sensé s'attend à ce qu'arrive ce qui devrait arriver. Un imbécile devrait perdre son argent. Un voleur devrait aller en prison. Un homme qui abuse d'un enfant ou trahit un ami devrait brûler en enfer. Que cela se passe ainsi ou non ne dépend pas de nous, bien entendu, mais il n'y a aucun mal à l'espérer. Et quelle meilleure façon y a-t-il de mener sa propre vie que de calculer ce qui devrait se produire… puis de prendre des décisions comme si cela se produisait en réalité ? De tous les systèmes, secrets, formules, courbes, graphiques et modèles qui aident les individus à investir, nous n'avons rien trouvé de plus payant que cette stratégie : émettre des hypothèses sur ce qui devrait se produire… acheter bon marché et vendre cher… et ne pas trop s'inquiéter.

Mais comment savoir ce qui devrait se produire ? Hélas, ce n'est pas toujours si facile…

> Pour les raisons les plus sages, écrivit Adam Smith dans sa *Théorie des sentiments moraux*, le grand juge du monde trouva convenable d'interposer, entre l'œil faible de la raison humaine et le trône de sa justice éternelle, un certain degré d'obscurité et de ténèbres [...] qui en rend l'impression moins forte et moins claire par rapport à ce que l'on pourrait attendre de la grandeur et de l'importance d'un objet aussi puissant.

Si « devrait » était une personne, Devrait ne serait pas barman ou prostituée au grand cœur. Devrait n'est pas la sorte de mot avec qui on voudrait sortir le samedi soir, ou se détendre chez soi... car Devrait vous rappellerait constamment qu'il faut sortir les ordures ou réparer la porte du garage.

Si Devrait était un nom latin, il serait du féminin, mais plus épouse que maîtresse. Car Devrait s'érige en juge, harcèle et ronchonne. Même sa sonorité est rauque : il sort de la gorge comme un poignard et vise tout droit ce que nous avons de plus vulnérable, gardant plusieurs années en mémoire l'emplacement des points faibles et des nerfs à vif.

Devrait n'est pas une fille des jours fastes, ni une compagne des jours d'expansion économique, mais plutôt une femme du type « je te l'avais bien dit » qui vous passe l'aspirine le dimanche matin, vous dit que vous avez été un imbécile et vous avertit de ce qui va vous arriver si vous continuez. « Tu n'as que ce que tu mérites », vous rappelle-t-elle.

À notre avis, un homme qui laisse Devrait le mener par le bout du nez n'est pas vraiment un homme. C'est un bêta, un mollasson et une mauviette... un empoté logique, rationnel et raisonnable. Heureusement, la plupart des hommes, la plupart du temps, ne déposent pas facilement les armes. Au lieu de faire ce qu'ils devraient faire, ils font ce qu'ils veulent faire. Animés par des sentiments de masse ou des désirs individuels, ils se ridiculisent régulièrement. Ils ne peuvent pas s'en empêcher.

Bien entendu, Mme Devrait a raison : ils n'ont que ce qu'ils méritent. Mais parfois cela vaut la peine.

Les économistes modernes ne croient plus en Devrait. Ils n'apprécient pas son ton moralisateur et essaient de faire comme si elle n'existait pas. Pour eux, l'économie est une machine géante, sans âme, sans cœur, qui n'a ni bons ni mauvais côtés. Il s'agit seulement de trouver l'accélérateur.

La nature du métier d'économiste a changé complètement au cours des 200 dernières années. Si Adam Smith avait distribué des cartes de visite, l'inscription aurait indiqué la profession de « philosophe et moraliste », et non d'« économiste ». Smith voyait la « main invisible » de Dieu dans les rouages du marché. En essayant de comprendre comment il fonctionnait, il cherchait les « devrait » partout. Partout et toujours les individus ont ce qu'ils méritent, aurait pu dire Adam Smith. Et si ce n'est pas le cas… ce devrait l'être !

De nos jours, l'école économique des « devrait » a peu d'étudiants et encore moins de professeurs. Pour la plupart des économistes, c'est, à peu de chose près, de la sorcellerie. Mais ici, dans nos bureaux de la rue de la Verrerie à Paris, la flamme est encore vive.

« Appelons cela la théorie des récessions dues au surinvestissement, le "liquidationnisme", ou tout simplement la théorie de la gueule de bois. » C'est ainsi que Paul Krugman commençait sa critique de l'école des « devrait ». « Il s'agit de l'idée que les périodes de ralentissement économique sont le prix à payer pour les périodes de prospérité, et que la souffrance infligée à l'économie pendant une récession est une punition nécessaire pour les excès de l'expansion qui a précédé… »

« Les problèmes économiques profonds sont censés être une punition pour les péchés économiques profonds », continuait Krugman en juin 1991.

Krugman développait le concept en décembre de la même année. Il appelait cela « la théorie de la gueule de bois », faisant référence à ce que ressent un homme qui a trop bu. « Elle transforme les dents de scie de nos graphiques en moralité (au sens théâtral du terme), une histoire où l'arrogance conduit à la chute. Et elle offre à ceux qui y adhèrent le plaisir tout particulier de dispenser des conseils douloureux la conscience tranquille, convaincus qu'ils ne sont pas sans cœur, mais qu'ils sont sévères pour le bien des gens. »

« La théorie de la gueule de bois, explique Krugman, est désastreusement erronée. Les récessions ne sont pas la conséquence inévitable des périodes de prospérité. Elles peuvent et devraient être combattues, pas par l'austérité, mais par la largesse, avec des politiques qui encouragent les consommateurs à dépenser davantage, et pas moins. »

Dans quelle sorte de monde vivons-nous ? Est-ce un monde dans lequel un homme peut soigner sa gueule de bois en se saoulant ou se désendetter en empruntant davantage ? Ou faut-il payer le prix de sa bêtise, collectivement ainsi qu'individuellement ?

Ce monde est-il seulement une machine bien réglée... dans lequel un fonctionnaire compétent n'a qu'à tourner une vis ou serrer une molette pour orienter l'histoire dans le sens qui lui convient ? Ou est-ce un système naturel, infiniment compliqué, aussi enclin à l'erreur qu'une bande de jeunes délinquants ?

« La théorie de la gueule de bois est paradoxalement séduisante, pas parce qu'elle offre une issue facile, mais parce qu'elle ne le fait pas », continuait Krugman dans son attaque de décembre 1998. « Si puissant que soit son pouvoir de séduction, il faut y résister, car la théorie de la gueule de bois est désastreusement erronée », concluait-il.

Dans le monde mécaniste de Krugman, il n'y a pas de place pour « devrait ». Si, aux États-Unis après la grande crise des années 1930, ou au Japon dans les années 1990, les mécanos responsables de la politique monétaire n'avaient pas réussi à relancer leurs machines, ce n'était pas parce qu'il fallait tenir compte de l'œuvre de mains invisibles ou de continuels principes moraux, mais parce que les mécanos n'avaient pas réussi à tourner les bonnes vis !

Il est totalement incompréhensible pour Krugman qu'il n'y ait peut-être plus de vis à régler... ou que les mécaniciens se trompent inévitablement de vis lorsqu'ils jouent leur rôle dans le spectacle de la moralité.

Le triomphe de l'aléa moral

Krugman est loin d'être un cas isolé. Alors que le XXᵉ siècle se déroulait, la démocratie et les marchés de masse enlevèrent petit à petit aux politiques et aux marchés leur part de « devrait ». Au XIXᵉ siècle, si quelqu'un faisait faillite, ses amis et sa famille considéraient cela comme un échec personnel et moral. Ils présumaient qu'il avait fait quelque chose qu'il n'aurait pas dû faire. Il jouait. Il buvait. Il jetait son argent par les fenêtres. Il avait dû faire quelque chose.

Mais comme les économies se collectivisaient, le risque d'échec fut retiré à l'individu et réparti dans le groupe. Si quelqu'un n'avait plus d'argent dans les années 1930, ce n'était pas sa faute. Il pouvait accuser le krach et la grande crise. Si les gens étaient pauvres, ce n'était pas leur faute. C'était la faute de la société, car elle n'avait pas fourni des emplois. Si les investisseurs perdaient de l'argent, cela non plus n'était plus leur faute, mais la faute de la Réserve fédérale... ou du gouvernement. Si les consommateurs dépensaient trop d'argent... à qui la faute ? Peut-être que la Réserve fédérale avait fixé les taux d'intérêt trop bas... Quoi qu'il en soit, les masses ne reconnaissaient aucun échec personnel. Non, l'échec était collectif et technique... les mécaniciens n'avaient pas réglé les vis qu'il fallait. « Devrait » avait disparu.

En politique, les masses ne reconnaissaient pas de plus haute autorité que la volonté de la majorité sacrée. Même si elle prenait une décision inefficace ou abominable, comment pouvait-elle avoir tort ?

De même, sur les marchés, des économistes obtinrent le prix Nobel pour leurs théories qui prétendaient que les marchés de masse ne pouvaient jamais se tromper. L'hypothèse du marché parfait démontrait que le jugement de millions d'investisseurs et de consommateurs devait toujours être correct. Toute la méthode de l'économie moderne délaissa l'étude de ce que devraient faire les individus pour passer à l'analyse statistique.

« Il y a plus qu'un embryon de vérité dans la suggestion que, dans une société où prospèrent les statisticiens, la liberté et l'individualité risquent d'être émasculées, écrit M. J. Moroney dans son livre *Facts from Figures* (Des faits à partir de chiffres). Historiquement, les statistiques ne sont pas davantage qu'une arithmétique au niveau de l'État, un système selon lequel les différences entre les individus sont gommées en prenant une moyenne. Elles ont été utilisées, et le sont encore, pour permettre aux dirigeants de savoir jusqu'où ils peuvent aller pour vider les poches de leurs sujets en toute impunité. »

Les économistes attachèrent des capteurs à diverses pièces de la grande machine, comme s'ils faisaient des diagnostics sur un moteur de voiture. Selon l'information, ils serrèrent le boulon des taux d'intérêt... ou suggérèrent d'ouvrir la soupape pour laisser entrer davantage d'argent neuf. C'était absurde, bien entendu. Le marché parfait n'avait-il pas de lui-même fixé les taux d'intérêt au niveau nécessaire ?

Nous notons, et c'est inquiétant, que, même si les économistes modernes retirèrent le « devrait » moral de leurs calculs, ils ne purent enlever l'aléa moral du marché. Les masses, le *lumpeninvestoriat*, l'avaient à peine remarqué, mais plus les économistes et les investisseurs tournaient le dos au « devrait », et plus l'aléa grandissait.

Dans une petite ville du Midwest, un individu qui aurait de mauvaises intentions devrait agir furtivement, mais ne pourrait pas se dérober aux regards de ses voisins. Alors, la rumeur se propagerait... et bientôt tout serait terminé. Mais ici à Paris, les aléas moraux se présentent à tous les coins de rue, et c'est cela qui nous plaît dans cette ville. Ici, on peut déroger aux règles pendant un bon bout de temps sans avoir à faire face. Et si l'on n'a pas de vice quand on arrive ici, on en attrape un bien vite et on le garde comme compagnon jusqu'à la mort.

Après le travail, les éditeurs de ce livre pourraient aller s'asseoir de l'autre côté de la rue au café du Paradis, boire quelques verres, fumer une cigarette ou deux, puis se rendre à la rue Saint-Denis, dont la réputation n'est plus à faire, et, pour une modique somme d'argent, passer un bon moment avec Brigitte ou Françoise. Si nous étions plus ambitieux dans notre désir d'acquérir des vices, nous pourrions nous mettre à jouer... spéculer sur les marchés... ou même voler. Nous pourrions commencer par faire les poches des gens dans le métro, puis remonter la hiérarchie du crime, d'abord en nous dévalisant les uns les autres, puis en escroquant nos associés ou les investisseurs... et puis, tout en haut de l'échelle, nous pourrions nous lancer dans la politique.

Mais les aléas moraux suivent un certain cycle. Qu'ils soient magnifiques ou misérables, tous sont excitants au départ... et douloureux à la fin. Car il y a toujours un prix à payer.

« Tout l'univers est moral », écrivit Emerson au XIXe siècle. Maintenant, personne ne le croit... sauf nous. Et pourtant, le cycle est le même pour les périodes de prospérité sur les marchés, les empires, et même la vie des individus. Ce qui excite tant l'imagination au début l'attriste à la fin.

« Quelle que soit votre faiblesse, écrit Richard Russell, le marché la trouvera. »

Les investisseurs cupides attendent trop longtemps pour vendre et perdent leur argent. La peur en empêche d'autres de commencer à acheter. D'autres encore pèchent par paresse, ne se renseignent pas et, se laissant emporter par des sentiments de masse, achètent les actions les plus recherchées aux cours les plus absurdes.

« J'aurais dû vendre quand elles étaient au plus haut », dit l'un. « J'aurais dû acheter quand elles étaient au plus bas », dit l'autre. « J'aurais dû regarder le bilan », dit un troisième. « Je n'aurais pas dû boire cette dernière bouteille », dit un cinquième.

Mais les économistes modernes agissent comme si l'histoire n'avait pas de morale... comme s'il n'y avait pas de « devrait ». Tout se produit selon la cause et l'effet, croient-ils. Une action ne peut pas être trop chère ou trop bon marché, disent-ils, parce que le marché des valeurs est parfait. Il trouve le prix parfaitement idéal à chaque minute de chaque jour. Il n'y a pas non plus de manque de morale. On ne peut pas blâmer un individu d'avoir acheté une action à son prix parfait.

Et les prix seraient effectivement parfaits si, comme les économistes semblent le penser, les hommes soupesaient avec soin les informations disponibles et calculaient les probabilités aussi froidement qu'un tireur d'élite. Mais dans la réalité les hommes pèsent rarement quoi que ce soit avec soin, sauf, peut-être, le filet de bœuf lorsqu'ils l'achètent au kilo. Beaucoup n'ont jamais rencontré un aléa moral qui leur déplaisait. Et quand ils participent à des entreprises collectives, comme la politique, la guerre, les matchs de football ou les marchés financiers en hausse, ils deviennent tout de suite encore plus bêtes qu'ils ne l'étaient.

Les économistes imaginent aussi que l'économie fonctionne comme une machine, avec des êtres rationnels qui montent et descendent tels des poussoirs de soupape. Aucun aléa moral ne survient... car une machine est aussi indifférente au vol qu'à une fille court-vêtue.

On peut laisser un jeu de cartes ou une bouteille de whisky devant une machine, revenir une heure plus tard, et la machine n'y aura toujours pas touché. Ce ne serait pas le cas pour un être humain. Qu'il en ait seulement l'occasion, et le voilà en route vers l'enfer !

Prospérité, bulle... et au-delà

Le terme « aléa moral » a à la fois un sens particulier et un sens général. « L'idée est simple, explique Jeffrey Tucker dans un article publié par l'Institut Mises en décembre 1998. Si vous vous obstinez à protéger les gens des conséquences de leurs propres erreurs, les individus que vous aidez tiennent compte de votre bienveillance dans leurs décisions futures. À long terme, ils feront encore plus d'erreurs. Ce principe existe à tous les niveaux. Le professeur qui change la note des étudiants lorsqu'ils invoquent des difficultés ne les aide pas à long terme. Le professeur récompense et donc encourage de mauvaises habitudes de travail. Il crée un aléa moral. »

Le nouveau monde collectivisé de la fin du XXᵉ siècle était plein de professeurs accommodants et d'épouses indulgentes. Les investisseurs payèrent trop pour les actions. Les entreprises et les consommateurs empruntèrent trop. Et le monde entier sembla croire ce qui ne pouvait pas être vrai : que le dollar avait plus de valeur que l'or. Pendant presque 20 ans, l'or baissa, alors que le dollar montait.

L'or aurait dû monter. Depuis le début du mandat d'Alan Greenspan jusqu'à la fin de 2002, la base monétaire tripla presque. Au cours des dernières années du mandat d'Alan Greenspan, les taux d'intérêt furent ramenés à un cinquième à peine de ce qu'ils avaient été deux ans auparavant.

« Baisser les taux ou fournir une ample liquidité quand des problèmes apparaissent, mais ne pas les augmenter lorsque des déséquilibres se constituent, peut s'avérer plutôt insidieux à long terme, concédait un document de travail émanant de la Banque des règlements internationaux. Des taux bas facilitent l'apparition d'une forme d'aléa moral qui peut créer un terrain favorable à l'instabilité et à des fluctuations coûteuses dans la vraie économie. »

Au début de 2003, jusqu'à 9 000 milliards de dollars d'actifs étaient aux mains des étrangers... et il y en avait trois fois plus en circulation qu'en 1987. Les aléas n'avaient jamais été plus importants... ni plus difficiles à discerner.

À la fin des années 1990, même après qu'Alan Greenspan eut déclaré que les investisseurs étaient devenus irrationnellement exubérants, ces derniers semblèrent devenir encore plus irrationnellement exubérants. Puis, quand apparut la menace d'une récession et d'une tendance à la baisse sur les marchés, ces investisseurs irrationnels furent convaincus que ce même banquier central, qui n'avait pas pu empêcher une bulle de se former, pouvait néanmoins l'empêcher de se percer.

Hélas, tout cela ne fut qu'un vain espoir. La tendance à la baisse qui s'amorça en mars 2000 avait, en janvier 2003, réduit de 7 000 milliards de dollars les richesses investies en Bourse aux États-Unis. Mais un autre événement remarquable se produisit en même temps : le fait qu'il ne se produisit presque rien.

« La baisse de la Bourse de 2000 à 2002 n'a pas produit de crise financière », écrit David Hale, président du fonds spéculatif Prince Street Capital, dans un des premiers numéros de *Barron's* en 2003. « Les pertes de richesse dans le marché des actions aux États-Unis depuis mars 2002 ont été sans précédent. Elles ont atteint 90 % du PIB, par rapport à 60 % dans les deux années qui ont suivi le krach boursier de 1929. Mais au cours des deux dernières années, onze banques seulement ont fait faillite aux États-Unis, contre presque 500 dans la période allant de 1989 à 1991, et des milliers pendant les années 30. »

Et dans l'économie, il y avait la même absence remarquable de quoi que ce soit de spécial. Les files de chômeurs s'allongèrent, mais pas autant que l'on aurait raisonnablement pu s'y attendre. Et les emprunts et les dépenses des consommateurs ne chutèrent pas, comme on aurait pu s'y attendre, mais montèrent. « En 2002, les refinancements de prêts hypothécaires sont montés en flèche pour atteindre 1 500 milliards de dollars par rapport à un pic précédent de 750 milliards de dollars en 1998 », nous dit Hale.

À la suite d'un léger ralentissement de l'économie en 2001, et après les premières salves de la guerre contre le terrorisme, « il est difficile d'imaginer un scénario plus anodin que les 3 % de croissance de la production que l'économie a effectivement connus au cours de l'année passée », concluait Hale.

Ce qui nous inquiéta dans cette situation est précisément ce qui réjouissait M. Hale : elle ne correspondait pas à ce que l'on pouvait raisonnablement attendre. Une période d'expansion extraordinairement absurde devrait être suivie par une crise extraordinairement absurde.

Mais la bulle japonaise ne fut pas non plus entièrement détruite en un an ou deux. Les économistes étaient encore réticents à regarder du côté du Japon, parce qu'ils ne pouvaient pas l'expliquer. Les coups de pouce monétaires ou budgétaires n'avaient ni les uns ni les autres semblé résoudre le problème. Mais si on pouvait forcer les économistes à tourner la tête vers le pays du Soleil-Levant, ils verraient qu'après une récession modérée, à la suite des pics atteints par la Bourse en 1989, la croissance du PIB se poursuivit au Japon à raison de 2 à 3 % par an. Ceci se maintint plusieurs années. Mais alors l'économie sombra dans une crise plus prolongée. En 2000, le PIB par personne avait retrouvé ses niveaux de 1993 !

Dans les deux cas, au Japon et aux États-Unis, il aurait dû y avoir une correction digne du boom qui avait précédé. Au Japon, elle finit pas se produire. Aux États-Unis, nous présumons qu'elle se produira aussi.

L'exemple du Japon, nous dit-on, ne s'applique pas en dehors de l'archipel... parce que la forme de capitalisme créée par les Japonais n'avait presque rien à voir avec celle des Occidentaux. C'était un système qui conjuguait des participations croisées, des interventions de l'État, du népotisme et une Bourse qui avait un grand succès auprès du public. Dans la frénésie financière de la fin des années 80, les sociétés japonaises cessèrent complètement d'agir comme des entreprises capitalistes, car elles ne faisaient aucun cas de ceux qui apportaient les capitaux. Les bénéfices n'avaient plus d'importance. Les actifs par action étaient devenus une illusion. Tout ce qui semblait compter était la croissance, les parts de marché… et les annonces importantes à la presse.

Quel était ce capitalisme dans lequel les capitalistes n'exigeaient pas de revenus de leurs investissements ? Était-il si différent du modèle américain ? Les entreprises américaines de la fin des années 90 semblaient se soucier encore moins de leurs capitalistes que les japonaises ne l'avaient fait. Alors que les cours des actions plafonnaient à Wall Street au début de l'an 2000, les bénéfices baissaient déjà depuis trois ans. Ils continuèrent à tomber à pic pendant les deux premières années du ralentissement économique. Les salaires des cadres montèrent en flèche, d'abord tandis que les bénéfices chutaient… puis plus tard alors que plusieurs des plus importantes sociétés des États-Unis frisaient l'insolvabilité. En outre, les dirigeants faisaient cadeau de la boutique en distribuant des options à leurs employés clés, masquant encore davantage les coûts réels.

Malgré tout le raffut autour des investissements dans la technologie de la Nouvelle Économie, les investissements effectifs en installations, équipements et autres-choses-qui-peuvent-rapporter-gros-aux-investisseurs-dans-l'avenir, diminuèrent. À la fin des années 90, les investissements nets en équipement atteignirent de nouveaux planchers pour la période d'après-guerre.

Comme nous l'avons décrit plus haut, au lieu de se soucier des activités de l'entreprise, les dirigeants des sociétés américaines concentraient leurs efforts sur la négociation d'accords, les acquisitions et les bénéfices à court terme, tout ce qui pouvait leur valoir d'être cités dans les journaux.

On pourrait croire que cela aurait contrarié les propriétaires des entreprises. Mais rien de tout cela n'importait aux capitalistes, parce qu'ils avaient cessé d'exister. Les capitalistes à l'ancienne, qui investissaient leur argent dans des affaires qu'ils connaissaient et comprenaient, avec l'espoir raisonnable d'en tirer profit... avaient été remplacés par un nouveau *lumpeninvestoriat* collectivisé dont les attentes étaient décidément déraisonnables. Ces pigeons sans jugeote attendaient des taux de rendement impossibles d'actions dont ils ne connaissaient pas du tout les fondamentaux. Les dirigeants pouvaient vider le bilan de toute sa substance. Ils pouvaient s'accorder d'énormes rémunérations. Ils pouvaient acheter des actifs à des prix vertigineux. Ils pouvaient emprunter des sommes énormes, puis se demander comment rembourser l'argent. Ils pouvaient diminuer les dividendes... ou ne pas en verser du tout. Les petits investisseurs ne s'en apercevraient jamais.

À la suite du krach boursier, les actions, l'endettement et les dépenses auraient dû faire reculer d'horreur le *lumpeninvestoriat* au Japon comme aux États-Unis. Le marché aurait dû s'écrouler... puis reprendre. Mais les décideurs du gouvernement et les banquiers centraux arrivèrent bientôt en force, et ils installèrent tant de filets de sécurité qu'il ne restait presque plus un seul mètre carré de bitume sur lequel on pût s'écraser.

Bien sûr, pour commencer, les petits investisseurs ne savaient pas ce qu'ils faisaient. Était-ce donc une telle surprise qu'ils aient à nouveau agi à l'encontre de leurs intérêts et résisté au changement en s'accrochant, prolongeant la douleur infligée par la correction boursière, et retardant une véritable reprise ? Au Japon, les analystes s'épuisèrent à attendre. Mais le ralentissement se poursuivit, lentement et doucement, tel un homme qui se noie dans un fût de bière.

Le triste déclin du dollar

Après avoir examiné ce qui aurait dû se passer en Bourse et dans l'économie et ce qui se produisit en réalité, nous soulevons maintenant un coin du capuchon sous lequel se cache la monnaie impériale, le dollar américain. Comment devrait-il évoluer, nous demandons-nous ? Dans l'intérêt de faciliter la tâche aux lecteurs, nous prononçons notre verdict avant de présenter les pièces à conviction : il devrait baisser.

Le *lumpeninvestoriat*, c'est-à-dire la grande masse des petits investisseurs, a tendance à croire des contrevérités. Dans les beaux jours du grand boom, ils croyaient qu'ils obtiendraient un rendement de 18 % sur leur argent investi en actions, bien qu'ils n'aient pas la moindre idée des activités réelles des entreprises, ni de la manière dont elles fonctionnaient. Ils croyaient qu'ils pouvaient compter sur les cadres de ces sociétés pour enrichir les investisseurs, plutôt que d'essayer de s'enrichir eux-mêmes. Ils croyaient que les actions montaient immanquablement et qu'Alan Greenspan ne permettrait pas au marché de s'orienter à la baisse. Ils croyaient que le système américain de capitalisme participatoire, de marchés ouverts et de filets de sécurité était le meilleur qui eût jamais été conçu, et qu'il représentait une sorte de perfection qui le maintiendrait au sommet du monde, sinon pour toujours, du moins pour très longtemps.

Ils croyaient aussi que le dollar américain était la monnaie la plus réelle qu'il fût, et qu'il se dégraderait avec ordre et mesure. Un peu d'inflation, leur avait-on dit, était en fait bon pour l'économie. De tous les mensonges avalés par le nouvel actionnariat, aucun n'était plus riche en conséquences que celui qui avait trait au dollar.

Comme nous l'avons vu dans le chapitre 8, pour que quelque chose garde sa valeur, particulièrement une monnaie, il faut que l'offre en soit limitée. S'il y avait des millions de tableaux de Manet ou de Rembrandt, par exemple, ils vaudraient bien moins qu'ils ne valent aujourd'hui. Au XIXᵉ siècle, les monnaies étaient convertibles en or. Cela avait pour effet de limiter la masse monétaire, car la quantité d'or disponible ne dépassait pas un certain niveau.

Après avoir pris l'habitude d'accepter des billets garantis par les réserves en or, on s'aperçut à peine du moment où la monnaie en papier cessa d'être convertible. Les gouvernements imprimaient encore et distribuaient les nouvelles monnaies « gérées ». Ils s'assureraient qu'ils ne feraient pas trop tourner la planche à billets, ou du moins c'est ce qu'on croyait.

Il y eut d'ailleurs des époques où l'on fut content que l'on imprimât trop de billets. Les années 1990 en firent partie. Pendant cette période, la masse monétaire augmenta de 2 %, mais qui s'en plaignit ? L'argent s'infiltra d'abord dans les prix des actions, puis dans ceux de l'immobilier. Les gens regardaient la maison qui venait de se vendre dans leur rue et se sentaient plus riches, et non plus pauvres, tout comme les Japonais dix ans auparavant.

Et pourtant, depuis le premier essai de John Law en 1720, il n'a pas été possible à une banque centrale de créer des milliers de milliards d'une nouvelle monnaie, à partir de rien, sans la déprécier totalement. « Le dollar devrait baisser », commençaient à dire les économistes au cours des années 1990. Finalement, en 2002, le dollar baissa effectivement, par rapport à d'autres monnaies, particulièrement l'euro, et par rapport à l'or, dont il perdit 19 % de la valeur rien qu'en 2002.

Et nous nous posons donc à nouveau la question de savoir comment le dollar devrait évoluer.

Nous ajoutons ici deux éléments qui compliquent le problème. D'abord, comme nous l'avons dit dans des chapitres précédents, même si la force apparente du dollar trompa fortement le *lumpeninvestoriat* américain, les étrangers furent encore plus bernés. Ils s'arrachèrent le billet vert.

Comment un pays pouvait-il équilibrer ses comptes quand il achetait davantage aux étrangers qu'il ne leur vendait ? Il lui fallait combler la différence en important à nouveau sa monnaie sous forme de fonds d'investissement. Les étrangers ne se défaisaient pas de leurs dollars en échange de leur monnaie nationale, mais les utilisaient pour acheter des actifs en dollars : des entreprises, des titres, de l'immobilier américains. À la fin de 2002, le total d'actifs en dollars qui appartenaient aux étrangers atteignait des hauteurs himalayennes. Avec la chute du billet vert et la chute des actions américaines, les étrangers devraient vouloir se délester de ces actifs en dollars.

Même s'ils se débarrassaient d'un petit pourcentage de ce qu'ils détenaient, cela pourrait avoir un effet dévastateur sur le cours du dollar. Le dollar ne perdit que 10 % par rapport aux autres monnaies en 2002. Dans les années 1980, sous le coup d'une menace bien moins grave, il perdit presque 50 %.

L'autre complication est que, outre les 9 000 milliards de dollars d'actifs détenus par les étrangers, le déficit des comptes courants a augmenté de 1,5 milliard de dollars par jour. Bien que le succès des États-Unis en tant que superpuissance militaire soit considérable, il est tout à fait dérisoire par rapport à leur réussite en tant que super-superpuissance monétaire. Car chaque jour les Américains concluent un marché avec les étrangers selon lequel ils reçoivent de précieux biens et services en échange de petits bouts de papier imprimés à l'encre verte. Ces billets n'ont aucune valeur intrinsèque et leurs gardiens se sont engagés, si nécessaire, à en créer une masse presque infinie pour s'assurer qu'ils ne prendront pas de valeur par rapport aux biens de consommation !

« Il y a un défaut dans tout ce que Dieu a créé », nous rappelle sans cesse Emerson. Le défaut de ce marché entre les Américains et le monde fut le suivant : il ébranla la rentabilité des entreprises américaines. Poussés par la Réserve fédérale, les consommateurs se lancèrent à qui mieux mieux dans les dépenses. Ils dépensèrent même de l'argent qu'ils n'avaient pas. Pourtant, les bénéfices des entreprises américaines continuaient à chuter. En fait, en pourcentage du PIB, les bénéfices baissaient depuis le début des années 1960, alors même que (ce qui n'est pas une coïncidence) le pourcentage de l'économie consacré aux dépenses des consommateurs et le déficit des comptes courants augmentaient.

Ce qui se produisait était évident. Les Américains dépensaient de l'argent, mais les fonds aboutissaient dans les poches des hommes d'affaires étrangers. Les entreprises américaines subissaient le coût de la main-d'œuvre américaine, mais l'argent ne leur revenait pas, et leurs marges de bénéfice se rétrécissaient d'autant. Au début de 2003, elles avaient déjà atteint le niveau le plus bas depuis la fin de la Deuxième Guerre mondiale. Cette tendance ne pouvait pas se poursuivre à l'infini. Et comme le fait remarquer Herbert Stein, si cela n'est pas possible, cela ne se produit pas.

Les dangers de la réussite

En décembre 2002, Alan Greenspan s'adressa au Club économique de New York, et son discours rappela un instant que, vers 1963, il fut un acolyte d'Ayn Rand :

> Bien qu'il soit difficile de dire que l'étalon-or ait produit une période de tranquillité pour les prix, le fait est qu'en 1929 le niveau des prix nets n'était pas très différent de ce qu'il avait été en 1800. Mais, au cours des deux décennies qui ont suivi l'abandon de l'étalon-or, en 1933, l'indice des prix à la consommation aux États-Unis a presque doublé. Et au cours des quarante ans qui ont suivi, les prix ont été multipliés par cinq. La politique monétaire, libérée des contraintes de la convertibilité en or à l'intérieur du pays, avait permis des émissions de monnaie répétées et excessives. Il y a dix ans seulement, les banquiers centraux, qui avaient été témoins de plus d'un demi-siècle d'inflation chronique, semblaient confirmer qu'une monnaie fiduciaire était en soi sujette à l'excès.

Bien entendu, Alan Greenspan préparait le terrain. Il aurait pu ajouter qu'aucun banquier central de toute l'histoire n'avait jamais réussi à prouver le contraire. Toutes les monnaies fiduciaires que le monde avait jamais connues s'étaient montrées « sujettes à l'excès », puis sujettes à la destruction. Aux alentours de 2002, cette épopée à l'arrière-plan, le banquier central Alan Greenspan sortit majestueusement du rang.

Chaque métier a ses aléas. Le boulanger se brûle les doigts. Le psychiatre ne tarde pas à devoir se faire examiner le cerveau. On connaît bien l'aléa moral réservé à un banquier central. Comme il peut créer de la monnaie à partir de rien, il va presque toujours trop loin. Et si l'un résiste à la tentation, il est presque certain que son successeur y succombe.

Il y a certains domaines dans lesquels la réussite est plus dangereuse que l'échec. Administrer une banque centrale, comme la dévaliser, en est un exemple. Plus un banquier central réussit dans son entreprise, c'est-à-dire plus les individus croient en la stabilité de son papier-monnaie, et plus la situation devient dangereuse.

Le père de Warren Buffett, parlementaire du Nebraska, formulait l'avertissement suivant dans un discours de 1948 : « Jusqu'à maintenant, la maladie du papier-monnaie est une habitude agréable et elle ne sera pas abandonnée plus volontiers qu'un toxicomane ne renoncera à la drogue sans résistance... Je ne vois aucun signe qui permette d'espérer que notre tentative de monnaie fiduciaire aura une meilleure destinée que des expériences semblables dans d'autres pays... »

Dans tous les autres pays, à n'importe quelle époque, l'histoire était la même. Le papier-monnaie n'avait pas fonctionné ; l'aléa moral était trop important. Les banquiers centraux ne pouvaient pas résister ; quand cela leur convenait, ils dépassaient les limites et faisaient augmenter la masse monétaire bien plus vite que la croissance en biens et services que la monnaie permettait d'acheter.

Quand nous nous mîmes à chercher une liste des papiers-monnaies qui avaient disparu ou étaient en difficulté, nous fûmes bientôt submergés. Nous trouvâmes une liste bien longue, classée par ordre alphabétique... mais nous abandonnâmes, quand au numéro 318 nous n'avions pas dépassé les B.

Á côté de ce triste historique des monnaies gérées, celui de l'or est exemplaire. Quelle que soit l'effigie qui l'orne, ou l'inscription qu'elle porte, ou l'époque où elle a été frappée, une pièce d'or, dont la valeur n'est pas gérée, vaut encore au moins aujourd'hui son pesant d'or, et permet en général d'acheter autant en biens et services que le jour où elle a été émise.

On ne trouve de l'or sur terre qu'en quantité très limitée : 3,5 milliardièmes de son volume seulement. Si Dieu avait été moins pingre, l'or serait peut-être bien plus facile à trouver et coûterait beaucoup moins cher. Mais c'est précisément le fait que la terre rechigne tant à céder son or qui donne sa valeur à ce métal. Le papier-monnaie, en revanche, peut être produit en quantités presque infinies. Quand les limites de la technologie moderne de l'imprimerie sont atteintes, les concepteurs n'ont qu'à ajouter un zéro… et ils multiplient par dix l'allure à laquelle ils augmentent la masse monétaire. Dans le monde électronique contemporain, on ne mesure plus ses richesses par des tas de papier-monnaie. Tout repose maintenant sur l'informatique. Un banquier central n'a même plus besoin de faire tourner la planche à billets ; des zéros enregistrés électroniquement peuvent être ajoutés à la vitesse de la lumière. Étant donné la facilité avec laquelle le nouveau papier-monnaie est créé, est-ce surprenant que l'ancien papier-monnaie perde sa valeur ?

Pendant quelque temps, Alan Greenspan semblait auréolé de la grâce divine. Ses dollars papier augmentèrent en valeur par rapport à l'or pendant deux décennies, alors qu'ils auraient dû baisser.

Alan Greenspan explique comment cela put se produire :

> Les conséquences indésirables d'une croissance excessive de la masse monétaire pour la stabilité financière et les résultats économiques ont provoqué une réaction. Les banques centrales ont finalement été obligées de freiner l'émission excessive de monnaie, même au coût de perturbations économiques temporaires considérables.

En 1979, le besoin de mesures draconiennes n'était devenu que trop évident aux États-Unis. La Réserve fédérale, sous la direction de Paul Volcker, et avec le soutien des gouvernements Carter et Reagan, a réduit spectaculairement la croissance de la masse monétaire. D'abord, l'économie a connu la récession et l'inflation a reculé. Toutefois, et avant tout, quand l'activité a repris avec vigueur, les progrès accomplis dans la réduction de l'inflation ont été largement préservés. À la fin des années 1980, le climat en termes d'inflation connaissait des changements spectaculaires.

L'histoire des vingt dernières années semble mettre en évidence que, bien qu'il y ait des pressions constantes poussant à des émissions excessives de monnaie fiduciaire, une politique monétaire prudente soutenue pendant une longue période peut contenir les forces inflationnistes.

Jusqu'à 2001, le génie d'Alan Greenspan était acclamé partout dans le monde. Les banques centrales semblaient, finalement, être un grand succès. C'est alors que la bulle éclata. On commença à se poser des questions sur la banque centrale et l'imbécillité de sa politique.

« L'histoire nous montre que permettre à une bulle financière de se développer est la plus grande erreur que puisse faire une banque centrale, écrivent Andrew Smithers et Stephen Wright dans *Valuing Wall Street* (Évaluer Wall Street) en l'an 2000. Au cours des cinq dernières années la Réserve fédérale a permis sciemment le développement de la plus grosse bulle financière du XXᵉ siècle. »

Quand le marché des valeurs s'écroula, les politiques d'Alan Greenspan commencèrent à sembler moins prudentes. Pendant son mandat à la Réserve fédérale, la base monétaire tripla, alors que le PIB ne montait que de 50 %. Il y eut plus de création de monnaie que sous tout autre président de la Réserve fédérale, à peu près 6 250 dollars par nouvelle once d'or.

Toute cette nouvelle monnaie créée par la banque de Greenspan avait le défaut du surplus de papier-monnaie : elle ne reposait sur aucune ressource. Bien qu'elle fût adoptée par les commerçants et les toiletteurs pour chiens comme si elle était réelle, elle ne représentait aucune augmentation effective de la richesse. Le détaillant et le toiletteur croyaient avoir plus d'argent, mais en fait rien ne soutenait le dollar.

La nouvelle monnaie était émise, légère en valeur, mais lourde en conséquences. Elle contribua à attirer le *lumpeninvestoriat* vers le piège de son propre aléa moral : les actionnaires n'avaient plus besoin d'économiser, parce que la banque centrale de Greenspan semblait mettre toujours de la monnaie nouvelle à leur disposition, à des taux de plus en plus intéressants. Et elle conduisit les fournisseurs à surestimer la demande. Les consommateurs achetaient, cela ne faisait aucun doute. Mais combien de temps pourraient-ils continuer à dépenser davantage qu'ils ne gagnaient en réalité ?

Ce n'est que maintenant que l'on ressent les effets de cet aléa moral. Le consommateur est plus lourdement endetté que jamais, et, pour surnager, il lui faut encore davantage de crédit. Le gouvernement fédéral et les gouvernements des États américains sont passés d'un léger excédent budgétaire à un déficit flagrant. D'où va venir l'argent ?

Les Américains ont très peu d'argent de côté ; donc, comme nous l'avons mentionné auparavant, l'argent doit être importé de l'étranger. Mais en 2001 les comptes courants accusaient déjà un déficit annuel de 450 milliards de dollars. Stephen Roach estime que les nouvelles demandes en capitaux feront passer le déficit à 600 milliards de dollars, en d'autres termes 2,5 milliards par jour ouvrable, en 2003. Les étrangers accepteront peut-être de financer cette nouvelle orgie américaine de dépenses. Mais, avec le dollar qui baisse déjà, ce ne sera peut-être pas le cas.

Nous ne pouvons pas savoir ce qui va se produire, mais nous pouvons émettre une supposition : ils n'accepteront pas de le faire au cours actuel du dollar.

La Transaction de la décennie

Les investisseurs n'ont pas besoin de prendre beaucoup de décisions. Des études montrent que ce sont les choix de types de produits financiers qui font gagner ou perdre le plus d'argent. Les choix individuels (le choix d'actions ou d'obligations particulières) ne semblent pas faire une grosse différence à long terme. Mais décider sur quel marché se placer, et quand, fait une énorme différence.

Au cours des trente dernières années, un investisseur américain aurait eu intérêt à se pencher sur ses placements le premier jour de chaque décennie… et à ne plus y penser le reste du temps. Trois décisions toutes simples auraient suffi pour qu'il tire 268 300 $ d'une mise de fonds de 10 000.

Imaginez comme son sort en aurait été amélioré ! Au lieu de passer des heures à regarder les chaînes CNBC ou MONEY, à consulter Internet ou à s'adonner aux plaisirs de la presse financière, il aurait pu aller à la pêche ou lire les classiques. Imaginez comme il se serait senti mieux sans le bruit et les informations des médias.

Il lui suffisait de s'apercevoir qu'en supprimant le lien entre le dollar et l'or au début des années 1970 le gouvernement Nixon garantissait pratiquement l'inflation et une hausse du prix de l'or. Le 1er janvier 1970, l'or s'échangeait à 36,02 $ l'once. Dix ans plus tard, la même once d'or se vendait pour 615 $. Sans effet de levier, sans actions, sans recherche, sans maux de tête… et presque sans risque, notre investisseur aurait fait un bénéfice de 1 708 %. Et il n'aurait pas payé un sou d'impôt sur ses investissements pour toute la période.

Mais le 1er janvier 1980, la situation changea. Notre investisseur aurait dû noter le fait que rien n'est éternel… et que la Réserve fédérale avait un autre homme à sa tête. Paul Volcker était déterminé. Il ferait baisser les taux d'inflation, et l'or, d'une manière ou d'une autre. Il était temps de vendre. Mais où placer l'argent ?

Bien que notre investisseur ne l'eût peut-être pas remarqué (on ne fait pas de réclame pour ce genre de choses), les grandes sociétés japonaises étaient extrêmement énergiques au début des années 1980. Il ne pouvait pas le savoir à l'époque, mais, s'il avait acheté des actions japonaises, il aurait vu sa fortune se multiplier à nouveau. L'indice Nikkei passa de 5 994 à la fin de janvier 1980 à 38 916 à la fin de 1989 – une augmentation de 549 %.

Il aurait été important de ne pas ouvrir les pages financières d'un journal pendant les dernières années de 1980. Les nouvelles du Japon étaient si absurdes qu'un investisseur américain aurait voulu vendre trop tôt. Mais s'il s'était mis au courant des faits le 2 janvier 1990, il aurait vu qu'il était temps de changer.

Ce jour-là, il aurait rapatrié son argent aux États-Unis et l'aurait investi dans des actions américaines. Avec un ratio cours-bénéfices de 12,4, et l'indice Dow Jones à 2 753 – les actions américaines étaient une bonne affaire. En plus, 78 millions de membres de la génération du baby-boom étaient plus que jamais prêts à dépenser et investir, et leur copain de la Réserve fédérale, Alan Greenspan, était prêt à s'assurer qu'ils avaient l'argent pour le faire. Au cours des dix années qui suivirent, le Dow Jones atteignit 11 041 – ce qui aurait valu à notre investisseur des bénéfices supplémentaires de 426 %.

En janvier 2000, cette tendance s'était elle aussi épuisée. Quelle serait la Transaction de la décennie pour les dix ans à venir ? Pour toutes les raisons données dans ce livre, nous pensons que ce sera de vendre les actions du Dow Jones et d'acheter de l'or. Au cours des trois premières années de ce siècle, l'or est passé de 282 à 342 $. Entre-temps, le Dow Jones est passé de 11 522 à 8 740 points trois ans plus tard. Un investisseur qui aurait suivi notre stratégie aurait déjà une avance de 2 683 %. Devrait-il poursuivre sur la même voie ? Nous ne pouvons pas le dire, mais il vaut mieux ne pas se poser trop de questions avant 2010.

Comment se décontracter et jouir de la fin du monde

Le monde que nous connaissions touche à sa fin. Mais est-ce bien important pour nous ? Un sourire aux lèvres, nous jurons que nous allons y prendre du plaisir.

La chute de l'Empire romain prit des centaines d'années. Pendant ce temps-là, la plupart des individus ne savaient même pas que leur monde touchait à sa fin. La plupart durent continuer à accomplir leurs tâches habituelles, planter leurs récoltes, boire leur vin et faire sauter leurs enfants sur leurs genoux, comme si l'empire était éternel.

Bien sûr, à Rome les foules chancelaient et hurlaient peut-être à chaque nouvelle : les Barbares venaient de traverser le Pô... Ils se dirigeaient vers le sud... Bientôt ils seraient aux portes de la ville...

Mais d'autres vivaient des vies tranquilles, remplies des distractions et du désespoir habituels, comme si rien ne s'était passé. Et d'ailleurs, qu'auraient-ils bien pu faire... si ce n'est se mettre à l'abri et vaquer à leurs tâches ?

Beaucoup de gens jouirent de la vie pendant la Grande Crise. Si l'on avait un emploi bien payé, cela devait être le paradis : pas besoin de faire la queue, d'avoir une réservation dans les bons restaurants. Rivaliser avec le voisin en biens de consommation n'avait jamais été aussi facile, puisque les voisins régressaient ! Une si grande part des satisfactions de la vie vient de ce que l'on se sent supérieur aux autres. Quoi de mieux qu'une récession pour en profiter ?

Pour prendre plaisir à tous les mouvements de masse, il vaut mieux être spectateur qu'acteur. Cela aurait été bien plus agréable de saluer la Grande Armée à son passage alors qu'elle s'acheminait vers la Russie où elle serait détruite, plutôt que de défiler avec elle. On aurait peut-être pu leur vendre des cache-oreilles et des moufles !

De même, quelle meilleure manière de profiter du grand boom de Wall Street dans les années 1990 que de regarder CNBC de temps en temps, rien que pour voir les absurdités qu'allaient dire les analystes ? Et maintenant que c'est fini, quelle meilleure manière de profiter de la situation que de rester à bonne distance, en toute sécurité, bien loin des portes de sortie ?

Les lecteurs sont invités à se méfier des grands titres et des opinions émises dans les éditoriaux. Ils suscitent des mouvements de masse qui, avec le temps, inspireront presque tous regret et surprise.

Mais c'est ainsi que va le monde ; une folie conduit à une autre. Un individu se sent tout excité et ouvert au monde parce que l'économie, dit-on, connaît une Nouvelle Ère, puis il se sent épuisé lorsqu'il découvre que la Nouvelle Ère a été suivie par une Nouvelle Crise. Et pendant tout ce temps, sa vie suit son cours, exactement comme avant. Son vin n'est pas meilleur, sa femme n'est ni plus jolie ni plus laide, son travail est tout aussi insipide ou enthousiasmant qu'auparavant.

Nous ne nous en plaignons pas.

Et pourtant, écrit Emerson, « le monde est trop avec nous » :

> Le plupart des hommes se sont bandé les yeux avec un mouchoir ou un autre, et se sont rattachés à l'une de ces communautés d'opinion. Ce conformisme ne les rend pas trompeurs dans quelques détails, auteurs de quelques mensonges, mais les rend trompeurs dans tous les détails. Chacune de leurs vérités n'est pas tout à fait vraie. Leur deux n'est pas le vrai deux, et leur quatre n'est pas le vrai quatre ; de telle sorte que chaque mot qu'ils prononcent nous chagrine et que nous ne savons pas où commencer pour rétablir la vérité. Cependant la nature ne tarde pas à nous revêtir de l'uniforme de prison du parti auquel nous adhérons. Notre visage et notre silhouette en viennent à arborer un aspect particulier, et petit à petit, nous acquérons l'expression idiote des gens bien élevés…

Le moment présent est idéal pour oublier le monde et cesser de sourire bêtement, car le monde que nous connaissons depuis cinquante ans touche à sa fin...

Le capitalisme de consommation américain est condamné, pensons-nous. S'il ne l'est pas, il devrait l'être. Les tendances qui ne pouvaient pas durer éternellement semblent s'achever. Les consommateurs ne peuvent pas continuer à s'endetter. La consommation ne peut pas continuer à prendre une part de plus en plus importante du PIB. Les investissements en équipements et les bénéfices ne peuvent pas tomber beaucoup plus bas. Les étrangers ne continueront pas à financer les excédents de consommation des Américains jusqu'à la seconde venue du Christ, du moins pas au cours actuel du dollar. Et le papier-monnaie fiduciaire ne continuera pas éternellement à avoir plus de valeur que l'authentique monnaie d'échange, l'or.

L'Amérique devra trouver un nouveau modèle économique, car elle ne peut plus espérer retrouver la prospérité en dépensant et empruntant. Il ne s'agit pas d'une évolution de la conjoncture, mais d'un changement structurel, qui prendra longtemps. Les réformes structurelles, c'est-à-dire celles qui changent la manière dont une économie fonctionne, ne se produisent pas d'un jour à l'autre. La machine du capitalisme collectivisé résiste au changement quel qu'il soit. La Réserve fédérale essaie de soutenir le vieux modèle avec de la monnaie de moins en moins chère. Le gouvernement produit des programmes de dépenses de plusieurs milliards de dollars pour essayer de simuler la vraie demande. Et le pauvre *lumpeninvestoriat* (que leurs cœurs soient bénis dans leur cupidité !) n'abandonnera jamais le rêve du capitalisme de consommation américain. Il faudra le briser pour le leur arracher de force.

Comme le dit Paul Volcker : « Il faudra régler tout ça un jour ou l'autre. » Pourquoi ne pas jouir de l'instant ?

Table des matières

Ce volume,
publié aux Éditions Les Belles Lettres,
a été achevé d'imprimer
en janvier 2004
par Normandie Roto Impression s.a.s.
61250 Lonrai.

N° d'éditeur : 6032
N° d'imprimeur : 03-3164
Dépot légal : janvier 2004
(Imprimé en France)